O Judiciário Trabalhista na Atualidade
Temas Relevantes

Valtércio Ronaldo de Oliveira
Denise Alves Horta
James Magno Araújo Farias
Edson Bueno de Souza

COORDENADORES

COLEPRECOR
Colégio de Presidentes e Corregedores dos Tribunais Regionais do Trabalho

apresenta

O Judiciário Trabalhista na Atualidade
Temas Relevantes

LTr

LTr EDITORA LTDA.
© Todos os direitos reservados

Rua Jaguaribe, 571
CEP 01224-001
São Paulo, SP – Brasil
Fone (11) 2167-1101
www.ltr.com.br
Novembro, 2015

Versão impressa: LTr 5358.2 — ISBN: 978-85-361-8641-2
Versão digital: LTr 8837.5 — ISBN: 978-85-361-8678-8

Dados Internacionais de Catalogação na Publicação (CIP)
(Câmara Brasileira do Livro, SP, Brasil)

O Judiciário trabalhista na atualidade : temas relevantes / Denise Alves Horta...[et al.]. – São Paulo : LTr, 2015.

Vários autores.

Outros coordenadores: Edson Bueno de Souza, James Magno Araújo Farias, Valtércio Ronaldo de Oliveira

Bibliografia.

ISBN 978-85-361-8641-2

1. Direito processual do trabalho 2. Poder Judiciário 3. Justiça do trabalho I. Horta, Denise Alves. II. Souza, Edson Bueno de. III. Farias, James Magno Araújo. IV. Oliveira, Valtércio Ronaldo de.

15-0888   CDU-347.9:331

Índice para catálogo sistemático:
1. Direito processual do trabalho   347.9:331

SUMÁRIO

PREFÁCIO 7
Valtércio Ronaldo de Oliveira

INTRODUÇÃO 9
Antonio José de Barros Levenhagen

1. MÉTODOS ALTERNATIVOS DE SOLUÇÃO DE CONFLITOS LABORAIS: VIABILIZAR A JURISDIÇÃO PELO PRESTÍGIO À NEGOCIAÇÃO COLETIVA 11
Ives Gandra da Silva Martins Filho

2. A FUNÇÃO CORREGEDORA 23
João Batista Brito Pereira

3. A CORREGEDORIA REGIONAL COMO INSTRUMENTO DOS DESIDERATOS INSTITUCIONAIS: LANÇANDO SEMENTES PARA UMA PERSPECTIVA DE GESTÃO PROATIVA NA ATIVIDADE CORREICIONAL 29
Ilson Alves Pequeno Júnior

4. A AMPLIAÇÃO DOS ÓRGÃOS DA JUSTIÇA DO TRABALHO: UMA VISÃO CRÍTICA 33
James Magno Araújo Farias

5. APONTAMENTOS SOBRE A INAMOVIBILIDADE DE JUÍZES COM FOCO NA JUSTIÇA DO TRABALHO 41
Tadeu Vieira e Edson Bueno

6. PJE: MODERNIZAÇÃO DO JUDICIÁRIO TRABALHISTA 47
Cleusa Regina Halfen, Cláudio Antônio Cassou Barbosa e Ricardo Fioreze

7. DIREITO FUNDAMENTAL À RAZOÁVEL DURAÇÃO DO PROCESSO 53
Edson Bueno

8. DA ORDEM DOS PROCESSOS NOS TRIBUNAIS E SEU IMPACTO NA EFETIVIDADE DA JURISDIÇÃO: SISTEMA DO NOVO CPC 63
Maria das Graças Cabral Viegas Paranhos

9. CONFRONTO DO ART. 15 DO NCPC COM O ART. 769 DA CLT: EXTENSÃO E LIMITES DE SUA APLICAÇÃO 69
Eneida Melo Correia de Araújo

10. A DESCONSIDERAÇÃO DA PERSONALIDADE JURÍDICA NO DIREITO PROCESSUAL DO TRABALHO E O TRATAMENTO DA MATÉRIA NO NOVO CPC 81
Ormy da Conceição Dias Bentes

11. A PREVISÃO DA FIGURA DO *AMICUS CURIAE* NO DIREITO PROCESSUAL DO TRABALHO E NO NOVO CÓDIGO DE PROCESSO CIVIL 89
Luiz Ronan Neves Koury

12. A NOVA SISTEMÁTICA DAS TUTELAS DE URGÊNCIA NO NOVO CÓDIGO DE PROCESSO CIVIL E A SUA APLICAÇÃO NO DIREITO PROCESSUAL DO TRABALHO 95
Nery Sá e Silva de Azambuja

13. A DISTRIBUIÇÃO DIVERSA DO ÔNUS DA PROVA NO NOVO CPC E SEU IMPACTO NO DIREITO PROCESSUAL DO TRABALHO 103
Francisco José Pinheiro Cruz e Edilson Carlos de Souza Cortez

14. A FUNDAMENTAÇÃO DAS DECISÕES PREVISTA NO NOVO CPC E A SENTENÇA TRABALHISTA. 111
Aldon do Vale Alves Taglialegna

15. INCIDENTE DE DEMANDAS REPETITIVAS NO PROCESSO TRABALHISTA 119
Valtércio Ronaldo de Oliveira

16. O INCIDENTE DE UNIFORMIZAÇÃO DE JURISPRUDÊNCIA NA NOVA LEI DE RECURSO DE REVISTA 127
Fábio Túlio Correia Ribeiro

17. O JUÍZO DE ADMISSIBILIDADE DOS RECURSOS EM PRIMEIRO GRAU NO NOVO CPC: CABIMENTO NO DIREITO PROCESSUAL DO TRABALHO 135
Maria Doralice Novaes

18. EMBARGOS DE DECLARAÇÃO NO PROCESSO DO TRABALHO E AS ALTERAÇÕES DA LEI N. 13.015, DE 21 DE JULHO DE 2014 – REFLEXOS NO PROCESSO DO TRABALHO DA DISCIPLINA DOS EMBARGOS DE DECLARAÇÃO DO NOVO CPC 139
Denise Alves Horta

19. NOVA CONFIGURAÇÃO DE TERCEIRIZAÇÃO: SÚMULA N. 331 DO TST *VERSUS* PL N. 4.330/2004 155
Maria Laura Franco Lima de Faria

20. LIBERAÇÃO DO ESCRAVAGISMO "EVOLUÍDO": UM DÉBITO SOCIAL AINDA SEM PAGAMENTO . 161
Manoel Edilson Cardoso e Roberto Wanderley Braga

21. TRABALHO SEGURO: A NECESSIDADE DE PREVENÇÃO DO ACIDENTE DE TRABALHO 169
Silvia Regina Pondé Galvão Devonald

PREFÁCIO

Esta é a primeira edição da Obra Coletiva do Colégio de Presidentes e Corregedores dos Tribunais Regionais do Trabalho – COLEPRECOR.

A Obra Coletiva deve conter, conforme previsto no Regimento Interno do COLEPRECOR prioritariamente, estudos produzidos pelos integrantes ou ex-integrantes do Colégio e ora nasce, por iniciativa e intensa dedicação da Exmª Desembargadora Denise Alves Horta, Corregedora do Tribunal Regional do Trabalho – TRT da 3ª Região e Vice-Presidente do COLEPRECOR, que integra comissão formada para atender à previsão regimental de edição da Obra Coletiva, composta, também, pelos Exmos Desembargadores Vice-Presidente e Corregedor do TRT da 16ª Região, James Magno Araújo Faria, e Presidente e Corregedor do TRT da 23ª Região, Edson Bueno de Souza, que voltaram seu precioso tempo ao cumprimento da tarefa assumida.

Este é, portanto, o início de uma caminhada, que merece ficar marcada, sendo que cabe a mim, além disso, tentar delinear, desde os seus primórdios, as veredas que tem desbravado e trilhado o COLEPRECOR.

Enquanto o Brasil vivia a efervescência política e social que a Constituinte trouxe ao país, juízes do trabalho buscavam seu espaço e o reconhecimento da Justiça do Trabalho (JT) com a criação, em 1987, do Colégio de Presidentes e Corregedores de Tribunais Regionais do Trabalho, o COLEPRECOR, que é órgão de aglutinação entre as administrações dos tribunais do trabalho no país.

O COLEPRECOR prestou, em 15 de dezembro de 1989, justa homenagem ao Exmº Desembargador do Trabalho Ronald Olivar de Amorim e Souza, um dos seus idealizadores e fundadores, o primeiro coordenador da entidade, no lapso de 1987 a 1989. O Desembargador Ronald Amorim faleceu no dia 10 de junho de 2015, tendo iniciado sua trajetória na Justiça do Trabalho como servidor, investido na magistratura trabalhista em 1966, galgando a segunda instância, por merecimento, tendo ocupado, no Tribunal Regional do Trabalho da 5ª Região (TRT5), os cargos de vice-presidente (1985/1987) e presidente (1987/1989), aposentando-se em agosto de 1997.

Outros gestores pioneiros do Colégio, Desembargadores do Trabalho de mesmo talento e brilho, se aliaram ao Desembargador Ronald Amorim, como Fernando Tasso Fragoso Pires (Presidente do TRT1 – biênio 1989/1990); José Teófilo Vianna Clementino (Presidente do TRT1 – 1987/1988; Rubens Ferrari e Helder Almeida de Carvalho (Presidentes do TRT2 – 1986/1988 e 1988/1990, respectivamente); Renato Moreira Figueiredo (Presidente do TRT3 – 1987/1989); Fernando Antonio Barata Silva (Presidente do TRT4 – 1987/1989); Arthur Francisco Seixas dos Anjos (Presidente do TRT8 – 1986/1988); Lygia Simão Luiz Oliveira (Presidente do TRT8 – 1988/1990); José Montenegro Antero (Presidente do TRT9 – 1986/1988); Leonardo Abage (Presidente do TRT9 – 1988/1989); Oswaldo Florêncio Neme e Heloísa Pinto Marques (Presidentes do TRT10 – 1986/1988 e 1988/1990, respectivamente); Pedro Benjamim Vieira (Presidente do TRT156 – 1988/1990); Fernando José Cunha Belfort (Presidente do TRT16 – 1989/1991).

Vinte e oito anos depois, o Colégio é uma entidade viva, respeitada, e alcançou grande importância na tomada de decisões de toda a Justiça Obreira do Brasil, com a participação efetiva e frequente dos seus membros, Presidentes e Corregedores dos TRTs, e dos seus membros de honra, o Presidente do Tribunal Superior do Trabalho (TST) e o Corregedor-Geral da Justiça do Trabalho nas reuniões que promove, com regularidade ordinariamente mensal, conquanto previstas regimentalmente para acontecerem de dois em dois meses.

A entidade surgiu diante da necessidade de aproximar os magistrados trabalhistas, principalmente os oriundos de regiões mais distantes da capital da República, da administração do TST, responsável pelo orçamento e distribuição de verba de toda a JT e pela jurisprudência assentada, tema constante nos debates do COLEPRECOR.

A defesa dos princípios, prerrogativas e funções institucionais da Justiça do Trabalho, especialmente dos Tribunais Regionais do Trabalho (TRTs), é um dos principais objetivos do Colegiado, que faz a intermediação nas relações da Justiça Trabalhista com os Poderes Executivo, Legislativo ou Judiciário, ou seus órgãos, sob a forma de moções ou reivindicações, conforme decidido pelo Colegiado, buscando aperfeiçoar a prestação jurisdicional e otimizando a administração dos Regionais, sem prejuízo da representatividade do TST.

Relevante que o COLEPRECOR aponta, por eleição em suas reuniões, o nome de Desembargador Presidente de Tribunal para tomar assento como membro do Conselho Superior da Justiça do Trabalho – CSJT, representando as regiões geográficas do nosso gigante Brasil.

É fato que a integração hoje existente entre os TRTs de todo o território nacional é conquista do COLEPRECOR, que sempre busca o intercâmbio de experiências, tanto na área judiciária como na administrativa, cumprindo fielmente seus objetivos.

E muito tem sido feito. A comemoração dos setenta anos da JT foi iniciativa da entidade, de abrangência nacional, uma dentre tantas propostas que mudaram, para melhor, a vida dos tribunais, como a luta travada por presidentes e corregedores pela majoração do número de cargos de magistrados e servidores, de funções e criação de novas varas, papel em que, juntos, objetivam a melhoria do atendimento à população que procura diariamente a Justiça do Trabalho como última tentativa de obter seus pretensos direitos vilipendiados.

A realidade constatada na Justiça Laboral ultrapassa livros e doutrinas e perante o avanço tecnológico trazido pelo Processo Judicial Eletrônico – PJe-JT, o COLEPRECOR promove debates e palestras para a discussão de temas que afetam o dia a dia do jurisdicionado, direta ou indiretamente, visando sanar as dificuldades compartilhadas.

A ajuda organizadora do COLEPRECOR, que apresenta questionamentos e sugestões de toda ordem trazidos pelos magistrados, servidores e advogados que atuam diretamente com o sistema processual eletrônico, tem permitido o aprimoramento do PJe-JT, originando suas sucessivas versões.

Também, rotineiramente, nas reuniões do COLEPRECOR entram em pauta matérias, como recentemente se fez com a segurança dos magistrados, a aplicação da Lei nº 13.015/2014 e a técnica de julgamento dos recursos repetitivos trazendo a força obrigatória dos precedentes judiciais, esta última, se tornando assunto de palestra proferida pelo ministro Cláudio Brandão, do TST.

O Colégio debateu, elaborou e apresentou proposta de alteração da Resolução nº 63/2010, do Conselho Superior da Justiça do Trabalho – CSJT, que padroniza a estrutura das varas trabalhistas em todos os regionais e afeta o funcionamento dessas unidades judiciárias.

O estudo aprofundado de temas jurídicos e de questões judiciais de repercussão em mais de um estado da Federação estão entre as metas atuais do Colégio, que busca a uniformização de entendimentos e procedimentos, respeitando a autonomia e peculiaridades locais.

No Congresso Nacional, o COLEPRECOR se fez representar perante diversos parlamentares, entre os quais os Deputados Federais Alice Portugal, Amauri Teixeira, Antonio Brito, Cláudio Cajado, João Leão, José Nunes, José Rocha e Paulo Magalhães, além do Senador Walter Pinheiro, solicitando apoio a Projetos de Lei em trâmite no Legislativo – PLs 8, 9, 17, 24, que contemplam remanejamento e acréscimo de recursos orçamentários para os Tribunais Regionais do Trabalho das 1ª, 3ª, 4ª, 5ª 6ª, 7ª, 8ª, 9ª, 13ª, 15ª, 18ª 23ª e 24ª Regiões. Na mesma data, os PLs foram aprovados.

Em março de 2015, a visita do COLEPRECOR aos Conselheiros do Conselho Nacional de Justiça – CNJ Saulo José Casali Bahia e Fabiano Augusto Martins Silveira – tratou do Processo CNJ-PAM-1746-10.2012.2.0.000, que busca criação de um cargo de Desembargador do Trabalho para os TRTs das 14ª, 16ª, 19ª, 20ª, 22ª e 23ª Regiões.

Recentemente, o COLEPRECOR oficiou os 81 Senadores pleiteando apoio ao Projeto de Lei do Plano de Cargos e Salários dos Servidores do Judiciário Federal – PLC n. 28/2015 e interferiu, pessoalmente, junto aos senadores baianos Walter Pinheiro, Lídice da Mata e Otto Alencar, solicitando apoio para aprovação do PLC 28, em que o Supremo Tribunal Federal objetiva a recomposição salarial dos servidores do judiciário federal. O PLC foi aprovado, no dia 30.6.2015, à unanimidade, pelo Senado Federal, seguindo para análise da Presidente da República.

As atividades do COLEPRECOR são imensas, como suas responsabilidades agregadoras. Desejo-lhe uma vida fértil e longevidade à sua literatura jurídica.

Valtércio Ronaldo de Oliveira
Desembargador Presidente do Coleprecor.
Desembargador Presidente do TRT5.

INTRODUÇÃO

Sinto-me honrado com o enaltecedor convite formulado pelo Colégio de Presidentes e Corregedores do Judiciário do Trabalho – COLEPRECOR para proporcionar breves palavras introdutórias à esta relevante obra coletiva elaborada pelos desembargadores que integram aquele Colegiado, intitulada **"O Poder Judiciário Trabalhista na Atualidade – Temas Relevantes"**.

Não obstante a função precípua do COLEPRECOR acentuadamente voltada ao aprimoramento da gestão administrativa dos tribunais do trabalho, o elevado comprometimento dos seus integrantes com os temas afetos ao panorama jurídico da Justiça do Trabalho serviu de estímulo para a concretização dessa elevada contribuição coletiva voltada à cultura jurídica processual trabalhista do nosso País.

Esta obra traz em seu bojo artigos que permeiam temas complexos e contemporâneos, propiciadores de uma reflexão crítica, qualificada e aprofundada, forjada na perspectiva de magistrados com vasto conhecimento e notória experiência jurídica.

Constata-se a destacada preocupação com a abordagem analítica e comparativa entre o novo Diploma Processual Civil – que se encontra em *vacatio legis* –, e institutos homólogos do Direito Processual do Trabalho, com vistas a discernir quais parâmetros irão balizar a dogmática normativa na seara processual do Judiciário do Trabalho.

Essa temática efervescente fomenta acalorados debates e tem repercutido em inúmeros eventos científicos, haja vista que algumas normas positivadas no novo Código Processual Civil conflitam com os posicionamentos já consolidados na doutrina e na jurisprudência do processo laboral.

Iniciativa dessa magnitude é merecedora de encômios e de destaque.

A par disso, gostaria de colher do ensejo para tecer breves considerações sobre um tema de relevo para a estrutura orgânica do Judiciário do Trabalho e, por conseguinte, do próprio sistema processual trabalhista.

Refiro-me ao conteúdo da Proposta de Emenda Constitucional n. 32/2010, que tramitou inicialmente no Senado, onde fora aprovada em dois turnos, conforme votação realizada no mês de março de 2015, e que agora está em apreciação na Câmara Federal, identificada como Proposta de Emenda Constitucional n. 11/2015.

Essa proposição se fez necessária porque o Constituinte originário, ao estruturar, no seu artigo 92, a organização do Poder Judiciário, não fez expressa referência ao Tribunal Superior do Trabalho como órgão integrante desse sistema, como o fizera em relação ao Superior Tribunal de Justiça.

Como é cediço, o Tribunal Superior do Trabalho é o órgão de cúpula do Judiciário Trabalhista e desempenha, no âmbito de suas competências, a primazia da uniformização da jurisprudência entre os 24 (vinte e quatro) Tribunais Regionais, com a prerrogativa de chancelar a palavra final quanto à interpretação legislativa do direito material e processual infraconstitucional do trabalho.

O Tribunal Superior do Trabalho – TST, portanto, guarda estreita similaridade com o Superior Tribunal de Justiça – STJ no exercício de suas funções jurisdicionais, o que torna necessária e desejável a sua explicitação no Texto Constitucional, em idêntica paridade.

Essa iniciativa também se revela louvável por trazer para o arcabouço constitucional a especificação, dentre os requisitos para a nomeação como ministro do TST, de o candidato possuir notável saber jurídico e reputação ilibada, predicados esses já exigidos para o ingresso no STJ e no STF, mas que não foram referenciados ao se tratar da composição da Corte Superior Trabalhista, sobretudo com a promulgação da Emenda Constitucional n. 24/99.

Por fim, perfilhando esse desiderato de conceder tratamento constitucional igualitário a tribunais superiores de mesma dimensão, a Proposta de Emenda Constitucional em apreço também contempla a inserção do parágrafo terceiro ao art. 111-A da Constituição, para atribuir ao Tribunal Superior do Trabalho a competência para "processar e julgar, originariamente, a reclamação para preservação de sua competência e garantia da autoridade de suas decisões", como ocorre com o STJ e o STF.

Esse atributo, além de preservar a similitude dos órgãos jurisdicionais superiores, mostra-se salutar para dissipar eventuais intercorrências, principalmente após o advento da Lei n. 13.015/2014, que outorgou nova disciplina aos recursos trabalhistas e concebeu tratamento diferenciado para a uniformização de jurisprudência dos tribunais e para o julgamento dos recursos repetitivos.

Como referido, a PEC n. 11/2015 encontra-se atualmente em trâmite na Câmara, aguardando deliberação da Comissão Especial criada em 13 de maio de 2015. Essa Comissão já está com sua composição concluída e a expectativa é a de que o tema seja brevemente deliberado e aprovado, à semelhança do tratamento recebido no Senado.

Esse almejado desfecho certamente redundará no fortalecimento do Judiciário do Trabalho, equalizando a dimensão constitucional de que é legitimamente merecedor.

Ministro Antonio José de Barros Levenhagen
Presidente do Tribunal Superior do Trabalho e
do Conselho Superior da Justiça do Trabalho.

MÉTODOS ALTERNATIVOS DE SOLUÇÃO DE CONFLITOS LABORAIS: VIABILIZAR A JURISDIÇÃO PELO PRESTÍGIO À NEGOCIAÇÃO COLETIVA(*)

Ives Gandra da Silva Martins Filho(**)

I. INTRODUÇÃO: CONVERGÊNCIAS E DIVERGÊNCIAS EM TORNO DOS MELHORES CAMINHOS PARA A SOLUÇÃO DOS CONFLITOS LABORAIS

Numa **sociedade democrática e plural** é natural a **convivência sadia com as divergências**, numa dialética que, apresentando a todos os agentes transformadores da realidade os **diferentes ângulos dos problemas** existentes, aporte contributos significativos para a sua melhor solução.

Como costuma repetir o dileto colega do TST, Ministro **Lelio Bentes Corrêa**, hoje ilustre integrante do Conselho Nacional de Justiça, o bom convívio em nossa Corte não se dá **apesar de nossas divergências, mas precisamente com elas.** O enriquecimento pessoal e institucional oriundo da variadíssima composição da Corte Suprema Trabalhista, com **visões distintas** de quem vem do Norte ou do Sul do país, da magistratura de carreira, da advocacia ou do Ministério Público, é elemento a ser valorizado. Mais ainda: é garantia de uma maior segurança no momento de julgar, por permitir que **não escape algum aspecto relevante** que poderia ficar esquecido, se as origens e visões fossem as mesmas.

Por outro lado, **conviver com divergências é uma arte**, que demonstra na prática o espírito democrático e republicano que cada um traz em si num colegiado. Daí ser uma das máximas mais repetidas por outro dileto colega do TST, hoje aposentado e que presidiu nossa Corte com serenidade e firmeza, o Ministro **Ríder Nogueira de Brito**, que *"o maior patrimônio que temos num Tribunal é o bom convívio entre os seus membros"*. Esse ótimo convívio existente no TST, sem dúvida modelo para as demais Cortes Laborais do país, se dá justamente no modo como as **diferentes visões se conjugam** para **formar e reformar** a jurisprudência uniformizadora do entendimento em torno da interpretação da legislação laboral.

Nesse contexto, o que se nota, em primeiríssimo lugar, são as **convergências** claras, no âmbito do Judiciário Laboral, quanto aos **fins** da legislação social e da Justiça do Trabalho: a **proteção do trabalhador** e a **harmonização dos conflitos trabalhistas**. Ou, dito com outras palavras, uma **maior inclusão social** pela empregabilidade, com **menor degradação** das condições de trabalho pela dignificação do trabalho humano e da pessoa do trabalhador.

Onde surgem as **divergências** naturais é quanto aos **meios** de se chegar a esses fins: a maior ou menor **intervenção estatal no domínio econômico** para estabelecer regras de contratação e desenvolvimento das relações laborais e o maior ou menor **ativismo judiciário** no momento de interpretar e aplicar essas normas jurídicas. A dificuldade está em se chegar à medida certa e equilibrada de intervencionismo e ativismo, que atinja os fins esperados da forma mais segura, menos traumática

---

(*) Roteiro desenvolvido de Palestra ministrada no **I Seminário Internacional de Direito do Trabalho** realizado pelo **Instituto dos Advogados Brasileiros – IAB** em sua sede na cidade do Rio de Janeiro no dia 16 de julho de 2015, que teve como temática global "Os Novos Contornos do Direito do Trabalho na Crise Econômica do Século XXI: Análise dos Contextos Brasileiro e Europeu".

(**) Ministro Vice-Presidente do Tribunal Superior do Trabalho, Mestre e Doutor em Direito, pela UnB e UFRGS, Membro da Academia Brasileira de Direito do Trabalho e Professor dos Cursos de Pós-Graduação do IDP, IICS e ENAMAT.

e realmente efetiva. A receita desse equilíbrio perfeito ainda está por ser descoberta.

Nesse sentido, as concisas e despretensiosas **reflexões** que se seguem são desenvolvidas precisamente em torno dos fins e dos meios da Justiça, confrontando soluções que têm sido adotadas ou rejeitadas e seus reflexos quanto ao atingimento dos fins almejados.

Ao começar essas reflexões, a imagem da bandeira do TST, que tremula em frente de seu edifício sede e que engalana cada uma das salas de sessão da Corte, ostentando o dístico *"Opus Iustitiae Pax"*, extraído de Isaías 32, 17, é paradigmática: lembra a **missão existencial** não só da **Justiça do Trabalho**, mas de todo o Poder Judiciário: a **pacificação social**.

O **juiz**, e especialmente o do trabalho, é e deve ser, fundamentalmente, um **pacificador**. Nem legislador, nem protetor ou defensor, mas **harmonizador** das relações sociais e trabalhistas. Deve interpretar e aplicar **imparcialmente** uma legislação que já é, de per si, parcial e protetiva, do contrário já não é juiz, mas advogado de uma das partes, acirrando, em vez de pacificar, os conflitos sociais. Nesse sentido, o Min. **Marco Aurélio** se manifestava recentemente:

> *"Quando estava na Justiça do Trabalho, egresso, é certo, do Ministério Público, repetia sempre que protecionista não é o julgador, mas a lei"* (voto no RE 590.415-SC, p. 49 do acórdão).

Duas **tentações** acossam o juiz do trabalho, podendo comprometer a prestação jurisdicional e a pacificação social: substituir-se ao legislador, e pensar que a intervenção judicial é a forma por excelência da solução dos conflitos sociais.

São duas tentações reais e que fazem alguns tropeçar, gerando **insegurança jurídica** pela extrapolação dos parâmetros legais e um sistema Judiciário notavelmente **paternalista**, que considera conhecer melhor o que é bom para as partes do que elas mesmas, a par de tornar irresponsáveis os sindicatos que firmam acordos anulados pela Justiça.

Esta segunda tentação é que se deve vencer, reconhecendo que a jurisdição não é nem a única, nem a melhor forma de composição dos litígios em sociedade. A história e nossa própria tradição e Constituição preveem como formas de solução dos conflitos sociais e especialmente os trabalhistas a **conciliação**, a **mediação** e a **arbitragem** (CF, art. 114, §§ 1º e 2º), prestigiando-se os **acordos e convenções coletivas** (CF, art. 7º, XXVI).

O objeto primordial das presentes reflexões será, pois, a **relação entre a jurisdição e os meios alternativos de composição dos conflitos sociais**: se têm sido bem aproveitados ou esquecidos, em detrimento de uma mais célere e eficaz prestação jurisdicional.

II. O DESPRESTÍGIO ATUAL DOS MEIOS ALTERNATIVOS DE COMPOSIÇÃO DE LITÍGIOS LABORAIS

Infelizmente, a nosso sentir, os meios alternativos de composição dos conflitos sociais têm sido reiteradamente descartados e desprestigiados na seara trabalhista:

a) o STF considerou inconstitucional a exigência legal da passagem obrigatória dos dissídios individuais pelas **comissões de conciliação prévia** (ADI 2139 MC e 2160 MC, de 2009);

b) a Justiça do Trabalho, a par de considerar inviável a **arbitragem** para dissídios individuais, tem **anulado sem número de acordos e convenções coletivas**, como se verá a seguir, elastecendo sobremaneira o conceito de direitos trabalhistas indisponíveis e reduzindo substancialmente a autonomia negocial coletiva.

Com efeito: em que pese as normas instituidoras das **comissões de conciliação prévia** terem tido a cautela de exigir um pronunciamento dessas CCPs no **prazo máximo de 10 dias**, sob pena de liberação do empregado para buscar o Judiciário (CLT, art. 625-F e seu parágrafo único), e abrir a exceção de **motivo relevante** para não passar pela CCP (CLT, art. 625-D, § 3º), que poderia ser inclusive o fato, alegado em geral para desqualificar as CCPs, de constituição espúria da comissão, ou de ônus financeiro ou de deslocamento longo do empregado, a Suprema Corte entendeu que tal pressuposto processual de validade do processo atentaria contra a garantia de **acesso ao Judiciário**, assegurada pelo art. 5º, XXXV, da CF.

Não seria o caso de uma revisitação dessa orientação jurisprudencial da Suprema Corte, em face do efeito catastrófico de se ter afastado qualquer instância prévia de autocomposição dos dissídios individuais, levando a um aumento substancial das demandas trabalhistas, não assimilável adequadamente pela Justiça do Trabalho, com os recursos humanos e materiais de que dispõe? Certo é que houve abusos na constituição de muitas dessas comissões, com cobrança de taxas e falta de caráter paritário em suas composições. Mas uma fiscalização mais efetiva de seu funcionamento não poderia revitalizá-las?

Em boa hora veio o **novo CPC** a criar uma nova figura de **auxiliares da Justiça**, consistente nos **conciliadores e mediadores**, prevendo que os tribunais criem os **centros judiciários de solução consensual dos conflitos** (art. 165) e mencionando as **câmaras privadas de conciliação e mediação** (art. 167), sem exclusão de **outras formas de conciliação e mediação extrajudiciais** (art. 175), como seriam as **comissões de conciliação prévia** trabalhistas (CLT, arts. 625-A a 625-H).

O receio que se poderia ter desses "centros judiciários de solução consensual de conflitos" na Justiça do Trabalho, o mesmo que rondou o Judiciário Laboral quando da discussão da Emenda Constitucional n. 45/04, que previa organismos de conciliação para a Justiça do Trabalho (§ 3º do art. 115 da PEC da Reforma do Judiciário, não aprovado), era o da **volta dos juízes classistas**, vocalato expurgado da Justiça do Trabalho pela Emenda Constitucional n. 24/99. No entanto, a nova figura, tal como prevista pela Lei n. 13.105/15, contempla duas formas de **arregimentação** dos conciliadores e mediadores: o concurso público (art. 167, §§ 2º e 6º) ou o registro em cadastro, precedido de curso específico para capacitação como conciliador e mediador (art. 167, §§ 1º e 5º).

Nesse sentido, seria de se pensar na adoção da sistemática pela Justiça do Trabalho, especialmente como **trabalho voluntário** (art. 169, § 1º) de aposentados ou prestigiando câmaras privadas de conciliação e mediação, uma vez que, podendo adotar técnicas negociais mais eficazes (art. 166, § 3º) e regras procedimentais mais flexíveis (art. 166, § 4º), podem contribuir substancialmente para **desafogar a Justiça do Trabalho** do excesso de demanda que recebe atualmente e que não dá conta de assimilar.

A mesma preocupação quanto ao desprestígio das **comissões de conciliação prévia**, contempladas pela CLT, pelo STF nos assalta em relação à **vedação à arbitragem em dissídios individuais** formulada pelo TST, quando a lei da arbitragem estabelece, logo em seu art. 1º, que *"as pessoas capazes de contratar poderão valer-se da arbitragem para dirimir litígios relativos a direitos patrimoniais disponíveis"* (Lei n. 9.307/96). Ora, afastar, de plano, a arbitragem em dissídios laborais individuais seria afirmar **que todo o universo de direitos laborais tenha natureza indisponível**, o que não condiz com a realidade.

Interessante notar que o **veto presidencial** ao § 4º do art. 4º da Lei n. 9.307/96, alterado pelo art. 1º da Lei n. 13.129/15, o qual previa expressamente a **arbitragem como meio alternativo de composição de litígio trabalhista em relação a empregados que ocupassem cargos de direção e administração de empresas**, fundou-se especialmente no **princípio da isonomia**, considerando discriminatória a arbitragem apenas em relação a tais empregados.

De qualquer forma, em ações trabalhistas que tenham por reclamada **embaixada, representação diplomática ou organismo internacional** que gozem de **imunidade de jurisdição** (Orientação Jurisprudencial n. 416 da SDI-1 do TST), especialmente na fase de execução, talvez a saída seja a arbitragem ou a mediação do Itamaraty, visando a que o trabalhador brasileiro que neles se empregue possa vir a receber seus haveres trabalhistas reconhecidos judicialmente. Do contrário, continuarão a ganhar e não levar.

Por outro lado, a marca distintiva da análise, pela Justiça do Trabalho, das normas estatuídas em **convenções e acordos coletivos** tem sido a de uma **concepção omniabrangente da indisponibilidade dos direitos trabalhistas**, não só na seara dos dissídios individuais, mas igualmente na dos coletivos. Apenas a título de exemplo, poderíamos citar as seguintes cláusulas que têm sido anuladas pelo TST, sem que haja ao menos a correspondente anulação da vantagem compensatória concedida pelo empregador para a instituição da cláusula anulada: a) supressão, redução ou alteração da base de cálculo das horas *in itinere*; b) divisor de horas extras; c) majoração de carga horária em face de transferência de setor por automação de serviços; d) desconsideração da hora noturna reduzida em jornada de 12x36; e) pagamento englobado de horas extras, diárias e comissões; f) integração do prêmio produtividade ao salário; g) retenção de parte da gorjeta pelo empregador; h) quitação de passivo trabalhista em PDV etc.

Diante de tal quadro jurisprudencial refratário à flexibilização de direitos trabalhistas, o Governo, acossado por empresários e centrais sindicais, diante do contexto econômico de recessão por que passa atualmente o país, com aumento significativo da inflação e do desemprego e redução da produtividade, editou a **Medida Provisória 680/15**, instituindo o **Programa de Proteção ao Emprego** (PPE), com a finalidade explícita, além da preservação de empregos (art. 1º, I) e da recuperação econômico-financeira das empresas (art. 1º, II), de **fomento à negociação coletiva** (art. 1º, V).

O que impressiona no texto da MP 680/15 é o fato de que o referido Plano vem **recordar o que a Constituição Federal já diz com todas as letras**, mas que a Justiça do Trabalho talvez tenha olvidado, imbuída que está de sua missão protetiva do trabalhador: que é **possível flexibilizar salário e jornada** em períodos de retração econômica global ou setorial, mediante negociação coletiva (CF, art 7º, VI, XIII, XIV e XXVI), a bem do próprio trabalhador.

O que a MP propõe é que empresas e sindicatos, para preservar empregos, **reduzam jornadas e salários em até 30%** (art. 3º), mediante **acordos coletivos de trabalho** (§ 1º), sendo que o governo colaborará com os trabalhadores, destinando **recursos do FAT** (Fundo de Amparo ao Trabalhador) para compensar parte da perda salarial havida (art. 4º e § 1º).

Ou seja, a MP n. 680/15, excepcionada a menção à ajuda do FAT, constitui pura e simplesmente a **repetição, em nível infraconstitucional, do que dispõe a Carta Magna** quanto à **flexibilização das normas legais que dispõem sobre jornada e salário, mediante tutela sindical. E não veio sem tempo, pois a recordação, como veremos abaixo, também está vindo de nossa Suprema Corte.

III. VISÃO DO STF SOBRE OS LIMITES DA AUTONOMIA NEGOCIAL COLETIVA

Recentemente, o STF, exercendo o **controle de constitucionalidade** das decisões judiciais da Justiça do Trabalho, veio a traçar **limites menos restritivos à autonomia negocial coletiva**, ao considerar válida cláusula que admitia quitação geral de passivo trabalhista por adesão a Plano de Desligamento Voluntário promovido por Banco, mediante acordo coletivo de trabalho (cfr. RE 590.415-SC, Rel. Min. **Luis Roberto Barroso**, julgado em 30.04.15), com fundamentação que expõe os problemas de uma visão restritiva da negociação coletiva:

VI. A RELAÇÃO ENTRE NEGOCIAÇÃO COLETIVA E DEMOCRACIA: A MAIORIDADE CÍVICA DO TRABALHADOR
26. A negociação coletiva é uma forma de superação de conflito que desempenha função política e social de grande relevância. De fato, ao incentivar o diálogo, ela tem uma atuação terapêutica sobre o conflito entre capital e trabalho e possibilita que as próprias categorias econômicas e profissionais disponham sobre as regras às quais se submeterão, garantindo aos empregados um sentimento de valor e de participação. É importante como experiência de autogoverno, como processo de autocompreensão e como exercício da habilidade e do poder de influenciar a vida no trabalho e fora do trabalho. É, portanto, um mecanismo de consolidação da democracia e de consecução autônoma da paz social.
*27. O reverso também parece ser procedente. A **concepção paternalista** que recusa à categoria dos trabalhadores a possibilidade de tomar as suas próprias decisões, de aprender com seus próprios erros, **contribui para a permanente atrofia de suas capacidades cívicas** e, por consequência, para a exclusão de parcela considerável da população do debate público. (...)*
*28. Nessa linha, **não deve ser vista com bons olhos a sistemática invalidação dos acordos coletivos de trabalho com base em uma lógica de limitação da autonomia da vontade exclusivamente aplicável às relações individuais de trabalho**. Tal ingerência viola os diversos dispositivos constitucionais que prestigiam as negociações coletivas como instrumento de solução de conflitos coletivos, além de recusar aos empregados a possibilidade de participarem da formulação de normas que regulam as suas próprias vidas. Trata-se de postura que, de certa forma, **compromete o direito de serem tratados como cidadãos livres e iguais**.*
29. Além disso, o voluntário cumprimento dos acordos coletivos e, sobretudo, a atuação das partes com lealdade e transparência em sua interpretação e execução são fundamentais para a preservação de um ambiente de confiança essencial ao diálogo e à negociação. O reiterado descumprimento dos acordos provoca seu descrédito como instrumento de solução de conflitos coletivos e faz com que a perspectiva do descumprimento seja incluída na avaliação dos custos e dos benefícios de se optar por essa forma de solução de conflito, podendo conduzir à sua não utilização ou à sua oneração, em prejuízo dos próprios trabalhadores. (...)
*48. **Não socorre a causa dos trabalhadores a afirmação, constante do acórdão do TST** que uniformizou o entendimento sobre a matéria, de que "o empregado merece proteção, inclusive, contra a sua própria necessidade ou ganância". Não se pode tratar como absolutamente incapaz e inimputável para a vida civil toda uma categoria profissional, em detrimento do explícito reconhecimento constitucional de sua autonomia coletiva (art. 7º, XXVI, CF). **As normas paternalistas, que podem ter seu valor no âmbito do direito individual, são as mesmas que atrofiam a capacidade participativa do trabalhador no âmbito coletivo e que amesquinham a sua contribuição para a solução dos problemas que o afligem**. É através do respeito aos acordos negociados coletivamente que os trabalhadores poderão compreender e aperfeiçoar a sua capacidade de mobilização e de conquista, inclusive de forma a defender a plena liberdade sindical. Para isso é preciso, antes de tudo, respeitar a sua voz (grifos nossos)"*(grifos nossos).

A própria ementa do julgado deixa claro como a Suprema Corte tem no **prestígio à negociação coletiva** um dos pilares da democracia brasileira:

DIREITO DO TRABALHO. ACORDO COLETIVO. PLANO DE DISPENSA INCENTIVADA. VALIDADE E EFEITOS. (...) 3. No âmbito do direito coletivo do trabalho não se verifica a mesma situação de assimetria de poder presente nas relações individuais de trabalho. Como consequência, a autonomia coletiva da vontade não se encontra sujeita aos mesmos limites que a autonomia individual. 4. A Constituição de 1988, em seu art. 7º, XXVI, prestigiou a autonomia coletiva da vontade e a autocomposição dos conflitos trabalhistas, acompanhando a tendência mundial ao crescente reconhecimento dos mecanismos de negociação coletiva, retratada na Convenção n. 98/1949 e na Convenção n. 154/1981 da Organização Internacional do Trabalho. O reconhecimento dos acordos e convenções coletivas permite que os trabalhadores contribuam para a formulação das normas que regerão a sua própria vida (...)".

O que mais impressiona na orientação atual da jurisprudência trabalhista é o fato de se fazer letra morta do **art. 7º, VI, XII e XIV, da CF**, quando admite a **flexibi-**

lização da legislação trabalhista mediante negociação coletiva, sob tutela sindical, quando se tratar de **salário e jornada de trabalho**, e as Cortes Trabalhistas substituírem a tutela sindical pela tutela judicial, anulando cláusulas que não se referem absolutamente a direitos indisponíveis dos trabalhadores, já que ligados exclusivamente à dimensão econômica de direitos trabalhistas (base de cálculo de vantagem salarial, divisor de horas extras, natureza salarial de parcela remuneratória, forma de pagamento de horas de transporte etc.).

Tratasse de **normas de medicina e segurança do trabalho, processuais ou relativas a direito de terceiros** (como FGTS), obviamente não haveria margem para a flexibilização. Mas tratando-se de salário e jornada, com vantagens compensatórias ofertadas pelas empresas para flexibilizar determinados direitos, não há como se falar em nulidade das cláusulas. E muito menos anulação apenas das cláusulas desvantajosas ao trabalhador, sem a anulação do próprio negócio jurídico materializado no acordo ou convenção coletiva, já que fruto de mútuas concessões, ou a anulação concomitante das vantagens compensatórias outorgadas pelo setor patronal.

Nesse sentido seguiu o voto do Min. **Teori Zavascki**, no supracitado precente do STF:

> *Considerando a natureza eminentemente sinalagmática do acordo coletivo, a anulação de uma cláusula tão sensível como essa demandaria certamente a ineficácia do acordo em sua integralidade, inclusive em relação às cláusulas que beneficiam o empregado. Aparentemente, o que se pretende é anular uma cláusula, que poderia ser contrária ao interesse do empregado, mas manter as demais. Não vejo como, num acordo que tem natureza sinalagmática, fazer isso sem rescindir o acordo como um todo* (p. 39-40 do inteiro teor do acórdão).

Ora, a linha exegética do ordenamento constitucional trabalhista seguida pela Justiça do Trabalho, a par de contrariar, no ver da Suprema Corte, expressas autorizações constitucionais, mostra-se, na dicção de um de seus ministros, fundamentalmente **injusta ao anular parcialmente os acordos, somente no que é desvantajoso para o empregado,** e introduz no sistema uma **insegurança jurídica** que só tem contribuído para desestimular a negociação coletiva.

Não é por menos que o Pretório Excelso alerta, no referido precedente, para *"a sistemática invalidação dos acordos coletivos de trabalho",* que *"viola os diversos dispositivos constitucionais que prestigiam as negociações coletivas como instrumento de solução de conflitos coletivos"* (item 28 do voto do Relator). E o Min. **Gilmar Mendes**, em seu voto no mencionado precedente, **refere expressamente as autorizações constitucionais para flexibilização de salário e jornada** constantes dos incisos VI, XIII e XIV do art. 7º, mencionando as críticas que os próprios sindicatos têm feito a esse protecionismo exacerbado da Justiça do Trabalho, concluindo:

> *Então, eu concluía, Presidente, dizendo que talvez o TST tenha de fazer uma reflexão com base no próprio Evangelho: talvez querendo fazer o bem, está fazendo o mal* (cfr. p. 46-48 do inteiro teor do acórdão).

Ou seja, as intenções são as melhores possíveis na busca da inclusão social e proteção e valorização do trabalhador, mas talvez os meios não estejam sendo os mais eficazes.

A orientação traçada pelo Supremo no referido precedente pode servir de bússola que recoloque nos trilhos a visão que se tem da **negociação coletiva** como meio alternativo de composição dos conflitos trabalhistas, fazendo perceber a diferença fundamental que existe entre o **protecionismo da lei** às relações individuais de trabalho e a lógica distinta que se aplica às relações coletivas sob tutela sindical, passíveis de mútuas concessões.

IV. PROTECIONISMO E SUBSIDIARIEDADE COMO PRINCÍPIOS LABORAIS COMPLEMENTARES

O **protecionismo judicial** do trabalhador pela Justiça do Trabalho tem ocasionado, como exemplo da lei newtoniana da ação e reação, posições também radicais de sinal trocado, como tem ocorrido no caso da temática da **terceirização**. O caso mais paradigmático de excessos em ambos os sentidos é o dos *call centers* em empresas de telecomunicações. A par de *call center* ser **nitidamente atividade-meio** em todos os segmentos produtivos (companhias aéreas, hospitais, bancos etc.), o que não poderia ser desconsiderado para as empresas de telecomunicações, só porque se utilizam de telefones em ambos os segmentos, o reconhecimento de vínculo direto dos empregados de *call centers* com estas últimas não se faz, s.m.j., sem atentado direto ao art. 94, II, da Lei n. 9.472/97. Daí porque o STF ter reconhecido repercussão geral da questão da *"possibilidade de recusa de aplicação do art. 94, II, da Lei n. 9.472/1997 em razão da invocação da Súmula n. 331 do Tribunal Superior do Trabalho, sem observância da regra de reserva de plenário",* consistente no **T-739** da Tabela de Temas de Repercussão Geral (ARE 791.932, Rel. Min. **Teori Zavascki**, DJ de 17.06.14).

E o Pretório Excelso foi ainda mais além, reconhecendo a repercussão geral de questão ainda mais ampla, referente à *"licitude da contratação de mão de obra terceirizada, para prestação de serviços relacionados com a atividade-fim da empresa tomadora de serviços, haja vista o que dispõe a Súmula 331 do Tribunal Superior do Trabalho e o alcance da liberdade de contratar na esfera trabalhista"*, consistente no **T-725** da Tabela de Temas de Repercussão Geral (ARE 713.211, Rel. Min. **Luiz Fux**, DJe de 06.06.2014), o que surpreendeu por estar o recurso extraordinário calcado em violação do **art. 5º, II, da CF**, que o STF, em regra, reputa não passível de vulneração direta.

O próprio PL n. 4.330/04 da Câmara dos Deputados, admitindo **terceirização de atividade-fim** sob a modalidade de locação de mão de obra, que ora se encontra sob apreciação do Senado Federal como PLC 30/15, que atenta contra princípios básicos do Direito do Trabalho, permitindo que trabalhadores laborem ombro a ombro na mesma tarefa, mas recebendo de forma diferente e sob regimes diferentes, é prova de uma reação desproporcionada à ação também superlativamente avessa a qualquer tipo de terceirização ostentada por significativa parcela da magistratura laboral, quando é possível, a nosso ver, encontrar o ponto de equilíbrio para estabelecer um **marco regulatório justo e seguro** para o fenômeno econômico irreversível da terceirização.

Com efeito, a nosso ver, o PL n. 4.330/04 comete dois **pecados mortais**, ao admitir **terceirização de atividade-fim**, quando fala de *qualquer atividade da contratante* como passível de terceirização (arts. 2º, 4º e 8º) e **ter deixado fora desse marco regulatório a terceirização no âmbito da administração pública** (art. 1º, § 2º), onde os abusos nos parecem maiores. Por outro lado possui **aspectos positivos** que não podem ser desprezados, quais sejam:

a) estabelecimento de um marco regulatório para os contratos de prestação de serviços a terceiros (art. 1º), do qual há muito se ressente o ordenamento jurídico pátrio;

b) exigência de um objeto social único para as terceirizadas (art. 2º, § 3º);

c) cobrança de garantias financeiras e controle mensal do cumprimento das obrigações trabalhistas, tributárias e previdenciárias por parte das terceirizadas (arts. 5º, 9º, 10, 16, 17 e 18);

d) isonomia de tratamento ambiental para empregados próprios e terceirizados em matéria de segurança, saúde, alimentação e transporte (arts. 12 e 13);

e) assunção de empregados pela terceirizada sucessora com mesmos direitos, garantidas as férias já adquiridas (art. 14);

f) responsabilidade solidária das tomadoras dos serviços (art. 15).

Participando recentemente como palestrante do Seminário Internacional sobre "Luggage, Handling & Catering", como parte da "Airport Infra Expo", em Guarulhos (15.07.2015), fui me convencendo das dificuldades de uma lei genérica sobre terceirização. Com efeito, mesmo que a nova lei faça a distinção entre atividade-fim e atividade-meio para distinguir a licitude da ilicitude de determinadas atividades terceirizadas, ao juiz caberá fazer a aplicação aos casos concretos, o que gerará as mais distintas interpretações.

Impressionou-me no seminário a exposição de palestrante inglês de empresa de serviços auxiliares de transporte aéreo voltada ao **carregamento de bagagens**. Toda a explanação era voltada a como tornar mais eficientes esses serviços, com vistas a uma meta claríssima: que passageiro e bagagens cheguem juntos e íntegros aos seus destinos! E eu me perguntava, ao ouvi-lo: a qualidade desse serviço será melhor se for parte de uma empresa vertical que gerencie todos os aspectos de um aeroporto ou parte da própria empresa aérea, ou se, tratando-se de uma empresa especializada, queira ampliar sua fatia de mercado pela maior segurança que oferece? É difícil saber. Mas parece claro que a **intervenção do Estado-juiz ou do Estado-legislador** limitando, nesses casos, a **liberdade de contratar**, tem impacto direto na qualidade dos serviços e no próprio empenho de empresários e trabalhadores na melhora de desempenho. E esse é apenas um exemplo entre centenas de segmentos e atividades terceirizáveis.

Nesse contexto, de busca do ponto de equilíbrio entre liberdade contratual e intervencionismo estatal, não é demais lembrar a necessidade de se conjugar os **princípios da proteção e da subsidiariedade** na intervenção do Estado no domínio econômico, quer seja como Estado-Legislador, Juiz ou Administrador. Nesse sentido são esclarecedoras as palavras do Papa **João Paulo II** em sua Encíclica ***Centesimus Annus***, comemorando os 100 anos da ***Rerum Novarum*** de **Leão XIII**, Carta Magna do Trabalhador:

> *"Não faltaram, porém, excessos e abusos que provocaram, especialmente nos anos mais recentes, fortes críticas ao Estado do bem-estar, qualificado como «Estado assistencial».* **As anomalias e defeitos, no Estado assistencial, derivam de uma inadequada compreensão das suas próprias tarefas.** *Também neste âmbito, se deve respeitar o* ***princípio de subsidiariedade:*** ***uma sociedade de ordem superior não deve interferir na vida interna de uma sociedade de ordem inferior, privando-a das suas competências, mas deve antes apoiá-la em caso de necessidade e ajudá-la a coordenar a sua ação com a das outras componentes sociais, tendo em vista o bem comum.*** *Ao intervir diretamente, irresponsabilizando a sociedade, o Estado assistencial provoca a perda de energias humanas e o aumento exagerado do sector estatal, dominando mais por lógicas burocráticas do que pela preocupação de servir os usuários com um acréscimo enorme das despesas"* (n. 48) (grifos nossos).

Em notável capítulo intitulado "A Grande Jornada do Catolicismo Social" (p. 162-222) do Tomo IX ("A Igreja das Revoluções (II)") de sua clássica "História da Igreja" (Quadrante, São Paulo, 1988-2007, 10 Volumes), **Daniel-Rops** relembra o caminho percorrido pelos movimentos sociais dentro da Igreja Católica até chegar ao ápice da "Rerum Novarum", e que, muitas vezes, é olvidado pelos estudiosos da História do Direito do Trabalho.

Essa "Grande Jornada" tem como marcos destacados:

a) as conferências proferidas pelo bispo alemão **Von Ketteler** (1811-1877) desde 1849, despertando os católicos para o problema do operariado urbano, e culminando com seu livro "A Questão Social e a Cristandade" (1863), que influenciou diretamente a referida encíclica;

b) os esforços legislativos bem sucedidos de redução de jornadas e melhora de condições de trabalho realizados sob a liderança de **Albert de Mun** (1841-1914), que, a partir do estudo das causas do fracasso da Comuna de Paris (1871), deu início à "Obra dos Círculos Católicos de Operários" na França, galvanizando patrões e empregados na busca de um relacionamento norteado pelas máximas cristãs de dignidade da pessoa humana e de fraternidade, tendo como seu êmulo na Itália a **Giuseppe Toniolo** (1845-1918);

c) a organização da **União de Friburgo** por **René de la Tour du Pin** (1834-1925), que de 1884 até o início da 1ª Guerra Mundial, se reunia anualmente nessa cidade suíça para estudar e discutir os principais problemas sociais e trabalhistas e como resolvê-los à luz do Evangelho, influindo grandemente na legislação social posterior;

d) a obra social do empresário industrial **Léon Harmel** (1829-1915), que aplicava em suas empresas os princípios da doutrina social cristã, promovendo o operariado em sistema praticamente de cogestão.

É bom lembrar tais influências no desenvolvimento da legislação social, para perceber que ela não foi nem é fruto exclusivo da luta dos trabalhadores por seus direitos, mas também da consciência de legisladores, empresários, juízes e homens da Igreja quanto ao postulado básico de toda a doutrina social cristã: o **primado do trabalho sobre o capital**.

Nessa moldura, de conjugação dos princípios da proteção e da subsidiariedade, é que se deve ter em conta que um exacerbado protecionismo judicial, que vai além do próprio protecionismo legal, mais atrapalha do que contribui para um sadio relacionamento entre patrões e empregados, uma vez que olvida que os melhores conhecedores das condições de um determinado setor produtivo são os próprios agentes sociais, os quais, se firmam normas coletivas, o fazem por sua livre e esclarecida vontade.

Quer-nos parecer que os ventos, nessa seara, estão mudando e que a conscientização da **necessidade de se valorizarem mais os instrumentos normativos autônomos** está crescendo, inclusive no meio sindical, não apenas patronal.

Com efeito, seguindo na toada da sistemática anulação de cláusulas normativas, o resultado é, naturalmente, a **reação patronal de fugir à negociação**. Especialmente após a surpreendente virada jurisprudencial do TST, mudando a sinalização da **Súmula n. 277**, no sentido da **ultratividade das normas coletivas**, sem qualquer precedente jurisprudencial, como fruto de uma "Semana do TST" de revisão de jurisprudência, as empresas e sindicatos patronais se recusam a conceder novos benefícios à classe trabalhadora. Ademais, passam a fazer uso, às vezes abusivo, do **veto** à instauração de instância nos Tribunais Trabalhistas, não admitindo nem tacitamente o **"comum acordo"** exigido pelo § 2º do art. 114 da CF para que as Cortes Laborais possam examinar dissídios coletivos de natureza econômica, exercendo o Poder Normativo conferido à Justiça do Trabalho.

A **irresponsabilidade sindical** estimulada pela Justiça do Trabalho com a sistemática anulação de cláusulas coletivas, somada ao modelo constitucional atual de **unicidade sindical** (CF, art. 8º, II) e de garantia da **contribuição sindical** paga por toda a categoria para o único sindicato que pode representá-la numa dada base territorial (CF, art. 149; CLT, arts. 578-610), tornam, na prática, natimorta qualquer proposta de **reforma sindical** que aperfeiçoe o sistema, já que, com tais condições, sem preocupação de satisfazer a categoria, por ter fonte de renda garantida, monopólio e irresponsabilidade por eventuais acordos desvantajosos, está-se no melhor dos mundos para os atuais dirigentes sindicais.

Porém, tal zona de conforto vem sendo paulatinamente comprometida justamente pelo **ultraprotecionismo**, uma vez que, se as empresas já não querem negociar nem ir à Justiça em dissídios coletivos, a **greve** passa a ser o instrumento de recurso ao Judiciário. E, num conflito de força, todos saem perdendo.

V. MEDIAÇÃO E CONCILIAÇÃO EM DISSÍDIOS COLETIVOS E SUAS TÉCNICAS

Durante a passagem pela Vice-Presidência do TST, órgão encarregado da **conciliação e instrução de dissídios coletivos** de âmbito nacional, tivemos oportunidade de implementar **técnicas de conciliação** que são ministradas inclusive em cursos da ENAMAT para a formação inicial dos magistrados trabalhistas, obtendo considerável êxito, com a **cessação da greve e a assinatura de acordo em 100% dos dissídios de âmbito nacional em 2014** (Valec, Imbel, Eletrobrás, EBSERH,

Embrapa, Banco da Amazônia, ECT, Casa da Moeda e Companhias Aéreas). O sucesso deveu-se ao elevado espírito público das partes em litígio, na concordância em negociar, e na forma como conduzidas as audiências, em que, após a colocação dos pontos de divergência, promovíamos reuniões em separado com patrões e empregados, tantas quantas fossem necessárias até se chegar a pontos de convergência, pela redução mútua de expectativas. A paciência, sendo a virtude mais necessária nesses casos, foi a mais exercitada.

Na linha de prestigiar a negociação coletiva e dar cumprimento à jurisprudência do STF nessa matéria, remetemos ao Pretório Excelso 10 **recursos extraordinários representativos da controvérsia** intitulada *"Prevalência de norma coletiva sobre direito individual do trabalhador. Respeito à negociação coletiva (CF, art. 7º, XXVI). Reconhecimento de acordo coletivo como ato jurídico perfeito (CF, art. 5º, XXXVI). Segurança jurídica"* (TST-C-50009), para que a Suprema Corte possa, a partir do precedente do RE 590.415-SC, nortear o exame das cláusulas de acordos e convenções coletivas, **traçando os limites constitucionais da autonomia negocial coletiva**, ao ensejo de examinar algumas das cláusulas anuladas pela Justiça do Trabalho, tais como as de supressão de horas *in itinere*, alteração de norma interna de empresa, distribuição de gorjetas entre trabalhadores com retenção de percentual para cobrir despesas relacionadas ao procedimento, natureza indenizatória para parcela remuneratória, afastamento de extensão de vantagens de reajuste salarial aos empregados de cargos gerenciais, fixação de parcela indenizatória a ser paga em virtude da supressão ou redução do intervalo intrajornada, e **alteração de função e jornada para preservação de emprego**.

Este último caso é particularmente emblemático de um protecionismo distorcido, que só contribui para desestimular a concessão de qualquer vantagem pelo setor empresarial. Com efeito, o acordo coletivo foi firmado com vistas a preservar o emprego dos **operadores de telex**, diante da extinção da atividade no âmbito dos Correios. Os operadores ativavam-se em jornada reduzida de 6 horas, em face da modalidade profissional. Quando deslocados para a área comercial, passaram a laborar como os demais colegas, em jornada de 8 horas. A decisão do TST, tomada por maioria apertada, foi no sentido de que os operadores de telex, na nova função, teriam direito de receber um *plus* salarial pela 7ª e 8ª horas laboradas (TST-E-RR-280800-51.2004.5.07.0008, de 20.06.2014). Interessante notar que a ECT, na esteira do **art. 7º, XXVII, da CF**, que nem sequer foi regulamentado, ofertou ao trabalhador a proteção perante a automação, de que cogita o dispositivo constitucional, garantindo-lhe o emprego, mediante realocação nas condições da nova atividade. É difícil conceber que, num caso como esse, de preservação do emprego mediante acordo coletivo, o empregado ainda seja privilegiado frente a outros que laboram em jornada de 8 horas, causando uma distorção indesejável na cadeia remuneratória.

Em suma, havendo **consolidação da jurisprudência do STF** ou revisão da do TST à luz do precedente da Suprema Corte, no sentido de uma **visão menos restritiva da negociação coletiva**, esta sairá prestigiada e os agentes sociais se sentirão mais seguros ao firmar instrumentos normativos autônomos, caminho melhor da regulamentação das relações laborais, pois realizada com maior conhecimento das condições reais de cada setor produtivo. E também de **desafogamento do Poder Judiciário**, assoberbado com a repetição de demandas que poderiam perfeitamente ser resolvidas pelas próprias partes ou por mecanismos extrajudiciais de composição, pouco prestigiados ultimamente.

VI. NECESSIDADE DE RACIONALIZAÇÃO JUDICIAL E SIMPLIFICAÇÃO RECURSAL

Não é demais recordar que a mais recente tentativa de **racionalizar o Processo do Trabalho**, por meio da **Lei n. 13.015/14**, teve a virtude de começar, ainda que timidamente, a trilhar o caminho de um **novo paradigma** de julgamento de recursos pelas Cortes Superiores, decidindo **temas** e não **casos**, mas incorreu em três **pecados**, ainda que **veniais**, a comprometer a **celeridade processual**:

Terceirizou atividade-fim do TST, que é a uniformização de jurisprudência, repassando-a aos TRTs, quando esses tribunais dedicam-se fundamentalmente a fazer justiça com base na análise não só do direito, mas também dos fatos, sendo que, uniformizada a jurisprudência pelos TRTs, a divergência entre eles acabará fatalmente levando todos os processos ao TST, por previsível discrepância entre os TRTs;

Fez o processo andar para trás, quando a ideia de processo é um conjunto de atos tendentes a levar para frente o processo, em busca de sua solução rápida, sendo que, com a nova lei, milhares de processos foram devolvidos para os TRTs, para previamente uniformizarem sua jurisprudência, o que só complicou a solução destes, especialmente em Tribunais com 94 desembargadores, como é o caso do TRT paulista;

Provocou uma paralisação do sistema, pelo sobrestamento de milhares de processos, como atualmente ocorre com o sistema da repercussão geral para recursos ao STF, com discussões paralelas sobre o enquadramento dos casos nos temas que aguardam solução pelo STF e agora pelo TST.

Traçando uma **metáfora cinematográfica**, poderíamos comparar o ocorrido no TST e no STF no final de

2014 e primeiros meses de 2015, quanto a alguns temas sensíveis para a Justiça do Trabalho, com dois filmes que têm em comum tratar de uma **ponte,** estarem ambientados na 2ª Guerra Mundial e terem por protagonistas comandantes ingleses. São eles *"A Ponte do Rio Kwai"* (1957, vencedor de 7 Oscars, entre os quais os de melhor filme, diretor e ator) e *"Uma Ponte Longe Demais"* (1977, com fantástico elenco, contando com Sean Connery, Michael Caine, Gene Hackman, Anthony Hopkins, Robert Redford, Liv Ullmann, Ryan O'Neal, MaximillianSchell, Laurence Olivier e James Caan).

O **primeiro dos filmes** apresenta o Coronel inglês Nicholson (Alec Guiness), prisioneiro dos japoneses na Tailândia, aproveitando o fato de serem obrigados a construir uma ponte de transporte ferroviário sobre o Rio Kwai, para elevar o moral de seus homens e mostrar aos japoneses a qualidade da engenharia inglesa. Mas quando um dos oficiais, o Major Shears (William Holden), consegue fugir e avisar os Aliados do que está havendo, retornando com reforços para destruir a ponte que ajudaria seus inimigos a invadir a Índia, encontra um Coronel Nicholson obstinado em preservar a ponte, ainda que para os japoneses, desvanecido pelo trabalho que haviam realizado.

A metáfora se aplica ao pensar que, **construindo uma jurisprudência altamente protetiva dos trabalhadores**, ela possa estar mais atrapalhando do que contribuindo para a harmonização das relações laborais, na medida em que desmerece os sindicatos signatários de acordos e convenções coletivas e desprestigia a negociação coletiva, afastando delas as empresas, surpreendidas com o desrespeito ao que foi pactuado. E o pior é **resistir à reforma dessa jurisprudência pelo Supremo Tribunal Federal**, não reconhecendo que a *"ratio decidendi"* do precedente RE 590.415-SC se aplica como luva a muitas outras cláusulas que o TST tem invalidado e que não se referem à medicina e segurança do trabalho, normas processuais ou direito de terceiros.

No caso de *"Uma Ponte Longe Demais"*, baseada no clássico de Cornelius Ryan, ela conta a história da **"Operação Market-Garden"**, tentativa anglo-americana de terminar a guerra antes do Natal de 1944, mediante um avanço fulminante das forças terrestres para dentro da Alemanha, cuja condição era a captura de 3 pontes, a última das quais na Holanda, na cidade de Arnhem. Antes de começar o desembarque dos paraquedistas nesses 3 objetivos, o comandante das forças inglesas de invasão teria compartilhado com o Marechal Montgomery, idealizador da operação, sua preocupação: *"Penso que podemos estar indo para uma ponte longe demais"*, pois deveriam segurá-la por uma semana até as forças blindadas terrestres chegarem.

Pois bem, parece-me perfeita a analogia com as tentativas de nossa Vice-Presidência, de atender da forma mais célere possível aos interesses dos trabalhadores contemplados com decisões da Suprema Corte em matéria trabalhista, mas que acabaram sendo interpretadas quer pelo TST, quer parcialmente pelo STF, como iniciativas que teriam ido *"longe demais"*. Quais foram elas?

Em primeiro lugar, a mais importante, e que poderia ser comparada à ponte de Arnhem, foi a iniciativa de **dessobrestar** todos os recursos extraordinários que estavam sobrestados na Vice-Presidência do TST quanto ao **Tema 246** da Tabela de Temas de Repercussão Geral do STF, referente à **responsabilidade subsidiária da administração pública** em caso de terceirização ilegal (repercussão geral reconhecida no RE 603.397, plenário virtual de 17/09/09, Relatora Ministra Ellen Gracie, atualmente de relatoria da Ministra Rosa Weber), quando ficasse consignada na decisão recorrida a existência de **culpa *in vigilando*** ou ***in eligendo***. Dos mais de 55.000 processos então sobrestados na Vice-Presidência do TST, perto de 40.000 diziam respeito ao T-246. O trabalho seria o de triagem desses feitos, para distinguir aqueles em que a culpa ficasse registrada, daqueles julgados com base na responsabilidade objetiva da administração, que deveriam ser mantidos em sobrestamento.

Ora, o fundamento que adotamos para proceder ao dessobrestamento em massa de processos vinculados ao T-246 foi o fato de que, tendo o STF decidido, **posteriormente ao reconhecimento da repercussão geral da matéria**, que, nos casos de **reconhecimento de culpa da administração**, haveria a possibilidade de aplicação da **responsabilidade subsidiária**, quando do julgamento da ADC-16, o fato é que parte do T-246 já estaria solvida previamente. Nesse sentido sinalizava o próprio Min. **Luiz Fux**, ao assentar, em voto na 1ª Turma, que não se poderiam sobrestar os recursos extraordinários com culpa reconhecida em relação ao T-246, devendo-se denegar seguimento a eles (cfr. Rcl 18.778 ED, DJe de 06.02.2015). Nessa linha seguimos.

Mas a reação de algumas procuradorias dos Estados foi como a dos alemães no filme, resistindo a qualquer decisão por parte do TST quanto à questão, obtendo, em **reclamações** perante o STF, decisões monocráticas de teores e orientações distintas: os Ministros **Gilmar Mendes** (Rcl 19.927-SP, DJe de 30.03.2015), **Carmen Lúcia** (Rcl 20.252-RS, DJe de 27.04.2015), **Luiz Fux** (Rcl 20.121-AC, DJe de 20.04.2015), **Marco Aurélio** (Rcl 20.173-SP, DJe de 04.05.2015) e **Dias Tóffoli** (Rcl 19.946-SP, DJe de 06.04.2015) entendendo que teria havido usurpação de competência do TST ao julgar os agravos contra os despachos de dessobrestamento exarados, uma vez que deveriam ser remetidos ao STF; o Min. **Teori Zavascky** entendendo singelamente que os processos deveriam continuar sobrestados (Rcl19.909-SP, DJe de 28.04.2015); e o Ministro **Roberto Barroso**(Rcl 20.060-DF, DJe de 28.04.2015) indo mais além, ao pretender que o STF pode rever a questão da responsabilidade por culpa, afastando qualquer responsabilidade subsidiária da administração pública nos contratos de prestação de serviços.

O Órgão Especial do TST, em 30.04.2015, acabou entendendo que seria o caso de manter sobrestados os recursos extraordinários, até completa análise da matéria do T-246 pelo STF, o que teve como saldo final que, dos cerca de 40.000 processos sobrestados sobre o tema, conseguimos, até a fixação dessa orientação pelo STF e TST, que 18.000 fossem dessobrestados e baixados, a bem dos trabalhadores necessitados, uma vez que inclusive muitos entes públicos, reconhecendo a orientação do STF na ADC-16 e a demonstração de culpa nos autos, desistiram de milhares de recursos que estavam pendentes. Ou seja, foram conquistadas 2 pontes, mas a terceira, que representava ou o julgamento total do T-246, ou completar a triagem dos processos com culpa reconhecida, estava longe demais...

Situação semelhante, a demonstrar a falência do sistema da repercussão geral para as instâncias *a quo* em relação ao STF, foi a ocorrida com outra tentativa de dessobrestamento de tema já decidido pelo STF, qual seja, o da *"despedida imotivada no âmbito de órgãos da administração indireta"* (T-131). O Supremo, em contraposição à jurisprudência do TST, cristalizada na **Orientação Jurisprudencial n. 247 da SBDI-1**, entendeu que há necessidade de motivação na dispensa de empregados públicos, uma vez que admitidos por concurso público (RE 589.998/PI, Rel. Min. **Ricardo Lewandowski**, DJe de 12.09.2013). No entanto, após tal decisão plenária do Pretório Excelso, já lá vão os terceiros embargos declaratórios, intentando, sem sucesso, a modulação dos efeitos da decisão. Como o acolhimento da decisão do STF pelo TST suporia o cancelamento da OJ n. 247, a Corte preferiu manter sobrestados os recursos extraordinários que nossa Vice-Presidência havia dessobrestado, enviando-os aos órgãos fracionários do TST para exercício do juízo de retratação de que cogita o art. 543-B, § 3º, do CPC. Mais uma vez, uma segunda ponte longe demais, com o juízo de retratação tendo sido realizado apenas por algumas Turmas do TST, até a fixação da orientação geral de suspender a matéria.

A referência a esses dois exemplos tem por objetivo mostrar como o **sistema da repercussão geral**, agora seguido pelo regime da Lei n. 13.015/14, possui mais efeitos colaterais indesejáveis do que as soluções para a pacificação jurisprudencial que prometem.

Com efeito, no caso da **repercussão geral**, ao iniciar o ano de 2015, o STF tinha mais de 300 temas com repercussão geral reconhecida, aguardando para serem apreciados meritoriamente pelo STF. Como a capacidade da Suprema Corte de deslinde dessas controvérsias tem-se mostrado bastante limitada, com 1 ou 2 temas sendo solucionados por semana, muitas controvérsias aguardam anos a fio para serem resolvidas. E o pior, como se tem constatado em casos como o da "despedida imotivada" e da "responsabilidade subsidiária", nem as decisões tomadas pela Suprema Corte conseguem ser aplicadas, uma vez que **sucessivos embargos declaratórios** ou outras **manobras evasivas** impedem o dessobrestamento de milhares de recursos extraordinários, cuja paralisação convém para quem deve e precariza a situação financeira de quem tem a receber.

VII. CONCLUSÃO – SEM MEIOS ALTERNATIVOS A JURISDIÇÃO NÃO ALCANÇA EFICÁCIA PLENA

Nesse contexto, conspiram contra a celeridade, eficiência e qualidade da prestação jurisdicional na Justiça do Trabalho a **inexistência de meios alternativos de composição dos dissídios individuais**, pela rejeição das comissões de conciliação prévia e da arbitragem, e o **desprestígio da negociação nos dissídios coletivos**, pela sistemática anulação de cláusulas de acordos e convenções coletivas, fazendo desembocar perante o Judiciário Laboral volume de demandas muito superior à sua capacidade de resposta.

Durante o ano de 2013, na condição de **Corregedor-Geral da Justiça do Trabalho**, pudemos visitar e conhecer as condições de trabalho dos juízes e desembargadores dos 24 Tribunais Regionais do Trabalho, ouvindo as **queixas da magistratura de piso** e constatando as condições precárias em que se encontra para ofertar uma prestação jurisdicional célere e de melhor qualidade, na medida em que, em muitos Regionais, o número de juízes é inferior ao volume de demanda que humanamente têm condições de resolver, com pautas sobrecarregadas, marcação de audiências iniciais com quase um ano após o ajuizamento da reclamação, sentenças atrasadas e estoques elevadíssimos de recursos nos TRTs e para o TST, não contando os magistrados com o número suficiente de assistentes para enfrentar essa avalanche processual.

No **Relatório Geral da Justiça do Trabalho de 2014**, os números são assustadores: uma Justiça que conta com 3.955 magistrados e 42.954 servidores, repartidos por um Tribunal Superior do Trabalho, 24 TRTs e 1.587 Varas do Trabalho tem de enfrentar, ao final do referido ano, um total de **533.494 processos no TST** (contando os existentes na Presidência e Vice-Presidência para despacho de admissibilidade), **1.030.182 nos TRTs e 4.006.806 nas Varas do Trabalho**! Ou seja, ao findar 2014, a média de processos aguardando julgamento, por ministro do TST, era de 22.228 processos; 2.048 por desembargador e 1.323 por juiz de 1ª instância.

Ora, se a média de processos julgados por mês por ministro do TST foi de 994 processos, **mesmo que não recebessem mais nenhum processo, os ministros levariam ao menos 2 anos para zerar os estoques existentes!** Algo semelhante ocorre na 2ª instância, pois a média mensal de processos solucionados por desembargador foi de 124 e de juiz foi de 57. E, note-se, o **incremento** do número de processos recebidos nos dois últimos anos (2012-2014) foi de **33,75% no TST e de 6,79% nos TRTs**, ainda que o **ingresso anual** de processos na Justiça do Trabalho por suas Varas do Trabalho tenha ficado no mesmo patamar de **2,3 milhões de ações novas**. Nesse sentido, o que se verifica é que os estoques sobem e os prazos de julgamento se dilatam, em detrimento de uma Justiça Social eficaz.

Assim, entendemos que, a menos que se prestigiem os meios alternativos de solução dos conflitos laborais e se racionalize a prestação jurisdicional, com simplificação recursal e efetiva concentração do TST na uniformização jurisprudencial, estaremos **frustrando as expectativas de trabalhadores e empresários** que confiam na Justiça do Trabalho para a harmonização de suas relações e solução de suas demandas.

Talvez as reflexões formuladas neste despretensioso estudo possam ser excessivamente alarmistas, fruto da preocupação de quem vê o aumento constante de demanda recursal já superar a capacidade humana de se dar vazão a ela em tempo socialmente aceitável. Relevem-se em nome das divergências naturais que enriquecem o debate e ampliam o leque de soluções possíveis. E também poderão as soluções aqui propostas não ser as melhores para compor os conflitos trabalhistas emergentes. Mas um fato é certo: a 3ª onda de reformas do processo de que falavam **Mauro Cappelletti** e **Bryant Garth** (*"Acesso à Justiça"*), para torná-lo mais acessível ao cidadão, voltada à utilização de meios alternativos de solução dos conflitos sociais, ainda está por ser melhor navegada e explorada na esfera laboral.

A FUNÇÃO CORREGEDORA

João Batista Brito Pereira[*]

1. INTRODUÇÃO

O campo de atividade correicional se restringe à atuação administrativa de juízos de primeiro grau, dos Tribunais Regionais do Trabalho, de seus membros e seus órgãos, relativamente aos serviços judiciários. É nessa esfera (atuação administrativa, reitero) que o corregedor se detém, procedendo à fiscalização e orientando as unidades judiciárias. Sua função precípua é examinar a observância das formas e a regularidade dos procedimentos, bem como colaborar com a celeridade da prestação jurisdicional, sem, entretanto, imiscuir-se na atividade jurisdicional do magistrado.

É papel do corregedor fiscalizar a regularidade da prestação dos serviços e velar por sua qualidade, bem como colaborar com as unidades judiciárias e administrativas, antecipando-se aos problemas e dotando a atividade correicional, tanto quanto possível, de natureza pedagógica e preventiva.

A atividade correicional, em nenhuma de suas vertentes, se confunde com procedimento disciplinar, nem abarca a tarefa de apurar responsabilidade. Ela traz em seu cerne alguns objetivos, tais como identificar dificuldades por que possa estar passando a unidade correicionada, colaborar para a solução de problemas, corrigir equívocos de procedimento, aconselhar, recomendar procedimentos, catalogar, divulgar e incentivar a adoção de boas práticas.

Evidentemente, o corregedor tem o dever, sempre que necessário ou entender conveniente, adotar medidas tais como: fixar prazos, recomendar adoção de medidas, procedimentos e ações, oferecer orientações etc. visando ver observada a regularidade dos procedimentos, incentivar e fiscalizar o cumprimento dos prazos e das recomendações e apoiar práticas que importem na segura celeridade processual.

E mais: quando constatada resistência ao atendimento de suas recomendações e orientações sem justificativa plausível, desvio de conduta, prática de ato ilícito, ou outras anormalidades funcionais, deve reprimi-las com energia. Neste caso, é dever do corregedor comunicar ao Tribunal que sejam adotadas medidas administrativas para, se for o caso, punir os infratores, observado o amplo direito de defesa e o processo regular.

Como se vê, a corregedoria não é órgão disciplinar nem de jurisdição; é órgão administrativo de fiscalização, orientação, e correção e esclarecimento sobre a importância da prática correta dos atos.

2. GRAUS DE CORREGEDORIAS

No meu entendimento, existem 3 (três) níveis de corregedorias:

2.1. Na unidade judiciária de 1º grau

Cada Vara do Trabalho tem um titular, e esse titular ou aquele que a dirige, independente de se reportar ao corregedor regional, deve exercer a correição nos limites da organização da unidade judiciária, fiscalizando o cumprimento dos prazos e dos despachos pela secretaria do juízo, observância dos procedimentos, dos atos e recomendações emanados do tribunal e da respectiva corregedoria regional aos quais esteja subordinado; velar pela regularidade dos lançamentos e pela ordem e atualidade na movimentação processual.

---

[*] Ministro Corregedor-Geral da Justiça do Trabalho.

2.2. Na Corregedoria Regional

Nos Tribunais Regionais onde não tiver sido criado por lei o cargo de corregedor regional, a lei (CLT, art. 682) atribui privativamente aos seus presidentes o encargo de corregedor *("exercer correição, pelo menos uma vez por ano, sobre as Varas ou parcialmente, sempre que se fizer necessário".*

Portanto, considerando que não se insere no rol da competência, ou autonomia administrativa do tribunal regional, a criação de cargo de administração e que a norma atribui essa função, privativamente, ao presidente do tribunal, o vice-presidente pode, em caráter excepcional e mediante delegação do presidente, compartilhar a atividade correicional com este.

A Corregedoria regional é o órgão ao qual estão afetas a fiscalização e a orientação das unidades jurisdicionais de primeiro grau, sendo, pois, atribuição funcional do Corregedor Regional da Justiça do Trabalho promover as correições ordinárias, decidir as correições parciais contra atos atentatórios à boa ordem processual, praticados pelos juízos e juízes de primeiro grau quando, para corrigir esses atos, não exista recurso processual específico.

Desse modo, o acesso à Corregedoria Regional pressupõe que os atos atentatórios à boa ordem processual sejam provenientes da atuação dos juízos e magistrados de primeiro grau.

Convém lembrar que a decisão proferida pelo corregedor regional é insuscetível de reapreciação em sede de correição parcial junto à Corregedoria-Geral, uma vez que, nesse contexto, ela ostentaria inadmissível natureza recursal.

2.3. Na Corregedoria-Geral

Dispõe o art. 709, inciso II, da CLT, que cabe ao Corregedor-Geral da Justiça do Trabalho *"decidir reclamações contra os atos atentatórios da boa ordem processual praticados pelos Tribunais Regionais e seus presidentes, quando inexistir recurso processual específico".*

O art. 6º, inc. II, do Regimento Interno da Corregedoria-Geral da Justiça do Trabalho, ao explicitar esse preceito legal, preconiza ser atribuição da Corregedoria-Geral da Justiça do Trabalho "**decidir Correições Parciais contra atos atentatórios à boa ordem processual, praticados pelos Tribunais Regionais, seus Presidentes e Juízes, quando inexistir recurso processual específico**".

Vale dizer: estão sujeitos à especial cognição do Corregedor-Geral os atos atentatórios à boa ordem processual provenientes da atuação dos Tribunais Regionais, de seus órgãos, seus Presidentes e respectivos membros.

3. A FUNÇÃO CORREGEDORA

Na minha concepção, a missão do Corregedor é propor soluções para as dificuldades vividas pelas unidades judiciárias sob sua fiscalização, aconselhar os órgãos correicionados, seus magistrados e os serventuários, incentivar a adoção de boas práticas, além de zelar pela boa ordem processual e pela uniformização de procedimentos, tudo com o objetivo de atingir rapidez, eficiência e qualidade na prestação jurisdicional.

A atividade correicional presencial restringe-se à atuação administrativa, à fiscalização e à orientação das unidades judiciárias, magistrados e servidores em relação a serviços judiciários e procedimentos, visando, essencialmente, contribuir com a celeridade na prestação jurisdicional, sem, entretanto, imiscuir-se na atividade jurisdicional. A correição ordinária deve ser presencial e tem por finalidade essencial contribuir com os órgãos jurisdicionais, seus membros e seus servidores, ajudar na solução de problemas, identificar suas dificuldades e recomendar soluções, para viabilizar uma prestação jurisdicional célere e efetiva.

A CLT, como se sabe, contempla a função corregedora nos arts. 682, inc. XI e 709.

> "Art. 682. Compete privativamente aos presidentes dos Tribunais Regionais, além das que forem conferidas neste e no título e das decorrentes do seu cargo as seguintes atribuições:
>
> (...)
>
> XI – exercer correição, pelo menos uma vez por ano, sobre as Varas ou parcialmente, sempre que se fizer necessário, e solicitá-la, quando julgar conveniente, ao presidente do Tribunal de Justiça, relativamente aos juízes de direito investidos na administração da Justiça do Trabalho".
>
> "Art. 709. Compete ao Corregedor, eleito dentre os Ministros Togados do Tribunal Superior do Trabalho:
>
> I – exercer funções de inspeção e correição permanente com relação aos Tribunais Regionais e seus Presidentes.
>
> II – decidir reclamações contra os atos atentatórios da boa ordem processual praticados pelos Tribunais Regionais e seus presidentes, quando inexistir recurso específico".

A função corregedora é exercida em duas vertentes principais, uma de natureza fiscalizadora e de orientação e outra de natureza normativa: a de natureza fiscalizadora e de orientação é exercida por meio das correições, inspeções, reclamações correicionais, pedidos de providências e consultas; a de natureza normativa é exercida mediante a edição de provimentos, recomendações e atos, decisões nas reclamações correicionais (correição parcial) nos pedidos de providências e em resposta a consultas.

3.1. Correição Ordinária

A correição ordinária é uma atividade permanente e consiste nas visitas aos órgãos afetos à corregedoria. Assim, enquanto as unidades de primeiro grau estão sujeitas à atuação da Corregedoria Regional, os Tribunais Regionais do Trabalho estão à Corregedoria-Geral.

Essa função tem por finalidade o exame da regularidade das atividades procedimentais e dos serviços administrativos e judiciários, nas Varas do Trabalho e nos Tribunais Regionais, ai incluindo suas respectivas secretarias. Procurando-se uniformizar, tanto quanto possível, as formas procedimentais (CLT, CPC, Provimentos da Corregedoria, Instruções Normativas, recomendações etc.).

Hoje a atividade do corregedor compreende também a verificação da observância das metas traçadas pelo CNJ e da duração razoável do processo, impondo-se rigor no acompanhamento dos prazos processuais.

Em tempo de inevitável e crescente informatização, em face do volume de dados que se tem para informar, o corregedor ainda se ocupa com a agilidade, atualidade e fidedignidade dos dados estatísticos.

É que, com o volume de ações e decisões (despachos, sentenças etc.), todo o planejamento se torna um processo complexo. Por essa razão, a estatística é o instrumento capaz de demonstrar como está o juiz, o juízo e a instituição.

O Conselho Nacional de Justiça possui o "Sistema de Estatísticas do Poder Judiciário" (Siesp) valioso e indispensável banco de dados nos dias de hoje. O SIESP representa um verdadeiro observatório do Poder Judiciário, adotado pelo CNJ para auxiliar o exame das demandas dos Tribunais e para promover (elaborar) o planejamento estratégico de cada ramo do Poder Judiciário. O sistema é alimentado pela estatística divulgada por cada Tribunal, que por sua vez consolida os dados fornecidos por cada unidade judiciária.

É por esse sistema que se alimenta o banco de dados, fonte do Relatório "Justiça em Números", que o CNJ divulga anualmente.

Assim o Corregedor deve se ocupar da qualidade dos dados estatísticos e velar por sua fidedignidade, do contrário eles não revelarão a realidade da atividade dos órgãos do poder judiciário, resultando em prejuízo para o nosso planejamento.

De igual modo, a averiguação e o acompanhamento do desempenho do juiz e dos servidores são tarefas afetas ao exercício da atividade de correição ordinária, dado seu caráter permanente.

A Correição Ordinária se destina ao exame da regularidade desses atos e procedimentos e, nessa tarefa, constatando-se alguma anormalidade, omissão ou mesmo dificuldade, cumpre ao corregedor contribuir com a unidade judiciária (ou com o juiz) para a correção, indicar o modo de fazê-lo corretamente. Bem assim, orientar e estimular a criatividade e a adoção das boas práticas.

A atividade correicional, como se percebe, só alcança objetivo positivo se o corregedor e o correicionado tiverem a convicção de que a função corregedora, longe de ser policialesca, é de colaboração com a unidade judiciária, de maneira que o correicionado não deve temer o corregedor, deve prestar-lhe colaboração. O corregedor deve levar sua experiência no exercício de suas atividades, que têm natureza pedagógica, devendo sempre estar permeadas pelo espírito de cooperação e convencimento.

O juiz deve colaborar com a ação correicional na sua unidade. O êxito da ação correicional favorece a unidade correicionada, por isso depende da de cada unidade judiciária.

A correição pode, ainda, ser realizada em caráter extraordinário ou específico, de ofício ou atendendo a solicitação do órgão jurisdicional ao corregedor a que esteja vinculado, essa espécie de correição deverá ser, da mesma forma que a ordinária, presencial.

3.2. Inspeção

Trata-se de um procedimento eminentemente interno e às vezes até sigiloso. A inspeção é realizada mediante a visita do corregedor à unidade judiciária, visando apurar fato determinado, solucionar dificuldade momentânea ou averiguar situação extraordinária e de natureza meramente administrativa. Pode ser de ofício ou a pedido da unidade judiciária interessada.

Quando se trata de Juízo de Vara do Trabalho, a competência para proceder à inspeção é do Corregedor Regional; ao passo que quando se trata de acudir o Tribunal Regional, a competência será do Corregedor-Geral.

Vê-se que a inspeção não substitui nem prejudica a realização da correição ordinária.

3.3. Correição parcial

A principal polêmica em torno da função correicional se situa na correição parcial, que consiste na resposta a reclamações propostas pelas partes, e pelo Ministério Público, contra atos do juiz na direção do processo e às vezes durante as audiências.

A Correição Parcial (ou reclamação correicional) é procedimento que visa corrigir atos atentatórios à boa ordem processual, praticados pelos Tribunais Regionais, por seus Presidentes, por seus órgãos e por seus membros, pelos juízes e juízes de primeiro grau, quando contra eles não houver possibilidade de recurso. Trata-se de uma atividade de natureza administrativa exercida solitariamente pelo corregedor.

Esse procedimento, em regra, tem por finalidade precípua corrigir erros, abusos e atos contrários à boa ordem processual e que importem em atentado a fórmulas legais de processo, quando para o caso não haja recurso ou outro meio processual específico, bem assim, para impedir lesão de difícil ou improvável reparação.

Pode intentar a reclamação correicional a parte processual, o ministério público ou o terceiro interessado.

3.4. Pedido de Providências

O pedido de Providências se dá para corrigir ato administrativo ou práticas procedimentais adotadas por Tribunal Regional, por seus dirigentes, por órgãos fracionários ou por Varas do Trabalho que estejam fora dos parâmetros legais, quando não houver recurso ou outro meio previsto em lei ou em regulamento para impugnar esse ato ou essa prática.

3.5. Consulta

A consulta é procedimento do qual o Tribunal Regional do Trabalho, seus dirigentes, seus órgãos fracionários, seus membros, as Varas do Trabalho ou seus juízes podem utilizar-se para dirimir dúvidas acerca da interpretação, alcance ou modo de cumprir determinada medida promovida pelo corregedor, tais como as recomendações, os atos e os provimentos.

4. A AUTONOMIA PROCESSUAL DA RECLAMAÇÃO CORREICIONAL

Debateu-se muito acerca da constitucionalidade da Reclamação Correicional (correição parcial), indagando-se se estava preservada a independência do juiz.

Convém relembrar que a função corregedora tem previsão constitucional (art. 96, inc. alínea b) "autonomia para exercerem a atividade correicional". *"organizar suas secretarias e serviços auxiliares e os dos juízos que lhes forem vinculados, velando pelo exercício da atividade correicional respectiva"*.

Portanto os questionamentos em torno da inconstitucionalidade da reclamação correicional, ou correição parcial, ao meu ver, encontram-se superados.

O debate mais acalorado se situa em torno da natureza jurídica da reclamação correcional (ou correição parcial).

Há quem sustente tratar-se de verdadeiro recurso, conquanto não esteja ela elencada na lei processual.

Outros lhe atribuem natureza disciplinar, por avistarem nela uma indevida ingerência do corregedor na atividade do órgão reclamado (corrigendo) ou da autoridade apontada reclamada ou requerida. Não me convenci de que se trate de um recurso, ainda que do tipo anômalo, como alguns a consideram.

Enxergo na correição parcial (reclamação correicional) uma medida administrativa autônoma, que visa a coibir a subversão da boa ordem processual, a impedir lesão de difícil reparação, assegurando, dessa forma, eventual resultado útil do processo. Compreendo dessa maneira, por entender que esse procedimento instaura uma relação processual administrativa diversa daquela na qual foi proferida a decisão ou praticado o ato que deu ensejo ao questionamento correicional.

A reclamação correicional, para mim, tem uma característica especial, que lhe retira qualquer natureza recursal: trata-se de uma relação (uma questão) entre o juiz e a parte, questão essa que tem raiz no ato do magistrado ou do órgão jurisdicional e não depende de eventual sucumbência. Portanto, trata-se de procedimento desvinculado do objeto de eventual relação processual primária.

Em síntese, considero a correição parcial medida administrativa autônoma que tem por objetivo corrigir ato de magistrado ou de órgão jurisdicional que atente contra a boa ordem processual ou inibir os efeitos dessa espécie de ato.

5. A MISSÃO DO CORREGEDOR-GERAL DA JUSTIÇA DO TRABALHO

A missão do Corregedor-Geral da Justiça do Trabalho é propor soluções para as dificuldades vividas pelos Tribunais Regionais, aconselhar os seus membros, incentivar a adoção de boas práticas, além de zelar pela boa ordem processual e pela uniformização de procedimentos, tudo com o objetivo de atingir rapidez, eficiência e qualidade na prestação jurisdicional. Sua atuação é meramente administrativa, estando restrita à fiscalização e à orientação dos tribunais, de suas unidades, de magistrados e servidores em relação a serviços judiciários e procedimentos, visando, essencialmente, contribuir com a celeridade na prestação jurisdicional, exceto no que se refere ao exercício da atividade jurisdicional. Tem como finalidade buscar soluções de problemas, identificar as dificuldades por que passam as unidades e juízos sob sua fiscalização e recomendar soluções, para viabilizar uma prestação jurisdicional célere e efetiva.

O Corregedor-Geral da Justiça do Trabalho é um observador externo, um conselheiro, é uma espécie de elo entre os Tribunais Regionais e o Tribunal Superior do Trabalho.

Como já explicitado, a atividade correicional do Corregedor-Geral é exercida em cinco níveis básicos: **a)** *correição ordinária ou extraordinária* – a primeira possui caráter geral e, na medida do possível, obedece ao calendário, e a segunda possui caráter específico, atendendo a solicitação do tribunal regional ou de ofício, mas ambas devem ser presenciais; **b)** *inspeção* – consiste em procedimento interno e realizado mediante a visita do Corregedor-Geral ao Tribunal Regional, a fim de apurar fato determinado, solucionar dificuldade momentânea ou averiguar situação extraordinária e de natureza meramente administrativa. Pode ser de ofício ou a pedido do Tribunal Regional; **c)** *reclamação correicional (ou Correição parcial)* – se dá por pedido de partes, interessados ou ministério público contra atos atentatórios à boa ordem processual, praticados pelos Tribunais Regionais, por seus dirigentes, pelos órgãos fracionários ou membros, quando inexistente recurso específico na legislação processual; **d)** pedidos de providências contra atos administrativos praticados pelos dirigentes dos Tribunais Regionais do Trabalho, sem que haja outro meio para resolver o problema ou questão; **e)** *consultas* – são pedidos de orientação formuladas pelos Tribunais, por seus órgãos fracionários ou seus membros, objetivando definir procedimentos, dirimir dúvidas acerca do alcance e do modo de observar os atos, recomendações e provimentos editados pelo corregedor-geral.

A reclamação correicional tem seu limite fixado no art. 13 do Regimento Interno da Corregedoria-Geral, que dispõe:

"Art. 13. A Correição Parcial é cabível para corrigir erros, abusos e atos contrários à boa ordem processual e que importem em atentado a fórmulas legais de processo, quando para o caso não haja recurso ou outro meio processual específico".

Conforme se infere do citado preceito, sendo a decisão judicial proferida no exercício da função jurisdicional, não desafia reclamação correicional, se há recurso ou outro meio processual específico para impugná-la.

"Parágrafo único. Em situação extrema ou excepcional, poderá o Corregedor-Geral adotar as medidas necessárias a impedir lesão de difícil reparação, assegurando, dessa forma, eventual resultado útil do processo, até que ocorra o exame da matéria pelo órgão jurisdicional competente".

O papel do Corregedor-Geral é pacificar questões de natureza administrativa nos Tribunais (muitas vezes entre seus membros e entre estes e seus órgãos fracionários) e entre estes e os jurisdicionados, buscando sempre uma solução de equilíbrio. Essa atribuição vem definida no parágrafo único do art. 13 do Regimento Interno da Corregedoria Geral, segundo o qual: "Parágrafo único. Em situação extrema ou excepcional, poderá o Corregedor-Geral adotar as medidas necessárias a impedir lesão de difícil reparação, assegurando, dessa forma, eventual resultado útil do processo, até que ocorra o exame da matéria pelo órgão jurisdicional competente".

Essa norma, consoante se observa, contempla o Corregedor-Geral com um poder de cautela semelhante àquele atribuído ao juiz no exame das cautelares, no que possibilita o Corregedor-Geral, fora da bitola do *caput* do art. 13, qual seja: ocorrência de erros, abusos e atos contrários à boa ordem processual, suspender a eficácia do ato praticado pela autoridade judiciária regional.

Esse poder de cautela atribuído ao Corregedor-Geral, a ser invocado na reclamação correicional, justifica diante de um ato ou procedimento teratológico, ou que importe em prejuízo irreparável ou de difícil reparação e tem como suporte a probabilidade de decisão de mérito favorável a quem pede o socorro, com vistas a evitar lesão de difícil ou improvável reparação, e assegurando, dessa forma, eventual resultado útil do processo. Trata-se de uma legitimação extraordinária concedida ao Corregedor-Geral para adotar, em situação extrema ou excepcional, as medidas necessárias a impedir lesão de difícil reparação, com vistas a assegurar eventual resultado útil do processo, até que a questão seja examinada pelo órgão jurisdicional competente.

Independentemente de o ato impugnado revelar-se atentatório à boa ordem processual, o Corregedor-Geral poderá adotar medida fundado nos pressupostos do *fumus boni juris* e do *periculum in mora*.

6. A ATIVIDADE CORREICIONAL E A INDEPENDÊNCIA DO JUIZ

Não há uniformidade na atuação de corregedor; logo, cada corregedor adota o critério que melhor lhe parece adequado ao exercício de suas tarefas.

Mas, até que ponto a atividade correicional pode comprometer a independência do juiz?

É de compreensão universal que a atividade correicional se restringe a atuação administrativa na fiscalização e na orientação das unidades judiciárias.

Lembre-se de que a correição parcial é uma reclamação contra ato do juiz que cause tumulto processual. Quando o corregedor julga improcedente uma correição parcial porque o ato indicado foi praticado no exercício da função judicante na solução do litígio e, portanto, infenso à reclamação a correicional, está defendendo a independência do juiz na condução do processo.

Isso porque a reclamação correicional (ou correição parcial) se justifica para corrigir a prática de erro de procedimento ou ato (tumultuário) que subverta a boa ordem processual. São os atos alusivos à atividade do juiz na condução do processo. Erro de procedimento.

Questão diversa é aquela alusiva aos erros do juízo, vale dizer, erro de julgamento, o que desafia recurso próprio. Estes não desafiam a intervenção meramente administrativa do corregedor.

3

A CORREGEDORIA REGIONAL COMO INSTRUMENTO DOS DESIDERATOS INSTITUCIONAIS: LANÇANDO SEMENTES PARA UMA PERSPECTIVA DE GESTÃO PROATIVA NA ATIVIDADE CORREICIONAL

Ilson Alves Pequeno Júnior[(*)]

Consta como uma diretriz estratégica de priorização do primeiro grau de jurisdição, construída por ocasião do VII Encontro Nacional do Poder Judiciário[(1)], a de orientar programas, projetos e ações dos planos estratégicos dos tribunais com o intuito de aperfeiçoar os serviços judiciários de primeira instância no sexênio 2015-2020.

A perspectiva do presente ensaio encontra-se inserida como contribuição para tomada das referidas ações, tendo em vista a descrição da Missão do Poder Judiciário, que é a de "Fortalecer o Estado Democrático e fomentar a construção de uma sociedade livre, justa e solidária, por meio de uma efetiva prestação jurisdicional."

Adotam-se como premissas que as Corregedorias Regionais dos Tribunais Regionais do Trabalho vivenciam uma significativa revolução em seu papel fiscalizador na oportunidade em que adquiriram, mediante a utilização de ferramentas tecnológicas, a possibilidade de monitoramento efetivo de dados estatísticos de todas as unidades finalísticas.

Aliás, é papel do Corregedor Regional exercer fiscalização nos eventuais desvios padrões de produtividade, verificando as distorções porventura existentes.

As barreiras internas, assim compreendidas na busca de informações que subsidiarão a atividade correicional, estão se tornando cada vez mais insignificantes. A partir dessa percepção é que se propõe sejam agregados outros valores ao papel da Corregedoria, ultrapassando uma análise institucional intrassistemática, em que seus maiores esforços estão centrados na correção de rotinas e pessoas, para a adoção de posturas que conciliem os conceitos de gestão, inteligência institucional e construção do saber institucional, em uma análise sistêmica, que compreenda a atuação na dimensão interna (pessoas e processos) e externa (atuação político-institucional).

O entendimento aqui adotado é ampliar as noções de todos os atores processuais, juízes e servidores, dotando-os com informações que favoreçam a compreensão estratégica global dos destinos institucionais, a partir da oferta de estrutura específica.

A dimensão interna, pessoas e processos, destina-se prioritariamente aos gestores das Varas do Trabalho, assim compreendidos todos os atores que viabilizam a movimentação do processo judicial.

O incremento aqui sugerido pode se dar por meio do fomento da consciência dos efeitos de cada decisão tomada ao longo dos processos de trabalho, ampliando a percepção das tarefas desenvolvidas a partir de um modelo andragógico de correição.

A experiência da Corregedoria Regional do Trabalho da 14ª Região, nesse particular, encontra-se no Projeto Correição Participativa[(2)], que tem como mote a atuação dos servidores na análise da totalidade dos dados apurados pela Corregedoria Regional, garantindo

---

(*) Vice-Presidente do Tribunal Regional do Trabalho da 14ª Região.

(1) Realizado na cidade de Belém/PA, em novembro de 2013 e resultou na edição da Resolução CNJ n. 198, de 1º de julho de 2014, que dispõe sobre o Planejamento e a Gestão Estratégica no âmbito do Poder Judiciário e dá outras providências.

(2) O projeto encontra-se alinhado ao Planejamento Estratégico Participativo do TRT da 14ª Região, aprovado pela Resolução Administrativa n. 86/2009, alterada pelas Resoluções Administrativas ns. 116/2009 e 34/2011, inserido no Tema "Eficiência Operacional",

uma relação baseada nos procedimentos voltados para a efetividade dos processos de trabalho adotados.

Tal iniciativa tem como resultado almejado a ampliação da consciência de reações em cadeia nas tarefas diárias, otimizando procedimentos e garantindo uma maior troca de experiências, essas fomentadas pela própria Corregedoria Regional, fazendo de todas as Varas um grande laboratório, como peça única, embora distribuídas entre diversos juízos[3].

Os custos dessa operação encontram-se no preparo dos atores envolvidos na Corregedoria Regional para a mencionada atuação, o que não representa a alocação de novos recursos.

Com relação à atuação político-institucional da Corregedoria Regional, dimensão externa, propõe-se a adoção de um papel crítico da realidade regional, com exercício de leituras consequencialistas das políticas públicas, das evoluções e adaptações do mercado e a resposta/atuação institucional.

Atualmente, durante o nosso processo decisório, enfrentamos um significativo desnivelamento de quantidade e qualidade de informações extraprocessuais, diria multidisciplinar, que influenciam na solução da lide, quando comparadas com os atores econômicos e sociais.

Cada vez mais voltados para uma produção célere, muitas vezes subsumidos pelo modismo da gestão por assédio, é tópica a conclusão que, paulatinamente, o magistrado torna-se menos atento às interferências econômicas e políticas que produziram as ações sobre sua mesa, além dos dividendos sociais decorrentes das estruturas conceituais criadas a partir da dicção jurídica.

É real que a sociedade, as empresas, os grupos econômicos se adaptam a partir das manifestações do Poder Judiciário, assim como se utilizam de constantes remodelamentos com o objetivo de se furtarem aos compromissos legais, como seriam exemplo os casos de blindagem patrimonial, construção de empresas *offshore* e tantos outros.

Identificada na atuação de inteligência, ao papel da corregedoria seria implementada a de atuar em duas frentes específicas.

A primeira delas é a de auxiliar os magistrados na condução dos trabalhos internos, burocráticos, identificando eventuais práticas ou necessidades de melhoria no treinamento ou alocação de mão de obra. Serviria, basicamente, como uma consultoria efetiva, tornando as dificuldades e deficiências das diversas unidades como um problema institucional, e não apenas do respectivo Juiz Titular.

O segundo ponto estaria no estudo do ambiente do mercado da área de atuação do regional. Identificando práticas lesivas a direitos fundamentais, promovidas, por exemplo, pelos grandes litigantes, é possível construir, a partir de um modelo de atuação voltado à higidez das relações laborais, uma atuação como órgão de análise estratégica, dotando o magistrado de conhecimentos e estruturas multidisciplinares a subsidiar a tomada de decisões.

Um exemplo efetivo dessa prática está nos núcleos de apoio à atividade jurisdicional, seja na execução ou na pesquisa patrimonial, muito embora eles não integrem a estrutura das Corregedorias Regionais.

Aliás, parece adequado que tais estruturas não estejam vinculadas à Corregedoria Regional, mas que sirvam de apoio mútuo na construção do projeto maior, que é aperfeiçoar os serviços judiciários de primeira instância.

O TRT da 14ª Região consta em sua estrutura com o JASCONPE[4] – Juízo Auxiliar de Solução de Conflitos, Precatórios e Apoio à Execução, erigido com o propósito de cumprir objetivos estratégicos do Regional e aprimorar o atendimento relativo aos precatórios, dar maior suporte às Varas do Trabalho, além de realizar pesquisas patrimoniais na busca de solucionar as execuções, agindo de ofício ou a pedido de quaisquer das unidades judiciárias da 14ª Região.

---

objetivo estratégico "inovar e/ou aperfeiçoar as práticas de gestão dos processos organizacionais", do Mapa Estratégico Corporativo do TRT da 14ª Região – 2009/2014. São clientes do projeto a Secretaria da Corregedoria Regional e as Varas do Trabalho de Rondônia e Acre.

(3) A realização da correição participativa justifica-se em razão da percepção dos inquestionáveis ganhos obtidos quando os servidores conhecem as rotinas de trabalho almejadas pela Corregedoria Regional, o que se consegue de maneira objetiva e sem custos adicionais com treinamento quando há participação dos atores envolvidos na aferição dos prazos e demais procedimentos, resultando na internalização da gestão de processos (instrumentos), impactando positivamente na gestão da unidade (redução de prazos dos atos processuais da secretaria).

(4) Resolução n. 080/2014 publicada no DEJT14, do dia 7 de outubro de 2014.

Ademais, a relação de parceria estabelecida entre a equipe correicional e os servidores das unidades correcionadas, no sentido de encontrar soluções de melhorias, facilitando o processo de fortalecimento das Varas do Trabalho, mormente na fase de implantação do PJe na JT, embora o modelo atual tenha suas vantagens, a agregação das contribuições dos servidores no processo de correição, além de dar relevância à participação destes, debela possíveis entraves por partes dos servidores, que se sentem prestigiados e motivados na condução dos trabalhos, dando à correição um caráter eminentemente pedagógico.

Lidamos com a fantasia de que o magistrado, na beleza e magnitude de sua atividade solitária de decidir, consegue sintetizar, em um só momento, a justiça e a pacificação social, assimilando as diversas dimensões e códigos de linguagem que interferem no contexto decisório. É preciso superarmos essa concepção.

Para se alcançar uma noção de maior efetividade social deve-se superar a premissa de que apenas o estudo do Direito, ou a gestão numérica, além dos nossos critérios pessoais de justiça, a experiência acumulada e reproduzida da prática forense são suficientes, no mundo atual, para o exercício da jurisdição.

A Corregedoria Regional ampliaria o seu papel de órgão de inteligência institucional a fomentar a construção de debates multidisciplinares em torno da realidade local pela Escola Judicial, o que se faria a partir da leitura estatística das diversas unidades e a sinalização estratégica à presidência e ao tribunal pleno da necessidade de alocação de recursos humanos, físicos e tecnológicos.

Um Judiciário que se pretende efetivo não pode partir da premissa de que o magistrado, isoladamente, consiga atender ao universo econômico, político e estratégico dos interesses materializados nas demandas que se revelam diariamente nas salas de audiência.

São essas experiências que apresento para debate e críticas.

A AMPLIAÇÃO DOS ÓRGÃOS DA JUSTIÇA DO TRABALHO: UMA VISÃO CRÍTICA

James Magno Araújo Farias(*)

INTRODUÇÃO

No Brasil existe um comentário maldoso de que jabuticaba e Justiça do Trabalho só existem lá, o que é uma falácia completa. A jabuticaba, uma simpática e suculenta fruta, não pode ser usada para lançar uma sombra sobre a importância da Justiça do Trabalho brasileira, organizada de modo semelhante à de outros países. Ademais, sempre há infinitos debates acerca do suposto 'controle excessivo' exercido pela Justiça do Trabalho sobre as relações de trabalho, o que impediria uma maior flexibilização trabalhista e coisas afins.

É sabido que o controle estatal das relações de trabalho no Brasil é feito principalmente pela União Federal. Para tanto, em cada uma de suas esferas e atribuições legais, existe a Justiça do Trabalho, o Ministério Público do Trabalho, o Ministério do Trabalho e mesmo a cooperação eventual da Polícia Federal.

Segundo o anuário *Justiça em Números,* do CNJ, em 2013 havia 3.371 magistrados trabalhistas em todo o Brasil. A estrutura judiciária trabalhista brasileira era composta pelo Tribunal Superior do Trabalho, 24 Tribunais Regionais do Trabalho e 1.587 varas do Trabalho.

Precisamente em relação ao Judiciário, indaga-se: qual é o perfil da Justiça do Trabalho nesta realidade atual? Estaria ela preparada para assumir um papel de maior ou de menor regulação diante do risco cada vez maior da supressão de direitos sociais? Seu tamanho está adequado ao tamanho de sua responsabilidade social? Há necessidade de aumentar sua estrutura? Ou de reduzi-la?

Veremos ainda um pouco da história da Justiça do Trabalho no Brasil e como se deu a formação de sua tutela de direitos, sua estrutura atual e sua eficiência jurisdicional.

NO PASSADO

Não seria exagero algum afirmar que a Justiça do Trabalho foi o ramo do Poder Judiciário que mais cresceu no Brasil após a promulgação da Constituição Federal de 1988, sendo hoje o segundo maior ramo do Judiciário no país em termos numéricos, atrás apenas da Justiça comum estadual. Saiu de um modelo arcaico de representação paritária classista para ser a primeira a utilizar amplamente o PJE – Processo Judicial Eletrônico a ponto de virar a Justiça mais rápida e eficiente segundo os números oficiais dos anuários do CNJ.

No ensaio "A Justiça do Trabalho na pós-modernidade: perfil dos magistrados e eficiência jurisdicional" foi dito que *"O Poder Judiciário brasileiro entrou na década de 80 utilizando máquinas de escrever mecânicas, iniciou a década de 90 com máquinas eletrônicas com corretor de borracha e saiu da década de 90 com atas digitadas em programas de texto do Microsoft Office.*

(*) Desembargador do Tribunal Regional do Trabalho da 16ª Região/MA; Corregedor Regional (2014/2015); Professor Adjunto do Departamento de Direito da Universidade Federal do Maranhão (desde 1992); ex-Diretor da Escola Judicial do TRT da 16ª Região(2009/2013); ex-Promotor de Justiça(1992/1994); Especialista em Economia do Trabalho pelo Departamento de Economia da UFMA (1997). Mestre em Direito pela Universidade Federal de Pernambuco (2002). Doutorando em Ciências Jurídicas pela Universidade Autónoma de Lisboa (2014/2015). Ex-Presidente do CONEMATRA – Conselho Nacional das Escolas de Magistratura do Trabalho (2013/2014). Autor dos livros "Direitos Sociais no Brasil", "A toda velocidade possível: ensaios sobre um mundo em movimento" e "O labirinto silencioso".

E na realidade física de 2014 o processo judicial agora já pode ser totalmente eletrônico, sem uso de papel".[1]

Após a promulgação da Carta de 1988, o Judiciário foi lançado no epicentro dos conflitos sociais reprimidos, consagrado como o controlador e zelador dos Direitos e Garantias Fundamentais, passando ainda a decidir questões inovadoras como Direito do Consumidor, privatizações de estatais e de movimentação de capitais internacionais, além de decidir acerca da legalidade dos planos econômicos de estabilização da economia e reajustes salariais para inúmeras categorias de trabalhadores.

Ademais, o Judiciário passou a apreciar número cada vez maior de ações, discutindo a constitucionalidade de leis federais, estaduais e municipais, o que não gerou muita simpatia por parte da Administração Pública, que passou a considerar isso uma interferência à liberdade de poderes. A Justiça do Trabalho não escapou da história.

No Brasil, os primeiros órgãos de natureza trabalhista foram as Comissões Permanentes de Conciliação e Arbitragem, de 1907, mas que não chegaram a ser instaladas, por puro desinteresse governamental, embora previstos pela Lei n. 1.637, de 05 de novembro de 1907. Por sua vez, no Estado de São Paulo, em 1922, foram criados os Tribunais Rurais, pela Lei n. 1.869, de 10 de outubro de 1922, com a função de decidir questões entre trabalhadores rurais e seus patrões, com valor até quinhentos mil réis. O Tribunal Rural era composto por um Juiz de Direito da comarca e por outros dois membros, um designado pelo fazendeiro e outro pelo colono, o que caracteriza como o primeiro tribunal brasileiro composto pelo sistema de representação paritária de classes.

A maior influência, porém, para o sistema jurídico brasileiro veio mesmo da Magistratura *del lavoro*, modelo italiano de 1927 ditado pela *Carta del lavoro*, de contorno corporativista, com a forte e obrigatória presença do Estado na solução de controvérsias entre patrões e empregados. Entretanto, apesar de inspirar o sistema jurídico brasileiro, em 1928 a magistratura trabalhista italiana foi abolida, passando suas funções para a própria Justiça Comum.

Em 25 de novembro de 1932, por meio do Decreto n. 22.132, foram criadas as Juntas de Conciliação e Julgamento, no âmbito do Ministério do Trabalho, Indústria e Comércio, para resolver os conflitos individuais.

Inicialmente, somente os empregados sindicalizados tinham direito de ação. As JCJ's eram compostas por um Juiz do Trabalho Presidente e dois Vogais, um representante de empregados e outro de empregadores, no mesmo molde paritário dos Tribunais Rurais.

Para solucionar os conflitos coletivos foram criadas as Comissões Mistas de Conciliação, que pouco chegaram a apreciar, pois na época havia poucos conflitos coletivos. Essas Comissões caracterizavam-se basicamente como órgão arbitral não estatal e permanente, na dependência direta da estrutura sindical.[2]

As Constituições de 1934 e 1937 já reconheciam a existência da Justiça do Trabalho. A Lei n. 1.237, de 1º de maio de 1941 organizou a Justiça do Trabalho, que ganhou relativa autonomia, apesar de somente ter sido incluída entre os órgãos do Poder Judiciário pelo Decreto-lei n. 9.777, de 09.09.1946, sendo elevada à categoria constitucional pela Carta Democrática de 1946.

A Lei n. 1.237, de 1º de maio de 1941 organizou a Justiça do Trabalho da seguinte forma: as Juntas de Conciliação e Julgamento – JCJ's – ou Juízes de Direito, onde não existissem Juntas; os Conselhos Regionais do Trabalho; e o Conselho Nacional do Trabalho, dividido em duas Câmaras, uma da Justiça do Trabalho e outra de Previdência Social. A partir da Constituição Federal de 1946, a estrutura da Justiça do Trabalho, que já havia sido alterada pelo Decreto-lei n. 9.777/46, foi mantida entre os Órgãos do Judiciário por todas as Constituições brasileiras posteriores. Conservou-se a estrutura das JCJ's; os Conselhos Regionais do Trabalho viraram Tribunais Regionais do Trabalho; e o Conselho Nacional do Trabalho foi transformado no Tribunal Superior do Trabalho.

Entretanto, alguns juristas não concordaram com tais transformações. Historicamente, segundo Oliveira Viana "sua inclusão no Poder Judiciário foi um erro, porque sendo uma Justiça Especial exigia uma mentalidade nova dos Juízes de Direito Comum", enquanto Waldemar Ferreira dizia "reclamava-se mentalidade nova, para entendimento e aplicação de direito novo. Nada de judiciarismos! Nada de exagero da solenidade e à complexidade de estilo forense! Nada disso!"[3]. Evidentemente discordo dessa posição: a inclusão como órgão do Judiciário deu muita força à Justiça do Trabalho, principalmente na execução de seus julgados.

A Consolidação das Leis do Trabalho foi aprovada por meio do Decreto-lei n. 5.452, de 1º de maio de

---

(1) FARIAS, James Magno A. *A Justiça do Trabalho na pós-modernidade: perfil dos magistrados e eficiência jurisdicional*. Brasília: CONEMATRA, 2014. p. 316.

(2) FARIAS, James Magno Araujo. *Direitos sociais no Brasil: o trabalho como valor constitucional*. São Luís: Azulejo, 2010. p. 216.

(3) NASCIMENTO, Amauri Mascaro. *Curso de direito processual do trabalho*. 11. ed. São Paulo: Saraiva, 1990. p. 31.

1943, passando a regular o relacionamento jurídico entre empregados e empregadores a partir de 10 de novembro de 1943, decorrido o prazo da *vacatio legis* para entrada em vigência da CLT. Note-se que a CLT foi editada durante a ditadura de Getúlio Vargas, não como uma concessão aos anseios dos trabalhadores, mas sim como um instrumento de prevenção do Estado Novo a inevitáveis ondas de insatisfação popular, trabalhista ou sindical.

Por outro aspecto, no art. 668 da CLT e no art. 112 da Carta Política atual, há a determinação (hoje rara e escassa) de que nos Municípios não jurisdicionados a nenhuma Vara do Trabalho, o órgão local para dirimir os conflitos trabalhistas será o Juiz de Direito da Comarca.

O modelo do Judiciário Trabalhista não sofreu nenhuma alteração substancial com a Constituição de 1967 e a Emenda Constitucional n. 1, de outubro de 1969, nem pelos Atos Institucionais do período militar, que chegaram a atingir pessoalmente alguns magistrados, na limitação de seu mister.

A Justiça do Trabalho brasileira tem hoje um modelo bem próprio, definido na Constituição Federal. Duas Emendas Constitucionais mudaram a face da Justiça do Trabalho, a Emenda n. 24/99 que extinguiu a representação classista e a Emenda n. 45/04 que ampliou sua competência material.[4]

A tentativa de extinção da Justiça do Trabalho no final de década de 90, na PEC de autoria do senador paulista Aloysio Nunes Ferreira, faz parte do ideário neoliberal e do discurso de desregulamentar para estimular a chegada de investimentos externos no país; sendo extinta a Justiça do Trabalho, em tese estaria o país afastando a imagem de "atraso jurídico" e "dificuldades históricas" para circulação de capitais internacionais. Ora, retrocesso, sim, seria a extinção do ramo do Judiciário mais próximo das carências socioeconômicas da população; retrocesso seria reduzir o acesso da população ao Judiciário sem nenhuma garantia de que esses alardeados investimentos externos chegassem para melhorar as condições de vida dos trabalhadores.

Em 2013 tramitaram 7,9 milhões de processos na Justiça do Trabalho brasileira.[5]

Eu afirmei antes: *"as imperfeições judiciárias brasileiras têm nome: lentidão, acúmulo processual e ineficiência. Mas para elas existem respostas: desenvolvimento tecnológico, dedicação e investimento. Qual o Judiciário que se quer? E a qual custo? Com orçamento reduzido é impossível qualificar pessoal, melhorar a estrutura física dos fóruns e acelerar o julgamento de milhões de processos em andamento, afora as duas dezenas de milhões de novas ações anuais. Isso faz com que alguns só enxerguem males na Justiça brasileira. Isso é um equívoco perigoso".*[6]

2. APÓS A CONSTITUIÇÃO DE 1988

O controle difuso de constitucionalidade de lei por parte de qualquer juiz (e não apenas do Supremo Tribunal Federal) e a crescente criação de enunciados de súmulas aproxima nosso modelo do norte-americano, dos *checks and balances* na chamada "judicialização da política", mediante o controle judiciário dos atos legislativos e executivos.[7]

Segundo dados do Ministério do Trabalho, havia no Brasil, em 2000, 6 milhões de trabalhadores em atividades rurais (que não devem ser confundidos com simples lavradores, meeiros e todos aqueles que trabalham por conta própria ou na agricultura de subsistência), dos quais 4 milhões não tinham registro na Carteira de Trabalho. A consequência direta desse fato é que sem ter a CTPS anotada, os trabalhadores rurais não podem receber FGTS e nem seguro-desemprego, além de encontrarem-se afastados da Previdência Social, sem gozo de férias e provavelmente 13º salário. Outro fato lamentável é que um terço dos obreiros rurais recebia 50% ou menos de um salário mínimo mensal.

---

(4) Constituição Federal. Art. 114: *"Compete à Justiça do Trabalho conciliar e julgar os dissídios individuais e coletivos entre trabalhadores e empregadores, abrangidos os entes de direito público externo e da administração direta e indireta dos Municípios, do Distrito Federal, dos Estados e da União e, na forma da lei outras controvérsias decorrentes da relação de trabalho, bem como os litígios que tenham origem no cumprimento de suas próprias sentenças, inclusive coletivas"*.

Art. 111: *São órgãos da Justiça do Trabalho:*

I – o Tribunal Superior do Trabalho;

II – os Tribunais Regionais do Trabalho;

III – os Juízes do Trabalho (anteriormente, os órgãos de primeiro grau eram as chamadas Juntas de Conciliação e Julgamento, até a extinção dos classistas pela EC 24/98, quando passaram a ser presididas apenas pelo Juiz Togado de carreira).

(5) <http://www.cnj.jus.br/images/pesquisas-judiciarias/documentos_jn/trabalho.swf>.

(6) FARIAS, James Magno Araujo. *A Justiça do Trabalho na pós-modernidade: perfil dos magistrados e eficiência jurisdicional*. Estudos avançados de direito do trabalho e Processo do Trabalho. Brasília: CONEMATRA, 2014. p. 322.

(7) FARIAS, James Magno Araujo. *Direitos sociais no Brasil: o trabalho como valor constitucional*. São Luís: Azulejo, 2010. p. 219.

Como a DRT tem um quadro muito reduzido de fiscais do Trabalho é impossível aplicar multas às empresas infratoras ou, pior, extirpar o trabalho em condições análogas à de escravidão, crime tipificado no Código Penal, mas infeliz prática ainda encontrada em algumas regiões do país.

O Ministério Público do Trabalho também tem atuado bastante na prevenção e fiscalização dessas condições trabalhistas indignas e subumanas e muito tem feito para eliminar as práticas ilícitas existentes, ajuizando ações civis públicas, ações trabalhistas e abrindo inquéritos civis para apuração de responsabilidades em razão dessas violações aos direitos dos trabalhadores, muitas vezes resultando em Termos de Ajustamento de Conduta que possuem grande efeito na solução de variados problemas. Desejável que haja uma relação mais intensa entre o Ministério Público do Trabalho e a Justiça do Trabalho na tentativa de solucionar tais problemas.

Uma outra sugestão seria dar um tratamento diferenciado e preferencial às ações civis públicas, anulatórias, rescisórias e outras propostas pelo MPT, que assim ganhariam maior agilidade, pois, na atualidade, qualquer ação intentada pelo MPT recebe andamento processual igual às ações privadas, o que é injustificável.

Márcio Túlio Viana manifesta sua preocupação com a Justiça do Trabalho, quando diz:

> *A Justiça do Trabalho serve apenas aos que já não têm o que perder. Se não pode procurar a Justiça do Trabalho enquanto empregado, o trabalhador tem de procurá-la quando já perdeu o emprego – pois de outro modo não poderá reparar seu prejuízo. Assim a Justiça do Trabalho não é apenas seu último – mas o seu único – recurso.*[8]

Mudar esse quadro hostil é a missão atual. Tornar a Justiça do Trabalho um espaço não do desemprego, mas sim de diálogo e prevenção é um caminho a seguir. Campanhas como o "Trabalho Seguro" e o "Comitê nacional de combate ao trabalho infantil", ambos do TST representam um bom indicativo nesse sentido. Conscientizar do risco é melhor do que julgar o prejuízo. Ou isso não seria ativismo judicial na melhor acepção do termo?

Apesar de a Justiça do Trabalho ser considerada a mais rápida na tutela jurisdicional a lentidão judiciária brasileira ainda é uma realidade que deve ser remediada para que ganhe maior credibilidade perante a população. Mas essa lentidão não será resolvida facilmente porque, dentre outros fatores, o Conselho Nacional de Justiça e o Congresso Nacional não vêm atendendo muitas propostas de aumento do número de cargos de magistrados e servidores. As alegações passam pelas cíclicas crises financeiras e a necessidade de contenção de gastos do Tesouro Nacional são recorrentes. Nunca se sabe quando é o momento apropriado para criar uma Vara ou um cargo novo. Não havendo a criação de novos cargos há, pois, necessidade de criar alternativas para melhorar a prestação jurisdicional no país.

Inobstante, há certa rejeição à ideia de utilizar a mediação como solução de conflitos trabalhistas no Brasil. Isso se deve à recusa à formação das comissões de conciliação prévia criada pela Lei n. 9.958/00 e à desconfiança de soluções não estatais, que no imaginário popular pudessem prejudicar os trabalhadores. Exemplo foi o veto do vice-presidente Michel Temer ao art. 4º da Lei de Arbitragem, que permitia seu uso em relações trabalhistas de alguns trabalhadores, como as de executivos ou ocupantes de cargos de direção.

As comissões de conciliação prévia instituídas pela Lei n. 9.958/00 não serviram para cativar a confiança dos trabalhadores e empresas como meio eficiente, seguro e confiável para solucionar os conflitos trabalhistas e estão virando letra morta pelo desuso. A atribuição das Comissões de Conciliação Prévia, segundo o art. 625-A e seguintes da CLT, é tentar conciliar os conflitos individuais de trabalho, evitando que algumas causas cheguem ao Judiciário, pois permite sua solução mediante discussão na própria comissão de empresa ou sindical. As Comissões de Conciliação Prévia podem ser constituídas por iniciativa intersindical ou de grupos de empresas, segundo a norma legal trabalhista.

3. JURISDIÇÃO SOBRE MATÉRIA TRABALHISTA EM ALGUNS PAÍSES

Em ensaio anterior eu analisei, comparativamente, os modelos adotados em alguns países, para solucionar os conflitos trabalhistas, que reproduzo a seguir.[9]

1. França.

Na França, em 1426, em Paris, foram designados vinte e quatro cidadãos chamados *Prud'hommes* para auxiliar o Magistrado municipal a resolver questões entre comerciantes e fabricantes, regra que perdurou até 1776, quando foram extintos os órgãos compostos pelos

---

(8) VIANA, Márcio Túlio. *Proteção ao emprego e estabilidade sindical: onde termina o discurso e termina a realidade*. São Paulo: Revista LTr, vol. 65-09, 2001. p. 1044.

(9) FARIAS, James Magno A. *O futuro da Justiça do Trabalho diante das perspectivas do Brasil contemporâneo*. Apud *Justiça do Trabalho: evolução histórica e perspectivas*. Coordenação de Kátia Magalhães Arruda. Livro comemorativo dos 10 anos do Tribunal Regional do Trabalho da 16ª Região. São Luís, 1999. p. 75.

Prud'hommes, passando a ser os conflitos entre industriais e operários solucionados pelos Tribunais comuns, pelo Prefeito de Polícia e pelos comissários.[10]

Inobstante, foram organizados, também na França, em 1806, os *Conseils des Prud'hommes*, responsáveis pela composição de dissídios individuais entre patrões e empregados, segundo determinava a Lei de Napoleão I, fornecendo as bases do atual sistema francês de composição trabalhista.

Os *Conseils des Prud'hommes*, integrados por juízes leigos, compostos paritariamente entre patrões e empregados, possuem atuação permanente na solução dos conflitos individuais de trabalho, sendo que de suas decisões cabe recurso para o órgão superior de revisão, que é a *Cour de Cassation*.[11]

Esses Conselhos franceses são compostos paritariamente, tendo natureza jurisdicional plena, solucionando questões de indústria, comércio e agricultura.

2. Alemanha.

O modelo da Alemanha é bastante parecido com o brasileiro. Os conflitos trabalhistas resolvidos por meio dos Tribunais do Trabalho. Esses Órgãos tiveram sua origem no Vale do Rühr, em 1890 e hoje são divididos em Tribunais do Trabalho (ArbG-distritais), Tribunais Regionais do Trabalho (LAG) e Tribunal Federal do Trabalho (BAG). Os órgãos judicantes são integrados por juízes de carreira, auxiliados por juízes temporários indicados por empregados e empregadores, no molde classista de representação. O Superior Tribunal Constitucional representa a última instância para se recorrer na Alemanha.

Wolfgang Däubler, titular da cadeira de Direito do Trabalho da Universidade de Bremen, diz que um processo trabalhista na Alemanha, após percorrer as três instâncias judiciais, gasta cerca de três anos, o que ainda o torna mais célere do que os das demais jurisdições.[12]

O grande mérito do modelo alemão, entretanto, é a existência dos eficientes Conselhos de Empresa ou Comissões de Fábrica, compostas apenas por representantes escolhidos no âmbito da própria empresa, para solucionar internamente os conflitos classistas existentes, levando para a Justiça apenas as pendências não resolvidas a contento pelo "acordo de empresa" (*Betriebsvereinbarung*).

Antônio Álvares da Silva lembra que no Direito alemão o implemento da *Gesetz über die Errichtung und das Verfahren der Schiedstellen für Arbeitsrecht* (*Lei de criação dos Órgãos de Arbitragem e seu respectivo processo*), em 29 de novembro de 1990, instituiu os Tribunais de Arbitragem, compostos por um representante dos empregados e outro da empresa, além de eleger um presidente, que pode até ser alheio à empresa, sempre com o objetivo de descongestionar ainda mais os órgãos judiciários trabalhistas[13].

3. Espanha.

Em 1912, foi criada a Justiça do Trabalho espanhola. O Código do Trabalho, regulamentador dos direitos materiais, data de 1926.

Na época de sua criação, a composição do Órgão era de um juiz de carreira e seis jurados, sendo três representantes de empregados e três de empregadores.

Atualmente, há Juntas de Conciliação Sindical, de natureza administrativa, por onde passam as disputas, antes de chegar à magistratura de primeira instância. Os *Juzgados Sociales* apreciam matéria trabalhista e previdenciária.[14]

O Tribunal Central do Trabalho é o órgão judicial de segunda instância. Ao contrário do modelo brasileiro, na Espanha, a Justiça do Trabalho também aprecia questões de previdência social e todas as espécies de acidentes do trabalho.

O ponto forte do modelo espanhol, sem dúvida, é a atuação de seus sindicatos, o que torna muito usual a forma de composição dos conflitos via arbitragem ou mediação, fazendo com que a discussão seja levada à Justiça somente após o esgotamento das tentativas de conciliação.

4. EUA.

Não há uma Justiça Trabalhista especializada nos Estados Unidos. Desse modo, os litígios de natureza laboral são normalmente resolvidos por meio da Arbitragem ou pela Justiça Comum, que aprecia as causas não solucionadas por acordo entre as partes envolvidas e, frequentemente, também os processos de natureza indenizatória.

O modelo norte-americano de composição de conflitos trabalhistas tem uma facilidade extra: segundo

---

(10) NASCIMENTO, Amauri Mascaro. *Curso de direito processual do trabalho*. 11. ed. São Paulo: Saraiva, 1990. p. 13.

(11) TUPINAMBÁ NETO, Hermes Afonso. *A solução jurisdicional dos conflitos coletivos no direito comparado*. S. Paulo: LTr, 1993. p. 58.

(12) DÄUBLER, Wolfgang. *Direito do trabalho e sociedade na Alemanha*. São Paulo: Fundação Friedrich Ebert, LTr, 1997.

(13) SILVA, Antônio Álvares da. *A Justiça do Trabalho e a solução do conflito trabalhista no século XXI – Perspectivas de Direito Público*. Belo Horizonte: Del Rey, 1995. p. 431.

(14) MARTINS, Sérgio Pinto. *Direito processual do trabalho*. São Paulo: Atlas, 1993. p. 33.

Antonio Álvares, dos 115 milhões de trabalhadores, 30 milhões têm seus contratos regidos por 150 mil convenções coletivas, das quais 95% contêm cláusulas regulando o processo de solução dos dissídios individuais, em caso de controvérsias sobre seu conteúdo. Isto acaba por reduzir os custos do Estado, que elimina os gastos com a manutenção de um órgão judicial.[15]

Por sinal, quem defende a extinção da Justiça do Trabalho no Brasil, geralmente cita o êxito do modelo americano, esquecendo-se porém de um detalhe: ao mesmo tempo em que a Justiça Comum é modelo de eficiência (ao contrário da nossa, infelizmente), é notória a fraqueza de seus sindicatos, se comparados aos europeus ou latino-americanos, o que impede as causas pequenas ou de pouca expressão econômica de serem levadas à Justiça, pois normalmente são solucionadas no âmbito das próprias empresas, que, é certo, exercem bastante influência sobre a pessoa do empregado.

5. Itália.

Inspiradora da criação da Justiça do Trabalho brasileira, ironicamente, a Itália já não tem mais uma Justiça Trabalhista especializada. Desde 1928 as causas laborais são apreciadas e julgadas pela Justiça Comum.

Até então, segundo preceituava a célebre *Carta del Lavoro*, a Justiça do Trabalho italiana estava dividida em Comissões de Conciliação e Tribunal do Trabalho. As Comissões que eram compostas por um presidente e dois classistas, exerciam o primeiro grau. Já o Tribunal do Trabalho atuava como Corte de Apelação.

Com a revogação da *Carta del Lavoro*, atualmente os conflitos individuais trabalhistas são regidos por um capítulo especial do Código de Processo Civil e julgados por Juízes Togados[16].

6. Argentina.

O jurista argentino Mario E. Ackerman lembra, em seu artigo intitulado *Organización y procedimiento de la Justicia del Trabajo en la Republica Argentina*[17], que até 1988, a Justiça Trabalhista argentina esteve organizada em nível das Províncias, mas esta experiência fracassou, pois cada província adotou modelos próprios e diversos dos demais. As exceções que obtiveram êxito foram os modelos formais da Capital Federal e das Províncias de Neuquén, Catamarca, Corrientes, Chaco, Entre Ríos, La Pampa, Santa Fé y Santa Cruz.

A Lei n. 23.640, em 1988, criou quarenta e cinco novos *Juzgados de primera instancia*, compostos por três juízes, junto aos quais funcionam membros do Ministério Público e secretários com formação de advogados. Em caso de insatisfação com o julgamento, as partes podem recorrer diretamente para o próprio Juizado de primeiro grau. Além disso, há ainda a possibilidade de ser interposto recurso extraordinário para a Corte Suprema de Justiça da Argentina, em razão de inconstitucionalidade de lei, decreto e regulamento ou nulidade formal do processo.

7. Reino Unido.

A Justiça do Trabalho britânica tem sua origem remota nas chamadas *trade unions* mediante o *Conciliation Act*, que atribuiu poderes ao Ministro do Trabalho para resolver os conflitos de interesses entre patrões e empregados ou, se fosse o caso, determinar a indicação de um mediador individual ou comitê de conciliação, após o que era redigido um memorando, de força executiva.[18]

Em 1951, foi instituído um sistema de arbitragem nacional, além de um Tribunal de Conflitos Industriais, mediante o *Industrial Disputes Order*. Em 1964 foram criados os *Industrial Tribunals*, em nível de 1º grau, com a finalidade de decidir questões relativas aos impostos sobre aprendizagem industrial, até passar a abranger em 1968 os dissídios resultantes da relação de emprego. A segunda instância britânica, com a função de apreciar e julgar os recursos, é representada pelos *Employment Appeal Tribunals*(EAT).[19]

Os Órgãos Trabalhistas britânicos ainda mantêm representantes classistas. Sua composição é de três membros, sendo que seu presidente é escolhido dentre advogados ou procuradores. Os tribunais não possuem membros permanentes, pois são convocados apenas para apreciar os casos existentes, em sistema de rodízio.

A competência é para decidir apenas dissídios individuais e não coletivos. Os dissídios coletivos são compostos de modo direto entre as partes ou por mediação.[20]

8. Portugal.

O modelo unitário de jurisdição português prevê a existência do Tribunal do Trabalho, como órgão judi-

---

(15) Op. cit., p. 432, nota 7.

(16) Op. cit., p. 14.

(17) ACKERMAN, Mario E. *Organización y procedimiento de la Justicia del Trabajo en la Republica Argentina*. Processo do trabalho na América Latina. São Paulo: LTr, 1992.

(18) Uniões de trabalhadores, fruto da concentração de massas operárias. O chamado *trade unionism* é o mais antigo sindicalismo do mundo, sendo que até Robert Owen teve participação em sua expansão.

(19) SILVA, José Ajuricaba da Costa e. *A Justiça do Trabalho na Grã-Bretanha*. Revista do TRT da 8ª Região, v. 49. Belém, 1992. p. 21.

(20) Op. cit., p. 15.

cante de primeiro grau com competência especializada na área de Direito do Trabalho.

Os recursos em matéria trabalhista são apreciados pelo Tribunal de Relação e, em última instância, pela 4ª Secção Social do Supremo Tribunal de Justiça de Portugal que é especializada em Direito Laboral.

9. Um breve resumo.

Verifica-se que existem pelo menos cinco modelos de solução de conflitos jurídicos trabalhistas adotados em vários países, sendo que alguns deles adotam mais de uma forma.

A opção por manter uma Justiça do Trabalho é adotada por países como Brasil, Alemanha, Espanha, México, Portugal, Chile, Argentina, Grã-Bretanha, França e Israel.

Arbitragem voluntária é utilizada para solução de conflitos trabalhistas na Austrália, EUA, França, Grécia, Polônia, Portugal, Brasil e México.

A Mediação é usada na Alemanha, Argentina, EUA, Chile, Uruguai, Portugal e Itália.

A Arbitragem obrigatória é usada na Austrália, Filipinas e Sri Lanka (antigo Ceilão).

A Justiça comum soluciona conflitos trabalhistas na Itália, EUA, Holanda, Japão, Grécia e Nova Zelândia. Curiosamente, no Brasil, a Justiça comum estadual foi acionada até pouco tempo atrás, apenas residual e eventualmente, para dirimir conflitos trabalhistas, nos casos em que a cidade não estava jurisdicionada a nenhuma Vara Trabalhista, mas isso é algo muito raro na atualidade, principalmente porque a Justiça do Trabalho já é o segundo maior ramo do Judiciário brasileiro, segundo o anuário de 2013 do CNJ.

4. JUSTIÇA DO TRABALHO: A AMPLIAÇÃO NECESSÁRIA

Eu já escrevi antes que as imperfeições judiciárias brasileiras têm nome: lentidão, acúmulo processual e ineficiência. Mas para elas existem respostas: desenvolvimento tecnológico, dedicação e investimento. Qual o Judiciário que se quer? E a qual custo? Com orçamento reduzido é impossível qualificar pessoal, melhorar a estrutura física dos fóruns e acelerar o julgamento de milhões de processos em andamento, afora as duas dezenas de milhões de novas ações anuais. Isso faz com que alguns só enxerguem males na Justiça brasileira. Isso é um equívoco perigoso.[21]

Diante da resistência de utilizar-se mediação ou arbitragem para solucionar os conflitos trabalhistas no Brasil o caminho para a Justiça do Trabalho tornou-se ainda mais necessário.

No entanto, um ponto que há de ser destacado nesse processo de transformação. Embora o Judiciário tenha sido prestigiado com a guarda dos Direitos fundamentais e controle legal dos atos administrativos, não houve a necessária evolução administrativa do sistema. Ou seja, com exceção da criação dos quatro novos Tribunais Regionais Federais e de algumas centenas de Varas Brasil afora, a estrutura ainda continua arcaica e labiríntica. É certo que a criação dos Juizados Especiais Cíveis e Criminais teve o condão de tentar diminuir os prazos para solução dos conflitos, mas hoje os Juizados também ficaram com pautas extensas por causa da enorme demanda acumulada. Lembram Cappelletti e Garth:

> Em muitos países, as partes que buscam uma solução judicial precisam esperar dois ou três anos, ou mais, por uma decisão exequível. Os efeitos dessa delonga, especialmente se considerados os índices de inflação, podem ser devastadores. Ela aumenta os custos para as partes e pressiona os economicamente fracos a abandonar suas causas ou a aceitar acordos por valores muito inferiores àqueles a que teriam direito.

Vimos que alguns países não se apegam somente a um meio de solução dos conflitos trabalhistas, mas adotam também outras formas, como é o caso da Argentina, México e Alemanha, que possuem Justiça do Trabalho, mas também utilizam a Mediação e Arbitragem. Por outro lado, os Estados Unidos, apesar de não terem uma Justiça exclusivamente trabalhista, concedem ampla liberdade às partes para negociar os dissídios individuais e coletivos, o que pode ser feito diretamente, por meio de acordos ou convenções coletivas, arbitragem voluntária, mediação ou, em último caso, levando a questão para a Justiça comum decidir.

Alguns dos países que não adotam a Justiça do Trabalho, como Itália, EUA, Holanda, Japão, Grécia e Nova Zelândia, preferem submeter essas questões à Justiça comum, reduzindo os custos estatais exigidos para a manutenção de um órgão judicial especializado. Observe-se, no entanto, que a tradição democrática ou histórica de instituições desses países revela também a eficiência de seu Judiciário, o que possibilita a solução dos conflitos em pouco tempo.

A realidade forense prova que muitas empresas preferem arriscar-se a condenações na Justiça do Trabalho a pagar seus débitos trabalhistas na vigência do contrato de trabalho, pois é sabido que na Justiça pode-se até mesmo obter um vantajoso acordo com parcelamento e redução de encargos, o que é prejudicial aos empregados.

---

(21) FARIAS, James Magno A. *A Justiça do Trabalho na pós-modernidade*. Estudos avançados sobre direito do trabalho e processo do trabalho. Brasília: CONEMATRA, 2014. p. 325.

Com uma participação maior do Judiciário na vida social quotidiana, houve uma natural superexposição à crítica da sociedade e da mídia nacional, que com as liberdades civis após o fim da ditadura militar puderam atuar com desenvoltura e investigar assuntos que antes pareciam de interesse apenas *interna corporis*, como morosidade processual, moralidade administrativa e até mesmo o conteúdo das decisões tomadas.

O aumento do número de juízes trabalhistas poderia levar a uma redução de prazos processuais, mas não é suficiente. Mas, também (e principalmente), sugere-se, *de lege ferenda*:

a) a criação de mais cargos de servidores para permitir maior interiorização das Varas trabalhistas e desafogo das grandes cidades-sede de Vara;

b) deveria haver uma limitação do número de recursos e uma simplificação do processo de execução;

c) a criação de Câmaras Recursais no primeiro grau, para julgamento de recursos de causas do rito sumaríssimo, poderia desafogar os Tribunais a diminuir o déficit judiciário.

d) insistir na ideia de postos avançados em municípios de grande população que não sejam sede de Vara;

e) aumentar a prática de negociação de conflitos entre as partes, com a participação ativa de sindicatos e Ministério Público.

5. ENCERRAMENTO

A Justiça do Trabalho, apesar de seu reconhecido avanço estrutural nas últimas duas décadas, ainda não conseguiu ser suficientemente garantidora das necessidades sociais no Brasil, pois, para tanto, há carências que devem ser supridas com brevidade.

Concluiu-se, assim, que o aumento do número de Varas e magistrados trabalhistas seria benéfico, ao diminuir a atual proporção de 1 magistrado trabalhista para cada 60 mil habitantes, poderia levar a uma redução de prazos processuais, mas não é suficiente. Sugeriu-se, então, *de lege ferenda*, a criação de mais cargos de servidores para permitir maior interiorização das Varas trabalhistas e desafogo das grandes cidades-sede de Vara; deveria haver uma limitação do número de recursos e uma simplificação do processo de execução; a criação de Câmaras Recursais no primeiro grau, para julgamento de recursos de causas do rito sumaríssimo, poderia desafogar os Tribunais e diminuir o *déficit* judiciário.

O Judiciário brasileiro vive atualmente uma grande provação histórica em busca de sua afirmação como Poder ou, de ser, definitivamente, relegado ao papel de coadjuvante dos outros dois poderes republicanos constituídos.

Em escrito anterior eu disse que se nosso Judiciário ainda não tem o primor do secular modelo europeu, talvez ele não seja tão ruim quanto se propaga. Nem tão descartável quanto a melancólica Geni, a famosa personagem da prosa buarquiana, que só teve apoio popular quando agiu para evitar a destruição da cidadela pelo Zeppelin.[22]

Ser essencial à democracia brasileira, devendo assim ser reconhecida pela sociedade, é a missão da Justiça do Trabalho.

---

(22) FARIAS. James. *A Justiça do Trabalho na pós modernidade*. Op cit., p. 326.

APONTAMENTOS SOBRE A INAMOVIBILIDADE DE JUÍZES COM FOCO NA JUSTIÇA DO TRABALHO

Tadeu Vieira[*]

Edson Bueno[**]

1. CONSIDERAÇÕES INICIAIS

Estes apontamentos sobre a inamovibilidade da magistratura nacional – enquanto garantia constitucional – têm como alvo apenas a magistratura do trabalho e, ainda, representam apenas o pensamento de seus autores. É possível que algumas de suas passagens possam ser úteis à solução de casos concretos de outros ramos da magistratura nacional. Os autores agradecem antecipadamente todas as críticas e comentários que os leitores fizerem porque entendem que os debates engrandecem a todos e, ao final, geram bons frutos.

Neste estudo, denominado de "apontamentos", os autores enfrentam tão somente o conteúdo e o alcance da garantia constitucional da inamovibilidade conferida a toda magistratura de que cuida o inciso II do art. 95 da Constituição Federal, não tratando, portanto, das outras duas garantias constitucionais: vitaliciedade e irredutibilidade de vencimentos. E adotaram como ponto de partida e ponto de chegada a decisão proferida pelo Supremo Tribunal Federal, doravante STF, no Mandado de Segurança n. 27.958-DF.

A inamovibilidade dos magistrados está garantida na Constituição da República Federativa do Brasil ao lado de outras duas garantias: a da vitaliciedade e a da irredutibilidade de vencimentos. Essas três garantias dão, no seu conjunto, a necessária independência[1] e autonomia aos juízes brasileiros para que possam, sem destemor ou desassombro, exercer com dignidade a nobre carreira de julgador, respeitadas, evidentemente, todas as balizas impostas e previstas nas normas princípios e nas normas regras do Direito Internacional aplicado no Brasil e do Direito Nacional.

Essa garantia – a da inamovibilidade – é conferida a todo magistrado brasileiro, desde o primeiro dia de exercício de suas funções jurisdicionais, após o rigoroso critério de recrutamento existente no país, que visa exclusivamente ao mérito de cada candidato.

O modelo brasileiro de seleção dos magistrados de primeira instância, mediante unicamente o sistema de concurso público de provas e títulos, inaugurado com a Constituição Federal de 1934, baseado no critério único do mérito, não foge à crítica de que não se amolda no modelo democrático, embora mereça alguns elogios

---

(*) Corregedor do TRT da 5ª Região (Bahia)

(**) Corregedor e Presidente do TRT 23 (Mato Grosso)

(1) O notável professor da Universidade de Coimbra, J. J. Gomes Canotilho, ao comentar o art. 203 da Constituição Portuguesa, divide o princípio da independência da magistratura em duas dimensões: a independência pessoal e a independência coletiva. Diz ele: "A independência pessoal dos juízes articula-se desde logo com as *garantias e incompatibilidades* dos juízes (CRP, art. 216º). Em primeiro lugar, com a garantia de *inamovibilidade*. A proibição de transferências, suspensões, aposentações ou demissões, bem como de nomeações interinas, surgem, neste contexto, como dimensões insubstituíveis da independência pessoal dos juízes.

Uma outra manifestação do princípio da independência relaciona-se com a autonomia no exercício da jurisdição. Qualquer relação hierárquica no plano da organização judicial não poderá ter incidência sobre o exercício da função jurisdicional. (...)

A independência colectiva procura conferir autonomia à judicatura entendida como ordem ou corporação, diferentemente da independência pessoal que tem em vista a figura do juiz individual." (in: *Direito constitucional e teoria da Constituição*. 7. ed. (2ª reimpressão), Portugal: Almedina, 2000. p. 663).

por reputá-lo avançado. A esse respeito, ouçamos a voz do notável professor argentino Eugenio Raúl Zaffaroni:

> O modelo brasileiro apresenta uma longa tradição de ingresso e promoção por concurso, estabelecida na época do Estado Novo, correspondendo à coerência política desta quanto à criação de uma burocracia judiciária de corte bonapartista, mas que, definitivamente, tem tido como resultado um Judiciário semelhante aos modelos europeus da segunda metade do século passado e primeiras décadas do presente. O sistema de seleção "forte" (concurso) está constitucionalmente consagrado, enquanto que a "carreirização" se encontra apenas atenuada mediante incorporação lateral de um quinto dos juízes que dever provir, nos tribunais colegiados, do Ministério Público e dos advogados. A designação política é limitada aos juízes do Supremo Tribunal Federal, embora não faltem delimitações impostas pela tradição.(2)

Essa manifestação – importante – feita pelo jurista argentino é anterior a criação do Conselho Nacional de Justiça, daqui em diante designado apenas como CNJ, pela Emenda Constitucional n. 45/2004. Essa instituição – de controle externo do Judiciário – que, evidentemente, ampliou a democratização no Judiciário brasileiro, atendendo, assim, a parte das críticas desse notável professor argentino.

As discussões e até mesmo profundas controvérsias sobre a inamovibilidade dos juízes do trabalho evidentemente não são novas, porém com a chegada na magistratura do trabalho de juízes que pertencem à geração "y" elas se aguçaram a ponto de exigir decisão tanto do CNJ como do STF para resolvê-las.

Mesmo tendo o STF – na qualidade de guardião da Constituição Federal – dado a palavra final sobre esse tema, ao rever a posição anteriormente adotada pelo CNJ, ainda remanescem questões jurídicas e práticas em aberto e que, não raro, reclamam decisões administrativas para solucioná-las, sejam da Corregedoria Regional, sejam da Presidência do Tribunal, daí a pertinência e a oportunidade desses apontamentos.

É interessante registrar, nestas considerações iniciais, que o mandado de segurança em realce foi impetrado contra a decisão proferida pelo CNJ no PCA n. 2008.10.00.0018973-3(3) e, dada a importância jurídica do tema, esse mandado de segurança foi a plenário em 5 (cinco) oportunidades, nas quais houve debates importantes. Aliás, no terceiro debate, o ministro Gilmar Mendes chamou a atenção dos demais membros do STF para o fato de que aquela Casa havia fixado orientação anterior de que: "quando não houvesse a modificação por parte do CNJ em relação ao entendimento fixado, de que não caberia mandado de segurança porque seria uma forma de vir *per saltum* ao Supremo a questão da admissibilidade ou não do mandado de segurança" (p. 25 do acórdão).

Nesse mesmo debate (terceiro), a ministra Carmen Lúcia – no uso da palavra – ressaltou a importância de o STF aproveitar-se da oportunidade para deixar clara a sua posição quanto ao que entende por inamovibilidade. São de Sua Excelência as seguintes palavras:

> Talvez utilizemos este mandado de segurança para definir essa questão importante, porque, neste caso, seria muito necessário ou teria sido necessário, portanto, e nós não poderíamos, sequer, conhecer do mandado de segurança porque não vamos adentrar a situação de fato para saber se era necessário ou se não era, como o CNJ pode fazer, que é uma segunda razão pela qual, conforme disse o Ministro Gilmar Mendes, nem seria caso de conhecimento. Nós estamos conhecendo em razão da importância e da necessidade de fixar o que é isso.

Após outras duas falas, o ministro Gilmar Mendes concordou com a ministra Cármen Lúcia, no que foram acompanhados pelos demais ministros do STF, tendo o então presidente, ministro Cezar Peluso, formulado a seguinte pergunta: "O que significa a inamovibilidade do juiz substituto? Esta é a questão." Na sequência dos debates, o ministro Ricardo Lewandowski externou: "Exatamente, e é a oportunidade que temos para definir isso." Complementou a ministra Cármen Lúcia: "a inamovibilidade para fins constitucionais" (p. 26 do acórdão).

Em síntese, esse tema ainda é de suma importância nos dias correntes.

2. O QUE É INAMOVIBILIDADE E QUAIS SÃO OS MAGISTRADOS CONTEMPLADOS COM ESSA GARANTIA CONSTITUCIONAL

O art. 95, inciso II, da Constituição Federal está assim redigido:

> Art. 95. Os juízes gozam das seguintes garantias:
> I (...).
> II – inamovibilidade, salvo por motivo de interesse público, na forma do art. 93, VIII;

---

(2) *Poder Judiciário*: crise, acertos e desacertos. Tradução de Juarez Tavares. São Paulo: Revista dos Tribunais, 1995. p. 125.

(3) No item 2 será abordada a decisão do STF que concedeu segurança para anular a decisão do CNJ e invalidar a Portaria de lotação do magistrado impetrante.

A vitaliciedade não se confunde com a inamovibilidade. Aquela é adquirida pelo magistrado por ter cumprido o estágio probatório de 2 (dois) anos. Está ligada, portanto, unicamente ao decurso desse espaço temporal. A segunda garantia, a da inamovibilidade, está atrelada ao espaço geofísico de atuação do magistrado, e é-lhe assegurada desde o primeiro dia de ingresso na magistratura, porque o inciso II do art. 95 da Constituição Federal, acima transcrito, não faz qualquer restrição quanto a juiz substituto (volante ou auxiliar). E não havendo essa restrição – quanto à posição do magistrado na carreira – entendeu o STF no julgamento do MS n. 27.958-DF que tal garantia é da magistratura como um todo, isto é, contempla tanto os juízes titulares como os juízes substitutos:

I – A inamovibilidade é, nos termos do art. 95, II, da Constituição Federal, garantida a toda a magistratura, alcançando não apenas o juiz titular, como também o substituto.

Essa garantia conferida a toda a magistratura, como decidido pelo STF, não se importando se o juiz é substituto ou titular, na verdade é conferida, também, à sociedade e, portanto, dos jurisdicionados de contar com juízes autônomos, independentes e à altura da nobreza e da responsabilidade de julgar sem medo, sem qualquer espécie de intervenção, sem pressão ou ameaça interna ou externa; sem qualquer tipo de ingerência administrativa ou política. Trata-se, portanto, de dupla garantia: da magistratura de um lado (esta dividida na garantia pessoal, restrita ao magistrado, e coletiva, considerando-se a carreira como um todo; e da sociedade, enquanto destinatária dos serviços da Justiça.

Antes desse histórico julgamento do STF, o CNJ, ao apreciar o PCA n. 2008.10.00.0018973-3, entendeu que a inamovibilidade **era garantia conferida apenas ao juiz titular**, e que o juiz substituto era "movível" porque é da essência de sua atuação suprir claro de lotação ou auxiliar juiz titular onde for preciso. Entendeu, em síntese, que a mobilidade do juiz substituto é própria da sua condição de substituir ou auxiliar outro magistrado numa determinada Vara ou circunscrição territorial. Extrai-se o seguinte fragmento da ementa que, ante a sua clareza, demonstra tal posicionamento do CNJ, *verbis*:

PROCEDIMENTO DE CONTROLE ADMINISTRATIVO. MAGISTRADO. REMOÇÃO. JUIZ SUBSTITUTO. (...) VITALICIEDADE E INAMOVIBILIDADE. INDEPENDÊNCIA ONTOLÓGICA E TELEOLÓGICA DOS INSTITUTOS. Embora integrem o rol de garantias fundamentais para o exercício da magistratura, vitaliciedade e inamovibilidade (CF, art. 95, I e II) são inconfundíveis. A passagem do juiz substituto pelo estágio probatório bienal não lhe outorga, somente pelo decurso de tempo, a inamovibilidade, própria dos juízes promovidos à titularidade. A vitaliciedade propicia estabilidade na carreira; a inamovibilidade enseja estabilidade geográfica. Limitar a movimentação de juízes substitutos seria frustrar a própria finalidade de sua existência substituir ou auxiliar onde o tribunal detecte necessidade. Consequentemente, juízes substitutos, vitalícios ou em estágio probatório, não são inamovíveis. A designação do juiz substituto para comarca diversa daquela em que esteja lotado prescide do procedimento especial previsto no art. 93, VIII, da CF (...).

Dessa decisão houve a impetração do MS para o STF que, por decisão plenária, a modificou para deixar explicitado que a inamovibilidade é garantia de toda a magistratura, e não apenas dos juízes titulares como anteriormente entendera o CNJ. Como consequência natural dessa compreensão, todos os juízes – titulares e substitutos – são inamovíveis, de modo que só poderá ser removido se houver seu consentimento, ou, por ato administrativo, quando e se o interesse público o exigir, como se depreende do inciso II do art. 95 da Constituição Federal.

No âmbito infraconstitucional essa mesma garantia já estava assegurada à magistratura no art. 30 da LOMAN (Lei Complementar n. 35/79), que foi inteiramente recepcionado pela Constituição Federal cidadã. Referido dispositivo legal, assim dispõe:

Art. 30 – O juiz não poderá ser removido ou promovido senão com seu assentimento, manifestado na forma da lei, ressalvado o disposto no art. 45, item I.

O inciso I do art. 45 da LOMAN, norma a que se referia o art. 30 da mesma Lei, está assim redigido:

Art. 45 – O Tribunal ou seu órgão especial poderá determinar, por motivo de interesse público, em escrutínio secreto e pelo voto de dois terços de seus membros efetivos:
I – a remoção de Juiz de instância inferior.

Por ocasião do 4º debate travado no pleno do STF, o ministro Ayres Britto apresentou voto-vista escrito no qual tratou com muita percuciência do que é inamovibilidade e quais são os magistrados por ela alcançados. O primor de sua escrita, nos leva a reproduzir aqui pequeno fragmento que sintetiza o pensamento do referido magistrado (hoje aposentado) e do Supremo, *verbis*:

(...) já no que toca à inamovibilidade, cuida-se de garantia que, igualmente àquela da irredutibilidade de subsídios, alcança todos os juízes. É dizer: juízes substitutos e juízes titulares são, em regra, inamovíveis. E são inamovíveis, em regra, porque a inamovibilidade é garantia de exercício imparcial do ato de jurisdizer, assim como penhor de independência do magistrado perante as partes processuais, as demais autoridades judiciárias e qualquer dos outros dois Poderes Públicos: o Poder Executivo e o Poder Legislativo. Mais até, a não remoção compulsória de magistrados opera como elemento da própria garantia constitucional-processual do chamado "juiz natural" (p. 32 do acórdão do STF proferido no MS n. 27.958-DF).

O STF também deixou assentado que a inamovibilidade está atrelada à base geográfica ou espaço físico de atuação do magistrado, o que leva à conclusão lógica de que há diferença na sua aplicação quanto à posição do magistrado na carreira, se titular ou substituto.

3. A DUALIDADE DA INAMOVIBILIDADE (DO JUIZ TITULAR X A INAMOVIBILIDADE DO JUIZ SUBSTITUTO)

Como se viu, a inamovibilidade dos magistrados está ligada ao espaço físico, daí a necessidade de fixar as diferenças dessa garantia com relação à posição do juiz na carreira: se titular, ou se substituto. A inamovibilidade daquele é mais rígida; a deste é menos rígida.

O ministro Cézar Peluso, presidente do STF na época do julgamento do mandado de segurança, já no primeiro debate, ponderou que, embora estivesse acompanhando o relator no ponto em que este entendeu que a garantia em apreço é de toda a magistratura, explicitou o seu posicionamento jurídico – e neste ponto foi acompanhado pelos defensores da tese vencedora – de que existe uma dualidade ou gradação da garantia, sendo menos rigorosa com relação ao juiz substituto. Disse ele:

> Gostaria de fazer observação, porque esse assunto – se não me falha a memória -, há duas sessões atrás, foi cogitado, outra vez, no Conselho Nacional de Justiça, onde teci ponderações que me parecem pertinentes, com o devido respeito.
>
> Estou acompanhando Vossa Excelência na conclusão e na fundamentação, pois também acho que o predicado da inamovibilidade alcança qualquer magistrado, mas, em relação aos juízes substitutos, essa inamovibilidade tem de ser entendida à luz da sua função específica e da natureza do seu cargo. Ele é por vocação juiz destinado a suprir necessidades de Varas e Comarcas. O que sucede é que o juiz substituto tem sempre cargo, e, se tem cargo, tem lotação, e o que varia entre os Estados é apenas o sistema de lotação.

Mais adiante, acrescentou:

> "O juiz substituto não pode, por força da inamovibilidade, é ser **relotado** noutra circunscrição judiciária, porque em outra circunscrição teria de ocupar outro cargo. O fato de ser designado para auxiliar numa vara, ou ser designado para substituir enquanto a vara esteja vaga, não ofende o princípio da inamovibilidade, antes atende à sua vocação natural de juiz substituto. Isso vale não apenas para a Justiça Estadual, cuja lotação se baseia, quase sempre, em circunscrição, mas também para outros casos – como, por exemplo, em Mato Grosso, se não me falha, ou em Goiás -, em que a lotação não se dá em circunscrição judiciária, mas numa Comarca só, onde haja, ou não, mais de uma Vara.
>
> Aí, o que não pode é ser deslocado do território do seu cargo, em termos de relotação, mas pode bem ser, quando juiz substituto de Cuiabá, por exemplo, e que tenha dez Varas, designado para atuar em qualquer vara da Comarca, sem que isso ofenda o princípio da inamovibilidade. Por quê? Porque não se trata de remoção do seu cargo, cuja sede é a circunscrição, ou cuja sede é a Comarca. O que há é apenas deslocamento, por designação, não por relotação, para atuar em juízo da sede em que está lotado." (p. 14 do acórdão).

Esta é a posição do STF: o juiz substituto há de ser lotado numa circunscrição, e no espaço físico dessa mesma circunscrição ele pode ser designado pelo Corregedor ou Presidente do Tribunal para atuar em qualquer ou em todas as Varas, sem que isso fira o instituto, porque é da natureza de seu cargo atuar em substituição ou auxílio onde for necessário, desde que dentro do espaço físico. Entretanto, quando o interesse público exigir, pode o juiz substituto ser designado para atuar em outra Vara ou outras Varas que pertença(m) a outra circunscrição diferente daquela de sua lotação. Nesse caso, terminada a causa determinante do interesse público da designação para outra circunscrição, o juiz substituto volta à circunscrição de sua lotação.

É evidente que se houver concordância do juiz substituto ou o imperioso interesse público pode ele até mesmo ser relotado em outra circunscrição, desde que, evidentemente, não se apresente, no caso concreto, qualquer motivo que possa viciar esse ato administrativo.

Em suma, lotado o juiz substituto em uma determinada circunscrição judiciária (ou outro nome que se dê à fixação do limite físico-geográfico) ele é obrigado a atuar em uma, algumas ou todas as Varas que integram (ou compõem) essa mesma base físico-geográfica, sem que isso fira a garantia da inamovibilidade, porque a substituição ou auxílio em Vara, Comarca ou seção judiciária é inerente à sua atividade, relembre-se.

Essa regra aplica-se a todo e qualquer juiz substituto, seja ele auxiliar fixo ou volante, expressões usuais no âmbito dos Tribunais do Trabalho.

Os autores abrem parênteses para uma observação necessária. Refere-se aos casos em que há juiz do trabalho substituto fixo em uma determinada Vara do Trabalho onde a cadeira do titular fica vaga ou quando há divergência entre os magistrados (titular e substituto fixo) de modo a tornar-se insuportável a convivência pacífica entre eles. Na verdade, são duas situações diferentes, vamos a elas.

No TRT de Mato Grosso há norma interna fixando critério para escolha do juiz substituto que atuará como auxiliar fixo em vara do trabalho que receba acima de mil processos por ano. Publicado o edital com prazo razoável para inscrição e inscritos os candidatos, forma-se uma lista quíntupla com os nomes dos juízes substitutos mais antigos que foram inscritos. O juiz titular escolhe um dentre os cinco juízes mais antigos na carreira para ser auxiliar fixo daquela Vara do Trabalho.

Esse critério, do ponto de vista de um dos autores deste artigo, democratiza o processo de escolha do juiz substituto (auxiliar fixo) porque nele há dupla oportunidade de escolha. Os juízes substitutos ao se inscreverem para atuar naquela Vara do Trabalho estão, sem dúvida alguma, escolhendo o juiz titular com quem querem trabalhar. E este, o titular, tem a liberdade de escolher um dos cinco pretendentes à vaga. A escolha pode recair, inclusive, naquele juiz substituto que, antes de vagar a cadeira de titular, já estava atuando na mesma Vara do Trabalho.

Interessante ressaltar, também, a norma interna do Tribunal Regional da 5ª Região, que, ao dispor acerca da designação de juiz substituto para atuar de forma fixa em determinada Vara do Trabalho (juiz substituto designado), prevê as hipóteses de dispensa deste juiz, nelas incluindo a possibilidade de pedido de dispensa pelo juiz titular, pelo próprio juiz substituto e por ato motivado do Corregedor Regional.

Entendemos, também, que tais possibilidades de dispensa do juiz substituto designado, seja por iniciativa do próprio substituto ou do titular, com observância do princípio do contraditório e decisão fundamentada da Corregedoria Regional, não se traduzem na pretensão de violar a garantia da inamovibilidade, haja vista que nenhuma dessas hipóteses resulta em punição, mas apenas buscam adequar uma boa relação entre o titular e o substituto designado fixo, objetivando uma melhor e efetiva prestação jurisdicional, tendo como prevalência o interesse público.

Nem se diga que o juiz substituto é inamovível, ainda que esteja atuando como auxiliar fixo na Vara onde foi preenchida a cadeira vaga de titular, porque é da essência das atribuições do juiz substituto atuar em substituição ou em auxílio em qualquer das Varas do Trabalho que compõem a circunscrição judiciária (ou espaço territorial) delimitada pelo Tribunal.

No que concerne ao juiz titular de Vara do Trabalho, entendemos que ele pode ser removido para atuar em outra vara da mesma ou de outra circunscrição territorial quando há o interesse público, como punição. Diferentemente da designação. Se houve o interesse público pode o juiz titular ser designado para atuação temporária em outra localidade.

Dada a importância e o brilho do raciocínio do ministro Ayres Britto, os autores fazem como suas as seguintes palavras escritas pelo notável jurista:

> Contudo, há diferença ontológica entre o juiz substituto e o juiz titular. É que a relativização da garantia é menor, cuidando-se de juiz titular. Nesse caso, a prerrogativa comporta afastamento pontual ou tópico ou circunstancial, desde que presente o *"interesse público"*, assim reconhecido por decisão da maioria absoluta do respectivo Tribunal, ou do Conselho Nacional de Justiça, *"assegurada ampla defesa"* (inciso VIII do art. 93). Situação identificada como *"remoção compulsória"* e tratada pela Lei Orgânica da Magistratura Nacional como espécie de pena, ao lado da aposentadoria e da disponibilidade. Já a mitigação da prerrogativa da inamovibilidade dos juízes substitutos é garantia que não se esgota nesta singular hipótese de remoção-sanção. **Também é possível a alteração da lotação inicial do magistrado substituto por motivo de interesse público, devidamente justificado, mas sem aquela necessidade de decisão colegiada do respectivo Tribunal**. É que tal decisão plural somente se faz logicamente necessária quando se trate de remover *ex officio* um juiz que titularize uma determinada "unidade jurisdicional" (expressão de que faz uso o inciso XIII do art. 93 da CF), dentro de um procedimento administrativo disciplinar. E o certo é que juiz substituto não titulariza Comarca, nem Vara judicial, nem juizado, exatamente porque está ainda a caminho da titularidade. O que somente é superado com a mutação do juiz substituto em juiz titular. Donde a própria razão de ser ou a *ratio essendi* das duas nomenclaturas: juiz titular, como tipologia de agente público preordenado a manter com a sua unidade jurisdicional um vínculo de permanência, seja no plano da condução administrativa imediata dessa unidade de lotação, seja no plano da judicatura propriamente dita. A unidade jurisdicional a ter por referência subjetiva a figura do seu titular e o titular a ter por referência funcional objetiva a unidade jurisdicional sob os seus permanentes cuidados. O que já não se dá com o juiz substituto, que, por não ser titular de unidade jurisdicional, se predispõe a migrar de uma para outra dessas unidades, conforme ditar o interesse público. Mas um interesse público não previamente concebido como penalidade disciplinar a juiz infrator e submetido a regime de colegialidade para o seu reconhecimento, pena de já não haver a

menor distinção ontológico-funcional entre as duas categorias de magistrado: a categoria do substituto e a categoria do titular, a partir do *nomen juris* de um e de outro cargo. Logo, penso perfeitamente possível que a designação compulsória de juiz substituto se dê por decisão do presidente do Tribunal (ou o Vice-Presidente, ou ainda o Corregedor) a que ele, juiz substituto, estiver vinculado. **Decisão administrativa que, embora não constitua sanção, não pode deixar de ser motivada, como sucede com as deliberações que implicam restrições ou cerceios ao espaço de livre movimentação jurídica dos administrados em geral e dos agentes públicos em especial.** Motivação que é de se exigir até mesmo para os julgamentos administrativos eventualmente proferidos pelos Tribunais Judiciários, nos termos do seguinte dispositivo constitucional:

Art. 93. Lei complementar, de iniciativa do Supremo Tribunal Federal, disporá sobre o Estatuto da Magistratura, observados os seguintes princípios:

[...]

X – as decisões administrativas dos tribunais serão motivadas e em sessão pública, sendo as disciplinares tomadas pelo voto da maioria absoluta de seus membros."

13. E quais seriam os limites desta motivação? Respondo: os princípios constitucionais da cabeça do art. 37: a legalidade, a impessoalidade, a moralidade, a publicidade e a eficiência. Princípios cuja regular aplicação no caso concreto é de ser sindicada pelo próprio Poder Judiciário. Tudo de modo a evitar que o juiz substituto se transforme em verdadeiro juiz itinerante. **Itinerância** que não é de ser confundida com a **interinidade** a que ordinariamente se submete esta categoria de magistrados.

14. Não fosse o bastante, tenho que a exigência da motivação para a alteração de designação dos juízes substitutos preserva o princípio constitucional do juiz natural (inciso LIII do art. 5º da CF – *"ninguém será processado nem sentenciado senão pela autoridade competente"*). Isso porque o ato de designação, devidamente motivado e rimado com aqueles princípios constitucionais, repele a criação de juízo de exceção (inciso XXXVII do art. 5º da CF). Juízo que surge quando há designação casuística ou injustificada da autoridade julgadora. Nesse sentido, o Supremo Tribunal Federal já afirmou não haver ofensa ao princípio do juiz natural se a designação de juiz substituto para auxiliar juízes titulares não é casuística nem injustificada.

Duas outras observações, ainda que rápidas são necessárias.

A primeira refere-se à garantia do juiz titular de ser removido juntamente com a Vara do Trabalho quando, por decisão do TRT, houver a sua mudança de sede como está expresso no art. 31 da LOMAN.

E a segunda, refere-se à possibilidade de o TRT, por decisão da maioria absoluta de seus membros efetivos, remover juiz do trabalho substituto ou titular para outra circunscrição territorial ou vara do trabalho quando verificar que o magistrado é pouco produtivo, lento ou desidioso, porque há, acima de tudo, o interesse publico a exigir da magistratura a entrega da prestação jurisdicional em tempo razoável como expressamente está escrito no inciso LVIII do art. 5º da Constituição Federal. Nesse caso, far-se-á a remoção compulsória (numa espécie de relotação) do juiz titular em outra Vara do Trabalho de menor movimentação processual dentro ou fora da mesma circunscrição territorial, inclusive o retorno ao interior, se for o caso; e do juiz substituto em outra circunscrição territorial, na capital ou interior, onde houver Varas do Trabalho com menor movimentação processual.

Esse tipo de remoção compulsória foi aplicada a magistrado lento pela primeira turma do extinto Tribunal Federal de Recursos, em 12 de novembro de 1961, no julgamento da Apelação Civil n. 12.920 do Estado da Guanabara, tendo como relator o ministro Cândido Lobo. Trata-se de posição jurídica bastante antiga.

4. CONCLUSÃO

A inamovibilidade é garantia de toda a magistratura, e não apenas dos juízes titulares, abrangendo os juízes substitutos (sejam volantes ou designados fixos). No entanto, tal garantia está ligada ao espaço físico, apresentando diferenças com relação à posição do juiz na carreira: se titular ou se substituto. A inamovibilidade daquele é mais rígida; a deste é menos rígida.

É mister, portanto, que as Corregedorias Regionais do Trabalho busquem ajustar a atuação dos magistrados com o fim de preservar a equitativa divisão do trabalho entre todos e assegurar melhores condições de exercício da atividade judicante, sem, contudo, descuidar de que esta seja prestada da melhor forma e priorizando o interesse público.

PJE: MODERNIZAÇÃO DO JUDICIÁRIO TRABALHISTA

Cleusa Regina Halfen[*]
Cláudio Antônio Cassou Barbosa[**]
Ricardo Fioreze[***]

INTRODUÇÃO

A Justiça do Trabalho intensificou, nos últimos anos, seu processo de informatização, especialmente a partir da implantação do Sistema Processo Judicial Eletrônico da Justiça do Trabalho – PJe-JT. De acordo com os dados oficiais, sabe-se que, em 2014, dos 24 Tribunais Regionais do Trabalho do País, 15 já haviam concluído a implantação do Sistema em 100% de suas unidades, enquanto que os nove Tribunais Regionais do Trabalho remanescentes seguem cronograma para concluir a implantação ainda em 2015. Atualmente, já são mais de 3,5 milhões os processos trabalhistas ajuizados no novo sistema eletrônico e cerca de 450 mil advogados, 4.500 magistrados e 37.000 servidores cadastrados no PJe-JT em todo o País (dados de 8 de junho de 2015). Tais números revelam uma realidade incontestável e impressionante: a completa informatização do processo trabalhista no 1º e no 2º graus de jurisdição.

Ainda que seja um fenômeno recente, cabe uma avaliação inicial dessa transformação, seja para melhor usufruir dos ganhos que ela propicia, seja para colaborar com o aperfeiçoamento do próprio sistema. A isso se propõe o presente estudo.

1. A MODERNIZAÇÃO TECNOLÓGICA

Antes de se chegar ao processo eletrônico, transcorreram duas décadas de crescente uso das novas tecnologias pelo Poder Judiciário no Brasil e pelos operadores do Direito de um modo geral. No início do século XX, a adoção do uso da máquina de escrever por juízes e escrivães judiciais motivou debates doutrinários e na jurisprudência, pois os mais cautelosos impugnavam aquela forma revolucionária de praticar os atos processuais, até então feitos de forma manual pelo próprio agente. A resistência atual de alguns em relação ao Sistema PJe-JT é perfeitamente compreensível, haja vista que se está diante de uma mudança muito mais profunda do que a simples substituição do papel pela tela do computador.

Nos anos 80, os primeiros computadores pessoais começaram a ser utilizados nos escritórios jurídicos, nas Varas e nos Tribunais por iniciativa individual dos interessados, sob o olhar desconfiado dos demais. As vantagens do uso dos editores de texto para a elaboração das petições, das atas, das sentenças e dos acórdãos, bem como dos sistemas de controle de andamento processual (em substituição às tradicionais fichas de cartolina), desde logo motivaram a adoção das novas ferramentas eletrônicas, de forma gradual e crescente, pelos próprios Tribunais. Em seguida, os Tribunais passaram a necessitar de servidores com especialização técnica (pela criação de cargos e pela promoção de concursos públicos específicos) e, então, organizaram suas secretarias de informática.

Quando foi editada a Lei n. 9.800/1999, a conhecida "Lei do Fax", tornou-se possível o envio de petições pelos advogados e pelos procuradores às unidades judiciárias por aquele meio eletrônico, com a condição de que a via "original" do documento fosse protocolada pela parte no prazo de 5 dias, sob pena de não conhecimento.

---

[*] Desembargadora-Presidente do TRT da 4ª Região/RS
[**] Desembargador do TRT da 4ª Região/RS
[***] Juiz do Trabalho – RS

Com a publicação da Lei n. 10.259/2001, autorizou-se o uso do meio eletrônico para os Juizados Especiais Federais, o qual passou a englobar o envio das petições e dos documentos pelas partes, bem assim as citações, as intimações e as notificações, além da prática dos atos processuais em geral, o que permitiu o pioneirismo da Justiça Federal nesse âmbito. Segundo os dados divulgados pelo Conselho Nacional de Justiça, no ano de 2010, 67% dos processos novos em tramitação na Justiça Federal eram eletrônicos, contra apenas 6% na Justiça Estadual e 2% na Justiça do Trabalho. No mesmo ano de 2001, foi editada a MP n. 2.220-2, em vigor até hoje, instituindo a Infraestrutura de Chaves Públicas Brasileira – ICP-BRASIL, e regulamentando a existência das Autoridades Certificadoras e o uso oficial do certificado digital, ao tempo em que conferia à assinatura digital a garantia da autenticidade, a integralidade e a validade jurídica plena aos documentos assinados eletronicamente.

A Emenda Constitucional n. 45/2004 inseriu, no art. 5º da Constituição Federal, o "direito à razoável duração do processo", conclamando o Poder Judiciário a tomar medidas visando à celeridade na tramitação processual. Também criou o Conselho Nacional de Justiça, com o objetivo de qualificar a gestão administrativa do Poder Judiciário, constituindo importante inovação, ainda que, nos dias de hoje, nem sempre estejam claros os limites de suas atribuições e poderes. A Justiça do Trabalho teve sua competência alargada para as lides indenizatórias, acidentárias, sindicais e decorrentes de relações de trabalho *lato sensu*, o que mais aumentou a pressão social por uma prestação jurisdicional não apenas efetiva, mas célere.

Com a Lei n. 11.419/2006, a informatização do processo judicial ganhou o impulso de que necessitava. Observadas as regras previstas na lei, os tribunais de todos os ramos do Poder Judiciário foram autorizados a adotar sistemas eletrônicos para o processamento das ações. O legislador agiu com sabedoria ao não impor a adoção do processo eletrônico, mas ao permitir e ao estimular a sua utilização, disciplinando a informatização total ou parcial do processo judicial (atos, comunicações e elaboração de peças processuais). Mas, para conferir segurança ao sistema eletrônico, a lei determinou o uso da assinatura digital, e permitiu ao usuário cadastrado perante o Tribunal respectivo o acesso e a atuação necessários ao trâmite da demanda.

Não cabe, nos limites do presente ensaio, análise ou interpretação dos diversos dispositivos da Lei n. 11.419/2006. Porém, alguns dos seus comandos merecem destaque, entre os quais se pode citar a criação dos Diários Eletrônicos de Justiça; a intimação das partes cadastradas, por meio do próprio sistema eletrônico; as novas formas de contagem dos prazos (inclusive o seu vencimento ao final de cada dia e hora, e não mais ao término do expediente do Foro); a aplicação à Fazenda Pública, tendo-se como vista pessoal a intimação eletrônica; a possibilidade de, em casos urgentes, usar o meio processual tradicional, para evitar prejuízos ao direito; a validade presumida dos documentos digitais ou digitalizados, diante da assinatura digital, e o meio de sua eventual impugnação; a prorrogação automática dos prazos quando o sistema eletrônico estiver indisponível; e a obrigação dos tribunais de manter equipamentos de digitalização e acesso à rede de computadores para uso das partes, permitindo a consulta ou o peticionamento.

No art. 13, ainda hoje pouco comentado, a Lei n. 11.419/2006 confere ao magistrado o poder de instruir o processo valendo-se dos meios eletrônicos existentes para a exibição e o envio dos dados e dos documentos que entender necessários. Para tanto, poderá fazer uso dos cadastros públicos ou privados, de instituição de qualquer natureza, desde que, por meio deles, se obtenham informações e dados relevantes para o julgamento da lide. Tal dispositivo, na prática, mormente no processo do trabalho, no qual, por sua peculiaridade, o juiz detém o poder-dever de instruir o feito, permite imaginar, em um futuro próximo, decisões fundamentadas em certezas baseadas mais nas provas dos fatos do que em presunções, muitas vezes decorrentes da aplicação do ônus da prova. Em outras palavras, um processo mais próximo da verdade real, ainda que virtual na sua forma.

É necessário referir, também, o disposto no art. 14 da Lei do Processo Eletrônico, para que seja desenvolvido um programa com um código-fonte aberto (*software* de domínio público, não dependente de licença privada), para que o processo esteja disponível de forma ininterrupta na *internet*, priorizando-se sua padronização. Embora não imponha um sistema único, a Lei optou pela racionalização, que pode se dar tanto pela redução de custos, mas também, seguramente, pela busca da colaboração participativa dos diversos tribunais e ramos do Judiciário.

Após o fracasso do projeto SUAP, nos idos de 2009, em razão do descumprimento por parte do SERPRO do ajustado com o Tribunal Superior do Trabalho para o desenvolvimento de um sistema de processo eletrônico[1], muitos de nós, é preciso reconhecer, não acreditaram na promessa apresentada de implantar o Sistema PJe

---

(1) Ato n. 63/CSJT.GP.SE, de 7 de maio de 2010.

em todos os Tribunais Regionais do Trabalho, como se anunciou no Convênio firmado em 2010 entre o CSJT e o CNJ.[2]

Para além da resistência natural a uma mudança tão profunda, especialmente entre magistrados, mas também, de modo geral, entre advogados, procuradores e servidores, havia ainda uma outra questão. Alguns Tribunais Regionais do Trabalho foram pioneiros, tais como os da Paraíba, do Paraná, de Goiás e de Santa Catarina, e desenvolveram, anteriormente, sistemas próprios de processo eletrônico. No termo de comparação, os usuários prefeririam permanecer utilizando o sistema já conhecido a migrar para o sistema "nacional", sabidamente ainda pouco testado e com muito a ser aperfeiçoado. De um modo geral, não eram pequenas as resistências.

O resultado que hoje se colhe, ainda que, seguramente, o PJe esteja longe do ideal, permite reconhecer de público o acerto de ter sido "acelerado", em um primeiro momento, o processo de implantação do sistema nas diversas regiões e nos diversos tribunais do País. Tal ritmo de implantação gerou a necessidade de correção de erros (que não foram poucos), mas também propiciou uma verdadeira comunhão de esforços e de interesses entre o CSJT e os tribunais, o que logo produziu efeitos positivos a partir das inúmeras contribuições oriundas da experiência de cada uma das instituições envolvidas.

Em 2013 e 2014, foi notável o trabalho empreendido pelo CSJT, por intermédio de suas coordenações nacionais e equipes técnicas (inclusive com a participação de muitos tribunais regionais), para manter o sistema PJe em operação e disponível para o uso interno e externo. Diversas questões de ordem técnica tiveram que ser enfrentadas, muitas decorrentes de possíveis inconsistências da arquitetura e do desenvolvimento técnico para que se atingisse o nível atual de estabilização da plataforma. Ainda que sejam necessárias melhorias dessa ordem, constata-se que, ultrapassados os 3,5 milhões de processos que tramitam no novo sistema e cerca de 80% das Varas do Trabalho integradas ao PJe, têm sido cada vez menores e menos frequentes os períodos de indisponibilidade.

Com o passar do tempo, foi possível não apenas reduzir o ritmo das implantações, sem suspendê-las, mas especialmente compartilhar experiências, conhecimentos e boas práticas, por meio dos diversos grupos constituídos por magistrados e servidores dos diversos Tribunais regionais, para agregar qualidade ao processo eletrônico, seja em acessibilidade, seja em performance ou em novas funcionalidades.

São inúmeros os projetos em elaboração ou em execução, sob a coordenação nacional do CSJT, visando a desenvolver e a implementar melhorias no PJe, quer para facilitar o trabalho dos magistrados e suas decisões, quer para promover a integração com outros sistemas de apoio ou sistemas complementares, ou, ainda, para atender a demandas pontuais ou mais gerais, internas ou externas dos tribunais. O tempo para concluir tais projetos e iniciar outros que se farão necessários depende da capacidade da Justiça do Trabalho de manter mobilizados os órgãos de governança do PJe e, principalmente, as equipes de magistrados e servidores das áreas judiciárias e de tecnologia da informação nos próximos anos.

Alguns temas estratégicos permanecem carecendo de respostas, tais como a tramitação dos processos do sistema PJe no TST (e no STF), a plena harmonia entre os dados estatísticos do processo eletrônico com os sistemas das corregedorias regionais, entre outros tantos. É certo que o sistema eletrônico visa a atender à atividade-fim do Poder Judiciário e, portanto, deverão ser encontradas as respostas e as soluções para as questões que hoje se apresentam.

2. A MODERNIZAÇÃO DO SERVIÇO DE JUSTIÇA

Do ponto de vista estrutural, estão firmadas bases sólidas para modernizar a Justiça do Trabalho em outros planos além do tecnológico. Há condições, especialmente, de modernizar um bom número de processos de trabalho[3] e, por extensão e ao cabo, a própria entrega da tão almejada prestação jurisdicional dotada de utilidade e celeridade.

O atingimento desse objetivo pressupõe, e não poderia ser diferente, o melhor uso do novo recurso disponibilizado à Justiça do Trabalho. O desafio inicial é extrair da nova ferramenta tudo o que ela é capaz de proporcionar para melhorar o desempenho do serviço de justiça e, para isso, é indispensável alguma adaptação do modo como hoje se trabalha, sob pena de a mudança se limitar à substituição do meio papel pelo meio eletrônico. Fundamentalmente, não podem ser repetidos no meio eletrônico os vícios cometidos no meio papel. Nessa linha de raciocínio, a melhor utilização do novo recurso pressupõe, por sua vez, pleno conhecimento acerca não somente de suas possibilidades, como também de suas limitações.

---

(2) Termo de Acordo de Cooperação Técnica n. 051/2010.

(3) Processos de trabalho são, em definição bastante simples, métodos de transformação (conjunto de atividades) de entradas (recursos e insumos) em saídas (produtos e serviços).

O PJe, tal como disponibilizado no que se pode denominar "primeira fase", consiste, basicamente, em um sistema informatizado que propicia que a tramitação dos processos judiciais se faça quase que integralmente em meio eletrônico[4]. A alteração imediata, portanto, importa o abandono do papel como plataforma sobre a qual tramitam os processos judiciais, daí decorrendo, então, as mudanças mais significativas na eliminação ou na alteração do modo de execução de uma série de atos, muitos deles de natureza processual. Da maneira como se apresenta nesta primeira fase, o PJe é um sistema ainda em desenvolvimento e, portanto, incompleto. Nele não estão disponíveis funcionalidades que permitem a execução de tarefas rotineiras das Secretarias dos órgãos julgadores, como a elaboração de listagens de comunicações enviadas via postal e a simples apuração da atualização monetária e dos juros de mora sobre os cálculos. Há previsão, obviamente, de liberação, a médio prazo, não somente de novas funcionalidades, mas também de aperfeiçoamento de funcionalidades já disponíveis.

A par das suas incompletudes atuais, o PJe é um sistema que pouco beneficia a execução das principais tarefas afetas ao juiz, quais sejam a análise dos processos judiciais e a elaboração das decisões judiciais. O ganho que o sistema pode propiciar para a análise dos processos judiciais depende principalmente da adequada classificação e organização das peças e dos documentos por ocasião da sua juntada aos autos.[5]

A elaboração das decisões judiciais, por sua vez, praticamente não é beneficiada. À exceção do modo de visualização das peças que formam os autos dos processos judiciais, os métodos de trabalho utilizados pelo juiz visando à produção de decisões judiciais não sofrem alterações significativas com a introdução do PJe em comparação a outros sistemas informatizados até então utilizados com a mesma finalidade. Pode-se reconhecer algum benefício na maior facilidade de transcrição do conteúdo de outras peças processuais para as decisões, dependente, ainda assim, do padrão utilizado no momento da sua digitalização.[6]

A plena consciência acerca das limitações apresentadas pelo PJe facilita a compreensão quanto à necessidade de alguma adaptação dos usuários no uso desse sistema e, também, a respeito da necessidade de busca de alternativas externas a esse sistema para a execução de determinadas tarefas. Tão importante como a plena consciência sobre as limitações apresentadas pelo PJe é o domínio das possibilidades que esse sistema oferece. E, nesse âmbito, as vantagens são evidentes.

O PJe propicia ampla e simultânea disponibilidade das suas funcionalidades a qualquer um que esteja cadastrado no sistema, em qualquer lugar e a qualquer momento, desde que haja conexão à rede mundial de computadores (*internet*), daí resultando, sob a perspectiva dos usuários externos, a desnecessidade de comparecimento às sedes das unidades judiciárias para a prática da maior parte dos atos processuais, como a entrega de peças, a concessão de vista e de carga dos autos dos processos judiciais.

O PJe elimina a necessidade de execução de certas tarefas puramente burocráticas até então indispensáveis à tramitação dos processos judiciais, como, por exemplo, a inutilização de espaços em branco e o próprio trânsito físico dos autos. Ademais, o sistema automatiza, mesmo que parcialmente, em alguns casos, a execução de tarefas até então executadas manualmente pelas Secretarias das unidades judiciárias, como, por exemplo, a autuação dos processos judiciais, a numeração das peças que formam os autos dos processos judiciais, a designação de audiências, a produção de certos expedientes e a certificação de transcurso de determinados prazos.

Ainda, o PJe transfere a outros sujeitos a responsabilidade pela execução de tarefas até então afetas às Secretarias das unidades judiciárias. A advogados e a auxiliares do juiz (peritos, por exemplo) é atribuída a tarefa de juntada da maior parte das peças e dos documentos que formam os autos dos processos judiciais, enquanto que aos setores de tecnologia da informação e comunicações dos tribunais se destina a tarefa de guarda dos autos dos processos judiciais.

---

(4) A título exemplificativo, o § 5º do art. 11 da Lei n. 11.419/2006 prevê: "Os documentos cuja digitalização seja tecnicamente inviável devido ao grande volume ou por motivo de ilegibilidade deverão ser apresentados ao cartório ou à secretaria no prazo de 10 (dez) dias contados do envio de petição eletrônica comunicando o fato, os quais serão devolvidos à parte após o trânsito em julgado".

(5) Nesse sentido, o art. 22 da Resolução CSJT n. 136/2014 estabelece: "Os documentos digitalizados e anexados às petições eletrônicas serão adequadamente classificados e organizados por quem os juntar, de forma a facilitar o exame dos autos eletrônicos. § 1º Os arquivos a serem juntados aos autos eletrônicos devem utilizar descrição que identifique, resumidamente, os documentos neles contidos e, se for o caso, os períodos a que se referem; e, individualmente considerados, devem trazer os documentos da mesma espécie, ordenados cronologicamente. § 2º O preenchimento dos campos 'Descrição' e 'Tipo de Documento', exigido pelo sistema para anexação de arquivos à respectiva petição, deve guardar correspondência com a descrição conferida aos arquivos".

(6) A cópia de texto de um documento digitalizado exige, primeiro, que o texto possa ser reconhecido, tornando-o pesquisável. E é possível produzir um documento de texto pesquisável usando *softwares* de reconhecimento óptico de caracteres, chamados de OCR.

Modernizam-se, assim, o acesso à Justiça do Trabalho e a guarda dos autos dos processos judiciais. Modernizam-se, também, os processos de trabalho relacionados, principalmente, às atividades de apoio aos atos decisórios, ou seja, às atividades que visam a preparar os processos judiciais para a sua análise e a consequente elaboração das decisões judiciais. Nessa parte, a modernização assegura notável redução de boa parcela das tarefas atribuídas às Secretarias das unidades judiciárias, cuja demora na execução tem sido apontada como uma das principais causas da existência de tempos mortos na tramitação processual, e, por consequência, garante expressiva redução do tempo de tramitação dos processos.

A redução de grande parte das tarefas das Secretarias das unidades judiciárias, por sua vez, permite redefinir a atual relação numérica existente nos órgãos julgadores entre agentes processantes e agentes decisores[7]. A equação é simples, uma vez que a redução do trabalho advinda do uso do PJe abrange, basicamente, as atividades de apoio, e não se estende às atividades de análise dos processos judiciais e de elaboração das decisões judiciais.

Com a redefinição desses papéis, dois avanços são possíveis. De imediato, pode-se intensificar a aplicação da sistemática, há bom tempo consagrada na realidade forense, que é a execução parcial, pelas Secretarias das unidades judiciárias, de atos originariamente atribuídos ao juiz, em razão da qual os servidores das Secretarias, depois de analisarem os autos dos processos judiciais correspondentes, redigem o conteúdo de determinados atos decisórios e, após, os submetem ao magistrado, que, concordando com a redação proposta, os chancela, firmando o respectivo expediente, ou, não concordando, determina ou procede às retificações cabíveis.

Ademais, pode-se avançar na utilização da delegação da prática dos atos originariamente afetos ao juiz, técnica que, conforme a compreensão das normas que autorizam a adoção dessa ferramenta[8], apoiada, em especial, no princípio da eficiência – o qual, em síntese, orienta a melhor utilização dos recursos disponíveis –, ao tornar dispensável a intervenção do juiz em determinados fluxos da movimentação dos processos judiciais, traduz precioso mecanismo de aceleração e desburocratização do trâmite dos processos judiciais. Com isso, moderniza-se a própria gestão da tramitação processual, que passa a ser de responsabilidade de um número maior de agentes – e, portanto, mais participativa –, os quais, no exercício dessa função, necessariamente ficam submetidos às diretrizes traçadas pelo juiz, que se mantém na posição de diretor do processo.

A redução de boa parte das tarefas de responsabilidade das Secretarias das unidades judiciárias permite repensar, também, a própria distribuição desses setores na estrutura organizacional da Justiça do Trabalho. Como regra, principalmente no primeiro grau, cada órgão julgador conta com uma Secretaria. No entanto, há atividades de apoio aos atos decisórios que são comuns a vários órgãos julgadores e cuja execução não é influenciada pelas diretrizes traçadas pelos respectivos juízes. São exemplos atuais dessas atividades o atendimento prestado a usuários externos que buscam informações sobre a tramitação dos processos judiciais e a emissão de uma série de expedientes, como intimações e listagens de correspondências. Quanto mais comuns a vários órgãos julgadores são as atividades, mais se justifica que sua execução seja concentrada em um ou em poucos setores.

Pode-se repensar, igualmente, a necessidade, ou, no mínimo, a frequência com que é necessária a presença física de certos servidores nas sedes dos órgãos julgadores, diante da já mencionada ampla e simultânea disponibilização do PJe. Com essas virtudes, o PJe potencializa o teletrabalho como ferramenta capaz de conduzir a melhorias de desempenho e, inclusive em prol do próprio servidor, à redução de custos.

Ainda a propósito da presença física dos envolvidos nas sedes dos órgãos julgadores, é possível reavaliar, em certas situações, a própria necessidade de comparecimento das partes às sedes dos órgãos julgadores, em especial para participar de audiências, sinalando-se que dito ato, embora integrante do procedimento, não deve ser compreendido como regra absoluta, pois a consideração das peculiaridades do caso concreto pode justificar a dispensa da audiência, com ganhos, em termos de celeridade e economia, superiores àqueles que poderiam ser obtidos se ela ocorresse. Enquadram-se nesse modelo, basicamente, as situações em que não se estabelece controvérsia sobre a matéria fática, caso em que a produção de provas é dispensável; em que a solução da controvérsia, embora envolva matéria fática, não depende de provas cuja produção ocorra em audiência; e em que seja inviável a obtenção de conciliação, como ocorre, normalmente, quando participam da relação processual certos entes públicos.

---

(7) Agentes processantes são os sujeitos responsáveis pela execução de atividades de apoio, como juntadas, numeração de peças, elaboração de expedientes; e agentes decisores são os sujeitos responsáveis pela elaboração das decisões judiciais.

(8) São elas o § 4º do art. 162 do Código de Processo Civil ("Os atos meramente ordinatórios, como a juntada e a vista obrigatória, independem de despacho, devendo ser praticados de ofício pelo servidor e revistos pelo juiz quando necessários") e o inc. XIV do art. 93 da Constituição Federal ("Os servidores receberão delegação para a prática de atos de administração e atos de mero expediente sem caráter decisório").

CONCLUSÕES

O desafio posto reside em andar para frente, não retroceder. O quadro atual é bastante positivo para todos os envolvidos, especialmente os jurisdicionados, em face da notória redução do tempo de trâmite dos processos e do amplo acesso aos autos, com economia e sustentabilidade. Estão firmadas bases sólidas o suficiente para modernizar a Justiça do Trabalho nos planos tecnológico e da prestação do serviço de justiça.

Persistem, ainda, dificuldades e problemas de várias ordens a serem superados, mas a opinião geral é de aprovação da mudança e de necessidade da continuidade do aperfeiçoamento do sistema. Tampouco se tem certeza do impacto e da extensão das alterações que o PJe provocará em relação ao antigo processo em meio físico, devendo tais temas ser objeto de preocupação e de debates no meio acadêmico para os próximos anos, seja para melhor assegurar a efetivação dos princípios fundamentais (acesso à Justiça, contraditório e ampla defesa, celeridade etc.), seja para se obter plenamente os benefícios potenciais do processo virtual.

E, para finalizar, é oportuno lembrar que o processo é meio – e, assim, também é ferramenta – do qual se vale o Poder Judiciário para solucionar os diversos tipos de conflitos que surgem na sociedade. Sob a perspectiva das regras que o regem e dos princípios que o orientam, o processo pouco muda com a implantação de um sistema que viabiliza a sua tramitação eletrônica. Independentemente da base sobre a qual tramitar, o processo continuará sendo um meio para atingir um fim. Acima do processo, portanto, sempre estarão aqueles que justificam a sua existência: os cidadãos-jurisdicionados e os operadores do Direito.

REFERÊNCIAS

BRASIL. Código de Processo Civil. Disponível em: <http://www.planalto.gov.br/ccivil_03/leis/l5869compilada.htm>. Acesso em: 25 jun. 2015.

BRASIL. Conselho Nacional de Justiça. Termo de Acordo de Cooperação Técnica n. 051/2010, de 29 de março de 2010. Dispõe sobre a inserção da Justiça do Trabalho nas ações atinentes ao desenvolvimento de sistema de Processo Judicial Eletrônico – PJE a ser utilizado em todos os procedimentos judiciais. Disponível em: <http://www.cnj.jus.br/images/acordos_termos/ACOT_051_2010.pdf>. Acesso em: 28 jun. 2015.

BRASIL. Conselho Superior da Justiça do Trabalho. Ato n. 63/CSJT.GP.SE, de 7 de maio de 2010. Revoga os Atos: n. 5/CSJT.GP, de 22 de setembro de 2006; n. 62/CSJT.GP.SE, de 29 de abril de 2008; e n. 161/CSJT.GP.SE, de outubro de 2009. Revoga os Atos Conjuntos: n. 9/CSJT.TST.GP.SE, de 29 de abril de 2008; n. 4/CSJT.TST.GP, de 28 de janeiro de 2009; e n. 6/CSJT.TST.GP.SE, de 11 de fevereiro de 2009, que tratam do Sistema Unificado de Administração Processual (SUAP). Disponível em: <http://aplicacao.tst.jus.br/dspace/bitstream/handle/1939/6756/2010_ato0063_csjt_se.pdf?sequence=1>. Acesso em: 28 jun. 2015.

BRASIL. Conselho Superior da Justiça do Trabalho. Resolução n. 136, de 25 de abril de 2014. Institui o Sistema Processo Judicial Eletrônico da Justiça do Trabalho (PJe-JT) como sistema de processamento de informações e prática de atos processuais e estabelece os parâmetros para sua implementação e funcionamento. Disponível em: <http://aplicacao.tst.jus.br/dspace/bitstream/handle/1939/39001/2014_res0136_csjt_rep01.pdf?sequence=2>. Acesso em: 25 jun. 2015.

BRASIL. Constituição (1988). Disponível em: <http://www.planalto.gov.br/ccivil_03/constituicao/constituicao.htm>. Acesso em: 25 jun. 2015.

BRASIL. Lei n. 11.419, de 19 de dezembro de 2006. Dispõe sobre a informatização do processo judicial; altera a Lei no 5.869, de 11 de janeiro de 1973 – Código de Processo Civil e dá outras providências. Disponível em: <http://www.planalto.gov.br/ccivil_03/_ato2004-2006/2006/lei/l11419.htm>. Acesso em: 25 jun. 2015.

DIREITO FUNDAMENTAL À RAZOÁVEL DURAÇÃO DO PROCESSO

Edson Bueno[*]

"Lo slogan della giustizia rapida e sicura, che va per le bocche dei politici inesperti, contiene, purtroppo, una contraddizione in adiecto: se la giustizia è sicura non è rapida, se è rapida non è sicura"
(CARNELUTTI, Francesco. *Diritto e processo*. Napoli: Morano, 1958. p. 154)

1. INTRODUÇÃO

Este ensaio tem por finalidade investigar o direito fundamental à razoável duração do processo, um dos pilares fundamentais do Estado Democrático de Direito previsto no art. 5º, LXXVIIII, da Constituição Federal de 1988, pelo qual se pretende impedir a perenização dos processos judiciais e administrativos no Brasil e, também, imprimir os meios adequados para a sua celeridade.

Trata-se de direito advindo com a Emenda Constitucional n. 45/2004, que sofreu nítida influência do Direito Internacional, nomeadamente da Convenção Americana sobre Direitos Humanos de 1969, em vigor no Brasil desde 25 de setembro de 1992. De fato, a Convenção Americana prevê, no art. 7º(5) e no art. 8º(1), respectivamente, que "toda pessoa presa, detida ou retida deve ser conduzida, sem demora, à presença de um juiz ou outra autoridade autorizada por lei a exercer funções judiciais e tem o direito de ser julgada *em prazo razoável*[1] ou de ser posta em liberdade, sem prejuízo de que prossiga o processo", e que "toda pessoa terá o direito de ser ouvida, com as devidas garantias e *dentro de um prazo razoável*, por um juiz ou Tribunal competente, independente e imparcial, estabelecido anteriormente por lei, na apuração de qualquer acusação penal formulada contra ela, ou na determinação de seus direitos e obrigações de caráter civil, trabalhista, fiscal ou de qualquer outra natureza".[2]

Também, no art. 25(1), acrescenta a Convenção que toda pessoa "tem direito a um recurso *simples e rápi*-

---

(*) Presidente e Corregedor do TRT da 23ª Região (Mato Grosso).

(1) No âmbito penal o STF tem elevado número de precedentes nos quais faz referência expressa à exigência de julgamentos sem dilações indevidas, na forma contidas nos números 5 e 6 do art. 7º da Convenção Americana sobre Direitos Humanos, e quando há excesso de prazo exclusivamente imputável ao aparelho judiciário – não derivando de atos procrastinatórios praticados pelo réu –, essa demora injustificada provada, por ausência de apreciação em tempo razoável, situação "concretizadora de injusto constrangimento ao *status libertatis* do paciente". A exemplo do que ocorreu no HC 111.173-SP, HC 105.437-SP, rel. Min. Celso de Mello.

(2) Sobre o assunto, a Corte Interamericana assim se expressou no Caso *Genie Lacayo Vs. Nicaragua*, sentença de 29.01.1997 (§§ 74 e 77): "El artículo 8 de la Convención que se refiere a las garantías judiciales consagra los lineamientos del llamado 'debido proceso legal' o 'derecho de defensa procesal', que consisten en el derecho de toda persona a ser oída con las debidas garantías y dentro de un plazo razonable por un juez o tribunal competente, independiente e imparcial, establecido con anterioridad por la ley, en la sustanciación de cualquier acusación penal formulada en su contra o para la determinación de sus derechos de carácter civil, laboral, fiscal u otro cualquiera". (...) El artículo 8.1 de la Convención también se refiere al plazo razonable. Este no es un concepto de sencilla definición. Se pueden invocar para precisarlo los elementos que ha señalado la Corte Europea de Derechos Humanos en varios fallos en los cuales se analizó este concepto, pues este artículo de la Convención Americana es equivalente en lo esencial, al 6 del Convenio Europeo para la Protección de Derechos Humanos y de las Libertades Fundamentales. De acuerdo con la Corte Europea, se deben tomar en cuenta tres elementos para determinar la razonabilidad del plazo en el cual se desarrolla el proceso: a) la complejidad del asunto; b) la actividad procesal del interesado; y c) la conducta de las autoridades judiciales".

do ou a qualquer outro recurso efetivo, perante os juízes ou tribunais competentes, que a proteja contra atos que violem seus direitos fundamentais reconhecidos pela Constituição, pela lei ou pela presente Convenção, mesmo quando tal violação seja cometida por pessoas que estejam atuando no exercício de suas funções oficiais".[3]

A toda essa normativa atribuiu-se nível de *supralegal* no Brasil, por decisão do Supremo Tribunal Federal no julgamento do RE n. 466.343/SP, caso em que se discutia a (im)possibilidade de prisão civil por dívida do depositário infiel. Naquele julgamento o pleno do STF, por maioria de votos de seus membros, entendeu que os tratados internacionais de direitos humanos em vigor no Brasil não podem se equiparar à mera lei ordinária, por revelarem valores *superiores* à normatividade comum, devendo estar alçados a um patamar superior, ainda que abaixo da Constituição.[4]

Como se nota, não há dúvida que a Constituição Federal de 1988 – cuja duração relativamente ao direito fundamental à razoável duração do processo é mais ampla, abrangendo tanto os processos judiciais em geral como os administrativos – se inspirou no texto da Convenção Americana para determinar, no final do longo rol de direitos e garantias do seu art. 5º, que a duração dos processos no Brasil tem que obedecer à razoabilidade, e mais: colocando para os cidadãos os meios para garantir a celeridade na prestação jurisdicional ou administrativa.[5] Junte-se a isso a nova posição do STF relativamente ao *status* normativo dos tratados de direitos humanos no Brasil, que os alçou ao patamar *supralegal*. Assim, existe hoje na ordem jurídica brasileira um complexo normativo – internacional, constitucional e legal – que garante a todos (cidadãos e pessoas jurídicas) a razoável duração do processo, tema objeto desta investigação.

Destaque-se, ainda nesta introdução, que também a Convenção Europeia de Direitos Humanos (de 1950) prevê esse mesmo direito fundamental, ao estabelecer no seu art. 6º(1), primeira parte, que "qualquer pessoa tem direito a que a sua causa seja examinada, equitativa e publicamente, *num prazo razoável* por um tribunal independente e imparcial, estabelecido pela lei, o qual decidirá, quer sobre a determinação dos seus direitos e obrigações de carácter civil, quer sobre o fundamento de qualquer acusação em matéria penal dirigida contra ela".[6] Perceba-se, nesse sentido, o alcance *mais amplo* da Convenção Europeia relativamente ao texto da Convenção Americana. Como o Brasil não pertence ao sistema europeu de proteção de direitos humanos, a melhor saída foi realmente constitucionalizar o direito à duração razoável do processo de modo mais amplo que o contido na Convenção Americana sobre Direitos Humanos, o que não significa que o estudo da Convenção Europeia não possa servir de auxílio para a exata compreensão da extensão desse direito fundamental hoje expresso na Constituição Federal de 1988.[7]

2. A CONSTITUCIONALIZAÇÃO DO PROCESSO

As Constituições editadas após a Segunda Guerra Mundial, como decorrência da democratização que tomou conta da Europa após esse período, passaram a incluir no rol dos direitos e garantias fundamentais o direito de acesso à Justiça e as condições necessárias para o devido processo legal, vinculando até mesmo a administração.[8] Além da consagração dos direitos fundamentais nos textos constitucionais do pós-guerra,

---

(3) Para um comentário de tais dispositivos, *v.* GOMES, Luiz Flávio; MAZZUOLI, Valerio de Oliveira. *Comentários à Convenção Americana sobre Direitos Humanos – Pacto de San José da Costa Rica*. 3. ed. rev., atual. e ampl. São Paulo: RT, 2010.

(4) STF, RE 466.343/SP, Rel. Min. Cezar Peluso, julg. 03.12.2008. Nesse julgamento, importante destacar o voto do Min. Celso de Mello, que reconheceu *status* constitucional aos tratados de direitos humanos em vigor no país. Para detalhes desse julgamento, *v.* MAZZUOLI, Valerio de Oliveira. *Curso de direito internacional público*. 9. ed. rev., atual. e ampl. São Paulo: RT, 2015. p. 413 ss.

(5) Destaque-se que, no Brasil, apenas a Constituição de 1934 (que durou pouquíssimo tempo) continha norma semelhante, no art. 113(35), primeira parte, ao prever que "a lei assegurará o rápido andamento dos processos nas repartições públicas". Tal norma estava inserida exatamente no capítulo relativo à "Declaração de Direitos" (ou seja, atinente aos Direitos Fundamentais).

(6) V., a propósito, a lição de PASTOR, Daniel R. Acerca del derecho fundamental al plazo razonable de duración del proceso penal. *Revista de Estudios de la Justicia,* n. 4, año 2004. p. 54-55: "El Convenio Europeo para la Protección de los Derechos Humanos y de las Libertades Fundamentales de 1950 (CEDH) es el primero de estos tratados internacionales que establece este derecho bajo la fórmula más usual del plazo razonable: *'toda persona tiene derecho a que su causa sea oída de manera equitativa, públicamente y en un plazo razonable por un tribunal independiente e imparcial, establecido por la ley, que decidirá sobre sus derechos y obligaciones de carácter civil, o bien sobre el fundamento de toda acusación penal dirigida contra ésta'* (art. 6.1)".

(7) O constituinte derivado inseriu no texto constitucional de 1988 a aplicação desse direito fundamental aos processos administrativos e, também, a necessidade de a magistratura imprimir mecanismos que deem celeridade à tramitação processual, a exemplo de indeferir desde logo pedidos impertinentes ou protelatórios, indeferir pedido de produção de prova desnecessária à elucidação da matéria de fato ou, ainda, conceder medidas cautelares de ofício para salvaguardar direito, pessoas ou provas.

(8) Sobre a vinculação da administração por meio dos direitos processuais fundamentais, *v.* CANOTILHO, J. J. Gomes. *Direito constitucional e teoria da Constituição.* 7. ed. Coimbra: Almedina, 2003. p. 446-447.

também o processo e suas garantias foram constitucionalizados, especialmente em razão de fortalecer os meios instrumentais de tutela efetiva desses novos direitos consagrados pela Constituição.[9]

Essa constitucionalização do processo e suas garantias tem levado a um *status activus processualis*, que induz não só a necessidade de compreender os direitos fundamentais estaticamente, senão também *dinamicamente*, por meio do procedimento, isso significando – como aduz Jorge Miranda – que não basta apenas declarar os direitos, devendo-se especialmente "instituir meios organizatórios de realização, procedimentos adequados e equitativos".[10]

A constitucionalização do acesso à Justiça demarcou um momento de especial relevância para o processo civil moderno, à medida que passou a compreender "atividades tanto *formais* como *materiais* por parte dos agentes responsáveis pela tutela jurisdicional assegurada pela Constituição: (i) em sentido *formal*, há de ser garantido a todos, sem qualquer tipo de discriminação, o acesso, livre e em condições de igualdade, ao órgão competente para tutelar os direitos subjetivos materiais lesados ou ameaçados (CF, art. 5º, XXXV); e (ii) em sentido *substancial*, todo e qualquer procedimento desenvolvido em juízo, após o adequado contraditório, há de proporcionar provimentos judiciais 'idôneos e efetivos para atuar o direito material objeto do processo'".[11]

Pretendeu-se, assim, resguardar o direito à tutela jurisdicional justa e efetiva, não apenas o acesso à Justiça em seu sentido *formal*, senão também *procedimental* e *substancial*.[12] Tal significa que as garantias processuais, no constitucionalismo contemporâneo, passaram a integrar o rol dos *direitos fundamentais* previstos pela Constituição (sem se esquecer, evidentemente, de sua previsão em tratados internacionais de direitos humanos).[13]

Nada de diferente ocorre com o direito à duração razoável do processo, objeto deste estudo, que se encontra constitucionalizado no art. 5º, LXXVIII, da Constituição Federal de 1988, e nos já citados tratados de direitos humanos em vigor no Brasil (em especial na Convenção Americana sobre Direitos Humanos de 1969). A intenção do legislador constituinte foi, como se percebe, dar efetividade à cláusula constitucional do acesso à Justiça, especialmente após o crescimento exponencial da Justiça Federal e da Justiça do Trabalho, sendo que esta última conta hoje com tribunais em quase todos os Estados federados.[14]

Assim, pode-se dizer que a inclusão do inciso LXXVIII ao art. 5º da Constituição "marca a consolidação de uma nova etapa: uma fase em que o constituinte, já havendo assegurado o acesso à Justiça, preocupa-se em garantir a qualidade do cumprimento dessa missão estatal".[15]

Ainda que a lei já contemplasse[16]-[17], como de fato contemplava, a preocupação com a curta duração do processo, a virtude da introdução da razoável duração do processo no texto constitucional como direito fundamental foi a de elevar a patamar de obrigação do Estado para com "todos" e, com isso, fixar no próprio texto constitucional, de um lado esse dever estatal, e de outro lado o direito subjetivo do jurisdicionado, de modo que havendo a violação desse direito subjetivo, o lesado pode pedir reparação dessa lesão por incumprimento do dever estatal.

Em decorrência disso, torna-se necessário estudar quais são os destinatários desse direito de cunho constitucional no Brasil, bem assim o núcleo protetivo em si contido, especialmente no âmbito da Justiça do Trabalho, onde as demandas, em regra, contêm pedidos cumulativos de verbas salariais, de nítido cunho alimentar que, pela sua própria natureza, reclama decisões sem demora.

---

(9) V. THEODORO JÚNIOR, Humberto. Direito fundamental à duração razoável do processo. *Revista Eletrônica Anima*, vol. II, p. 6.

(10) MIRANDA, Jorge. *Manual de direito constitucional*, Tomo IV (Direitos Fundamentais). 4. ed. Coimbra: Coimbra Editora, 2008. p. 111. Sobre as relações dos direitos fundamentais com a organização e procedimento das atividades públicas, cf. especialmente VIEIRA DE ANDRADE, José Carlos. *Os direitos fundamentais na Constituição Portuguesa de 1976*. 4. ed. Coimbra: Almedina, 2010. p. 141-144.

(11) THEODORO JÚNIOR, Humberto. Direito fundamental à duração razoável do processo. *Revista Eletrônica Anima*, vol. II, p. 7.

(12) Cf. THEODORO JÚNIOR, Humberto. *Idem, ibidem*.

(13) Cf. THEODORO JÚNIOR, Humberto. *Idem*, p. 8.

(14) V. ARRUDA, Samuel Miranda. O direito fundamental à razoável duração do processo [comentário ao art. 5º, LXXVIIII, da Constituição Federal]. In: MENDES, Gilmar; CANOTILHO, J. J. Gomes; SARLET, Ingo Wolfgang; STRECK, Lenio Luiz (Org.). *Comentários à Constituição do Brasil*. São Paulo: Saraiva, 2013. p. 507.

(15) ARRUDA, Samuel Miranda. *Idem*, p. 508.

(16) O art. 125, II, do CPC em vigor estabelece que "O juiz dirigirá o processo conforme as disposições desse Código, competindo-lhe: velar pela rápida solução do litígio."

(17) O art. 765 da CLT impõe, que: "Os juízos e Tribunais do Trabalho terão ampla liberdade na direção do processo e velarão pelo andamento rápido das causas, podendo determinar qualquer diligência necessária ao esclarecimento delas."

3. DESTINATÁRIOS DO DIREITO À DURAÇÃO RAZOÁVEL DO PROCESSO

A primeira questão que se coloca ao se estudar o direito fundamental à duração razoável do processo, quer no âmbito da Justiça comum ou no da Justiça do Trabalho, diz respeito à identificação de seus destinatários. Não obstante o *direito* à razoável duração do processo estar direcionado "a *todos*, no âmbito judicial e administrativo", a sua *destinação* é voltada para os órgãos do Estado: o *legislador*, o *juiz* e o *executivo*.[18]

Assim, tem-se que os *titulares* do direito em questão são *todas* as pessoas (capazes de apresentar, em juízo ou no âmbito administrativo, sua pretensão) e os seus *destinatários*, o legislador, o juiz e o executivo. Nesse sentido, merece verificar-se qual a responsabilidade de cada um destes na efetivação do direito à razoável duração do processo. Vejamos:

3.1. O legislador

O legislador tem obrigações variadas relativamente à duração razoável do processo. Deve, primeiramente, exercer a atividade legislativa para regular os prazos que permitam que os processos durem razoavelmente no tempo, tanto para viabilizar a distribuição do ônus do processo no tempo, quanto para coibir a atuação protelatória das partes.

Marinoni, a esse propósito, assim leciona:

> O legislador tem o dever de dar ao juiz o poder de distribuir o ônus do tempo do processo. Isto, é claro, pressupõe que o tempo seja compreendido como ônus, o que sequer é intuído pela doutrina processual tradicional. O tempo é visto pela doutrina clássica como algo neutro ou cientificamente não importante para o processo. Certamente por isso foi jogado nas costas do autor, como se ele fosse o culpado pela demora inerente à cognição dos direitos. Acontece que o tempo é uma necessidade do juiz, que dele precisa para formar a sua convicção, assim como uma necessidade democrática advinda do direito de as partes participarem adequadamente do processo. Ora, se o Estado tem o monopólio da jurisdição, o tempo para a distribuição da justiça somente pode ser problema seu e, deste modo, deve ser distribuído entre as partes para que o princípio da isonomia não reste ferido.[19]

Como se nota, cabe ao legislador regular os meios e as condições necessárias para ter efetividade o direito à duração razoável do processo, implementando procedimentos e prazos para tanto, atribuindo às partes recursos capazes de fazer valer esse direito contra decisões protelatórias ou que, injustificadamente, prologuem indefinidamente o curso processual.[20]

Esse papel do Poder Legislativo liga-se às responsabilidades que o Estado tem, nos termos da Convenção Americana sobre Direitos Humanos (art. 2º), de *adaptar* a sua legislação interna aos comandos dos tratados de direitos humanos em vigor no país, pois apenas "adaptando" as normas internas aos comandos dos tratados é que se impede seja o Estado *responsabilizado* no plano internacional por violação de direitos humanos. Assim, é obrigação do Poder Legislativo regular os meios e as condições necessárias à efetividade do direito da razoável duração do processo, para o fim de adequar o direito interno aos comandos dos tratados de direitos humanos em vigor, em especial da Convenção Americana sobre Direitos Humanos de 1969.[21]

---

(18) Cf. MARINONI, Luiz Guilherme. Direito fundamental à duração razoável do processo. *Revista Estação Científica*, vol. 1, n. 4, Juiz de Fora, out.-nov. 2009, p. 84-90; e ARRUDA, Samuel Miranda. O direito fundamental à razoável duração do processo, cit., p. 509-510.

(19) MARINONI, Luiz Guilherme. *Idem*, p. 85-86.

(20) V. ARRUDA, Samuel Miranda. O direito fundamental à razoável duração do processo..., cit., p. 510, assim: "No que diz respeito à vinculação do Poder Legislativo a essa norma *jus*fundamental, visualizamos duas grandes espécies de intervenções legislativas assecuratórias do direito em estudo. Em primeiro lugar, competirá ao legislador estabelecer um sistema procedimental que viabilize a tramitação dos processos em tempo razoável. Assim, ao ocupar-se de temas como procedimento, rito, administração da justiça, sistema recursal, prazos processuais e assuntos correlatos, o legislador deve estar atento à orientação do constituinte, buscando atuar para dar efetividade ao direito fundamental sob análise. Incumbe-lhe, pois, curar para que suas intervenções na seara processual conduzam à redução do prazo médio de tramitação dos feitos ou, pelo menos, que não causem impacto negativo de monta que impossibilite na prática a observância desse direito fundamental. Aqui, vale registrar que um sistema processual complexo, com multiplicidade de recursos e atos inúteis, ocasionará lesão difusa e repetida ao direito à razoável duração do processo, mesmo que haja uma gestão eficiente do sistema judicial. Por outro lado, é necessário também que o legislador atue de forma a dar uma proteção mais efetiva ao direito fundamental, estabelecendo meios e fórmulas processuais específicas de exercício do direito, fixando eventuais consequências processuais para os casos de lesão e critérios de definição da razoabilidade, entre outros desenvolvimentos úteis. Seria particularmente necessário que o legislador definisse e aclarasse a extensão da responsabilidade estatal nas hipóteses de lesão à norma, de forma a dar ao jurisdicionado um meio concreto de reparação do dano que a morosidade processual lhe causou".

(21) A propósito, v. CIDH, Supervisão de Sentença de 17.10.2014, Caso *Gomes Lund e outros Vs. Brasil*, § 172, assim: "A Corte Interamericana considera que a forma na qual foi interpretada e aplicada a Lei de Anistia aprovada pelo Brasil (pars. 87, 135 e 136 *supra*)

3.2. O juiz

Assim como o legislador, o juiz tem imensa responsabilidade – em verdade, a *maior delas* – em dar celeridade aos processos submetidos à sua jurisdição, não apenas para fazer caminhar o processo em prazo razoável, senão também para que o processo seja *justo* às partes, não transformando a justiça em injustiça. O julgador, assim, será sempre o destinatário *imediato* capaz de garantir, na prática, a efetividade do direito à razoável duração do processo, para que "não sejam as prerrogativas da parte vulneradas com atrasos imoderados que representem a negação do direito fundamental".[22]

São vários os motivos que podem levar o juiz a conduzir o processo com dilação não razoável ou inidônea, a exemplo do manejo incorreto do processo. Como destaca Marinoni, tal "ocorre, por exemplo, quando o juiz determina a execução da tutela antecipatória de soma através das regras que servem à execução da sentença condenatória, desprezando a utilização da multa ou do desconto em folha ou de rendas periódicas".[23]

Sobre o argumento de muitos juízes de que há "acúmulo de processos", e que, por esse motivo, ficaria prejudicada a prestação jurisdicional, Marinoni arremata:

> De outro lado, a costumeira desculpa judicial de 'acúmulo de trabalho', se pode retirar a responsabilidade pessoal do magistrado pela demora do processo, constitui verdadeira confissão de que o Estado não está respondendo ao seu dever de prestar a tutela jurisdicional de modo tempestivo. Neste caso, surge ao cidadão o direito de invocar o direito fundamental à duração razoável, o que pode ocorrer quando a dilação está em curso ou já se consumou. A diferença é a de que, no caso em que a dilação está em curso, a parte terá que invocar o direito fundamental à duração razoável no próprio processo em que a demora injustificada está ocorrendo, ao passo que, quando a demora não razoável se consumou causando dano, terá que ser proposta ação ressarcitória contra o Estado.[24]

Destaque-se que tanto no caso de a parte invocar durante o processo o direito fundamental à sua duração razoável, quanto na hipótese de propor ação ressarcitória em casos de processos findos, a verdade é que incumbe ao Judiciário – de maneira preventiva ou repressiva – salvaguardar esse direito de cunho constitucional, tomando medidas, no primeiro caso, para que o processo termine e a prestação jurisdicional seja efetivada, e, no segundo, para que o cidadão saia indenizado da situação traumática.

Frise-se, porém, que falar em "duração razoável, como o próprio nome indica, nada tem a ver com duração limitada a um prazo certo ou determinado", pois "se essa confusão fosse aceita, não se trataria de 'duração razoável', mas de 'duração legal', ou do simples dever de o juiz respeitar o prazo fixado pelo legislador para a duração do processo".[25]

O juiz deve, por fim, controlar a constitucionalidade das leis tendo como paradigma o direito à duração razoável do processo, invalidando as normas domésticas capazes de fazer protelar indefinidamente o curso processual, podendo deixar de aplicá-las em sua literalidade mediante o emprego da técnica da "interpretação conforme".[26]

Caso o magistrado não cumpra esse seu dever (de velar pela razoabilidade na tramitação processual), o Estado (Estado Federado ou a União, conforme o caso) pode ser demandado a reparar o dano material ou a compensar eventual dano moral causado ao jurisdicio-

---

afetou o dever internacional do Estado de investigar e punir as graves violações de direitos humanos, ao impedir que os familiares das vítimas no presente caso fossem ouvidos por um juiz, conforme estabelece o artigo 8.1 da Convenção Americana, e violou o direito à proteção judicial consagrado no artigo 25 do mesmo instrumento, precisamente pela falta de investigação, persecução, captura, julgamento e punição dos responsáveis pelos fatos, descumprindo também o artigo 1.1 da Convenção. Adicionalmente, ao aplicar a Lei de Anistia impedindo a investigação dos fatos e a identificação, julgamento e eventual sanção dos possíveis responsáveis por violações continuadas e permanentes, como os desaparecimentos forçados, o Estado descumpriu sua obrigação de adequar seu direito interno, consagrada no art. 2 da Convenção Americana".

(22) V. MARINONI, Luiz Guilherme. Direito fundamental à duração razoável do processo, cit., p. 87-88; GIORGETTI, Mariacarla. La durata ragionevole del processo civile in Italia. Disponível em: <http://www.giustiziabrescia.it/allegato_corsi.aspx?File_id_allegato=1406>. Acesso em: 19 jul. 2015; e ARRUDA, Samuel Miranda. O direito fundamental à razoável duração do processo..., cit., p. 510, que complementa: "Este fato embute um paradoxo: sendo o Poder Judiciário o órgão a que se deve recorrer nas hipóteses de lesão a direito fundamental, não é absurdo admitir que se pleiteie em juízo a reparação pela ineficiência do próprio sistema judicial. Assim, em ambiente de ineficiência estrutural do sistema judiciário, tem-se uma repetição das lesões ao direito fundamental e uma potencial proliferação de demandas cujo objeto será a morosidade dos feitos".

(23) MARINONI, Luiz Guilherme. Direito fundamental à duração razoável do processo, cit., p. 88.

(24) MARINONI, Luiz Guilherme. *Idem*, p. 89.

(25) MARINONI, Luiz Guilherme. *Idem, ibidem*.

(26) MARINONI, Luiz Guilherme. *Idem, ibidem*.

nado, e se no curso do processo ficar constatado que o magistrado no exercício da função jurisdicional e em razão desse exercício não decidiu em tempo razoável por culpa grave ou dolo, o Estado pode mover ação regressiva contra aquele visando a recompor o seu patrimônio, tema que será tratado oportunamente em outro estudo.

3.3. O Executivo

O Poder Executivo também conta com responsabilidades relativamente ao direito fundamental à duração razoável do processo, como, *v. g.*, a de manter o aparato estatal em bom funcionamento para que se possa garantir a celeridade da prestação jurisdicional e/ou administrativa. É dever do Executivo implementar o orçamento necessário para que a máquina judiciária ou administrativa funcione coerentemente. Nesse sentido, a lição de Marinoni:

> A jurisdição, para se desincumbir do seu dever de prestar a tutela jurisdicional de modo tempestivo, necessita de boa estrutura administrativa, ou seja, pessoal qualificado, tecnologia e material de expediente idôneos.
>
> Para tanto, o Poder Judiciário necessita de orçamento adequado. O Estado é obrigado a reservar parte da sua receita para dotar o Judiciário de forma a lhe permitir prestar a tutela jurisdicional de forma efetiva e célere.
>
> Portanto, o direito fundamental à duração razoável exige do Executivo uma prestação de caráter econômico. O Executivo, diante deste direito fundamental, é gravado por um dever de dotação.
>
> Por outro lado, quando a execução da sentença judicial depende da participação do Executivo e esse deixa de colaborar, sem justificativa, para a efetivação da tutela jurisdicional do direito, a dilação indevida é da sua responsabilidade. Nesse caso, a prestação fático-administrativa do Executivo é imprescindível para a realização do direito fundamental à duração razoável".[27]

Frise-se que a Constituição brasileira estabelece não só o direito à razoável duração do processo, mas também que sejam assegurados os "meios que garantam a celeridade de sua tramitação". Tal quer dizer que houve preocupação do constituinte reformador em afirmar que esse direito fundamental depende, como condição necessária à sua concretização, de investimentos do Poder Público e de uma melhor gestão na administração da Justiça.[28]

Como se nota, a obrigação executiva relativa ao cumprimento do direito fundamental à duração razoável do processo também passa pela questão do *orçamento*, necessário ao bom funcionamento das instituições jurídico-administrativas do país, sem o que não há celeridade possível. Ou seja, deve o Executivo fornecer *meios materiais* para que haja um processo célere, o que demonstra que esse direito aproxima-se daqueles que estão condicionados a uma prestação estatal.[29]

Esse Poder "Executivo" referido é também, como não poderia deixar de ser, o que atua na administração do Poder Judiciário, responsável pela boa gestão da máquina judiciária no interesse de todos os jurisdicionados.

4. ÂMBITO DE APLICAÇÃO DO DIREITO À RAZOÁVEL DURAÇÃO DO PROCESSO

Questiona-se qual o âmbito de aplicação do direito fundamental à razoável duração do processo, ou seja, a quais tipos de processo se aplica.

A Constituição Federal de 1988, no art. 5º, LXXVIII, estabelece que "a todos, *no âmbito judicial e administrativo*, são assegurados a razoável duração do processo e os meios que garantam a celeridade de sua tramitação". Esse dispositivo é potencialmente mais amplo que o da Convenção Americana sobre Direitos Humanos, para a qual o direito à razoável duração do processo tem aplicação apenas para o caso de pessoas *presas*, *detidas* ou *retidas* (art. 7º, 5) e para ser celeremente *ouvida* em ações penais, ou na determinação de seus direitos e obrigações de caráter civil, trabalhista, fiscal ou de qualquer outra natureza (art. 8º, 1).

No Brasil, portanto, o direito fundamental à duração razoável do processo atinge todos os tipos de processos, judiciais (penais, cíveis, trabalhistas, tributários etc.) ou administrativos e em qualquer grau de jurisdição. Esse direito, em nosso país, parecer ser mais amplo que o consagrado pela Convenção Americana, que o insere, em primeiro plano, apenas no âmbito *criminal*, e, paralelamente, no que tange estritamente à *oitiva* em ações penais e, nesse mesmo âmbito, para a determinação de direitos civis, trabalhistas, fiscais ou outra natureza. Destaque-se, também, que a referência feita pelo constituinte aos processos *administrativos* é relevante para garantir a aplicação desse direito fundamental no curso

---

(27) MARINONI, Luiz Guilherme. *Idem*, p. 89-90.

(28) V. ARRUDA, Samuel Miranda. O direito fundamental à razoável duração do processo..., cit., p. 509.

(29) Cf. ARRUDA, Samuel Miranda. *Idem, ibidem*.

do inquérito policial, que notoriamente se caracteriza pela excessiva demora e que, pela sua natureza, pode vulnerar prerrogativas do investigado.[30]

Assim também faz a Constituição de Portugal, no art. 20(4), que dispõe que "todos têm direito a que uma causa em que intervenham seja objeto de decisão em prazo razoável e mediante processo equitativo", regra considerada por Gomes Canotilho e Vital Moreira como garantidora do "direito a uma decisão judicial sem dilações indevidas, direito a uma decisão temporalmente adequada, direito à tempestividade da tutela jurisdicional".[31] E os mesmos constitucionalistas arrematam:

> O direito à decisão da causa em tempo razoável pressupõe, desde logo, uma formatação processual temporalmente adequada feita pelo legislador (prazos, recursos). Além disso, o sentido da razoabilidade do prazo aponta para a necessidade de a tutela jurisdicional dever assegurar-se em *prazo côngruo*. A não observância do princípio da razoabilidade temporal na duração do processo só poderá ser justificada nos processos de particular dificuldade ou extensão, mas dificilmente poderão considerar-se causas justificadas do 'atraso' as insuficiências materiais e humanas (tribunais, pessoas, organizações) ou as deficiências regulativas do processo.[32]

No processo civil, entende-se que haverá diferença quando à duração dos processos de conhecimento, execução ou cautelar. No que tange especificamente a este último, Marinoni entende que "diante da natureza da tutela cautelar, o legislador resta obrigado a desenhar procedimento e a instituir técnica processual capazes de viabilizar a obtenção da tutela cautelar em prazo idôneo", e que "tal prazo deve guardar relação com a urgência inerente à natureza da tutela cautelar".[33] O mesmo autor também entende que "o procedimento cautelar deve ser mais abreviado que o procedimento dirigido à tutela capaz de adquirir a qualidade de coisa julgada material".[34] E ainda: "Não obstante, a concessão da tutela cautelar – seja mediante decisão liminar ou sentença proferida no processo cautelar –, ao restringir a esfera jurídica do demandado, exige atenção para o tempo da duração dos seus efeitos. A tutela cautelar não pode perdurar além do tempo necessário à proteção de segurança. Caso isto aconteça, o demandado estará sendo submetido a processo com tempo desrazoável".[35]

Ainda a respeito da tutela emergencial, Humberto Theodoro Júnior faz observação interessante no sentido de que se trata de tutela *excepcional*, pelo que "as providências cautelares e as medidas antecipatórias não podem ser prodigalizadas pelo simples *capricho* da parte ou por mera *liberalidade* (ou discricionariedade) do juiz", concluindo que, apesar de ser incômodo esperar muito tempo pelo provimento jurisdicional, "não são os meros desconfortos do litigante que justificam a quebra do ritmo natural e necessário do contraditório".[36]

No âmbito exclusivamente do processo do trabalho antes mesmo da elevação da razoável duração do processo ao patamar constitucional, o legislador ordinário cuidou de tomar algumas medidas visando dar efetividade a essa mesma exigência que, à época, estava prevista no art. 765 da CLT. Referimo-nos, especialmente, à implantação do procedimento sumaríssimo pela Lei n. 9.957, de 12 de janeiro de 2000 que, dentre outras mudanças, inseriu os arts. 852-A a 852-H na CLT. Entendemos, particularmente, que ainda há espaço para aperfeiçoamento na tramitação das causas submetidas ao procedimento sumaríssimo a exemplo da implantação de turmas recursais compostas por juízes de primeiro grau de jurisdição, titulares de Varas do Trabalho, e que contam com mais de 10 (dez) anos no exercício da função judicante. Essa alteração, além de atender ao direito fundamental em realce, visa dar atenção prioritária ao primeiro grau de jurisdição, que vem a ser a política atual do CNJ.

---

(30) Cf. ARRUDA, Samuel Miranda. *Idem*, p. 511.

(31) CANOTILHO, J. J. Gomes; MOREIRA, Vital. *Constituição da República Portuguesa anotada*, vol. 1 (arts. 1º a 107). 4. ed. portuguesa revista. São Paulo: RT, 2007, p. 417.

(32) CANOTILHO, J. J. Gomes; MOREIRA, Vital. *Idem, ibidem*. Os mesmos autores acrescentam: "Ao impor a obrigatoriedade de processos caracterizados pela *celeridade e prioridade* relativamente a direitos, liberdades e garantias *pessoais* (n. 5, 1ª parte), o texto constitucional não impede o legislador de introduzir processos céleres e prioritários para a defesa de direitos, liberdades e garantias de participação política, dos trabalhadores e, até, de outros direitos fundamentais (ex.: defesa do ambiente, defesa e proteção de menores em risco, contencioso eleitoral)" (*Idem*, p. 419).

(33) MARINONI, Luiz Guilherme. Direito fundamental à duração razoável do processo, cit., p. 94. Para uma visão do tema no processo penal, *v*. PASTOR, Daniel R. Acerca del derecho fundamental al plazo razonable de duración del proceso penal, cit., p. 51-76; e HAMILTON, Sérgio Demoro. A razoável duração do processo e seus reflexos no processo penal. *Revista da EMERJ*, vol. 11, n. 43, 2008. p. 83-97.

(34) MARINONI, Luiz Guilherme. Direito fundamental à duração razoável do processo, cit., p. 94.

(35) MARINONI, Luiz Guilherme. *Idem, ibidem*.

(36) THEODORO JÚNIOR, Humberto. Direito fundamental à duração razoável do processo. *Revista Eletrônica Anima*, vol. II, p. 2.

5. DIREITO DE NÃO SER SUBMETIDO A PROCESSO JUDICIAL OU ADMINISTRATIVO POR PRAZO IRRAZOÁVEL

A Constituição Federal de 1988 insere, no seu art. 5º, inúmeras garantias cuja finalidade é levar a um *processo justo*. Essas garantias, seguindo o escólio doutrinário de Humberto Theodoro Júnior, podem ser assim elencadas: *a)* garantia de *pleno acesso à justiça* (nenhuma lesão ou ameaça a direito será excluída da apreciação do Poder Judiciário) (inc. XXXV); *b)* garantia do *juiz natural* (não haverá juízo ou tribunal de exceção – inc. XXXVII; ninguém será processado nem sentenciado senão pela autoridade competente – inc. LIII); *c)* garantia do *devido processo legal* (inc. LIV) e do *contraditório e ampla defesa* (inc. LV); *d)* vedação das *provas ilícitas* (inc. LVI); *e)* garantia de *publicidade dos atos processuais* (inc. LX), que se completa com exigência de *fundamentação de todas as decisões judiciais* (CF, art. 93, IX); *f)* dever de *assistência jurídica integral e gratuita* a todos que comprovarem insuficiência de recursos (inc. LXXIV); e, finalmente, *g)* garantia de *duração razoável do processo* e da adoção de meios para assegurar a *celeridade* de sua tramitação (inc. LXXVIIII), que não figuravam no elenco primitivo dos direitos fundamentais proclamados no art. 5º da Constituição brasileira.[37]

Como se nota, a duração razoável do processo é um *direito fundamental* – e também um *direito humano*, pois previsto em tratados internacionais de proteção – assegurado pela ordem constitucional de 1988, inserido pelo Poder reformador. Pode-se dizer, inclusive, como explica Humberto Theodoro Júnior, que se trata de direito que, de certa forma, *já estava previsto* na ordem constitucional brasileira, pois "já havia um consenso de que sempre esteve implícita na garantia do *devido processo legal* (CF, art. 5º, LIV). Isto porque não se pode recusar à *economia processual*, em si mesma, a categoria de um dos *princípios fundamentais* do moderno processo civil, e, assim, a garantia de duração razoável do processo já seria uma garantia fundamental originariamente consagrada pela Constituição de 1988".[38]

Inicialmente, cabe destacar que falar em direito à duração razoável do processo não conota direito à celeridade processual, ainda que alguma confusão possa ocorrer a teor do que dispõe a parte final do art. 5º, LXXVIII, da Constituição, que se refere aos "meios que garantam a celeridade de sua tramitação". De fato, para ter prestação jurisdicional adequada as partes necessitam de *tempo* para exercer o seu direito de acusação/defesa e lograr o convencimento do julgador; de *tempo* para praticar os necessários atos processuais relativos a sua demanda ou defesa.[39]

Se a duração do processo for *razoável*, a parte tem que se conformar com os inconvenientes da espera da resposta jurisdicional, ainda que tal não a agrade, desde, é claro, que essa espera não inutilize os efeitos do processo necessários à realização da tutela jurisdicional pretendida.[40]

Feita essa distinção, a questão mais importante a esclarecer diz respeito ao direito que têm todas as partes num processo (judicial ou administrativo) de não sofrerem os ônus de um processo irrazoável. Desde já, também, deve-se lembrar que o direito fundamental à duração razoável do processo, cujo estudo ora nos ocupa, tem "aplicação imediata" segundo a norma do art. 5º, § 1º, da Constituição de 1988, segundo o qual "as normas definidoras dos direitos e garantias fundamentais têm aplicação imediata", o que significa que independem de regulamentação por norma infraconstitucional, gerando, *ipso facto*, direito subjetivo aos cidadãos (que podem imediatamente exigir do Judiciário o cumprimento desse direito).[41]

---

(37) THEODORO JÚNIOR, Humberto. *Idem*, p. 8-9.

(38) THEODORO JÚNIOR, Humberto. *Idem*, p. 10. O mesmo processualista ainda entende que: "Além disso, e ainda por força do mesmo § 2º do art. 5º da Constituição, a garantia de duração razoável do processo já estava incorporada ao ordenamento positivo brasileiro, porque figurava entre os direitos do homem previstos no Pacto de São José da Costa Rica, subscrito pelo Brasil (Dec. n. 678/1992) antes da Emenda Constitucional n. 45/2004" (*Idem*, p. 10-11).

(39) Cf. MARINONI, Luiz Guilherme. Direito fundamental à duração razoável do processo, cit., p. 90.

(40) V. THEODORO JÚNIOR, Humberto. Direito fundamental à duração razoável do processo, cit., p. 3. Ainda segundo o autor: "É importante, nessa ordem de ideias, fixar-se, como preâmbulo ao estudo das tutelas de urgência, na garantia fundamental de duração razoável do processo (CF, art. 5º, LXXVIIII), para se afastar a ilusão de que as medidas preventivas sejam vistas como panaceia contra qualquer demora na solução da lide e que se prestem sempre a reduzir essa demora, qualquer que seja sua causa. É preciso ter em mente que as tutelas de urgência, ao contrário do que à primeira vista possa parecer, não têm a função de acelerar a marcha do processo e abreviar a solução dos litígios. Com ou sem as medidas de urgência, a composição da lide, em caráter definitivo, passará por todos os estágios normais do procedimento comum. O que se obtém por via da tutela emergencial são apenas providências de afastamento do perigo de dano iminente (*periculum in mora*). Sem elas, a tutela jurisdicional seria inútil, quando, após a duração normal do processo, se chegasse ao provimento correspondente à definitiva solução do litígio" (*Idem*, p. 3-4).

(41) Cf. THEODORO JÚNIOR, Humberto. *Idem*, p. 11.

A doutrina tem elencado alguns critérios capazes de identificar a razoabilidade ou não do tempo de um processo, quais sejam: *a)* a complexidade jurídica do caso (envolvendo, *v. g.*, uma perícia demorada, a oitiva de várias testemunhas ou a produção de prova no estrangeiro); *b)* a conduta das autoridades (e eventual inércia dos agentes do Poder Judiciário que têm o dever de dar celeridade ao processo); e *c)* a conduta dos litigantes (verificando-se se a demora do feito não se deu por ato doloso das partes, que abusam das prerrogativas processuais para prolongar infinitamente o processo).[42]

Também a Corte Interamericana de Direitos Humanos desenvolveu em sua jurisprudência os elementos que devem ser levados em consideração no momento de determinar a razoabilidade de um prazo processual, quais sejam: *a)* a complexidade do assunto; *b)* a atividade processual do interessado; e *c)* a conduta das autoridades judiciais.[43] E, no que toca ao conteúdo desse direito, a Corte Interamericana tem assinalado que "o princípio do prazo razoável tem por finalidade impedir que os acusados permaneçam longo tempo sob acusação e assegurar que esta seja prontamente decidida".[44]

De certa forma, as *metas do CNJ* são uma forma de tornar o ônus processual menos demorado às partes, com a prestação jurisdicional mais célere o quanto possível. Tais metas são nacionais e direcionadas para deficiências específicas do Poder Judiciário. No que diz respeito ao direito à duração razoável dos processos, coloca-se em relevo a chamada "Meta 2" do CNJ, com o intuito de acabar com o estoque de processos que congestionam os tribunais do país. A propósito, a ideia das "metas" segundo o CNJ pode ser assim resumida:

> As metas nacionais do Poder Judiciário, inicialmente metas de nivelamento, foram definidas pela primeira vez no 2º Encontro Nacional do Judiciário, que aconteceu em Belo Horizonte, Minas Gerais, em 2009. Ao final do Encontro, os tribunais brasileiros traçaram 10 metas de nivelamento para o Judiciário no ano de 2009. O grande destaque foi a Meta 2, que determinou aos tribunais que identificassem e julgassem os processos judiciais mais antigos, distribuídos aos magistrados até 31.12.2005.

Com a Meta 2, o Poder Judiciário começou a se alinhar com o direito constitucional de todos os cidadãos brasileiros que estabelece a duração razoável do processo na Justiça. Foi o começo de uma luta que contagiou o Poder Judiciário do país para acabar com o estoque de processos causadores de altas taxas de congestionamento nos tribunais. Também foram definidas outras metas importantes para organizar o trabalho nas Varas de Justiça, informatizar o Judiciário e proporcionar mais transparência à sociedade.[45]

No âmbito da Justiça do Trabalho, pode-se dizer que o cumprimento das metas do CNJ, ainda que sofram críticas de alguns, tem dado resultado relevante para tornar, ainda, mais céleres e efetivas as decisões judiciais.

6. CONCLUSÃO

Finda esta exposição, nos pareceu não haver dúvidas ser a duração razoável do processo um direito fundamental (constitucional) e também humano (internacional) presente na ordem jurídica brasileira atual como dever do Estado e direito de todos (pessoas físicas e jurídicas, nacionais e estrangeiras).

Como a duração razoável do processo é conceito aberto, cabe ao juiz ou tribunal preenchê-lo em cada caso concreto tendo como norte os seguintes parâmetros: *a)* a complexidade jurídica do caso (envolvendo, *v. g.*, uma perícia demorada, a oitiva de várias testemunhas ou a produção de prova no estrangeiro); *b)* a conduta das autoridades (e eventual inércia dos agentes do Poder Judiciário que têm o dever de dar celeridade ao processo); e *c)* a conduta dos litigantes (verificando-se se a demora do feito não se deu por ato doloso das partes, que abusam das prerrogativas processuais para prolongar infinitamente o processo).

A elevação da razoável duração do processo ao patamar de direito fundamental teve (e tem) o mérito de fazer com que se torne efetivo, cada vez mais e com maior intensidade, esse direito fundamental, em espe-

---

(42) V. ARRUDA, Samuel Miranda. O direito fundamental à razoável duração do processo..., cit., p. 510-511.

(43) V. CIDH, Caso *Genie Lacayo Vs. Nicaragua*, sentença de 29.01.1997, citando precedentes da Corte Europeia de Direitos Humanos: "De acuerdo con la Corte Europea, se deben tomar en cuenta tres elementos para determinar la razonabilidad del plazo en el cual se desarrolla el proceso: a) la complejidad del asunto; b) la actividad procesal del interesado; y c) la conducta de las autoridades judiciales (Ver entre otros, *Eur. Court H. R., Motta judgment of 19 February 1991*, Series A no. 195-A, párr. 30; *Eur. Court H.R., Ruiz Mateos v. Spain judgment of 23 June 1993*, Series A no. 262, párr. 30)" (§ 77).

(44) RIVADENEYRA, Alex Amado. El derecho al plazo razonable como contenido implícito del derecho al debido proceso: desarrollo jurisprudencial a nivel internacional y nacional. *Revista Internauta de Práctica Jurídica*, n. 27, año 2011, p. 44.

(45) CNJ, *Metas Nacionais*, Disponível em: <http://www.cnj.jus.br/gestao-e-planejamento/metas>. Acesso em 07.07.2015. Para uma discussão anterior à EC-45/2004, *v.* BARBOSA MOREIRA, José Carlos. A duração dos processos: alguns dados comparativos. *Revista Síntese de Direito Civil e Processual Civil*, Porto Alegre, ano V, v. 5, n. 29, p. 28-36, mai.-jun. 2004.

cial no âmbito da Justiça do Trabalho cujas demandas giram em torno do incumprimento do direito daquele que trabalha e daquele que dá emprego, portanto com os direitos de segunda geral (ligados ao trabalho, art. 6º da CF) e, por esta razão, não pode tardar na solução dos litígios submetidos à sua apreciação.

Por fim, se violado esse direito fundamental o lesado tem direito à reparação por dano material e/ou moral a ser discutido em ação intentada contra o Estado, e este se perdedor e comprovar que a demora injustificada não foi por culpa do aparelho judicial e sim de culpa grave ou dolo do magistrado pode ajuizar ação de regresso contra este.

7. REFERÊNCIAS BIBLIOGRÁFICAS

ARRUDA, Samuel Miranda. O direito fundamental à razoável duração do processo [comentário ao art. 5º, LXXVIIII, da Constituição Federal]. In: MENDES, Gilmar; CANOTILHO, J. J. Gomes; SARLET, Ingo Wolfgang; STRECK, Lenio Luiz (Org.). *Comentários à Constituição do Brasil*. São Paulo: Saraiva, 2013.

BARBOSA MOREIRA, José Carlos. A duração dos processos: alguns dados comparativos. *Revista Síntese de Direito Civil e Processual Civil*, Porto Alegre, ano V, v. 5, n. 29, p. 28-36, mai.-jun. 2004.

CANOTILHO, J. J. Gomes. *Direito constitucional e teoria da Constituição*. 7. ed. Coimbra: Almedina, 2003.

CARNELUTTI, Francesco. *Diritto e processo*. Napoli: Morano, 1958.

GIORGETTI, Mariacarla. La durata ragionevole del processo civile in Italia. Disponível em: <http://www.giustiziabrescia.it/allegato_corsi.aspx?File_id_allegato=1406>. Acesso em: 19.07.2015.

HAMILTON, Sérgio Demoro. A razoável duração do processo e seus reflexos no processo penal. *Revista da EMERJ*, vol. 11, n. 43, 2008. p. 83-97.

MACIEL, Adhemar Ferreira. Considerações sobre as causas do emperramento do Judiciário. *Revista de Processo*, São Paulo, ano 25, n. 97, p. 17-26, jan.-mar. 2000.

MARINONI, Luiz Guilherme. Direito fundamental à duração razoável do processo. *Revista Estação Científica*, vol. 1, n. 4, Juiz de Fora, out.-nov. 2009. p. 82-97.

MIRANDA, Jorge. *Manual de direito constitucional*, Tomo IV (Direitos Fundamentais). 4. ed. Coimbra: Coimbra Editora, 2008.

PASTOR, Daniel R. Acerca del derecho fundamental al plazo razonable de duración del proceso penal. *Revista de Estudios de la Justicia*, n. 4, año 2004. p. 51-76.

RIVADENEYRA, Alex Amado. El derecho al plazo razonable como contenido implícito del derecho al debido proceso: desarrollo jurisprudencial a nivel internacional y nacional. *Revista Internauta de Práctica Jurídica*, n. 27, año 2011. p. 43-59.

THEODORO JÚNIOR, Humberto. Direito fundamental à duração razoável do processo. *Revista Eletrônica Anima*, vol. II, p. 1-23 (Disponível em: <http://www.anima-opet.com.br/segunda_edicao/Humberto_Theodoro_Junior.pdf>. Acesso em 13.07.2015).

VIEIRA DE ANDRADE, José Carlos. *Os direitos fundamentais na Constituição Portuguesa de 1976*. 4. ed. Coimbra: Almedina, 2010.

DA ORDEM DOS PROCESSOS NOS TRIBUNAIS E SEU IMPACTO NA EFETIVIDADE DA JURISDIÇÃO: SISTEMA DO NOVO CPC

Maria das Graças Cabral Viegas Paranhos[*]

INTRODUÇÃO

O novo Código de Processo Civil foi sugerido por uma comissão de juristas em 2009, composta pelo Ministro Luiz Fux, que a presidiu; Teresa Arruda Alvim Wambier, relatora, Adroaldo Furtado Fabrício, Benedito Cerezzo Pereira Filho, Bruno Dantas, Elpídio Donizetti Nunes, Humberto Theodoro Júnior, Jansen Fialho de Almeida, José Miguel Garcia Medina, José Roberto dos Santos Bedaque, Marcus Vinícius Furtado Coelho e Paulo César Pinheiro Carneiro.

O anteprojeto teve origem no ato n. 379, de 30 de setembro de 2009, do Presidente do Senado Federal. Sofreu modificações na Câmara dos Deputados e retornou ao Senado. Foi sancionado pela Presidente da República, Dilma Rousseff, em 16 de março de 2015.

Entrará em vigor em 17 de março de 2015, um ano após a sua publicação oficial.

A reformulação é profunda, com mudanças radicais nos padrões de processo e procedimento, visando diminuir a lentidão na outorga da prestação jurisdicional.

A sanção do novo Código de Processo Civil é fato a ser exaltado na comunidade jurídica por ser o primeiro diploma processual discutido e aprovado no contexto histórico democrático.

O novo código está dividido em parte geral e especial. Seu conteúdo está voltado para aperfeiçoar muitos institutos aplicados pelo CPC de 1973, positivar jurisprudências dos Tribunais Superiores, acrescentar a cultura dos precedentes advinda da *common law* e ampliar a efetividade das decisões em todo o Poder Judiciário.

O capítulo V, no Título I, da Parte Especial destaca a importância de uma audiência inicial de conciliação ou mediação, o que já é uma realidade na Justiça do Trabalho voltada para simplicidade e oralidade de procedimentos.

Outro aspecto importante, e que, antes da entrada em vigor, já aponta entendimentos diversos, se realmente contribuirá para acelerar o processamento e julgamento dos processos, por meio da previsão da ordem cronológica para julgamentos (art. 12 do NCPC), para os juízos de 1º e 2º graus, em todo o Brasil, o que será abordado no decorrer desse texto.

1. O NOVO CPC E SEUS FUNDAMENTOS

Em primeiro lugar, o diálogo das fontes é indispensável para o intérprete e o aplicador da lei, porque o sistema jurídico contemporâneo deve ser harmonizado pelos valores constitucionais, e em especial, pelos direitos humanos.[1]

---

[*] Presidente do Tribunal Regional da 1ª Região – TRT/RJ (biênio 2015/2017). Conselheira do Conselho Superior da Justiça do Trabalho nomeada em 09 de junho de 2015. Vice-Presidente biênio 2013/2015 do TRT da 1ª Região. Vice-Corregedora do TRT/RJ no biênio 2009/2010, Diretora do Centro Cultural no biênio 2011/2012. Presidente da Coordenadoria de Disseminação da Segurança no Trabalho e Comissão Permanente de Responsabilidade Socioambiental do TRT/RJ no biênio 2013/2014. Gestora Regional do Trabalho Seguro desde 2014, Presidente da Seção de Dissídio Coletivo – SEDIC do TRT/RJ biênios 2013/2014 e 2015/2017. Bacharel em Direito pela Universidade Federal do Estado do Pará – UFPA; Licenciatura Plena em Direito e Legislação pela Universidade da Amazônia e pós-graduação com MBA – *Master in Business Administration*, Programa de Capacitação em Poder Judiciário, pela Fundação Getúlio Vargas – FGV.

[1] MARQUES, Cláudia Lima. O diálogo das fontes como método na nova teoria geral de direito: um tributo a Erik Jayme. In MARQUES, Cláudia Lima (org). Diálogo das fontes: do conflito à coordenação de normas no direito brasileiro. São Paulo: Revista dos Tribunais, 2012. p. 27 e 28.

Para análise do novo CPC, é indispensável utilizarmos a interpretação sistemática, a fim de buscarmos a melhor integração desta norma elaborada por uma comissão de notáveis juristas[2] instaurada em 30.9.2009, que teve finalmente aprovação no Senado, em 16 de dezembro 2014 e votação em 17 de dezembro de 2014, com todo o sistema jurídico nacional.

A parte geral da Lei n. 13.105, de 16 de março de 2015[3] traz um primeiro capítulo que dispõe sobre as normas fundamentais e aplicação das normas processuais. Esclarece a importância em obedecer os valores e normas constitucionais, o sistema de cooperação entre as partes, a arbitragem e a promoção do valor supremo da nossa ordem jurídica e fundamento da República Federativa do Brasil, conforme o art. 1º, inciso III, da CRFB de 1988.

"*O Novo CPC conta, agora, com uma Parte Geral atendendo às críticas de parte ponderável da doutrina brasileira. Neste Livro I, são mencionados princípios constitucionais de especial importância para todo o processo civil, bem como regras gerais, que dizem respeito a todos os demais Livros. A Parte Geral desempenha o papel de chamar para si a solução de questões difíceis relativas às demais partes do Código, já que contém regras e princípios gerais a respeito do funcionamento do sistema*"[4]

O nosso modelo de Justiça está sobrecarregado. A litigiosidade excessiva nos mostra em números que no ano de 2013 tramitaram cerca de 95 milhões de processos, no relatório elaborado pelo Conselho Nacional de Justiça[5], portanto há uma necessidade imediata de elaborarmos métodos e procedimentos mais eficazes, com foco na mediação e conciliação para reduzir esses altos índices.

A nova lei processual civil adotou um novo formalismo processual em que o alicerce está na Constituição Federal de 1988, valorizando uma linha principiológica para adentrar no exame de mérito das causas[6]. O art. 1º do NCPC reconhece a força normativa da Constituição Federal de 1988.

A jurisprudência trabalhista terá a importante tarefa de definir quais medidas inéditas introduzidas no processo civil incidirão no processo trabalhista. Essas mudanças não podem ser automaticamente aplicadas sem que haja respeito aos princípios e regras próprias da Justiça especializada, sendo indispensável a interpretação do art. 15 do novo CPC, com os ditames do art. 769 da CLT que impõe o limite da aplicação subsidiária nos casos de omissão e compatibilidade com os processos trabalhistas.

2. DA ORDEM CRONÓLOGICA NO JULGAMENTO – O ART. 12 DO NCPC E SUAS CONSEQUÊNCIAS

O legislador processual civil trouxe inédita regra dispondo sobre o respeito à ordem cronológica de julgamentos, abaixo transcrita:

> Art. 12. Os juízes e os tribunais deverão obedecer à ordem cronológica de conclusão para proferir sentença ou acórdão.
>
> § 1º A lista de processos aptos a julgamento deverá estar permanentemente à disposição para consulta pública em cartório e na rede mundial de computadores.
>
> § 2º Estão excluídos da regra do *caput*:
>
> I – as sentenças proferidas em audiência, homologatórias de acordo ou de improcedência liminar do pedido;
>
> II – o julgamento de processos em bloco para aplicação de tese jurídica firmada em julgamento de casos repetitivos;
>
> III – o julgamento de recursos repetitivos ou de incidente de resolução de demandas repetitivas;
>
> IV – as decisões proferidas com base nos arts. 485 e 932;
>
> V – o julgamento de embargos de declaração;
>
> VI – o julgamento de agravo interno;
>
> VII – as preferências legais e as metas estabelecidas pelo Conselho Nacional de Justiça;
>
> VIII – os processos criminais, nos órgãos jurisdicionais que tenham competência penal;
>
> IX – a causa que exija urgência no julgamento, assim reconhecida por decisão fundamentada.
>
> § 3º Após elaboração de lista própria, respeitar-se-á a ordem cronológica das conclusões entre as preferências legais.
>
> § 4º Após a inclusão do processo na lista de que trata o § 1º, o requerimento formulado pela parte não altera a ordem cronológica para a decisão, exceto quando implicar a reabertura da instrução ou a conversão do julgamento em diligência.

---

(2) Comissão de juristas criada pelo ato n. 379 de 2009.

(3) < http://www.planalto.gov.br/CCIVIL_03/_Ato2015-2018/2015/Lei/L13105.htm>.

(4) Disponível em: <http://www.osconstitucionalistas.com.br/novo-codigo-de-processo-civil>. Exposição de motivos do NCPC, consulta em 1º.6.2015.

(5) Disponível em: < http://www.cnj.jus.br/programas-de-a-a-z/eficiencia-modernizacao-e-transparencia/pj-justica-em-numeros>.

(6) THEODORO JÚNIOR, Humberto; NUNES Dierle; BAHIA, Alexandre Melo Franco; PEDRON, Flávio Quinaud. *Novo CPC – fundamentos e sistematização*. Rio de Janeiro: Forense, 2015. p. 23.

§ 5º Decidido o requerimento previsto no § 4º, o processo retornará à mesma posição em que anteriormente se encontrava na lista.

§ 6º Ocupará o primeiro lugar na lista prevista no § 1º ou, conforme o caso, no § 3º, o processo que:

I – tiver sua sentença ou acórdão anulado, salvo quando houver necessidade de realização de diligência ou de complementação da instrução;

II – se enquadrar na hipótese do art. 1.040, inciso II.

Alguns doutrinadores destacam que esse artigo é uma forma de atender aos princípios constitucionais da igualdade, impessoalidade e da duração razoável do processo[7], estabelecendo uma ordem cronológica para o proferimento de sentença de mérito e acórdão, ressalvados os casos expressos no § 2º, do art. 12, que é uma forma de ponderação do princípio da igualdade[8].

Ressalta-se que a lei prevê que o interessado poderá demonstrar que seu processo é caso de urgência, e o órgão julgador apreciará a lide sem observar a ordem cronológica.

Além disso, deverá ser mantida uma lista de processos passíveis de julgamento em cartório e no sistema eletrônico dos Tribunais (art. 12, § 1º). Essa lista funciona como uma "fila de espera" dos processos, organizada de acordo com a data da conclusão dos autos e sempre em obediência ao princípio da publicidade, a teor do art. 11, NCPC.

O § 5º, art. 1046 do NCPC prevê uma regra transitória para adequar os processos em curso, em que será feita a lista de acordo com a antiguidade na distribuição para os que já estão na conclusão. Após a formação dessa primeira lista, com a entrada em vigor do Novo CPC, devem ser seguidas integralmente as regras descritas no art. 12.

O § 3º, do art. 12, prevê, também, a criação de uma lista própria entre as "preferências legais"; no caso em que a lei conceda preferência de julgamento à causa, será obedecida a ordem cronológica de julgamento. É a hipótese do mandado de segurança com liminar proferida (art. 7º, § 4º, Lei n. 12.016/2009).

O próprio texto do Novo CPC, em seu art. 1.048, prevê preferências legais: a) causas em que figure como parte ou interessado pessoa com idade igual ou superior a sessenta anos (prioridade do idoso); b) causa em que figure como parte ou interessado pessoa com doença grave, assim compreendida qualquer das enumeradas no art. 6º, XIV, da Lei n. 7.713/1988; c) procedimentos judiciais regulados pelo Estatuto da Criança e do Adolescente.

A presente regra poderá aumentar o que exatamente, em tese, visa combater: a morosidade. Não há como negar que com a disposição o aporte para julgamento de causas mais complexas impedirá o julgamento de questões mais simples cuja rápida solução é de interesse do hipossuficiente, no caso da Justiça do Trabalho.

O § 2º do art. 12 estabelece sete exceções ao julgamento por ordem cronológica: I – as sentenças proferidas em audiência, homologatórias de acordo ou de improcedência liminar do pedido; II – o julgamento de processos em bloco para aplicação da tese jurídica firmada em julgamento de casos repetitivos; III – o julgamento de recursos repetitivos ou de incidente de resolução de demandas repetitivas; IV – as decisões proferidas com base nos arts. 485 e 932; V – o julgamento de embargos de declaração; VI – o julgamento de agravo interno; VII – as preferências legais e as metas estabelecidas pelo Conselho Nacional de Justiça.

O inciso IX do § 2º do art. 12 deve funcionar como uma cláusula geral de exclusão da lista. Menciona o inciso que está excluído da lista *"a causa que exija urgência no julgamento, assim reconhecida por decisão fundamentada"*. Quando o processo não esteja incluído entre as exceções legais previstas nos incisos, a parte poderá demonstrar ao magistrado a "urgência" de sua causa. Reconhecida a urgência pelo magistrado, o processo sairá da lista e poderá ser julgado mesmo fora da ordem cronológica de conclusão.

Ainda, na leitura do artigo vemos que as decisões interlocutórias não entram nessa ordem de cronologia, assim como as decisões que extinguem o processo sem resolução de mérito (art. 485 do NCPC) e as prolatadas por Relator com base no art. 932 do NCPC.

Já no processo trabalhista, a regra do art. 12 deverá ser aplicada, porque há omissão na CLT, embora possamos discutir que a ausência de compatibilidade com nosso processo que trata de créditos trabalhistas de natureza alimentar, bem como muitas sentenças são proferidas em audiência, sendo então exceções previstas no art. 12, não havendo o dever de respeito à ordem cronológica, e, também, para as sentenças que homologam acordo. Assim, são situações que compõem uma grande quantidade de processos e não terão qualquer benefício da lei.

---

(7) DIDIER JÚNIOR, Freddie. *Curso de direito processual civil:* introdução ao direito processual civil, parte geral e processo de conhecimento. 17. ed. Salvador: Juspodivm, 2015. p. 146.

(8) _____ *Curso de direito processual civil:* introdução ao direito processual civil, parte geral e processo de conhecimento. 17. ed. Salvador: Juspodivm, 2015. p. 147.

Por fim, as Varas não poderão fazer sua organização própria, já que também seguirão a ordem cronológica, na forma do art. 153 do NCPC.

Destaca-se, também, o empenho dos Representantes da AMB e da ANAMATRA que estiveram com o secretário de Reforma do Judiciário, para tratar do pedido de vetos ao novo Código de Processo Civil (CPC), em alguns pontos, entre os quais, o do julgamento em ordem cronológica, feito pelas duas entidades em conjunto com a Ajufe[9]. Porém, não obtiveram êxito.

3. DA GESTÃO JUDICIÁRIA E A INDEPENDÊNCIA FUNCIONAL

A cronologia no julgamento, no cumprimento dos processos e na publicação das decisões judiciais, em princípio, aparenta ser imperativo de igualdade, já que distribui o tempo de espera pela tutela jurisdicional entre todos, em consonância com o art. 5º, *caput*, da CF.

Por outro lado, devemos analisar se essa igualdade e celeridade pretendida será substancialmente alcançada com essa nova medida. Os magistrados não poderão mais fazer suas específicas gestões de processos, separando por matéria para agilizar o julgamento.

A previsão da cronologia obstará que magistrados e secretarias venham a preterir os processos mais complexos em favor dos processos mais simples, de fácil julgamento, uniformizando, assim, o tempo da Justiça, o que causará infindáveis problemas práticos, pois impossibilita que os processos sejam selecionados por tema para julgamento em bloco, com enorme perda de eficiência; impede que o serviço seja dividido por assunto entre servidores distintos, considerando a afinidade e especialização de cada um; impede que processos mais simples e de fácil solução, mas cujo rápido julgamento seja fundamental para as partes envolvidas, possa ser julgado se, na unidade, tenha uma ação muito complexa aguardando julgamento.

Ocorre que o aperfeiçoamento do serviço público e a prestação da justiça passam pela busca incessante da melhoria da gestão administrativa, com a diminuição de custos e a maximização da eficácia dos recursos, em que trabalhamos com a ideia de gerenciamento com a aplicação, no âmbito do Poder Judiciário, de conhecimentos e técnicas de gestão advindos da Economia e da Administração.

A definição de prioridades, racionalização do uso dos recursos econômicos e humanos disponíveis, ficarão inviabilizadas com esse novo artigo, ao vedar que magistrados e servidores possam, com a liberdade necessária, gerenciar as unidades judiciais em que atuam, prejudicando assim a efetividade do processo, que depende de uma postura ativa do juiz na condução de seu andamento.

CONSIDERAÇÕES FINAIS

A manutenção do citado dispositivo, com o objetivo de criar uma igualdade formal entre as partes, ocasionou a impossibilidade de organização e gestão individual dos processos pelos Desembargadores, Juízes e servidores em cada unidade de atuação.

A celeridade buscada no julgamento deverá ser retardada, porque, na rotina de trabalho, os magistrados selecionavam processos por temas de maior incidência ou menor complexidade, o que não poderão mais fazer.

O Brasil é um país com dimensões extensas, em que cada região possui suas particularidades e, em muitos casos, as demandas mais comuns e que eram separadas para julgamento imediato terão que obedecer à cronologia da conclusão. Provavelmente, trará um engessamento no cotidiano do Judiciário, em especial no trabalhista, que diariamente discute a entrega de créditos de natureza alimentar, portanto urgentes.

É imperativo se destacar que esta nova regra invade a gestão particular de cada gabinete, o que poderá ocasionar prejuízo para a aplicação do princípio da eficiência e independência funcional do Poder Judiciário.

Os Tribunais por todo país estão atentos às necessidades de implementar uma gestão eficiente na prestação jurisdicional. A obrigatoriedade em tratar todos os casos de forma igual, sem adentrar nas suas desigualdades, poderá ter um resultado diverso do pretendido na prática forense.

REFERÊNCIAS BIBLIOGRÁFICAS

DIDIER JÚNIOR, Freddie. *Curso de direito processual civil: introdução ao direito processual civil, parte geral e processo de conhecimento*. 17. ed. Salvador: Editora Juspodivm, 2015.

MARQUES, Cláudia Lima. O diálogo das fontes como método na nova teoria geral de direito: um tributo a Erik Jayme. In MARQUES, Cláudia Lima (org). *Diálogo das fontes: do conflito à coordenação de normas no direito brasileiro*. São Paulo: Revista dos Tribunais, 2012.

NEVES, Daniel Amorim Assunpção. *Novo Código de Processo Civil – Lei n. 13.105/2015*. Rio de Janeiro. Forense; São Paulo: Método, 2015.

THEODORO JÚNIOR, Humberto; NUNES Dierle; BAHIA, Alexandre Melo Franco; PEDRON, Flávio Quinaud. *Novo CPC – fundamentos e sistematização*. Rio de Janeiro: Forense, 2015.

---

(9) Disponível em: <http://novo.amb.com.br/?p=20242:. Acesso em: 11 jun. 2015.

Endereços eletrônicos pesquisados

<http://www.conjur.com.br/2015-fev-09/processo-cpc-ordem-cronologica-julgamentos-nao-inflexivel>.

<http://novo.amb.com.br/?p=2042 <http://www.osconstitucionalistas.com.br/novo-codigo-de-processo-civil>.

<http://www.planalto.gov.br/CCIVIL_03/_Ato2015-2018/2015/Lei/L13105.htm>.

<http://www.cnj.jus.br/programas-de-a-a-z/eficiencia-modernizacao-e-transparencia/pj-justiça-em-numeros>.

Comissão de juristas criada pelo ato n. 379 de 2009.

<http://www.planalto.gov.br/CCIVIL_03/_Ato2015-2018/2015/Lei/L13105.htm>.

Disponível em: <http://www.osconstitucionalistas.com.br/novo-codigo-de-processo-civil>. Exposição de motivos do NCPC. Acesso em: 1º.6.2015.

Disponível em: <http://www.cnj.jus.br/programas-de-a-a-z/eficiencia-modernizacao-e-transparencia/pj-justica-em-numeros>.

CONFRONTO DO ART. 15 DO NCPC COM O ART. 769 DA CLT: EXTENSÃO E LIMITES DE SUA APLICAÇÃO

Eneida Melo Correia de Araújo(*)

1. INTRODUÇÃO

Neste trabalho, o pressuposto reside na ideia de que a aplicação do direito, por meio das normas processuais, deve afastar o peso da descrença dos pobres, dos menos abastados, sem perder de vista o direito dos possuidores de patrimônio. É que o sistema processual precisa traduzir a confiança e a segurança que o cidadão deposita no Estado. Busca-se, assim, um processo justo, mediante um conjunto de instrumentos e formas que, sem desconsiderar os conflitos, sem mascarar as contradições, ousa enfrentá-los e trabalhá-los.

Ao assentar seus pilares nas normas fundamentais, o NCPC pretende conferir efetividade aos direitos fundamentais, direitos humanos ou princípios humanos que estão garantidos na Constituição. Esse propósito do legislador é fruto da inequívoca inserção nas Cartas Constitucionais democráticas da pauta internacional de direitos que acolhe a dignidade, a igualdade, a liberdade e a segurança dos indivíduos, impondo aos Estados defendê-los e efetivá-los. E o NCPC declara que diante de um processo apresentado por iniciativa da parte o objetivo será assegurar as garantias constitucionais e a efetividade da prestação que deverá ocorrer dentro de um prazo razoável.

O Novo Código de Processo Civil (NCPC) traz mudanças ao sistema processual, objetivando atender aos princípios constitucionais que preservem a dignidade da pessoa humana e da cidadania. Oferece um processo mais rápido e eficiente, dirigido ao interesse do jurisdicionado e da sociedade.

O NCPC contém um conjunto de regras que atendem à simplicidade, oralidade, celeridade, instrumentalidade, impulso oficial, publicidade, efetividade, rápida duração do processo e ampla defesa. Acha-se consentâneo com a diretriz traçada pelas democracias contemporâneas de incorporar, no interior da ordem interna, os direitos humanos, incluindo as garantias para sua efetividade e a proteção jurídica contra a lesão a eles dirigida.

As notas e breves comentários – objetivo desta exposição – dizem respeito à possibilidade de aplicar o NCPC ao processo do trabalho quando ausentes normas nesse diploma. É que o art. 769 da Consolidação das Leis do Trabalho (CLT) autoriza a aplicação do direito processual comum nos casos omissos, exceto naquilo em que for com ele incompatível. Ademais, parece ser igual ao objetivo do legislador do NCPC, ao dispor no art. 15 que: "Na ausência de normas que regulem processos eleitorais, trabalhistas ou administrativos, as disposições deste Código lhes serão aplicadas supletiva e subsidiariamente".

Reconhece-se como verdadeiro o compromisso do legislador processual civil no sentido de que esse diploma jurídico se ordenará, disciplinará e deverá ser interpretado conforme os valores e normas fundamentais estabelecidos na Constituição da República Federativa do Brasil (art. 1º).

A teoria geral do processo dirige-se ao Direito Processual Civil e também ao trabalhista, ao administrativo e ao eleitoral, de modo que os princípios, institutos, instrumentos e procedimentos do NCPC que não colidam com tais ramos do processo lhes são aplicáveis.

(*) Desembargadora do Tribunal Regional do Trabalho da Sexta Região, Professora Adjunta da Faculdade de Direito do Recife/UFPE, Mestra e Doutora em Direito do Trabalho pela Universidade Federal de Pernambuco.

Daí porque se tentará demonstrar que não somente a linguagem contida no art. 15 do NCPC, mas a própria ideia de adotar-se uma interpretação lógico-sistemática e, sobretudo, teleológica, de acordo com a Constituição da República, revela correspondência com o que dispõe o art. 769 da CLT.

2. O NCPC COMO POSSIBILIDADE DE EFETIVAÇÃO DOS PRINCÍPIOS E GARANTIAS CONSTITUCIONAIS PROCESSUAIS

Com propriedade lembra Jorge Pinheiro Castelo que a teoria geral do processo indica que os conceitos de jurisdição, ação, defesa, processo, procedimento, os grandes princípios (do juiz natural, do contraditório, da imparcialidade do juiz, do duplo grau de jurisdição, da economia processual, da persuasão racional, da publicidade), a par das garantias fundamentais referentes à defesa, recursos, preclusão, coisa julgada, a noção de competência e a recíproca interferência da jurisdição civil, penal e trabalhista são comuns a todos os ramos do Direito Processual[1].

Por sua vez, os valores e as normas fundamentais da Constituição da República irradiam-se em todos os ramos do direito, em todas as esferas de atuação do indivíduo e dos poderes públicos, exigindo a observância e efetivação plena, quer no campo material, quer na esfera processual.

J. J. Canotilho ensina que a Constituição, ao aclamar direitos, liberdades e garantias, entre outros direitos de natureza análoga, consagra uma disciplina jurídico-constitucional específica para esta categoria de direitos fundamentais[2].

A par dos fundamentos delineados no art. 1º da Lei Maior, no qual se divisa soberanas a cidadania e a dignidade da pessoa humana, o art. 5º traz um rico elenco de direitos e garantias fundamentais. Trata-se de garantias fundamentais do indivíduo e da democracia. E o devido processo legal, reconhecido no art. 5º, LIV, é direito processual fundamental do cidadão, no qual se sustenta toda a ordem jurídica, princípio que permite a realização da cidadania. Neste sentido, Glauco Gumerato Ramos chama a atenção para o aspecto de que os institutos fundamentais do direito processual podem e devem ser pensados dentro de uma perspectiva republicana e democrática. E propõe que a teoria geral do processo seja estudada tendo em vista que a ação corresponda à projeção da liberdade, o processo, à realização da garantia, e a jurisdição se traduza na manifestação do poder coberto pela razão republicana[3].

Na apresentação do NCPC foi declarado à sociedade brasileira — e assim acha-se gravado no texto — que seu escopo é a efetivação dos princípios constitucionais processuais, e, por consequência, tornar realidade o projeto de um processo mais democrático, eficaz e dotado de maior padrão de ética.

Observe-se que não se cuidou de promover alterações no Código de Processo Civil de 1973, mas de criar uma nova legislação. A premissa foi a de que, após a edição da Constituição da República de 1988, a lei a regular o processo deveria estar assentada nos princípios constitucionais. E entre eles sobrepunham-se os da dignidade humana, da cidadania, sem perda da referência à propriedade privada, esta já ungida pela indissolúvel função social, igualmente declarada na Carta Maior (art. 170, III).

Adiante-se que o novo Código — que entrará em vigor no ano de 2016 — também assevera objetivar conferir celeridade e economia processual, princípios que devem conduzir a aplicação de qualquer ramo do processo. Daí porque no art. 4º dispõe que: "as partes têm o direito de obter em prazo razoável a solução integral do mérito, incluída a atividade satisfativa". O preceito expressa pensamento e vontade da ordem constitucional que exige a efetivação desses princípios como estabelece no art. 5º LXXVIII: "a todos, no âmbito judicial e administrativo, são assegurados a razoável duração do processo e os meios que garantam a celeridade de sua tramitação".

Dessa forma, os fins que o NCPC buscou atingir, e enfaticamente foram declarados no Capítulo I do Título Único, devem também corresponder aos objetivos perseguidos pelo processo eleitoral, administrativo e do trabalho.

A plenitude do sistema jurídico também é um dos objetivos do novo Código. As alterações surgidas no processo civil não dizem respeito apenas a esse segmento, mas, igualmente, a outros em que, tendo pertinência, permitam uma aplicação de acordo com a ordem jurídica constitucional. É a leitura, aliás, que deve ser feita sobre qualquer norma dos diversos subsistemas jurídicos, nos quais o Direito do Trabalho e o processo do trabalho realçam o seu caráter de solidariedade, cidadania, valores sociais do trabalho e da livre iniciativa muito antes de a edição da Constituição da República moldar tais fundamentos.

---

(1) CASTELO, Jorge Pinheiro. *Tutela antecipada no processo do trabalho*. São Paulo: LTr, v. II, 1999. p. 18.

(2) CANOTILHO, J. J. Gomes. *Direito constitucional*. Coimbra: Almedina, 1993. p. 577.

(3) RAMOS, Glauco Gumerato. Processo Jurisdicional, República e os institutos fundamentais do direito processual. *In Revista de Processo*. Coord. Teresa Arruda Alvim Wambier, ano 40, vol. 241, março/2015. São Paulo: Revista dos Tribunais, p. 48.

Acrescente-se que, por expressa disposição do art. 769 da CLT, nos casos omissos, o Direito Processual comum será aplicado àquele ramo jurídico, salvo quando revelem antagonismo com as normas que orientam o processo trabalhista. É que as regras no interior do sistema se completam, combinam-se, tentando preencher e realizar os fins traçados pela ordem constitucional. A omissão, portanto, a que aludem a CLT e o NCPC, não diz respeito apenas à ausência de lei, mas, sim, à "ausência de normas", expressão utilizada por esse Código. O silêncio a que ambos os diplomas referem deve ser entendido na linha do que desejaram e que a CLT, ciosamente, sempre resguardou: cuidado, preservação, aplicação dos princípios norteadores de cada ramo do Direito.

Ainda deve ser considerado na interpretação da norma, o fim perseguido, conferindo-lhe um sentido que atenda à finalidade para a qual foi criada. Precisamente como lembra João Maurício Adeodato "... o direito se vai constituindo à medida em que as opções conflitivas vão sendo decididas"[4].

3. NOTAS SOBRE AS NORMAS FUNDAMENTAIS CONSAGRADAS NO NCPC

J. J. Canotilho afirma – com inteira propriedade – que a Constituição, ao consagrar o princípio democrático, não se decide por uma teoria em abstrato, procurando, sobretudo, ordenar normativamente o país para uma determinada realidade histórica. Tal como o Estado de direito, "... o princípio democrático é um princípio jurídico-constitucional com dimensões materiais e dimensões organizativo-procedimentais"[5].

Pode-se depreender na Parte Geral, Livro I, Título Único que cuida das Normas Fundamentais e da Aplicação das Normas Processuais, em específico, no Capítulo I, do NCPC, que as regras editadas revelam um comprometimento solene no sentido de ordenar, disciplinar e interpretar o processo civil conforme os valores e as normas fundamentais estabelecidas na Constituição da República Federativa. E os parâmetros processuais foram estampados nos arts. 1º a 12.

O NCPC, ao conferir destaque à proteção e promoção da dignidade humana, pretende não perder de vista o próprio direito de cidadania, bem jurídico fundamental abraçado pelo constitucionalismo social, iniciado no século XX, no bojo do Estado do Bem-Estar Social.

Neste ponto, parece ser oportuno realçar a perspectiva de Daniel Sarmento com relação ao respeito a esses princípios fundamentais, quando destaca que:

A regra geral que se pode observar empiricamente é que a luta pela democracia e pela garantia das liberdades individuais, bem como a sua consagração jurídico-política, quase sempre caminharam geminadas. E a experiência brasileira confirma com eloquência esta constatação[6].

Na medida em que a dignidade humana, o acesso ao Judiciário, o atendimento aos fins sociais e às exigências do bem comum se cobrem da natureza de direitos humanos, a nova legislação processual – alicerçada na Constituição – poderá garantir esses direitos às partes no processo. Daí o NCPC declarar que não somente ordenará suas disposições e disciplinas, mas igualmente, a interpretação se fará de acordo com as normas fundamentais estabelecidas na Constituição da República.

Destaque-se a respeito o pensamento de Celso Lafer, ao afirmar a expansão axiológica do Direito como um dos objetivos dos princípios gerais que permeiam as Constituições contemporâneas, inclusive a do Brasil de 1988. E isto explicaria porque a atual Carta Republicana não teria se limitado a distribuir competências e garantir direitos, mas também a incorporar princípios gerais, na tentativa de indicar uma direção à sociedade brasileira[7].

O art. 2º do NCPC, por sua vez, estabelece o início do processo mediante a iniciativa da parte, desenvolvendo-se por impulso processual, ressalvando os casos previstos em lei.

Na atualidade, a ação, tomada como vontade e expressão do indivíduo, na diretriz a que alude Carlos Henrique Bezerra Leite, se reveste de natureza mais completa, atendendo a um "movimento universal". Há modificação de uma concepção unidimensional, sustentada no formalismo jurídico, para uma visão tridimensional do direito, que tem em consideração a norma jurídica, os fatos e os valores que a permeiam[8].

A atividade probatória *ex officio* ou o impulso oficial corresponde ao abandono da concepção individualista do século XIX e que influenciou a legislação do Direito

---

(4) ADEODATO, João Maurício. *Filosofia do direito. Uma crítica à verdade na ética e na ciência.* São Paulo: Saraiva, 1996. p. 215.

(5) CANOTILHO, J. J. Gomes. *Direito constitucional.* Coimbra: Almedina, 1993. p. 414.

(6) SARMENTO, Daniel. *Direitos fundamentais e relações privadas.* Rio de Janeiro: Lúmen Júris, 2004. p. 178.

(7) LAFER, Celso. *A internacionalização dos direitos humanos: Constituição, racismo e relações internacionais.* São Paulo: Manole, 2005. p.13.

(8) LEITE, Carlos Alberto Bezerra. *Curso de direito processual do trabalho.* 13. ed. São Paulo: Saraiva, 2015. p. 115.

Civil e do Direito Processual Civil do século XX, estando, hoje, inserida na maioria dos sistemas processuais do mundo ocidental[9].

O impulso processual ingressa no processo, acompanhando todo o seu andamento, dele não se utilizando o magistrado excepcionalmente, quando a lei assim o estabelecer. A regra geral, portanto, é a do impulso oficial, após a provocação da parte, que começa o processo. Uma das finalidades é, sem dúvida, conferir-lhe maior celeridade, tornando realidade o mandamento constitucional no sentido de ampliação do acesso à Justiça.

Por sua vez, a clara opção do legislador do NCPC pela eficiência e efetividade da prestação jurisdicional traduz a tendência dos ordenamentos jurídicos modernos, ao considerar o direito do homem à vida e à concretização de um padrão mínimo de efetividade aos seus direitos fundamentais.

O art. 3º, §§ 2º e 3º, prevê soluções consensuais, entre as quais se insere de forma expressa a conciliação. Trata-se do reconhecimento formal de princípio já aplicado no processo civil e que sempre desfrutou de notável importância no processo do trabalho. À luz da Constituição da República, pode-se afirmar que esses institutos contemplados no NCPC atendem aos princípios de cooperação, solidariedade e paz social.

No art. 4º foi afirmado o princípio constitucional do direito das partes em obter em prazo razoável a solução integral do mérito, incluída a atividade de satisfação do direito.

O grande número de processos nos tribunais brasileiros, a par de uma estrutura do Poder Judiciário, nem sempre compatível com a necessidade do cidadão que procura solucionar seus conflitos, requer um processo mais simples e mais célere, sem prejuízo da atenção ao devido processo legal.

Oportuna a observação de Carlos Henrique Bezerra Leite no sentido de que a preocupação pela efetividade no processo do trabalho seria uma maneira de se aplicar princípios e direitos fundamentais, além de melhorar a condição social dos trabalhadores[10].

Por sua vez, o art. 5º contempla o princípio da boa-fé, destacando que aquele que, de qualquer forma participe do processo deve se comportar de boa-fé. E o art. 6º, corolário do princípio da boa-fé, declara que todos os sujeitos do processo devem cooperar entre si para que se obtenha, em tempo razoável, decisão de mérito justa e efetiva.

A propósito, advertem Eduardo Cambi e René Francisco Hellman que o processo, para ser justo, na perspectiva da Constituição da República, "... deve compreender a *dinâmica garantia dos meios e dos resultados,* isto é, não apenas a suficiência quantitativa dos meios processuais, mas também um resultado modal (ou qualitativo) constante"[11].

Nos dois dispositivos acima mencionados foi confirmada a exigência prevista no Código de Processo Civil de 1973, no sentido de que qualquer pessoa que participe do processo cumpra com seus deveres. O NCPC, de forma enfática, avança na própria terminologia, enaltecendo o princípio, aludindo expressamente ao comportamento de acordo com a boa-fé. Mais adiante, ao tratar dos deveres das partes e dos procuradores, no Capítulo II, Seção I, declara quais são os deveres, além de outros previstos no Código. E na Seção II cuida da responsabilidade das partes por danos processuais.

Trata-se de manifestação formal do princípio que deve orientar as relações sociais, o qual ingressa no sistema e em todos os subsistemas normativos, de forma ampla, a partir da Constituição da República. Corresponde à boa-fé e lealdade, ou seja, a conduta da pessoa que considera cumprir com o seu dever, agindo com honestidade e honradez, com a plena consciência de não enganar, não prejudicar, não causar dano a ninguém, sem desvirtuamentos, nem abusos. É a linguagem de Américo Plá Rodrigues ao aludir a este princípio, tão caro à história da humanidade, desde os romanos[12].

Por seu turno, decorrente do princípio da boa-fé acha-se o princípio da cooperação, que se banha no princípio constitucional da solidariedade. A cooperação exigida pelo legislador leva em consideração tornar real o princípio da rápida solução do processo, ofertando-se às partes uma decisão de mérito justa e efetiva.

Essas normas fortalecem os mecanismos já existentes no sistema, no sentido de obter a eficácia da prestação jurisdicional, autorizando o magistrado a responsabilizar aqueles que atentem contra os princípios orientadores do processo. Realça-se, portanto, o caráter inquisitório do processo, coibindo comportamentos que atentem contra a dignidade da Justiça. Procura-se, portanto, extrair des-

---

(9) TUCCI, José Rogério Cruz e. *Contra o processo autoritário.* In: *Revista de Processo,* ano 40, vol. 242, abril/2015. Coord. Teresa Arruda Alvim Wambier. São Paulo: Revista dos Tribunais, p. 54.

(10) Idem, p. 120.

(11) CAMBI, Eduardo e HELLMAN, Renê Francisco. Precedentes e dever de motivação das decisões judiciais no Novo Código de Processo Civil. In: *Revista de Processo,* ano 40, vol. 241, março/2015. Coord. Teresa Arruda Alvim Wambier. São Paulo: Revista dos Tribunais, p. 427.

(12) RODRIGUES, Américo Plá. *Princípios do direito do trabalho.* Trad. Wagner D. Giglio. São Paulo: LTr, 1978. p. 266.

sa norma a concretização do processo, pugnando por uma marcha célere, mas igualmente justa e efetiva, na qual são partícipes todos os sujeitos do processo.

Como ensina Karl Larenz, toda ordem jurídica acha-se fundada na exigência obrigatória de justiça, a qual é capaz de explicar sua pretensão de validade no sentido normativo. Em outras palavras, há submissão da lei a uma tendência que possibilite soluções que satisfaçam ao sentimento de justiça[13].

No art. 7º foi demarcado o princípio da igualdade processual, assegurando às partes paridade de tratamento em relação ao exercício de direitos e faculdades processuais, aos meios de defesa, aos ônus, aos deveres e à aplicação de sanções processuais, destacando que compete ao juiz zelar pelo efetivo contraditório.

Importa, de logo, realçar que a paridade de tratamento não inibe a inversão do ônus da prova. Aliás, esse instituto é admitido no processo do trabalho e no processo civil, não somente pela doutrina e jurisprudência, mas, também, pelo próprio legislador. E o NCPC não se furtou em reconhecê-lo. Em inúmeras oportunidades, é a inversão que assegura o cumprimento real do princípio da igualdade processual.

O NCPC proclama ainda – procedimento adotado de há muito no processo do trabalho mediante a sua jurisprudência reiterada – a obrigatoriedade de comunicar às partes sobre o seu encargo quando determinar a inversão. No art. 373, ao estabelecer o ônus da prova, prevê a possibilidade de inversão, precisamente no § 1º, aludindo à atribuição do ônus da prova do fato contrário, de modo diverso. No dispositivo, fiel ao princípio da ampla defesa, do contraditório e da fundamentação da decisão, o legislador assevera que deve motivá-la.

O reconhecimento pelo legislador do NCPC do respeito ao princípio do dever de cooperação abriga a permissão de inverter o encargo da prova até mesmo mediante convenção das partes.

A propósito, realça Douglas Alencar Rodrigues que o princípio da ampla defesa, compreendido sob as óticas substantiva e procedimental, atua como parâmetro de conformação da legislação nacional, "... impedindo a edição de textos normativos e decisões judiciais incompatíveis com o estágio de evolução democrática que vivenciamos"[14].

Revela-se, assim, a exigência constitucional de assegurar o contraditório e a ampla defesa (art. 5º, XXXV), a proibição de tribunais de exceção (art. 5º, XXXVII), a necessidade de que todos os julgamentos do Poder Judiciário sejam públicos e fundamentadas as decisões (art. 93, IX).

O devido processo legal, que consagra o contraditório, a ampla defesa e o direito de produzir provas, orienta-se pelo princípio da valorização da verdade, da lealdade processual, cânones que também regulam a legislação processual na Europa. Foi ele elevado, em nossa ordem jurídica, a princípio constitucional (art. 5º, LV), em face de que essas normas jurídicas traduzem um verdadeiro código de ética processual.

Com razão, José Rogério Cruz e Tucci destaca que a atual concepção de "processo justo" não significa discricionariedade judicial, haja vista que "... o juiz proativo da época moderna deve estar determinado a zelar, tanto quanto possível, pela observância, assegurada aos litigantes, do devido processo legal"[15].

O art. 8º dispõe que o juiz ao aplicar o ordenamento jurídico atenderá aos fins sociais e às exigências do bem comum, resguardando e promovendo a dignidade da pessoa humana, atento à proporcionalidade, à razoabilidade, à legalidade, à publicidade e à eficiência.

O princípio da proporcionalidade, construção teórica dos alemães, corresponde ao princípio do devido processo legal, denominação da jurisprudência norte-americana. Inicialmente dotado de alcance instrumental, ampliou seu sentido para abranger a vertente substantiva, traduzindo garantia constitucional na atualidade.

Por sua vez, como lembra Amauri Mascaro Nascimento, o princípio da proporcionalidade surgiu no Direito Público, dirigido para as questões nas quais se discutiam a ordem pública geral e absoluta e suas adaptações, quando duas normas do mesmo nível de inderrogabilidade mostravam-se em confronto. Nessas ocasiões, debatem-se a hierarquia dos valores que elas guardam e a forma para superar o conflito. Presentemente, acha-se também afirmado no Direito Privado, sob o prisma de que se trata de um parâmetro de aplicação geral do Direito diante de duas opções possíveis: a que preserva o direito e a liberdade, e a que o restringe, diante de um contexto em que o sacrifício é considerado proporcionalmente necessário. Ademais, confere equilíbrio às decisões nos casos concretos, sendo uma "versão da lógica do razoável"[16].

De acordo com Américo Plá Rodrigues o devido processo exige a presença de relação substancial e ra-

---

(13) LARENZ, Karl. *Metodologia de la ciência del derecho*. Barcelona: Editorial Ariel, 1994. p. 345.
(14) RODRIGUES, Douglas Alencar. Princípios constitucionais e infraconstitucionais do processo. *Curso de processo do trabalho*. Org. Luciano Athayde Chaves. São Paulo: LTr, 2. ed., 2012. p. 92.
(15) TUCCI, José Rogério Cruz e. *Cit.*, p. 55.
(16) NASCIMENTO, Amauri Mascaro. *Curso de Direito do Trabalho*. 25. ed. São Paulo: Saraiva, 2010. p.466-467.

zoável entre a lei e a segurança, salubridade, moralidade, bem-estar. Refere à regra do equilíbrio conveniente ou da racionalidade, ou das relações substanciais[17].

Quando o NCPC menciona o atendimento aos fins sociais e às exigências do bem comum, poderia, à primeira vista, parecer reprodução da norma jurídica que repousa no art. 5º da Lei de Introdução às Normas do Direito Brasileiro. Ocorre que, combinando-se essas disposições com as demais do introito do NCPC, em que se acha estampado o compromisso com as normas fundamentais, um novo olhar se impõe: o intérprete tem o dever de observar os valores, princípios, regras e objetivos que orientam a República Federativa do Brasil, ao subsumir um fato a uma norma jurídica, como lembra Carlos Henrique Bezerra Leite[18].

As disposições do art. 8º do NCPC representam um compromisso institucional, o fundamento do Código Processual, ao contemplar os direitos, enquanto atribuições, e as garantias, enquanto mecanismos de preservação de direitos.

A legalidade e a publicidade do processo, bem como das decisões proferidas pelos magistrados, decorre da natureza do próprio Poder Judiciário enquanto órgão integrante do Estado Democrático de Direito Social. A propósito, destacam Eduardo Cambi e René Francisco Helman que "... é pela exposição e publicação da motivação das decisões que o Judiciário se legitima socialmente"[19].

O art. 8º proclama a conjunção de direitos fundamentais, ao aliar direitos humanos com o atendimento de outros direitos ou princípios direcionados à existência da sociedade. É que combina o resguardo e promoção da dignidade da pessoa humana com o atendimento aos fins sociais e às exigências do bem comum (princípios e valores constitucionais). Leal à dimensão a ser conferida a tal ajuste, exige que os princípios da proporcionalidade, razoabilidade, legalidade, publicidade e eficiência sejam atendidos pelo aplicador do ordenamento jurídico.

Pode-se compreender, portanto, a síntese perfeita traçada por Emerson Garcia, ao aludir que em face da necessidade de coexistência dos distintos valores incorporados pelos direitos fundamentais, eles se manifestarem sob a forma de princípios jurídicos. Desta forma, prossegue, estariam sujeitos ao tratamento lógico-jurídico dispensado a essa espécie normativa, dela decorrendo a possibilidade de ponderação, para assegurar a sua concordância prática e resolver possíveis coalisões[20].

Com relação ao art. 9º, nele o NCPC assegura o contraditório, afirmando que o magistrado não proferirá decisão contra uma das partes sem que ela seja previamente ouvida, resguardando as hipóteses de tutela provisória de urgência e a de tutela da evidência, previstas nos arts. 311, incisos II e III, bem como no caso da decisão prevista no art. 701.

O legislador processual, sustentado pelos princípios constitucionais do acesso à Justiça e da razoável duração do processo, inseridos no art. 5º, XXXV e XXVII procura proteger o direito que se apresente sujeito a um dano iminente. Daí porque se pode afirmar presente a garantia de efetivação do direito a uma prestação jurisdicional efetiva e eficaz.

As tutelas de urgência, de evidência e a hipótese prevista no art. 701 do NCPC são mecanismos de proteção que a ordem jurídica confere aos indivíduos e à sociedade, com apoio na aparência do direito, em dados de verossimilhança e de probabilidade, procurando conferir efetividade ao direito, ainda que em possível prejuízo da segurança jurídica.

Um processo ordinário de cognição plena, exaustiva, nem sempre atende à efetividade, à urgência que um determinado bem da vida está a exigir. Em certas situações, dá-se preferência à aparência do direito a ser protegido, trabalhando-se com dados de probabilidade, sob pena de expor esse bem a um dano.

Tais situações que excepcionam a exigência, como regra geral, de antecipar-se o contraditório, têm por escopo diminuir ou eliminar o risco e garantir a efetividade da prestação jurisdicional. Incorporam mecanismos capazes de tornar o processo mais ágil e útil à sociedade, evitando-se uma prestação jurisdicional tardia, dentro do princípio constitucional de uma rápida, efetiva e justa prestação jurisdicional do Estado.

O art. 11 do NCPC, por sua vez, trata da publicidade dos julgamentos dos órgãos do Poder Judiciário e da indispensável fundamentação de todas as decisões, sob pena de declarar-se a nulidade.

A prescrição aludida decorre do mandamento constitucional, inserido no art. 93, IX, e se configura em um aspecto de segurança para as partes, no sentido de se-

---

(17) RODRIGUES, Américo Plá. *Cit.*, p. 247.

(18) LEITE, Carlos Henrique Bezerra. *Cit.*, p. 122.

(19) CAMBI, Eduardo e HELMAN, René Francisco. *Cit.*, p. 428.

(20) GARCIA, Emerson. Instrumentos de defesa dos direitos fundamentais de terceira dimensão: a funcionalidade da ação popular e da ação civil pública. In: *Revista de Processo*, ano 40, 243, maio/2015, Coord. Teresa Arruda Alvim Wambier. São Paulo: Revista dos Tribunais, p. 19.

rem conhecedores das razões que motivaram a decisão judicial. Ao mesmo tempo, trata-se de um mecanismo de proteção contra o Poder Judiciário, que como qualquer órgão, não se acha imune à justificativa de seus atos, coibindo-se, assim, decisões arbitrárias e injustas. É que, como lembra Emerson Garcia: "o dever de motivação das decisões judiciais permite seja reconstruído o *iter* argumentativo que norteou o juízo valorativo ali declinado (art. 93, IX)"[21].

Ressalta, ainda, o autor supracitado, as garantias constitucionais do cidadão traduzidas na cláusula do devido processo legal, integrada pela legislação infraconstitucional e necessariamente acatada pelos órgãos jurisdicionais. Também compõe o conjunto de mecanismos de proteção a existência de tribunais superiores com competência para rever as decisões das instâncias inferiores. E, igualmente, a presença do Supremo Tribunal Federal, que detém a competência de "guarda da Constituição" (art.102, *caput* da Constituição da República). Com isto, violações aos direitos fundamentais praticadas pelo Poder Judiciário serão identificadas e corrigidas por ele próprio[22].

Esses, entre outros princípios, revelam que o processo é uma atividade que permite o exercício republicano e democrático da função jurisdicional do Estado, garantido pela Constituição e que decorre de um processo histórico evolutivo, ampliado ao longo dos anos, para assegurar os direitos humanos em suas múltiplas dimensões.

Sempre oportuno é o ensinamento de J. J. Canotilho, ao realçar que aos tribunais não cabe apenas a tarefa clássica de defesa dos direitos e interesses legalmente protegidos dos cidadãos, dos direitos fundamentais. Também eles – os tribunais – como órgãos do Poder Público, devem considerar-se vinculados pelos direitos fundamentais. Essa vinculação dos tribunais concretiza-se por meio do processo aplicado no exercício da função jurisdicional ou mediante a determinação e direção das decisões jurisdicionais pelos direitos fundamentais materiais[23].

4. UM OLHAR QUE CONDUZA À HETEROINTEGRAÇÃO DAS NORMAS DO PROCESSO DO TRABALHO

As normas processuais civis e trabalhistas devem visar alcançar um processo mais célere, mais objetivo, provido de carga ética. Por sua vez, a promoção e proteção da dignidade humana deve ser objetivo a ser efetivado pelo Estado também no interior do processo ao aplicar o ordenamento jurídico porque colabora no aprimoramento da democracia.

Em face da natureza constitucional dos princípios processuais, e estando claramente expostos os objetivos a alcançar pelo NCPC, suas normas são aplicáveis ao Processo do Trabalho, conforme prevê o art. 15, sem antagonismo com o art. 769 da CLT. E isto se fará sempre a luz da Constituição da República.

É oportuno lembrar que J. J. Canotilho diz que o procedimento jurisdicional (processo judicial) está fortemente constitucionalizado, o que impõe a compreensão do direito processual como referido à Constituição. E prossegue:

> Os direitos fundamentais, por um lado, e a organização e procedimento, por outro, desenvolvem uma eficácia recíproca: a organização e o procedimento devem ser compreendidos à luz dos direitos fundamentais; estes, por sua vez, influenciam a organização e o procedimento[24].

Tendo em consideração que o NCPC está fundado em normas constitucionais, revela-se autorizada a sua incidência nos limites traçados no seu art. 15 e no art. 769 da CLT. É que de acordo com as proposições da nova legislação processual, sequer é possível falar-se em incompatibilidade com os princípios vetores do processo do trabalho.

Observe-se que não se está negando a autonomia do Direito Processual do Trabalho. O seu reconhecimento como ramo autônomo acha-se afirmado há muito. Suas normas preenchem um campo vasto do conhecimento, autorizando um estudo particular. Mas esse ramo processual demonstra, hoje, não contemplar, diante da mutabilidade das relações sociais, regulação hábil a atingir, sempre, os fins do processo. Em outras palavras, revela-se a presença de lacunas que podem ser preenchidas com invocação à fonte subsidiária processual, que seria o processo comum, sempre interpretado de acordo com os princípios fundamentais consagrados na Constituição da República.

A assertiva de incompatibilidade do processo civil com os princípios peculiares que norteiam o processo do trabalho representa um olhar histórico. Atua como lembrança e formação da história da teoria geral do processo, haja vista a mudança de paradigmas do processo

---

(21) GARCIA, Emerson. *Cit.*, p. 26.
(22) Idem, p. 26.
(23) CANOTILHO, J. J. Gomes. *Cit.*, p. 586.
(24) Idem, Ibidem, p. 587.

civil ao longo dos anos, sobretudo após a edição da Carta Republicana de 1988.

Ressalte-se que a criação da legislação trabalhista data de 1943, quando não existia um conjunto de princípios constitucionais processuais. E o Código de Processo Civil, então vigente, era impregnado de formalismo e tinha como centro de suas referências a proteção à posse e ao patrimônio, sem adequação completa, portanto, ao processo do trabalho.

Neste ponto, merecem destaque as lições de Luciano Athayde Chaves, ao aludir que o processo do trabalho – muito avançado à época da edição da CLT –, "... não pode fechar os olhos aos novos ventos trazidos ao campo do processo pela Constituição Federal e por todas as ondas modernizadoras do processo comum"[25].

Dessa forma, os princípios do processo do trabalho que se mantêm inalteráveis irmanam-se aos do processo civil na medida em que hoje são interpretados à luz da Lei Maior do Brasil. Assim, por exemplo, o princípio da conciliação, da finalidade social do processo, da proteção processual, do impulso processual, da celeridade. E o princípio da duração razoável do processo que já se encontrava implícito no processo do trabalho, na medida em que dotado de simplicidade, permitindo a informalidade, com pouco dispêndio para as partes, passou a ser um princípio constitucional. Com a Emenda Constitucional n. 45 de 2004, essa garantia exige a sua aplicação em todos os ramos do processo.

Princípios que poderiam até bem pouco tempo atrás ficarem no recôndito do processo do trabalho, presentemente são revelados na nova legislação processual: o da finalidade ou efetividade social do processo, a busca da verdade real, a indisponibilidade e a conciliação, como revelam vários de seus dispositivos. E todos cobram uma interpretação constitucional favorecendo a heterointegração das normas infraconstitucionais.

Sempre é oportuno lembrar que não é apenas o magistrado que se acha empenhado em que o processo seja célere, eficaz, tenha um fim útil; a sociedade e o Estado também devem se empenhar em alcançar esse desiderato. Assim ocorre porque o processo envolve, em sua função eminentemente pública, o intento de proporcionar a paz entre as partes e à comunidade à qual pertencem os sujeitos envolvidos no litígio. Também procura resguardar e fortalecer a função desenvolvida pela magistratura em uma nova modalidade de composição social.

A proteção processual que o ordenamento jurídico procura alcançar considera os aspectos de igualdade ou isonomia reais. Tal sucede na medida em que o princípio da igualdade não é meramente formal, assentando-se no reconhecimento do fundamento constitucional da dignidade da pessoa humana, em qualquer ramo do direito. E quanto se trata do processo do trabalho, deve ser harmonizado com outros dois fundamentos da República: o dos valores sociais do trabalho e o da livre iniciativa, a par dos objetivos fundamentais, consagrados nos arts. 1º e 3º, entre os quais, o da erradicação da pobreza e da marginalização e a redução das desigualdades sociais e regionais.

Neste ponto, deve ser feita uma apreciação à necessidade premente de se permitir o amplo acesso à Justiça, no sentido de poder qualquer cidadão acionar o Judiciário, com igualdade de condições. É oportuno o alerta de Bruno Espiñeira Lemos: "O acesso à Justiça pelo cidadão carente de recursos para remunerar um advogado tem que ser encarado pelo Estado como um direito real e não apenas utópico"[26].

Sendo assim, os princípios que se afirmam peculiares ao processo do trabalho devem receber uma interpretação conforme a Constituição de 1988. Trata-se de uma imposição da Carta Republicana no sentido de que a legislação infraconstitucional seja compreendida e aplicada à luz dos princípios constitucionais que protegem os direitos fundamentais.

Constata-se uma pretensão do sistema jurídico no sentido de conferir ao processo um papel histórico, que atenda ao interesse social, ao procurar inserir valores como os referentes à boa-fé, à paz, ao equilíbrio entre os contendores e à justiça entre os sujeitos.

As normas do NCPC propõem-se a atender aos objetivos da segurança, celeridade e efetividade que a sociedade espera e exige do Poder Judiciário, com fundamento na Constituição da República. Esses também são os fins perseguidos pelo processo do trabalho.

São postulados que se acham de acordo com o sentimento reinante no seio da comunidade e da própria Magistratura, um razoável consenso, aliás, no sentido de que o princípio do amplo acesso à Justiça somente se viabilizava com o aprimoramento das nossas instituições. Daí porque a igualdade processual, expressamente prometida pela ordem jurídica no NCPC, pode transformar em realidade o sonho de que em um país de tantas desigualdades, inclusive no tocante ao acesso à Justiça, a dignidade e a cidadania tenham lugar nos tribunais.

A propósito – com propriedade – assevera Carlos Henrique Bezerra Leite que deve ser repensado o pró-

---

(25) CHAVES, Luciano Athayde. As lacunas no direito processual do trabalho. In: *Direito processual do trabalho: reforma e efetividade*. Org.: Luciano Athayde Chaves. São Paulo: LTr, 2007. p. 81.

(26) LEMOS, Bruno Espiñeira. *Direitos fundamentais*. Brasília: Fortium, 2007. p. 82.

prio conceito de lacuna, de maneira a permitir a heterointegração dos subsistemas do Direito Processual Civil e do direito processual do trabalho. E sugere que isto ocorra mediante o transplante das normas daquele para este último, sempre que possibilite maior efetividade. Esclarece que a heterointegração pressupõe não apenas a existência das lacunas normativas, mas, também, as lacunas ontológicas e axiológicas[27].

Acrescente-se que a regra contida no art. 769 da CLT expressamente autoriza a aplicação das normas do processo civil quando omisso o processo do trabalho e quando forem compatíveis as regras daquele com esse ramo do Direito.

Na aplicação das regras processuais do NCPC, em caso de omissão da CLT deve ser demonstrado que existe um direito reto e justo, que considera aspectos como lealdade, solidariedade e preocupação com o bem comum, tornando efetivos, portanto, os princípios constitucionais da cidadania, da dignidade do homem, do amplo acesso ao Judiciário e da razoável solução do processo.

5. A LEMBRANÇA DA HERMENÊUTICA JURÍDICA PARA A INTERPRETAÇÃO DAS NORMAS PROCESSUAIS TRABALHISTAS DE ACORDO COM A CONSTITUIÇÃO DA REPÚBLICA

As normas trabalhistas, carregadas de tão elevado espírito social, ficariam no vazio se não pudessem dispor de um mecanismo legal ágil, eficaz e justo para a sua efetivação, diante dos conflitos. E o Estado vem complementando o sistema de proteção ao economicamente mais fraco, propiciando solução das lides trabalhistas, dentro do quadro geral das regras processuais e respeitados os princípios norteadores da teoria geral do processo. Com isto a preocupação com a realização da justiça tende a deixar de ser mero anseio para tornar-se marco de realidade.

Quando o juiz procura apreender os fatos, comparando-os uns com os outros, analisando os elementos que lhe são ofertados pelas partes, pesquisando a história da norma e a história dos fatos, ele se vale da hermenêutica.

De acordo com Carlos Maximiliano, a Hermenêutica Jurídica tem por objeto o estudo e a sistematização dos processos aplicáveis para determinar o sentido e o alcance das expressões[28]. É que as leis se apresentam em termos gerais, técnicos, contendo princípios algumas vezes claramente expressos, mas em outras oportunidades implícitos. Exige, portanto, do magistrado, na aplicação, que proceda à relação entre "... o texto abstrato e o caso concreto, entre a norma jurídica e o fato social"[29]. E lembra que a interpretação é aplicação da hermenêutica, pois esta seria a teoria científica, descobrindo e fixando os princípios e regras que regem aquela[30].

Sabendo-se que a interpretação das normas jurídicas deve pautar-se pela lógica, pelos fins, pela ideia de justiça, pela atenção aos objetivos de um determinado momento da comunidade, pode-se afirmar que no campo do processo do trabalho essa preocupação torna-se mais exigente ao aplicador do Direito.

Com efeito, há uma espécie de participação do julgamento no todo trabalhador. Ao decidir um conflito, o juiz do trabalho o faz não somente em função de partes delimitadas individualmente, mas, de uma coletividade, da sociedade.

Gentil Mendonça ensina que:

> A decisão de um litígio individual interessa a toda a classe trabalhadora. A sua repercussão é impressionante, tanto quanto se pode operar a crença ou descrença intuitiva do homem comum no aparelhamento judiciário, decorrendo daí implicações profundas no complexo trabalhista. Isto sem falar nos dissídios ou manifestações de caráter inicialmente coletivos porque já começam assim e têm maior densidade polêmica[31].

A interpretação das normas oferece métodos diversos, que podem ser estudados e analisados separadamente, mas o papel do intérprete deve ser o de organizá-los, uni-los em uma síntese que conduza à determinação do sentido do direito.

E a preocupação em torno da renovação das normas processuais, de sua atualização, da correspondência com a realidade social para a qual aponta o preceito envolve uma tensão em torno do ideal de se realizar um processo justo.

Seguindo as pegadas de José Puig Brutau, o magistrado não deve renunciar a sua função criadora quando se defronta com a rigidez da norma jurídica, cabendo ter em conta critérios de oportunidade e conveniência pública[32]. Esses parâmetros se traduzem no bem co-

---

(27) LEITE, Carlos Henrique Bezerra. *Cit*. p. 117-120.
(28) MAXIMILIANO, Carlos. *Hermenêutica e aplicação do direito*. Rio de Janeiro: Forense, 1998. p. 1.
(29) *Idem, ibidem*, p. 1.
(30) *Idem, ibidem*, p. 1.
(31) *Idem, ibidem*, p. 113.
(32) BRUTAU, José Puig. *La jurisprudência como fuente del derecho*. Barcelona: Bosch Casa Editorial, p. 227.

mum, em cujo quadro os direitos humanos iluminam o ordenamento jurídico.

A ideia de interpretação não se restringe apenas à apropriação do seu entendimento, do significado, da inteligência, ao alcance material, pessoal, temporal e espacial da norma. Da mesma maneira que as palavras em um idioma qualquer não estão isoladas, mas, ao contrário, compõem uma unidade, à qual se denomina de oração, grupo de orações, a interpretação jurídica não se restringe às palavras. O jurista interpreta em contextos, considera todos os dados que lhe servem de suporte.

A atividade interpretativa não se cinge a uma análise gramatical ou lógico-sintática da norma. Ela está baseada, precipuamente, na experiência social. Não se deve, contudo, supor que a interpretação é inteiramente livre, para que, com tal compreensão, não se incorra em alguns excessos da chamada Escola do Direito Livre. É a própria realidade social que revela a limitação da liberdade de interpretação.

De toda sorte, é relevante realçar que a valoração pessoal do juiz é objeto de consideração não somente dentro da Escola do Direito Livre, mas também fora dela. Há o reconhecimento de que se trata de meio de preenchimento de lacunas. O que se mostra relevante, como lembra Karl Engisch, é saber em que medida tal valoração pode ser entendida como uma decisão efetivamente pessoal, subjetiva, e em que ponto ela se sustenta em critérios objetivos. Na dúvida – realça o autor – procurar-se-á no preenchimento de lacunas uma decisão objetiva[33].

Daí porque se bem que não se possa sustentar a existência de um dogma sobre a plenitude do ordenamento jurídico, essa ideia deve ser mantida como um princípio, uma razão de ser, uma orientação, uma normativa. O que se espera é que diante de um caso concreto seja conferida a solução, a ser buscada no sistema jurídico, preenchendo-se as lacunas da lei ou do Direito positivo.

A primeira limitação de ordem jurídica ao trabalho interpretativo do juiz é o próprio ordenamento jurídico, nele compreendidas não somente as leis criadas pelo processo previsto para a legislação, como outras formas normativas autorizadas pela própria lei, quais sejam, a analogia, os princípios gerais do Direito, os costumes, entre outras fontes que o sistema positivo nomear. Este, o primeiro e maior limite à atividade interpretativa do juiz. E dele decorrem outros, inclusive os métodos de interpretação, todos caminhando no sentido de delimitar a faculdade de apreciação subjetiva do julgador.

A liberdade do intérprete na busca da norma aplicável ao caso concreto, ou à falta dela, na formulação de um juízo adequado à hipótese, tem seu limite nos processos lógicos e nas fronteiras traçadas pelo ordenamento jurídico. Precisamente como afirma Gentil Mendonça, a liberdade do intérprete tem seus limites na lógica e não nas improvisações factuais e voluntariosas, sem qualquer fundamento, sem alicerce, sem uma razão preponderante[34].

A inexistência de lei para solucionar determinado caso concreto conduz o intérprete aos recursos que o sistema jurídico e a realidade social oferecem para o seu deslinde. Essa compreensão acha-se aliada à ideia da vedação da denegação de justiça, aspecto que conduz o magistrado a buscar uma solução para o caso que lhe é apresentado.

O intérprete deve procurar o sentido objetivo, atual, da norma, a partir do momento em que ela se desprende do seu cordão umbilical, que é o legislador. E não poderia ser diferente, uma vez que o criador da norma o faz dentro de uma determinada realidade sociocultural e num dado espaço e tempo históricos. Assim, os fatos que integram uma nova realidade social, distinta do momento histórico pretérito, não devem ser olvidados pelo hermeneuta. Necessário se faz acompanhar os acontecimentos atuais, pois a legislação, muitas vezes, fica inerte diante da ebulição social. Embora a obra legislativa se mantenha inalterada, ao intérprete não é permitida idêntica postura.

Oportuno trazer as ponderações de J. J. Canotilho: "Em virtude da dupla vinculação dos tribunais – à constituição e à lei –, os juízes, no caso de lei polissêmica, devem procurar atribuir-lhe o sentido mais conforme com os direitos, liberdades e garantias"[35].

6. CONSIDERAÇÕES FINAIS

Constata-se uma pretensão do sistema jurídico no sentido de conferir ao processo um novo papel na sociedade, que atenda ao interesse social, ao procurar inserir dados referentes à lealdade, à colaboração, ao equilíbrio entre os contendores e a conciliação e a justiça entre os sujeitos. Busca-se, portanto, um processo justo, mediante um conjunto de instrumentos e formas que, sem desconsiderar os conflitos, sem mascarar as contradições, ousa enfrentá-los e trabalhá-los.

---

(33) ENGISCH, Karl. *Introdução ao pensamento jurídico*. 3. ed. Lisboa: Fundação Calouste Gulbenkian, 1964, p. 250-251.
(34) MENDONÇA, Gentil. *Interpretação do direito do trabalho*. São Paulo: LTr, p. 104.
(35) CANOTILHO, J. J. Gomes. *Cit.*, p. 588.

Como se pode observar, mudanças expressivas foram feitas no sistema processual. São alterações que vêm sendo promovidas há alguns anos. Revela-se uma modificação visando a alcançar um processo mais célere, mais objetivo, mais justo.

Denota-se a preocupação com o papel do processo, na medida em que estão sendo considerados dados de eficiência, eficácia, a recusa aos comportamentos desleais, o desprezo ao excesso de formalismo, tudo em atenção ao devido processo legal, ao acesso à Justiça e à concretização do Estado Democrático de Direito. Busca-se, assim, um processo justo, tendo-se em conta um conjunto de instrumentos e formas que, sem desconsiderar os conflitos, sem mascarar as contradições, ousa enfrentá-los e trabalhá-los.

O NCPC traduz a tentativa de alcançar um mecanismo de equilíbrio entre os litigantes, sem perder de vista a importância social, política e ética do processo, pois ele não é um elemento desvinculado do interesse público.

Constata-se uma evolução, no sentido de conferir-se ao processo um papel histórico, que atenda ao interesse social, respeite a dignidade da pessoa humana, na busca da paz, do equilíbrio e da justiça entre os sujeitos. E tais aspectos se acham em harmonia com os pressupostos que fundaram o processo do trabalho e que lhe são muito valiosos.

Essa evolução reforça a ideia de que a aplicação do Direito, por meio das normas processuais, deve afastar o peso da descrença dos pobres, dos menos abastados, sem perder de vista o direito dos possuidores de patrimônio. É que o sistema processual precisa traduzir a confiança e a segurança que o cidadão deposita no Estado.

Os conflitos do trabalho representam uma modalidade dos conflitos sociais e que têm uma matriz abrangente, haja vista decorrerem das múltiplas relações que se travam na sociedade entre os indivíduos. São conflitos surgidos da violência urbana e rural; da ampliação da fome; da ausência de habitação; da precariedade do serviço de saúde pública; da inadequação do sistema educacional; do elevado índice de desemprego; do desrespeito à cidadania, enfim. Os conflitos trabalhistas dirigem-se àqueles que se acham diretamente envolvidos nas relações de produção, ainda que possam não ter ocupado as posições de empregado e de empregador.

Desta forma, na solução judicial destes conflitos, mediante as normas processuais, a magistratura deve demonstrar que existe um direito reto e justo, que considera elementos fundamentais como a dignidade, lealdade, solidariedade e preocupação com o bem comum. O NCPC e o processo do trabalho podem caminhar juntos nessa direção.

7. REFERÊNCIAS BIBLIOGRÁFICAS

ADEODATO, João Maurício. *Filosofia do direito. Uma crítica à verdade na ética e na ciência*. São Paulo: Saraiva, 1996.

BRUTAU, José Puig. *La jurisprudência como fuente del derecho*. Barcelona: Bosch Casa Editorial.

CAMBI, Eduardo e HELLMAN, Renê Francisco. Precedentes e Dever de Motivação das Decisões Judiciais no Novo Código de Processo Civil. *Revista de Processo*, ano 40, vol. 241, março/2015, Coord. Teresa Arruda Alvim Wambier. São Paulo: Revista dos Tribunais.

CANOTILHO, J. J. Gomes. *Direito constitucional*. Coimbra: Almedina, 1993.

CASTELO, Jorge Pinheiro. *Tutela antecipada no processo do trabalho*. São Paulo: LTr, vol. VII, 1999.

CHAVES, Luciano Athayde. As lacunas no direito processual do trabalho. *Direito processual do trabalho: reforma e efetividade*. Org. Luciano Athayde Chaves. São Paulo: LTr, 2007.

ENGISCH, Karl. *Introdução ao pensamento jurídico*. 3. ed. Lisboa: Fundação Calouste Gulbenkian, 1964.

GARCIA, Emerson. Instrumentos de defesa dos direitos fundamentais de terceira dimensão: a funcionalidade da ação popular e da ação civil pública. *Revista de Processo*, ano 40, vol. 243, maio/2015. Coord. Teresa Arruda Alvim Wambier. São Paulo: Revista dos Tribunais.

LAFER, Celso. *A internacionalização dos direitos humanos: constituição, racismo e relações internacionais*. São Paulo: Manole, 2005.

LARENZ, Karl. *Metodologia de la Ciência del Derecho*. Barcelona: Editorial Airel, 1994.

LEITE, Carlos Alberto Bezerra Leite. *Curso de direito processual do trabalho*. 13. ed. São Paulo: Saraiva, 2015.

LEMOS, Bruno Espiñeira. *Direitos fundamentais*. Brasília: Fortium, 2007.

MAXIMILIANO, Carlos. *Hermenêutica e aplicação do direito*. Rio de Janeiro: Forense, 1998.

MENDONÇA, Gentil. *A Interpretação do direito do trabalho*. São Paulo: LTr.

NASCIMENTO, Amauri Mascaro. *Curso de Direito do trabalho*. 25. ed. São Paulo: Saraiva, 2010.

RAMOS, Glauco Gumerato. Processo jurisdicional, república e os institutos fundamentais do direito processual. *Revista de Processo*, ano 40, vol. 241, março/2015. Coord. Teresa Arruda Alvim Wambier São Paulo: Revista dos Tribunais.

RODRIGUES, Américo Plá. *Princípios do direito do trabalho*. Trad. Wagner D. Giglio. São Paulo: LTr, 1978.

RODRIGUES, Douglas Alencar. Princípios constitucionais e infraconstitucionais do processo. *Curso de processo do trabalho*. 2. ed., Luciano Athayde Chaves (org.), São Paulo: LTr, 2012.

SARMENTO, Daniel. *Direitos fundamentais e relações privadas*. Rio de Janeiro: Lúmen Júris, 2004.

A DESCONSIDERAÇÃO DA PERSONALIDADE JURÍDICA NO DIREITO PROCESSUAL DO TRABALHO E O TRATAMENTO DA MATÉRIA NO NOVO CPC

ORMY DA CONCEIÇÃO DIAS BENTES[*] [**]

1. INTRODUÇÃO

Uma das principais inovações contidas no projeto do novo Código de Processo Civil, recentemente aprovado e transformado em norma imperativa, é a expressa previsão de procedimento incidental destinado à desconsideração da personalidade jurídica.

Criado por meio de construção doutrinária e até então acolhido pelo Direito Positivo brasileiro apenas em dispositivos legais de cunho material, o instituto agora passará a ter disciplina processual expressamente prevista em Lei, o que, estima-se, contribuirá para a solução de diversas controvérsias no cotidiano forense, máxime nas lides trabalhistas.

A redação do dispositivo propõe-se justamente a eliminar discussões periféricas acerca da procedimentação a ser observada quando da aplicação prática da *disregard,* que, não raro, restam por comprometer a sua utilidade, que é viabilizar a satisfação de um crédito obstado pelo mau uso da personalidade jurídica do devedor.

O presente trabalho examinará as controvérsias mais frequentes na aplicação do instituto da desconsideração da personalidade jurídica no Brasil, bem como as soluções propostas pelo legislador com a previsão do procedimento no novo Código de Processo Civil, com especial enfoque sob o ângulo do Direito Processual Laboral.

2. A PESSOA JURÍDICA E SUA DESCONSIDERAÇÃO

Por uma análise sociológica, ainda que toda pessoa natural seja dotada de capacidade jurídica, não é a elas somente que o ordenamento confere esse atributo. Muitas vezes os homens sentem a vontade ou necessidade de se organizarem e se unirem para explorar atividade econômica de alta complexidade. No entanto, é da natureza da atividade empresarial a existência de riscos, que poderiam comprometer seriamente o patrimônio pessoal desses sócios. Isso posto, e considerando o fato de que essas atividades carregam em si grande interesse social, o ordenamento passa a dispor de um mecanismo que limita a responsabilidade dessas pessoas diante da atividade que exploram, que, por meio da conformação de uma pessoa jurídica, ficam cobertos por um véu protetivo que, até certo ponto, mitiga esses riscos.

No estudo da dogmática jurídica, a pessoa natural e a pessoa jurídica são coexistentes e consubstanciais, tanto que adotamos a teoria afirmativista da realidade técnica da pessoa jurídica, conforme art. 45 do Código Civil. Diante desse quadro, vigora ainda hoje com certa relativização o princípio da autonomia patrimonial, para não confundir a pessoa jurídica com aqueles que a compõem.

Percebemos, portanto, que o ordenamento dilata o rol de destinatários aptos a serem juridicamente capazes, e faz surgir o instituto da Pessoa Jurídica, que serve justamente a conferir personalidade e capacidade a esses grupos de pessoas ou destinações patrimoniais que passam a constituir entidades abstratas, ainda que juridicamente únicas, que vão desde entes como o Estado, os municípios, até a mais específica das associações particulares.

O objetivo da personalização de entes com escopos e atividades próprias é obviamente o de distinguir

---

[*] Desembargadora e Corregedora do Tribunal Regional do Trabalho da 11ª Região.
[**] Com a grata e profícua colaboração de André César Andrade Záu, Assessor de Desembargador.

a figura da pessoa jurídica daquela dos membros que a compõem, e fazer com que possa gerar vínculos jurídicos próprios, o que em última análise implica – como já dito – a autonomia patrimonial, de forma que os bens da pessoa jurídica não se confundem com os bens dos seus membros e vice-versa. O princípio em questão faz gerar limitação da responsabilidade dos sócios, o que em certa medida fomenta o empreendedorismo na consecução de finalidades distintas da vontade dos próprios membros.

A experiência nos mostra, todavia, que o véu protetivo da personalidade jurídica desviou-se de sua natureza intrínseca, e pode mais servir a ocultar atividades escusas que propriamente a viabilizar os casos que a própria lei protege. Tornou-se necessário um instrumento jurídico capaz de penetrar esse véu, e assim sendo, criou-se o instituto da desconsideração da personalidade jurídica.

3. DA DESCONSIDERAÇÃO: ORIGEM E APLICAÇÃO NO DIREITO BRASILEIRO

A teoria da desconsideração tem origem na Inglaterra, mas seu desenvolvimento deu-se com maior grandeza nos Estados Unidos e na Alemanha.

Em razão do uso da blindagem oferecida pela personalidade jurídica por devedores de má-fé, idealizou-se, especialmente na doutrina norte-americana, a possibilidade de invasão do patrimônio dos sócios e administradores nas situações em que as sociedades empresárias fossem por aqueles utilizadas com finalidades ilícitas.

Percebida a problemática do abuso da personalidade por parte da sociedade, toma atitude no sentido de coibi-los o Direito norte-americano, criando a doutrina da *disregard of legal entity*. Passou-se, mediante seu emprego, a desconsiderar a personalidade jurídica da sociedade quando verificada, por parte de seus dirigentes, prática de ato ilícito, abuso de poder, violação de norma estatutária ou infração de disposição legal.

Aplicar o instituto é, portanto, conferir ao juiz a faculdade de negligenciar a doutrina tradicional que envolve a conformação da Pessoa Jurídica, e, assim sendo, permitir que os bens dos sócios sejam atingidos pelas obrigações por ela contraídas, observadas as devidas formalidades legais.

Embora aparentemente simples, esse instituto esbarra em diversos conflitos normativos, e sua aplicação no Brasil deu-se de forma um tanto quanto instigante, vejamos.

O Código Civil de 1916 concebia a Pessoa Jurídica de maneira mais rígida, como podemos comprovar mediante simples leitura de seu art. 20, o qual dispõe que não se confunde a pessoa jurídica com as pessoas de seus componentes.

A despeito dessa peculiaridade, o jurista Rubens Requião, considerado o pioneiro no estudo do tema, com sua afamada conferência denominada "Abuso de direito e fraude através da personalidade jurídica", deu o primeiro e maior passo em direção à implantação desse mecanismo no Brasil.

Após muitos anos de aplicação alicerçada majoritariamente na doutrina inserida por Requião, a positivação do instituto em nosso ordenamento deu-se com o Código de Defesa do Consumidor (art. 28 da Lei n. 8.078/90). Novas hipóteses de desconsideração surgiram em outros diplomas, como o art. 18 da lei antitruste e na Lei n. 9.605/98, que versa sobre prejuízos ambientais, até que fora finalmente inserido no Código Civil de 2002, de maneira mais ampla e clara, em seu art. 50.

Como se pode perceber, o mecanismo da desconsideração foi consagrado em nossos dispositivos legais recentemente, e em razão desse fato, nos deparamos com uma jurisprudência oscilante no tocante à sua aplicação, o que tornava necessária a inserção deste dispositivo no Novo CPC (Lei n. 13.105/15).

Neste ponto, cumpre ressaltar dois elementos do emprego desse dispositivo que ainda não encontravam alicerces estáveis em nossa legislação. O primeiro deles aparece com o intuito de reforçar que não se trata de ato arbitrário do juiz, porquanto devem ser observadas as formalidades legais para seu correto emprego, que serão ratificadas e mais bem delimitadas pelo novo diploma processual, como veremos em seguida. Em segundo lugar, a aplicação desse instituto não constitui, de forma alguma, causa de extinção da pessoa jurídica. Embora se esteja penetrando o véu que a envolve, a aplicação desse incidente somente deixa de lado, temporariamente, a distinção entre as pessoas dos sócios e a pessoa jurídica que conformam.

A despeito desses princípios de aplicação, no entanto, ainda se vê na prestação jurisdicional brasileira o emprego indistinto desse dispositivo, e isso se deve, sobretudo, ao fato de que seus alicerces são, ainda, excessivamente casuísticos. Muito embora até existam critérios sensíveis à aplicação do instituto, sob a ótica da teoria do abuso da personalidade – tanto no desvio de personalidade quanto no desvio patrimonial – tais critérios são ignorados, aplicando-se por regra a teoria menor mitigada de forma que basta a dificuldade na localização de bens para que a execução recaia sobre bens da pessoa natural, o que não parece em muitas situações razoável. Não há definição clara e segura de quais são os critérios para que se aplique a desconsideração da personalidade jurídica, o que coloca em risco não somente o tocante à pessoa jurídica, mas também direitos materiais de pessoas naturais e pode, ainda, desestimular a atividade empresarial como um todo.

Reconhecer a autonomia da pessoa jurídica não pode se confundir com tolerância e complacência diante de seu uso para fins fraudulentos e ilícitos. Tendo isso em tela, e a fim de apaziguar um pouco o uso excessivamente empírico desse mecanismo, o novo CPC pretende organizar e garantir às partes do processo maior lisura em sua aplicação.

4. A CRIAÇÃO DO INCIDENTE NO NOVO CPC

O novo diploma processualista contará com um capítulo autônomo para disciplinar a aplicação do instituto, qual seja, o Capítulo IV do Título II, denominado justamente "Do Incidente de Desconsideração da Personalidade Jurídica".

A redação que terá o art. 133 do novo CPC, que tratará desse incidente, deve enterrar de uma vez por todas a tese de que o mecanismo jurídico deve ser operado mediante ação autônoma na Justiça, posto que o texto permite ao juiz, em qualquer processo ou procedimento, aplicar o instituto.

Interessante anotarmos, no entanto, que embora se refute essa tese, a postura adotada no novo *Codex* acaba por aproximar-se dela, a medida que determina a citação do polo passivo do incidente, que contará com o prazo regular de 15 dias para se manifestar.

Esse conjunto de mudanças processadas no sentido de garantir o contraditório no procedimento de desconsideração da personalidade jurídica pode dar a impressão de que o novo Código se preocupou em demasia com a segurança patrimonial dos sócios a serem executados.

Nesse diapasão, cumpre ressaltar, no entanto, que não há elementos que impeçam o magistrado de, no exercício de seu poder geral de cautela, conceder tutela que aproxime a aplicação do dispositivo à resolução útil do processo.

As alterações no tocante à aplicação do mecanismo sobre o qual trata este artigo terão pouco efeito em relação a casos em que for concedida tutela de urgência pelo juiz. Suponhamos que, durante uma execução, o credor solicite tutela de urgência contra devedores cuja situação conforme-se em caso de aplicação da desconsideração da personalidade jurídica.

Nesse caso, esse credor poderá exigir a constrição dos bens dos devedores? A resposta é sim, para garantir a persecução do resultado útil do processo, inalterado, portanto, o regime do poder geral de cautela do juiz.

Ao mesmo tempo, foram inseridos dois incisos no referido artigo. O segundo deles nos chama a atenção, posto que trata-se de outra modalidade de desconsideração da personalidade jurídica, na qual quem comete ato fraudulento e desviado de sua finalidade é o sócio, e não a administração da empresa em si.

Nesse caso, aplica-se o que se convencionou chamar de desconsideração da personalidade jurídica inversa, uma vez que, nesse caso, os bens do sócio são o alvo da execução, e é necessário desconsiderar-se a personalidade justamente para que a jurisdição possa atingi-los.

Já no art. 134, reforça-se o tratamento incidental que é conferido à *disregard doctrine* no novo Código Processualista, porquanto reitera o fato de que sua aplicação "é cabível em todas as fases do processo de conhecimento, no cumprimento de sentença e também na execução fundada em título executivo extrajudicial".

De acordo com o § 2º, do art. 134, a instauração do incidente será dispensada, se a desconsideração da personalidade jurídica for requerida na petição inicial, pois nessa hipótese, o juiz determinará a citação do sócio ou da pessoa jurídica para integrar o polo passivo da ação, garantindo-lhe, obviamente, o direito à ampla defesa e ao devido processo legal, princípios constitucionais de aplicação no processo civil e demais ramos do Direito Processual brasileiro, inclusive, o trabalhista.

Quando o incidente não for instaurado no início do processo, este será imediatamente suspenso, devendo o réu ser citado para em 15 dias manifestar-se, podendo requerer as provas cabíveis, conforme a previsão do art. 135.

O incidente será resolvido por decisão de natureza interlocutória, no prazo de 10 dias, desafiando o recurso de agravo de instrumento, cabível para essa modalidade de decisão. Sendo a decisão do incidente proferida pelo relator em grau de recurso, a decisão desafiará agravo interno (art. 136, parágrafo único).

Com o acolhimento do pedido de desconsideração, não poderão ser oponíveis, em face de quem se aproveita dessa declaração, os efeitos de alienação ou oneração de bens, desde que também restem demonstrados os requisitos do art. 792 do nCPC. O exame da fraude à execução alcançará o período posterior à citação do sócio (ou da pessoa jurídica, na desconsideração inversa), ou seja, a partir do momento em que ele toma ciência do pedido de desconsideração, quer porque integra o polo passivo desde a petição inicial, quer porque passa a integrar o processo mesmo em pedido incidental (art. 792, § 3º, nCPC). Ainda no exame da fraude à execução, deverá ser ouvido o terceiro adquirente (art. 792, § 4º, nCPC), antes da decisão.

5. A APLICAÇÃO DO INCIDENTE NA EXECUÇÃO TRABALHISTA

O novo CPC, sancionado em 16.03.2015, e como visto alhures, vem suprir a falta de previsão legal acerca dos procedimentos à desconsideração da personalidade jurídica, nos arts. 133, 134 e 135, com implementação das seguintes regras:

a) será processada na forma de um incidente, a não ser que seja requerida na petição inicial;

b) deverá ser requerida pela parte ou pelo Ministério Público e observar os pressupostos previstos em lei;

c) a instauração do incidente, caso não tenha sido requerido na inicial, suspende o processo;

d) o requerimento deve demonstrar o preenchimento dos pressupostos legais específicos para desconsideração da personalidade jurídica;

e) o sócio ou a pessoa jurídica será citado para se manifestar e requerer a produção de provas no prazo de 15 (quinze) dias;

f) o incidente será julgado por decisão interlocutória, no prazo de 10 (dez) dias.

Analisando o tema sob o enfoque da Justiça Especializada, traz-se à lume os seguintes pontos de reflexão: 1. a Justiça do Trabalho vem resolvendo a questão da desconsideração da personalidade jurídica, inclusive inversa, como incidente processual? 2. De que forma o processo trabalhista tem assegurado ao sócio (ou pessoa jurídica, na desconsideração inversa) o exercício do contraditório? 3. Qual a Teoria adotada para aplicar a desconsideração da pessoa jurídica: a "Maior", a "Menor" ou uma teoria híbrida? 4. Como aplicar, no processo do trabalho, regras que são originariamente pensadas para o Direito Processual comum? 5. Admitida a aplicação do novo CPC, em que prazo a decisão interlocutória deverá ser proferida? 6. Admitiremos a possibilidade de recurso contra decisão interlocutória? O juiz do trabalho poderá suscitar o incidente de ofício e em que fase processual ou instância?

Eis nossas impressões sobre a questão.

No que se refere à aplicação supletiva da nova regulamentação, uma vez que inexista, na legislação processual do trabalho, qualquer previsão que discipline o incidente de desconsideração da personalidade jurídica, concluímos que estamos diante da hipótese de omissão, o que, a princípio, autoriza a aplicação supletiva e subsidiária do novo Código de Processo Civil (art. 15).

Vale registrar, oportunamente, que esta específica omissão de normas processuais para tratar do tema (lembrando que, até a chegada do nCPC, a omissão era generalizada), foi, até então, suprida pela Consolidação dos Provimentos da Corregedoria-Geral da Justiça do Trabalho (arts. 68 e 69). Nela, verificaram-se os seguintes aspectos: (a) regras aplicáveis somente na fase de execução; (b) decisão fundamentada de lavra do juiz da execução, a rigor, sem observância do contraditório; (c) reautuação do processo, com inclusão dos nomes dos sócios nos registros informatizados e capa dos autos; (d) comunicação ao setor expedidor de certidões; e (e) citação do sócio.

Caberá ao julgador interpretar se a norma processual comum, quando importada, não irá desfigurar o modelo processual trabalhista. Sabemos que a resposta será negativa porque, mesmo sendo a CLT absolutamente omissa sobre a forma de investigar e decidir acerca da desconsideração da personalidade jurídica, a questão tem sido enfrentada em nossos processos especializados e disciplinada por normas internas (não sendo admissível supor que essas regras internas se sobreponham às normas do Processo Comum, que é de imposição cogente no caso de omissão, pois o novo Código atua de forma supletiva e subsidiária. E não é neste mesmo vazio que atuam nossas normas internas?).

Logo, é forçoso concluir que a admissão de uma disciplina comum para cuidar do exame da *disregard doctrine* não afronta o nosso modelo processual.

Descendo ainda às minúcias das regras, poderíamos sustentar que um ou outro artigo não seria admissível no processo do trabalho. O argumento é substancial, mas isso nos forçaria a repelir a regra incômoda e não o procedimento próprio.

Por fim, ainda poderíamos sustentar que o rito trabalhista é célere, concentrado, sumário, marcado pela simplicidade e com ampla ênfase nos princípios da concentração, da economia processual, da eventualidade e da oralidade. Mas será que poderíamos sustentar que, em nome de tantos princípios processuais, poderíamos negar a adoção de uma trilha única, que confere maior segurança jurídica e que fortalece a proteção ao contraditório e ampla defesa dos envolvidos? Poderíamos defender que a simples adoção de regras que estão a definir com clareza a forma para o processamento do pedido de desconsideração da personalidade jurídica, sem adentrar na substanciação do pleito (ou seja, o novo Código de Processo Civil não diz que interpretação deve ser adotada, nem quais são os pressupostos admissíveis para o pedido de desconsideração, por exemplo) afrontaria o modelo processual trabalhista? E por que seria este nosso modelo processual atingido de forma tão impactante enquanto, ao mesmo tempo, não o seria o rito previsto nos Juizados Especiais (cuja criação se inspirou na vanguarda do processo do trabalho)? Afinal, para os Juizados Especiais o incidente tem adoção mais do que explícita (art. 1.062, nCPC).

Com efeito, tem-se que as regras do incidente devem, afinal, ser importadas para o processo do trabalho, observando-se, nesse translado, a compatibilidade com o rito que por aqui é adotado, especialmente quanto aos prazos, atuação do juízo e recursos.

Sendo a CLT e legislação extravagante omissas; admitindo-se a desconsideração da personalidade jurídica (inclusive inversa) no âmbito do processo do trabalho; aplicando-se na Justiça laboral todos os princípios constitucionais do processo e impondo o novo CPC à aplicação supletiva de seus institutos, é de se concluir que o incidente previsto no novo Código deve ser observado também no processo do trabalho.

Agora passemos à análise da integração das regras do Novo CPC ao Processo do Trabalho.

Considerando que o juiz do trabalho pode (não é dever, mas faculdade) impulsionar, de ofício, a execução (art. 878, CLT), dois caminhos se abrem.

O primeiro é aquele apontado pelo novo Código de Processo Civil e que atribui a iniciativa à parte interessada ou ao Ministério Público e a legitimidade para formular o requerimento. Com isso, o juiz do trabalho não poderá mais, de ofício, decidir pela desconsideração da personalidade jurídica primeiro para, só depois, estabelecer o contraditório.

É fácil compreender o porquê da exclusão do juiz como legitimado para a propositura do incidente. Afinal, um dos requisitos do incidente consiste em apontar os pressupostos legais para o pedido de desconsideração. Ora, se o próprio juiz apontar esses pressupostos legais, como ele, na qualidade de julgador, avaliará a defesa que se oponha aos argumentos iniciais, que são seus (do juiz)?

Poderíamos cogitar de uma aplicação temperada: o juiz instauraria o incidente, mas omitiria os pressupostos legais específicos para a desconsideração. Essa alternativa atrairia dois problemas: a) a decisão poderia ser reputada como sem fundamentos, violando a Constituição Federal (art. 93, IX); e b) sendo necessária a citação do sócio (ou da pessoa jurídica, no caso da desconsideração inversa) e não sendo indicados os pressupostos legais específicos, contra o que o litisconsorte teria que se defender?

Portanto, é mais do que recomendável que, apesar de deter a faculdade (o art. 878 da CLT fala em poder, não em dever) de impulsionar a execução, o juiz do trabalho se abstenha de promover de ofício a instauração do incidente processual, cabendo ao interessado a tarefa de reunir os argumentos e formular o pleito.

Um outro ponto de destaque corresponde à citação. Há jurisprudência no sentido de que ela seria despicienda, uma vez que a desconsideração não implicava em trazer o sócio como parte em uma nova lide.

No entanto, jurisprudência majoritária, entendendo que o sócio passava com efeito a integrar o polo passivo da execução, como parte, houve por bem deixar assentada a necessidade imperiosa de citação do sócio para oferecer o contraditório.

A seguir o rito proposto no novo CPC, simplifica-se o procedimento. Formulado o requerimento e admitido o incidente pelo juiz do trabalho, notifica-se o cartório distribuidor e setor responsável pela emissão de certidões, para prevenção quanto ao interesse de terceiros e atenção às regras de expedição da Certidão Nacional de Dívidas Trabalhistas, dando, assim, a necessária publicidade. Cita-se o sócio (ou pessoa jurídica, no caso da desconsideração inversa). Abre-se o prazo para a defesa (15 dias) e decide-se pela necessidade ou não de outras provas.

Pode-se cogitar de instauração de audiência para o recebimento da defesa, adotando-se a regra do quinquídio (art. 841, CLT) previsto para a contestação, bem como as regras de arquivamento e decretação dos efeitos da revelia (art. 844, CLT). Esta é, sem dúvida, uma adaptação razoável e que será definida pela jurisprudência. Adotar, ou não, a possibilidade de audiência para a solução do incidente não desfigurará o itinerário em seus pontos principais.

A adaptação precisa levar em consideração não só os prazos, mas também outros institutos processuais aplicáveis (tipo de recurso, por exemplo) e, por isso, não há como extrair uma regra precisa. É possível, todavia, presumir que, se o processo do trabalho dispõe de instituto próprio e similar àquele invocado pelo CPC/2015 para aplicação, junto com o incidente de desconsideração será aplicado o instituto próprio trabalhista, como, por exemplo: o princípio da unirrecorribilidade das decisões interlocutórias. Mesmo que o nCPC tenha almejado incorporar esse princípio, abriu exceção para o Incidente em discussão, mas o processo do trabalho não tem razão para imitá-lo, importando hipótese recursal que não é admissível na estrutura de nossos ritos.

Por outro lado, se não há disciplina específica e não envolve um instituto próprio, o melhor será seguir aquilo que está definido no novo CPC. Portanto, o prazo para decidir o incidente no processo do trabalho deve ser o mesmo concebido no estatuto processual comum: 10 (dez) dias.

Por se tratar de decisão interlocutória, não caberá recurso imediato no processo do trabalho (art. 893, § 1º, CLT) se esta decisão foi proferida na fase de conhecimento, pelo juiz de primeiro grau. No processo do trabalho, o agravo de instrumento só é admitido para liberar o seguimento de recurso trancado (art. 897, b, CLT). Veja que aqui há uma regra específica que não pode ser vencida pela disciplina do novo CPC, porque implicaria em alterar a estrutura do modelo processual trabalhista.

Em se tratando de decisão lançada na fase de execução, o recurso cabível será o Agravo de Petição, que poderá ser proposto no prazo de até 08 (oito) dias (art. 897, § 1º, CLT). Se o incidente for instaurado em sede de segundo grau, da decisão proferida pelo relator caberá o recurso do Agravo Regimental.

Finalmente, analisaremos os elementos específicos exigidos para a desconsideração da personalidade jurídica.

Como já mencionado anteriormente, dentre todos os regramentos normativos apontados historicamente no Direito Brasileiro para a aplicação da teoria da desconsideração da personalidade jurídica, destaca-se o art. 50 do Código Civil, segundo o qual, "Em caso de *abuso da personalidade jurídica,* caracterizado pelo *desvio de finalidade, ou pela confusão patrimonial,* pode o juiz decidir, a requerimento da parte, ou do Ministério Público quando lhe couber intervir no processo, que os efeitos de certas e determinadas relações de obrigações sejam estendidos aos bens particulares dos administradores ou sócios da pessoa jurídica".

O fundamento jurídico para a aplicação do instituto tem como matriz o abuso da personalidade jurídica da empresa, nas vertentes do desvio de finalidade e da confusão patrimonial. Esses são os pressupostos básicos de sua aplicação.

No entanto, vale registrar que, mesmo na Justiça do Trabalho, a jurisprudência tem se pautado por uma aplicação temperada da teoria da desconsideração da personalidade jurídica, ora pautando-se pela teoria maior (com o elemento subjetivo do dolo ou culpa do sócio), ou ainda da teoria menor (bastando a inexistência ou insuficiência de bens da sociedade para a expropriação de bens do sócio).

4. CONCLUSÕES

O novo Instituto da Desconsideração da Personalidade Jurídica preenche uma lacuna existente na legislação processual presente, ao estabelecer o procedimento pormenorizado para a apreciação do pedido, que poderá ser instaurado por iniciativa da parte ou do próprio Ministério Público, quando lhe couber intervir no processo, quando houver indícios de abusos, desvio de finalidade e fraude por parte dos gestores da pessoa jurídica.

O que no CPC vigente, fica por conta do entendimento da jurisprudência, e na interpretação pessoal do juiz, por falta de regra procedimental específica, a partir da vigência do Novo CPC, terá regras procedimentais definidas, o que ao nosso ver se mostra salutar notadamente para assegurar o devido processo legal e a segurança jurídica.

O novo Código de Processo Civil é de aplicação extensiva ao processo trabalhista, uma vez que é dotado das qualidades de supletividade e subsidiariedade (art. 15, nCPC). Apesar de a nova regra não trazer, em sua redação, o requisito da compatibilidade, é forçoso reconhecer que é preciso distinguir o que é típico do modelo processual trabalhista daquilo que deva ser caracterizado como omissão.

Uma vez admitida a desconsideração, o sócio (ou pessoa jurídica, na desconsideração inversa) é citado na fase executiva, assumindo a qualidade de parte na execução, pelo que lhe é assegurado o contraditório. A defesa do sócio ou empresa trazido para a execução tem se manifestado por meio de objeção pré-executiva (ou exceção de pré-executividade – de aceitação controvertida, quando não trouxer à discussão elementos que seriam conhecíveis de ofício pelo julgador), embargos à execução, embargos de terceiro (sendo duvidoso o uso desse instrumento para irresignação do sócio por sua inclusão como parte na execução) ou mesmo atacando diretamente a decisão de desconsideração por meio de Agravo de Petição. A ausência de citação do sócio, na Justiça do Trabalho, tem acarretado a nulidade da decisão e dos atos posteriores.

Sendo admitida a desconsideração no processo do trabalho e não havendo regras explícitas que definam o procedimento, deve ser aplicado o novo Código de Processo Civil, devendo o tema ser tratado como incidente processual, exceto se a questão for apresentada na petição inicial.

Ainda que o juiz do trabalho possa promover o impulso oficial na execução (art. 878, CLT), não é recomendável que tome a iniciativa de suscitar o incidente, haja vista que o novo Código de Processo Civil determina que o requerimento seja feito mediante a invocação dos pressupostos legais específicos, citando-se o sócio ou a pessoa jurídica, instruindo-se com outras provas, se necessário e, ao fim, decidindo-se a questão, mantendo-se o processo suspenso até o julgamento do incidente.

Formalizado o pedido de instauração do incidente e sendo ele admitido pelo juiz, deverá ser comunicado o cartório distribuidor e o setor de expedição de certidões do Tribunal, para anotação e publicidade e atenção à CNDT, a fim de que sejam resguardados os direitos de terceiros.

Como no processo do trabalho as decisões interlocutórias não são recorríveis de imediato, exceto quando terminativas, não é aplicável a figura recursal do agravo de instrumento prevista no art. 1015, IV, nCPC.

Resolvido o incidente na fase de execução, o recurso a ser aviado será o Agravo de Petição, no prazo de 8 dias.

Resolvida a desconsideração por sentença, o recurso será o ordinário (art. 895, CLT) e sobre esta decisão incidirá o efeito da coisa julgada, o que tornará inviável rediscutir a matéria na fase da execução, exceto se o pedido incidental se apoiar em fatos novos ou supervenientes.

O ordenamento jurídico adotou a teoria da desconsideração da personalidade jurídica de forma amplíssima nas relações consumeristas e de agressão ao meio ambiente, desvinculando sua incidência de demonstração de fraude ou abuso. Não obstante, o Código Civil adotou como regra matriz (art. 50) a aplicação da Teoria da desconsideração mediante demonstração de fraude. A Justiça do Trabalho tem adotado teoria mitigada, afastando da desconsideração apenas os entes filantrópicos e as entidades desportivas, bem como sociedades anônimas de capital aberto. Para as demais situações, tem prevalecido o entendimento da desconsideração por mera insuficiência patrimonial da executada, a exemplo do que ocorre nas relações consumeristas e nas dívidas decorrentes de agressão ao meio ambiente.

A nosso ver, a aplicação do instituto deveria estar calcada no art. 50 do Código Civil, cabendo ao requerente a prova do abuso de personalidade jurídica por parte da sociedade empresarial, para, assim, descortinar o véu protetivo, e alcançar bens do sócio na execução.

REFERÊNCIAS

BALEEIRO NETO, Diógenes. A Desconsideração da Personalidade Jurídica no Novo CPC. Universo Jurídico, Juiz de Fora, ano XI, 02 de ago. de 2011. Disponível em: <http://uj.novaprolink.com.br/doutrina/7761/a_desconsideracao_da_personalidade_juridica_no_novo_cpc>. Acesso em: 15 jun. 2015.

DIDIER JR., Fredie; CUNHA, Leonardo José Carneiro da; BRAGA, Paulo Sarna; OLIVEIRA, Rafael. *Curso de direito processual civil. Meios de impugnação às decisões judiciais e processo nos tribunais*. vol. 5. Salvador: *Juspodvm*, 2009.

DIDIER JR. Fredie. Aspectos processuais da desconsideração da personalidade jurídica (art. 50 do CC-2002). In: *Regras processuais no novo Código Civil*. São Paulo: Saraiva, 2004.

Novo Código de Processo Civil – <http://www.planalto.gov.br/ccivil_03/_Ato2015-2018/2015/Lei/L13105.htm>.

COELHO, Fábio Ulhoa. *Curso de direito comercial*. 5. ed. São Paulo: Saraiva, 2015.

SILVA, Caio Mario Pereira da. *Instituições de direito civil*. v. I, 20. ed. Rio de Janeiro: Forense, 2004.

WAKI, Kléber de Souza. *Aspectos do novo CPC*: o incidente de desconsideração da personalidade jurídica e o processo do trabalho. Disponível em: <https://direitoeoutrostemas.wordpress.com/2015/06/01/aspectos-do-novo-cpc-iii-o-incidente-de-desconsideracao-da-personalidade-juridica-e-o-processo-do-trabalho/#_ftn2>. Acesso em: 16 jun. 2015.

# A PREVISÃO DA FIGURA DO *AMICUS CURIAE* NO DIREITO PROCESSUAL DO TRABALHO E NO NOVO CÓDIGO DE PROCESSO CIVIL

Luiz Ronan Neves Koury(*)

INTRODUÇÃO

A rigor não se tem a previsão legal da figura do *amicus curiae* no Direito Processual do Trabalho anteriormente à edição da Lei n. 13.015 de 21.07.2014, que faz referência à possibilidade de manifestação de pessoa, órgão ou entidade com interesse em determinada controvérsia.

No acréscimo realizado no art. 896 da CLT, mais especificamente no art. 896-C, § 8º, a norma legal encontra-se vazada nos seguintes termos: "o relator poderá admitir manifestação de pessoa, órgão ou entidade com interesse na controvérsia, inclusive como assistente simples, na forma da Lei n. 5.869 de 11 de janeiro de 1973 (Código de Processo Civil)".

Este dispositivo guarda semelhança e não identidade com o art. 7º, § 2º, da Lei n. 9.868 de 10.11.1999, que trata das Ações Diretas de Inconstitucionalidade, e o art. 543-C, § 4º, do CPC, relativo ao procedimento do recurso especial repetitivo.

Em relação ao primeiro, em sede de controle de constitucionalidade, o Relator admitirá a manifestação de órgãos e entidades e não de pessoas físicas, desde que haja relevância da matéria e representatividade dos postulantes.

O art. 543, *c*, § 4º, do CPC, também impõe como requisito a relevância da matéria para se admitir a manifestação de órgãos ou entidades e também pessoas, acrescentando a expressão "com interesse na controvérsia".

O § 8º do art. 896-C da CLT não fixa os requisitos da relevância e representatividade, mas apenas o interesse na controvérsia, podendo admitir, referindo-se também à possibilidade de assistência simples na forma do CPC, o ingresso de pessoas desde que presente o interesse na controvérsia.

Embora com essa diversidade de pressupostos e abrangência é certo que se trata da mesma figura presente nos dispositivos legais mencionados, qual seja, o *amicus curiae* (amigo da corte), especialmente porque faz a distinção com a chamada assistência simples.

As normas legais mencionadas refletem a evolução do instituto do *amicus curiae*, cuja culminância tem guarida no Novo Código de Processo Civil que prevê a figura do amigo da corte em todas as instâncias, inclusive em 1º grau, com requisitos específicos para sua admissibilidade como também a sua presença nos inúmeros incidentes e em matérias de âmbito coletivo.

O grande desafio, com a abrangência conferida ao instituto do *amicus curiae*, é permitir que cumpra o seu relevante papel de instrumento de aperfeiçoamento das decisões judiciais e que não se torne um mecanismo de protelação da prestação jurisdicional.

Em outras palavras, o assim entendido colaborador da corte, no sentido de propiciar maior aprofundamento do debate e justiça das decisões, não pode ter a sua finalidade deturpada e ser utilizado como um expediente para atrasar o desfecho das ações.

HISTÓRICO

Os autores apontam a sua origem no Direito Inglês medieval e, alguns, de forma minoritária, fazem referência ao Direito Romano como fonte do instituto. O

(*) Desembargador Vice-Corregedor do Tribunal Regional do Trabalho da 3ª Região. Mestre em Direito Constitucional pela UFMG. Professor de Direito Processual do Trabalho da Faculdade de Direito Milton Campos.

seu progresso, no entanto, se deu no Direito Norte-americano, onde se desenvolveu e ganhou visibilidade internacional, como informa a doutrina.[1]

Na transposição do Direito Inglês para o Americano o *amicus curiae* perdeu a característica da neutralidade, passando a ser entendido como ente interessado na solução da causa, mas não aquele interesse próprio da intervenção de terceiros, como previsto em nosso CPC. O interesse do *amicus curiae* para intervenção no processo deve ir além dessa esfera subjetivada, o que deverá ser apreciado em cada caso concreto.[2]

O interessante no Direito Norte-americano é que o *amicus* evoluiu das questões envolvendo ente público para intervenção nas questões da tutela de interesses privados.

São o *amicus* governamental e privado ou particular. O primeiro com poderes quase que semelhantes à parte e o segundo de atuação mais restrita.[3]

Cabe acrescentar que o *amicus curiae* tem um desenvolvimento maior no sistema do *Common Law* em razão de uma menor regulamentação das hipóteses de intervenção de terceiros.

Em termos de Brasil, o *amicus curiae* foi paulatinamente incorporado ao nosso ordenamento, a partir de 1976, com a lei que criou a Comissão de Valores Mobiliários (Lei n. 6.385/76), a legislação que regulamentou o CADE, a Lei n. 8.906/94 da OAB e de atuação do advogado e a legislação do Instituto Nacional de Propriedade Industrial – INPI (Lei n. 9.276/96). Além desses diplomas legais podem ser mencionados a Lei n. 9.868/99 do controle de constitucionalidade e, ainda, a Lei n. 10. 259/2001, que trata do Incidente de Uniformização perante os Juizados Especiais, como também o próprio Projeto do Código de Processo Civil.

Em relação às várias leis que tratam da figura da intervenção de terceiro, de forma singela aquele que não é parte no processo, há discussão doutrinária sobre a natureza jurídica da intervenção legalmente autorizada, se a de terceiro na forma codificada (arts. 50/80 do CPC) ou se se trata do *amicus curiae*.

Feita essa resumida digressão do tratamento e evolução do instituto no Direito Norte-americano e no nosso ordenamento jurídico cabe agora fixar os seus contornos, iniciando-se pela sua definição.

Conceito – Natureza Jurídica – Figuras Assemelhadas – Tratamento no STF e STJ

Muito mais do que o *conceito* do *amicus curiae*, a caracterização do instituto fica mais bem evidenciada pelos objetivos que justificam a sua existência.

É voz corrente na doutrina e na jurisprudência que a admissão do *amicus curiae* representa uma abertura do processo, uma nova concepção de jurisdição, no sentido de permitir a atuação de forças sociais como forma de pluralizar o debate e garantir uma maior legitimidade e precisão da decisão judicial perante a sociedade, com uma atenção especial para suas consequências.

Como se vê dos objetivos apresentados, o *amicus* decorre de uma atitude de abertura diante da dogmática e do formalismo e individualismo processuais, com procedimento que se aproxima da democracia participativa, concretizando de forma mais ampla possível o conhecido escopo político da jurisdição no sentido de que o destinatário da decisão participe de sua construção.

Quanto à *natureza jurídica*, é indiscutível que o *amicus* é um terceiro na relação processual, mas um terceiro diferenciado, considerando o tratamento dado aos terceiros pelo nosso Código de Processo Civil.

Trata-se de um terceiro que hoje se caracteriza pela parcialidade com o propósito de influenciar a decisão para que se direcione em determinado sentido.

Não se tem mais o *amicus curiae* com a feição romântica da neutralidade, que o caracterizou quando de seu surgimento. Em outras palavras, alguém que requeria a sua participação no processo com o único intuito de apresentar fatos até então estranhos à relação processual para, com isso, contribuir com o aperfeiçoamento da decisão.

Alguns doutrinadores atribuem a ele a condição de um terceiro institucional, ou seja, alguém que comparece ao processo com interesse jurídico, com objetivos que transcendem o mero interesse público, com maior intensidade e abrangência, como resultado de uma nova configuração do processo.[4]

Outros autores apontam a sua natureza jurídica de auxiliar do juízo no sentido de fornecer elementos para decisão assim como outros auxiliares, em especial quanto à tarefa hermenêutica de produzir o direito na interpretação e aplicação das normas. Aqui ele cumpre a importante tarefa de informar sobre os fatos para melhor aplicação do Direito.[5]

Na realidade esse terceiro parcial comparece em juízo inicialmente com objetivos bem definidos de in-

---

(1) AGUIAR, Mirella de Carvalho. *Amicus curiae*. Salvador: *Jus Podivm*, 2005. p. 11.

(2) BUENO, Cássio Scarpinella. *Amicus curiae* no processo civil brasileiro um terceiro enigmático. 3. ed. rev. e atual., São Paulo: Saraiva, 2012, p. 117/118.

(3) BUENO, Cássio Scarpinella. Ob. cit., p. 117/118.

(4) BUENO, Cássio Scarpinella. Ob. cit., p. 457/460.

(5) AGUIAR, Mirella de Carvalho. Ob. cit., p. 59.

fluenciar na decisão, na direção de seu interesse, mas pelas informações que oferece, propiciando uma maior ampliação do contraditório, acaba por fornecer elementos para formação do convencimento do julgador, como verdadeiro auxiliar do Juízo.

Na configuração atual, antes de ser um genuíno amigo da corte, o seu objetivo inicial é de influenciar a decisão na direção dos interesses que defende e, portanto, a sua natureza jurídica ficaria melhor explicitada na condição de terceiro diferenciado, porque não se enquadra nas hipóteses legais de intervenção de terceiro, ora prevalecendo a condição de terceiro institucional, ora acentuando a condição de auxiliar do juízo, dependendo da intensidade de sua atuação no caso concreto.

Como bem assevera Carolina Tupinambá, o *amicus curiae* "está comprometido com o debate e a pluralidade, mas, não necessariamente, com a imparcialidade".[6]

Em relação às figuras afins, no que se refere aos demais sujeitos processuais que guardam semelhança com o *amicus curiae*, também atuando como terceiros e visando a colaborar com a decisão judicial, podem ser apontados o Ministério Público, o perito e o assistente.

O primeiro deles, *o Ministério Público*, é muito mais um terceiro institucional do que o *amicus curiae* no sentido da obrigatoriedade de sua atuação nas questões envolvendo interesse público.

A motivação para tanto é a previsão legal e até mesmo constitucional da exigência de defesa dos interesses da sociedade como um todo, de forma contrária ao *amicus curiae* que atua no interesse de determinado segmento social e também de forma voluntária.

O perito, como se sabe, na forma regulada pelo CPC, é um auxiliar do juízo eventual, que atua, sobretudo, nas questões técnicas que não sejam de conhecimento do juiz, mas sem uma preocupação de fornecer outros fundamentos além daqueles objeto de sua atuação específica para formação da decisão.

Em relação a ele (perito), a sua atuação se reveste de essencialidade pelos conhecimentos técnicos que detém, sob pena de não ser possível a entrega da prestação jurisdicional, com procedimento rigidamente traçado no CPC. Ao contrário dele, o *amicus curiae* é necessário, mas não tem a essencialidade de que se reveste a atuação do perito e, muito menos, é necessariamente elemento de confiança do juízo como deve ser o perito.

O assistente atua com a finalidade específica de auxiliar a parte e tem com ela esse compromisso, com definição e regulamentação de sua atuação no Código de Processo Civil (arts. 50/55). O *amicus curiae* tem compromisso, embora de forma parcial, com a solução oferecida à controvérsia, visando à defesa dos interesses dos sujeitos que representa ou mesmo que não estão presentes no processo, o que pode envolver uma categoria, setor ou segmento social, com evidente transcendência em relação às partes litigantes.

O seu compromisso, como é mencionado na doutrina, é com a repercussão social, é este o efeito agregador de sua participação, pois do contrário configura-se a situação de mera assistência.[7]

Dentro da ordem de apresentação de aspectos do tema contida neste trabalho, resta agora fazer referência à sua *admissão e participação no processo, de acordo com o entendimento do STF e do STJ*.

O STF não admite a pessoa física ou natural como *amicus curiae*. Quanto ao prazo de sua admissão, o pedido deve ser apresentado no prazo das informações dos órgãos ou autoridades das quais emanou o ato objeto da ação de inconstitucionalidade, que é de 30 dias ou até a data em que o Relator liberar o processo para pauta.

O Regimento Interno do STF autoriza a sustentação oral, conforme se verifica de seu art. 131, § 3º. Quanto à legitimidade para recorrer, o entendimento que prevalece é o relativo à sua impossibilidade, tanto nas hipóteses de admissibilidade, com exceção quanto à inadmissibilidade, e mesmo quando já admitido no processo e pretende se insurgir contra a decisão.

O STJ regulamentou a matéria relativa ao Recurso Especial Repetitivo na Resolução n. 08 de 07.08.2008, admitindo o ingresso de pessoas físicas, esclarecendo que a sua manifestação deve ocorrer no prazo de 15 dias e em data anterior à do julgamento pelo órgão colegiado.

O *amicus curiae*, na visão do STJ, também não tem legitimidade para recorrer, inviabilizando-se a intervenção após o julgamento. Quanto à sustentação oral, não é direito do *amicus*, tratando-se de uma faculdade da Corte a sua admissão ou não, como nos demais atos relativos à sua atuação.

ASPECTOS PROCESSUAIS RELACIONADOS AO *AMICUS CURIAE*

São apresentados, a seguir, alguns aspectos processuais relativos à atuação em juízo do *amicus curiae*,

---

(6) TUPINAMBÁ, Carolina. Novas tendências de participação processual – o *amicus curiae* no anteprojeto do CPC, in *O novo processo civil brasileiro* (direito em expectativa): (reflexões acerca do projeto do Novo Código de Processo Civil / Andréa Carla Barbosa [et al]; coordenador Luiz Fux. Rio de Janeiro: Forense, 2011. p. 129).

(7) TUPINAMBÁ, Carolina. Ob. cit., p. 129.

relativamente à representação, competência, produção de provas, legitimidade para recorrer e abrangência da coisa julgada.

Em relação à constituição de advogado, a doutrina distingue a intervenção provocada da espontânea, dispensando tal representação no primeiro caso, até porque poderia dificultar o objetivo maior de sua atuação para uma melhor prestação jurisdicional e a exigindo, no segundo caso, por se tratar de postulação que, no nosso sistema, é privativa do advogado, na forma também do entendimento do STF.[8]

A atuação do *amicus curiae*, pelo menos no âmbito da Justiça do Trabalho, não pode ser um fator de alteração da competência pelas próprias normas de regência de sua competência material e pela natureza do *amicus curiae* e a finalidade de sua atuação.

A possibilidade de produzir provas, o que para boa parte da doutrina seria uma forma de garantir a plenitude de sua atuação, aqui desmistificando a velha questão da proximidade do fato e o direito, é uma matéria delicada, porquanto poderia representar atraso na prestação jurisdicional e, talvez, uma ampliação exagerada do espaço cognitivo.

A legitimidade para recorrer, que encontra obstáculos em julgados do STF e STJ, é defendida por setores da doutrina também com o fundamento de se garantir a mais plena atuação do *amicus* e a isonomia com outros terceiros.

A legitimidade recursal, em princípio, encontra-se presente sempre que, na decisão, houver contrariedade aos interesses sustentados pelo *amicus curiae*, mas que, sem prejuízo da sustentação oral e a juntada de manifestação escrita, deverá ser evitada por razões de política judiciária, presente o valor maior da celeridade na prestação jurisdicional.

Quanto à coisa julgada, o *amicus* não é atingido pelos seus efeitos, seja do ponto de vista objetivo, que se refere ao objeto litigioso que a ele não diz respeito, como também em termos subjetivos, na velha e boa redação do art. 472, do CPC, dada a sua condição de terceiro. E, em consequência, não há que se falar na legitimidade para propor ação rescisória.

A PREVISÃO DO *AMICUS CURIAE* NOS ARTS. 896-C, § 8º, DA CLT E 16 DO ATO N. 491 DA PRESIDÊNCIA DO TST

Cabe agora fazer referência, de forma específica, ao mencionado § 8º do art. 896-C, com a redação dada pela Lei n. 13.015 de 21.07.2014, considerando tudo que já foi dito em relação aos dispositivos de semelhante redação e o posicionamento doutrinário e jurisprudencial sobre o tema.

Como nos demais dispositivos, em especial o art. 543-C do CPC sobre o procedimento de recurso especial repetitivo, é uma faculdade do Relator a admissão, no processo, de pessoa, órgão ou entidade com interesse na controvérsia.

Esse interesse, como já restou mencionado, não é o interesse codificado, restrito a um auxílio às partes, mas a representação do interesse de determinado setor social ou da sociedade em seu conjunto a fim de que o julgador esteja munido de um maior número de informações para que decida na linha de argumentos e dados apresentados pelo *amicus curiae*.

A novidade ficou por conta do reconhecimento expresso de que essa pessoa, órgão ou entidade poderá ser admitido como assistente simples, na forma prevista no CPC.

Nos demais dispositivos semelhantes se reconhece que alguns casos são de assistência e outros de típico *amicus curiae*, mas não há uma referência expressa à possibilidade, contida no dispositivo em comento, da admissão inclusive como assistente simples.

Ao que parece, a previsão legal é no sentido de que se deve admitir o *amicus curiae* com base nos pressupostos extraíveis da doutrina e jurisprudência construídos sobre o tema, qual seja, a relevância da matéria, a representatividade do interessado e a demonstração inequívoca de interesse na controvérsia bem como a possibilidade de efetiva contribuição para decisão.

E, ao lado disso tudo, a possibilidade de admissão como assistente simples, como regulado pelo CPC, com os pressupostos e procedimentos nele definidos, mostra-se desnecessária, eis que essa possibilidade já está prevista no ordenamento processual.

Uma coisa é o *amicus*, parcial, que oferece uma pluralidade de argumentos à decisão. E, embora sendo parcial, apresenta-se como verdadeiro auxiliar do Juízo.

Outra coisa é o assistente simples, verdadeiro auxiliar da parte, com interesse jurídico que a decisão seja favorável ao assistido e com nenhum outro objetivo que não seja o êxito da parte que assiste.

Como já mencionado, pode-se dizer que o acréscimo, ou seja, a previsão para atuação como assistente simples, é absolutamente desnecessária, dando margem a que se confundam terceiros que, embora tenham aspectos em comum, atuam e têm objetivos diversos, o que pode até mesmo obscurecer a nobreza da atuação do *amicus curiae* em determinada ação.

---

(8) BUENO, Cássio Scarpinella. Ob. cit., p. 499/501.

O procedimento, neste caso, deverá ser o mais aberto possível sem que isso possa representar um retardamento no desfecho da prestação jurisdicional, adotando-se a linha preconizada no Supremo Tribunal Federal quanto à participação até a data de liberação do processo para pauta, inclusive a possibilidade de sustentação oral.

Não obstante, *na regulamentação levada a efeito no art. 16 do Ato n. 491 da Presidência do TST*, verifica-se a previsão restritiva da atuação do *amicus curiae*, com a sua oitiva apenas em audiência pública, de iniciativa do Relator. Como restou mencionado anteriormente, a audiência pública é uma das formas de manifestação deste terceiro, que também pode se dar pela via do memorial e da sustentação oral, de forma espontânea.

De qualquer forma esperava-se uma regulamentação mais detalhada e não limitativa sobre a matéria como a fixação de prazo para manifestação, de iniciativa do *amicus curiae*, com a previsão de outras formas de sua participação ou mesmo a possibilidade de recurso na hipótese de inadmissibilidade de seu ingresso no processo.

E, como amplamente mencionado neste trabalho, a tônica da participação do *amicus curiae* na atualidade, hipótese da nova lei, é exatamente o interesse na controvérsia, o que vai muito além da participação de pessoas com experiência e conhecimento na matéria, como consta do art. 16 do Ato n. 491 da Presidência do TST, pois este dispositivo atribui acentuada feição de neutralidade ao *amicus curiae*, bem distanciada da verdadeira motivação que justifica a sua participação nos processos.

O que se esperava, como dito anteriormente, é que houvesse uma abertura maior nas possibilidades de atuação do *amicus curiae*, como faz o Supremo Tribunal Federal, sempre sem prejuízo da celeridade, mas presente a ideia de permitir uma maior participação social nos processos de indiscutível relevância, com benefício para o aperfeiçoamento da prestação jurisdicional.

De qualquer modo, a sua inserção no rito de recurso de revista repetitivo deve ser elogiada, pois, assim agindo, o legislador presta expressa reverência ao moderno processo civil, de evidente matriz constitucional, com o abandono do dogmatismo presente nas hipóteses restritivas de intervenção de terceiros e com o indicativo de uma maior abertura para construção da decisão judicial.

O *AMICUS CURIAE* E O NOVO CÓDIGO DE PROCESSO CIVIL

Na introdução deste trabalho se fez referência ao tratamento dado ao *amicus curiae* no Novo Código de Processo Civil, com a sua previsão em todas as instâncias, conclusão que se retira da possibilidade de sua admissão pelo Juiz ou Relator, conforme se extrai do art. 138.

Na sequência, o dispositivo mencionado fixa os requisitos a serem observados para admissão do *amicus curiae* no processo, representados pela relevância da matéria, especificidade do tema objeto da demanda ou a repercussão social da controvérsia bem como a representação adequada (entendida pelo STF como intervenção útil ao desfecho do litígio).

Tais requisitos, fruto de construção doutrinária e jurisprudencial, são agora positivados, devendo ser preenchidos de forma concomitante com exceção da especificidade do tema e repercussão social da controvérsia, separados pela conjunção alternativa. Embora com inegável carga de subjetividade é possível estabelecer, de forma objetiva, situações em que os requisitos legais deverão ser preenchidos.

Acresça-se, ainda, como comando contido na norma legal referenciada, que a sua admissão no processo se trata de faculdade conferida ao julgador, com a natureza de decisão irrecorrível, podendo ser de ofício, por iniciativa da parte ou de quem pretenda se manifestar.

O *amicus curiae*, ao contrário de outras normas ou posições jurisprudenciais mencionados anteriormente, pode ser pessoa natural ou jurídica, órgão ou entidade especializada, cuja manifestação deverá ocorrer no prazo de 15 dias de sua intimação quando se tratar de participação provocada, como definiu o STJ na Resolução n. 08 de 07.08.2008.

Na linha de fixação do procedimento a ser adotado para participação do *amicus curiae*, o Novo Código de Processo Civil dispõe que o seu ingresso no processo não implica a alteração de competência e nem autoriza a interposição de recursos, excetuando-se os embargos de declaração ou na hipótese de decisão que julgar o incidente de resolução de demandas repetitivas (§§ 1º e 3º).

Também nesse último aspecto seguiu a regulamentação adotada no âmbito do STF e STJ, sendo que o primeiro admite o recurso na hipótese de inadmissibilidade do *amicus curiae*, que procurou impedir que se tornasse um instrumento de protelação das decisões.

Cabe, ainda, ao julgador definir os poderes do *amicus curiae* (§ 2º), e aqui é importante fazer o registro da utilização da expressão *amicus curiae* pelo legislador processual, devendo ser interpretado o dispositivo legal como o espaço assegurado para atuação no processo em termos de peças a serem apresentadas, eventual sustentação oral ou mesmo a juntada de documentos para melhor compreensão da controvérsia e dos interesses defendidos pelo *amicus curiae*.

Cumpre também dizer que além da previsão geral de atuação do *amicus curiae* que, como se sabe, representa um mecanismo de ampliação da jurisdição, deve ser mencionada a sua referência específica, com termos diversos, mas com o mesmo conteúdo, nas hipóteses de alteração de tese jurídica em Súmula (art. 927, § 2º), Incidente de Arguição de Inconstitucionalidade (art. 950, § 3º) e no Incidente de Resolução de Demandas Repetitivas (art. 983, *caput*), aspectos que reforçam a importância do instituto em função do espaço normativo que lhe é concedido e o acerto do legislador em regulamentar instituto de fundamental importância na moderna processualística.

A NOVA SISTEMÁTICA DAS TUTELAS DE URGÊNCIA NO NOVO CÓDIGO DE PROCESSO CIVIL E A SUA APLICAÇÃO NO DIREITO PROCESSUAL DO TRABALHO

Nery Sá e Silva de Azambuja[*]

INTRODUÇÃO

A responsabilidade de tratar o tema, que sofreu alterações no Código de Processo Civil, é tarefa que inspira dois cuidados: a ausência de denso debate na seara trabalhista e o alcance da sua aplicação que será delineada somente com a prática.

Assim, este estudo não pretende esgotar a matéria, mas apresentar um panorama geral e inicial sobre o assunto, de modo a contribuir para uma reflexão sobre a temática e obter subsídios para futuros debates, considerando sua utilidade para o direito processual do trabalho.

A tutela de urgência há muito é preocupação da atividade jurisdicional em decorrência do eventual perecimento do direito, motivado pelo tempo que o próprio contraditório enseja. Daí a célebre história do boi que virou bife no exemplo dado por Lopes da Costa[1], referindo-se à morosidade em razão da competência do juízo dada a localização do bem perseguido.

A importância de procedimentos funcionais e simplificados que impulsionem a marcha processual em busca do fim almejado a tempo e modo esperados, equilibrando princípios caros como o contraditório, celeridade e segurança jurídica é o que parece nortear o novo Código Processual Civil.

A Lei n. 13.105, de 16 de março de 2015 – Novo Código de Processo Civil –, com *vacatio legis* de um ano da data de sua publicação (art. 1.045), com vigência, portanto, a partir de 16.03.2016, apresenta no Livro V da sua Parte Geral a Tutela Provisória (gênero), dividido em 03 (três) títulos. Título I – Disposições Gerais; **Título II – Da Tutela de Urgência**, objeto do tema que irei tratar; e, Título III – Da Tutela da Evidência.

Numa localização doutrinária, como fez Rafael Alvim, podemos classificar como gênero a tutela provisória, e como espécies, a tutela de urgência e tutela de evidência, nascendo daí como subespécies da tutela de urgência, a antecipada e a cautelar, sendo ambas de caráter antecedente ou incidental.

A visualização esquemática realizada pelo jovem autor é bastante pedagógica[2]. Veja-se:

A tutela de evidência retratada no art. 311 é uma inovação para a seara trabalhista, e, *a priori*, não vislumbro óbice em sua plena aplicação. Penso que será até mais utilizada que a própria tutela de urgência, porquanto, no mais das vezes, existem afirmações fáticas comprováveis documentalmente na petição inicial trabalhista que não geram dúvida razoável para o deferimento. É uma tutela que independe de demonstração de perigo para a sua concessão.

(*) Desembargador do Trabalho. Presidente do Tribunal Regional do Trabalho da 24ª Região.

(1) COSTA, Alfredo de Araujo Lopes da. *Medidas preventivas – medidas preparatórias – medidas de conservação*. Segunda edição. Belo Horizonte: Livraria Bernardo Álvares, 1958. p. 32. "Imagine-se o devedor domiciliado em Goiás, vendendo o gado que invernou numas pastagens em Minas Gerais. O credor há de requerer o embargo em Catalão, para que o juiz de lá depreque a execução ao de Alfenas, por exemplo. É possível que, ao chegar a precatória, as rêses já tenham virado bife."

(2) ALVIM, Rafael. *Tutela provisória no novo CPC*. Disponível em: <www.cpcnovo.com.br/blog/2015/06/17/tutela-provisoria-no--novo-cpc>.

Em que pese inovador e também palpitante falar mais detalhadamente sobre a tutela de evidência, não o farei para dedicar maior foco na tutela de urgência, na sua forma antecipada e cautelar, e, ainda no modo antecedente e incidental, que é o objeto do presente estudo.

1. DA TUTELA DE URGÊNCIA NO NOVO CPC

Cumpre primeiramente observar que a pretensão do novo CPC é priorizar a efetividade e a celeridade, em detrimento de outras discussões conceituais ou doutrinárias, as quais poderiam desvirtuar do objetivo, que é atender ao anseio da sociedade por uma justiça funcional ou, na linguagem do Ministro Luiz Fux, no discurso proferido na cerimônia de entrega do anteprojeto do CPC: *"resgatar a crença no judiciário e tornar realidade a promessa constitucional de uma justiça pronta e célere."*

Nesse sentido Fredie Didier Jr. e coautores afirmaram:

> A principal finalidade da tutela provisória é abrandar os males do tempo e garantir a efetividade da jurisdição (os efeitos da tutela). Serve, então, para redistribuir, em homenagem ao princípio da igualdade, o ônus do tempo do processo conforme célebre imagem de Luiz Guilherme Marinoni. Se é inexorável que o processo demore, é preciso que o peso do tempo seja repartido entre as partes, e não somente o demandante arque com ele.[3]

Destarte, com o viés de simplificação na elaboração dos sistemas, a tutela de urgência concebida no novo CPC procura atribuir grau de eficiência, facilitando a prática de atos tendentes a, de fato, entregar uma prestação jurisdicional sem risco de eternização da demanda.

Desse modo, ganhando a tutela de urgência contornos mais definidos de efetividade dos procedimentos, tem-se a expectativa de que o direito material da parte terá instrumental capaz de assegurar a utilidade e efetividade para evitar um dano irreparável ou de difícil reparação, ou seja, satisfazer ou conservar a tutela definitiva. Este é o espírito da norma.

Nas palavras de Gabriel Carmona Baptista, peço vênia para trazer à colação sua definição sintética de tutelas de urgência.

> Em apertada síntese, pode-se definir as tutelas de urgência como gênero do qual derivam as espécies de tutelas satisfativas (antecipatórias) e acautelatórias (conservativas), que têm por escopo precípuo garantir a efetividade da prestação jurisdicional, mediante a concessão de medidas urgentes, de cognição sumarizada.[4]

As tutelas de urgência, espécie do gênero tutela provisória, estão sistematizadas nos arts. 300 a 310 do novo CPC e possuem características de cognição menos profunda e sumária, marcadas, portanto, pela precariedade e provisoriedade, motivo pelo qual podem ser revogadas ou modificadas a qualquer tempo por meio de decisão fundamentada.

São aplicáveis em situações específicas que requeiram providência jurisdicional imediata, nas quais a demora pode acarretar prejuízos ao bem jurídico a ser resguardado. É necessário ficar caracterizada a situação de perigo de perecimento do direito pretendido pela parte e um mínimo de probabilidade do direito.

Nesse sentido, o dogma do art. 300 estabelece os requisitos exigidos para a tutela de urgência: a probabilidade do direito (*fumus boni iuris*); perigo de dano ou risco ao resultado útil do processo (*periculum in mora*). A prova inequívoca foi relativizada em prol da efetividade da jurisdição, não se exigindo mais requisitos robustos de certeza.

Para a concessão da tutela de urgência antecipada ou tutela de urgência cautelar, os requisitos são os mesmos e deverão se fazer presentes cumulativamente: a probabilidade do bom direito e o perigo na demora. Nesse sentido entendimento de Fredie Didier Jr e coautores.[5]

Comentando acerca dos requisitos da tutela de urgência a professora Teresa Arruda Alvim Wambier e demais coautores consignaram:

> Tratando-se de tutela de urgência, o **diferencial** para a sua concessão – o "fiel da balança" – é sempre o requisito do *periculum in mora*. Ou, noutras palavras, a questão dos requisitos autorizadores para a concessão da tutela de urgência – compreendendo-se a tutela cautelar e a antecipação de tutela satisfativa – resolve-se pela aplicação do que chamamos de "regra da gangorra".
>
> O que queremos dizer, com "regra da gangorra", é que quanto maior o **periculum demonstrado, menos fumus se exige para a concessão da tutela**

---

(3) DIDIER JR., Fredie; BRAGA, Paula Sarno; OLIVEIRA, Rafael Alexandria de. *Curso de direito processual civil* (conforme novo CPC2015). 10 ed. Salvador: JusPodivm, 2015. v. 2, p. 567.

(4) BAPTISTA, Gabriel Carmona. Tutelas de urgência: novas perspectivas e o projeto do novo Código de Processo Civil. *Revista de Processo 2014 – REPRO 233.* p. 101.

(5) DIDIER Jr, Fredie; BRAGA, Paula Sarno; OLIVEIRA, Rafael Alexandria de, *op. cit.*, p. 594.

pretendida, pois a menos que se anteveja a completa inconsistência do direito alegado, o que importa para a sua concessão é a própria urgência, ou seja, a necessidade considerada em confronto com o perigo da demora na prestação jurisdicional.

(...) omissis

(...) omissis

O que **não** se pode permitir é a concessão da tutela de urgência quando **apenas o periculum in mora esteja presente, sem fumus boni iuris.** Estando presente o *fumus*, mesmo que em menor grau, se o *periculum* for intenso, deve ser deferida a tutela de urgência pretendida. Ao contrário, se o *periculum* não for tão intenso, o juiz deve exigir, para a sua concessão, uma maior intensidade do *fumus* apresentado.[6] Destaques do original.

Vê-se, pois, que a regra da gangorra é bastante adequada para que o juiz, casuisticamente, aprecie os elementos trazidos pela parte, visualize as chances de vitória, e fundamente as razões da formação do seu convencimento.

Como forma de equilíbrio do sistema, a norma previu – § 1º do art. 300 – que o juiz pode exigir caução real ou fidejussória idônea, com o fito de garantir o ressarcimento de prejuízos que a outra parte possa vir a sofrer. Todavia, na segunda parte do mesmo dispositivo, possibilita a dispensa se a parte economicamente for hipossuficiente, o que, na tutela trabalhista, é muito comum.

Sobre este dispositivo, o grupo de comentaristas liderados por Teresa Arruda Alvim Wambier, expressou:

A flexibilização da regra da caução é muito bem-vinda no palco das tutelas de urgência, e tem o mesmo sentido da locução "no que couber", prevista para a aplicação das regras de cumprimento provisório à efetivação da tutela.

Cabe ao juiz, ponderando os bens em jogo e à luz do caso concreto, afastar qualquer exigência – e aqui, expressamente, refere-se à caução – que tenha o condão de impedir ou inviabilizar a tutela de urgência, sob pena de se violar o princípio da inafastabilidade do controle jurisdicional.[7]

Ainda como controle da concessão da tutela de urgência, seja cautelar ou antecipada, o sistema possibilita ao juiz, caso não convencido de que os elementos trazidos permitem o deferimento, determinar à parte que, em audiência de justificação prévia, produza mais provas visando demonstrar os requisitos autorizadores da concessão almejada.

Percebe-se claramente a intenção do legislador em aproveitar todos os atos praticados, oportunizando à parte complementar, aditar e robustecer os requisitos exigidos para que o julgador, mesmo em cognição sumária, tenha elementos para fundamentar a decisão do deferimento da tutela de urgência. Nítido o caráter de efetividade do novo CPC.

Como contraponto, o legislador, no § 3º do art. 300, prudentemente, dogmatizou que, quando houver perigo de irreversibilidade dos efeitos da decisão, a tutela de urgência antecipada não será concedida.

Tendo presente que a tutela de urgência cautelar possui natureza de conservação do bem da vida perseguido, aquele que se pretende alcançar em tutela definitiva exauriente, *a priori*, referido dispositivo não lhe é aplicável.

Quando se tratar da tutela de urgência antecipada que tem caráter satisfativo, a norma – § 3º, art. 300 – também não poderá ser aplicada literalmente.

Diz a doutrina que é preciso abrandar sua aplicação, apontando casos em que não será possível deixar de conceder a tutela mesmo sabendo irreversível. Vejamos.

Imagine-se, por exemplo, um requerimento de autorização para uma transfusão de sangue, para salvar-lhe a vida, porque um dos pais, por questões religiosas, opõe-se; ou, ainda, um pedido para liberação de mercadorias perecíveis retidas na alfândega para exame sanitário que, por greve dos servidores, não é realizada.

Nessas situações, os efeitos irreversíveis ocorrerão em qualquer hipótese, concedendo-se, ou não, a tutela de urgência. Cabe ao juiz, em casos tais, proceder a uma valoração comparativa dos riscos, escolhendo aquele que causar o menor dos males.[8]

---

(6) WAMBIER, Teresa Arruda Alvim; CONCEIÇÃO, Maria Lúcia Lins; RIBEIRO, Leonardo Ferres da Silva; MELLO, Rogério Licastro Torres de. *Primeiros comentários ao Novo Código de Processo civil artigo por artigo*. 1. ed. São Paulo/SP: Revista dos Tribunais, 2015. p. 498-499.

(7) WAMBIER, Teresa Arruda Alvim; CONCEIÇÃO, Maria Lúcia Lins; RIBEIRO, Leonardo Ferres da Silva; MELLO, Rogério Licastro Torres de. *Op. cit.*, p. 500.

(8) WAMBIER, Teresa Arruda Alvim; CONCEIÇÃO, Maria Lúcia Lins; RIBEIRO, Leonardo Ferres da Silva; MELLO, Rogério Licastro Torres de. *Op. cit.*, p. 501(exemplo dado por José Carlos Barbosa Moreira e Teori Albino Zavascki, respectivamente).

E, ainda:

> Pretende com isso, o legislador, coibir abusos no uso da providência. É um meio de preservar o adversário contra excessos no emprego da medida.[9] 'Ao mesmo tempo em que foi ampliada a possibilidade de antecipação de qualquer procedimento, procurou-se delimitar, com precisão possível, a sua área de incidência.'[10]

Mas essa exigência legal deve ser lida com temperamentos, pois, se levadas às últimas consequências, pode conduzir à inutilização da tutela provisória satisfativa (antecipada). Deve ser abrandada, de forma a que se preserve o instituto.

Isso porque, em muitos casos, mesmo sendo irreversível a tutela provisória satisfativa – ex.: cirurgia em paciente terminal, despoluição de águas fluviais, etc. –, o seu deferimento é essencial para que se evite um "mal maior" para a parte/requerente.[11]

Quanto à natureza da decisão que defere ou indefere a tutela de urgência proferida por um juiz singular, é interlocutória. Neste caso, o recurso previsto é o agravo de instrumento; no Direito Processual do Trabalho, tendo em vista que o agravo de instrumento não é utilizado para essa finalidade, cabe o manejo do mandado de segurança.

Eis aqui as linhas gerais das tutelas de urgência dogmatizadas no novo CPC.

2. TUTELA DE URGÊNCIA ANTECIPADA – CARÁTER ANTECEDENTE E INCIDENTAL

Regrada no *caput* do art. 303, a tutela de urgência antecipada na forma antecedente (satisfativa), ganhou atributos da cautelar, porquanto poderá ser proposta autonomamente, bastando para tanto que a urgência seja contemporânea ao momento da propositura, para, em momento posterior, realizar o aditamento da petição.

Os doutrinadores Nelson Nery Júnior e Rosa Maria de Andrade Nery, ao comentarem o art. 303, retratam com clareza ímpar, a prática do procedimento, tanto na forma antecedente, quanto na forma de petição simultânea com pedido completo.

2. Tutela provisória de urgência. Muito embora o artigo fale em urgência "contemporânea" à propositura da ação – o que faz supor que ela já existe no momento da propositura da ação (cf. Hoauiss. *Dicionário*, p. 534, acepções do verbete contemporâneo) –, o artigo descreve a hipótese de medida antecipatória, visto que permite a descrição sucinta da lide e do direito que se quer resguardar, acrescidos da justificativa de existência de perigo na demora da prestação jurisdicional. Tudo isso em razão da urgência. Ao que parece, a medida temporal que justifica a utilização da tutela antecipada é a proximidade da propositura da petição inicial. O interessante no dispositivo é que esta simplicidade da petição inicial, visa, neste caso específico (restrito à medida antecedente satisfativa, por dedução, *contrario sensu*, do disposto no CPC 305), substituir aquela antiga medida cautelar proposta com todo formato de ação, mas que depois exigia a propositura de uma nova ação, dita principal (que, neste caso, é substituída pela emenda da inicial sucinta). Vale lembrar que, por se tratar de medida com caráter antecedente, impõe-se, para seu ajuizamento, o pagamento de custas, visto que a isenção do CPC 295 é restrita aos casos de tutela incidental.

3. Requerimento de tutela antecipada simultânea à petição inicial completa. É perfeitamente possível que o autor opte por elaborar o requerimento de tutela antecipada em conjunto com a petição inicial completa, que não necessita de aditamento posterior. Aliás, seria mesmo o ideal, tendo em vista que esta opção faz com que o processo flua com mais rapidez, já que não há a necessidade de aditar a inicial.[12]

A tutela é materializada numa petição simples, com a finalidade de obter a antecipação da tutela, demonstrando obviamente a evidência da fumaça do bom direito e o perigo da demora, indicação do valor da causa considerando o pedido da tutela final, e informação que se valerá do benefício previsto no *caput* do art. 303.

Após o deferimento da liminar, o autor irá aditar a petição inicial para complementar os argumentos, juntar novos documentos e confirmar o pedido de tutela final, sem pagamento de novas custas, no prazo de 15 dias, ou outro prazo maior a critério do juiz. Caso não aditada a petição inicial, o processo será extinto sem resolução de mérito.

O réu será intimado da decisão que deferiu a concessão da liminar para cumprimento, e, ao mesmo tempo, será citado para comparecer na audiência de conciliação ou mediação, nos termos do art. 334. Frustrada a

---

(9) DIDIER Jr, Fredie; BRAGA, Paula Sarno; OLIVEIRA, Rafael Alexandria de. *Op. cit.*, p. 600.

(10) DIDIER Jr, Fredie; BRAGA, Paula Sarno; OLIVEIRA, Rafael Alexandria de. *Op. cit.*, p. 600, citando BEDAQUE, José Roberto dos Santos. *Tutela cautelar e tutela antecipada*: tutelas sumárias de urgência, 3. ed., 2003. p. 340.

(11) DIDIER Jr, Fredie; BRAGA, Paula Sarno; OLIVEIRA, Rafael Alexandria de. *Op. cit.*, p. 600.

(12) NERY JUNIOR, Nelson; NERY, Rosa Maria de Andrade. *Comentários ao Código de Processo Civil – novo CPC Lei 13.105/2015*. São Paulo: Revista dos Tribunais, 2015. p. 862. No mesmo sentido DIDIER Jr, Fredie; BRAGA, Paula Sarno; OLIVEIRA, Rafael Alexandria de. *Op. cit.*, p. 602-603.

tentativa de conciliação, o prazo para contestação ocorrerá nos termos do art. 335. Se ocorrer recurso do réu contra a decisão que concedeu a tutela antecipada, o procedimento comum seguirá normalmente em direção ao saneamento, instrução e decisão da tutela final.

Se o magistrado entender que faltam elementos para o seu convencimento, determinará a emenda da inicial em até 05 (cinco) dias, sob pena de indeferimento e de extinção do processo sem resolução de mérito. Esta é a oportunidade que o autor terá para realizar a justificação prévia.

A novidade da sistemática das tutelas de urgência vem estampada no art. 304, com a estabilização da tutela antecipada concedida se não for interposto o respectivo recurso. Confirmado que realmente não houve insurgência recursal, o processo será extinto, porém a tutela antecipada conservará seus efeitos pelo prazo de 02 (dois) anos, contados da ciência da decisão que extinguiu o processo que a deferiu, ou até que seja proferida eventual decisão em processo próprio que objetive rever, reformar ou invalidar a tutela.

A liminar concedida na tutela de urgência antecipada não faz coisa julgada material.

Exemplifico aqui hipótese de aplicação da tutela de urgência antecipada requerida de modo antecedente na Justiça do Trabalho:

1. Reclamante que necessita de internação, com laudos médicos atestando a necessidade de continuidade do tratamento e tem o plano de saúde cancelado pela empresa em razão de demissão. A parte pleiteia previamente o restabelecimento do plano de saúde por meio da tutela de urgência antecipada (caráter antecedente), demonstrando o perigo da demora e a probabilidade do bom direito de que a demissão foi discriminatória em razão de sua doença.

Na forma incidental, a tutela de urgência antecipada será requerida em um processo já em trâmite, por meio de uma petição simples, devendo o requerente demonstrar os requisitos exigidos pela norma.

3. TUTELA DE URGÊNCIA CAUTELAR – CARÁTER ANTECEDENTE E INCIDENTAL

A doutrina descreve a tutela provisória de urgência cautelar como aquela que se projeta ao futuro, vislumbrando assegurar que a tutela jurisdicional definitiva seja efetivamente entregue ao seu final.

Em comentários ao art. 308, a professora Teresa Arruda Alvim Wambier e demais coautores afirmam que o novo CPC extinguiu a autonomia do processo cautelar, sendo clara inovação.[13]

Gustavo Filipe Barbosa Garcia apresenta um exemplo hipotético que facilita a compreensão teórica do procedimento da tutela provisória de urgência cautelar antecedente. Cita-se:

> Imagine-se a hipótese em que a ação de natureza condenatória está para ser ajuizada, mas o réu está desaparecendo com todos os seus bens rapidamente. Nesse caso, se fôssemos aguardar o processamento da ação principal, com todas as suas fases e incidentes, o que demanda tempo, quando, finalmente, tiver início a execução da futura sentença condenatória, o devedor certamente já não terá mais qualquer bem que responda pela dívida. Se isso acontecer, a tutela jurisdicional definitiva, que condenou o réu, perderá totalmente a sua utilidade, pois não haverá patrimônio, inviabilizando por completo a eficácia prática da condenação, bem como a satisfação do direito material.[14]

O exemplo supracitado aplica-se perfeitamente ao Direito do Trabalho, pois não é raro a empresa reclamada se desfazer do patrimônio rapidamente para evitar pagamento de eventual débito trabalhista. Todavia, com o fim de agregar exemplos mais específicos, apresento os que seguem:

1. Trabalhador sofre acidente com máquina industrial por lhe faltar dispositivo de segurança que impeça o acesso da mão e antebraço ao interior da máquina. Pleiteia tutela de urgência cautelar de caráter antecedente para preservação do equipamento no estado em que aconteceu o acidente, objetivando realizar perícia técnica e ajuizar futura ação de indenização pelos danos causados.

2. Empregado que presta serviço de construção civil para ente público por meio de empresa terceirizada. Ao final da obra é demitido e a empresa terceirizada não quita as verbas rescisórias. Descobre que a empresa tem créditos com o ente público onde realizou a

---

(13) WAMBIER, Teresa Arruda Alvim; CONCEIÇÃO, Maria Lúcia Lins; RIBEIRO, Leonardo Ferres da Silva; MELLO, Rogério Licastro Torres de. *Op. cit.*, p. 518. "O NCPC extingue, portanto, a autonomia do processo cautelar, mantendo-se autonomia apenas aos processos de conhecimento e execução. Aqui se vislumbra clara inovação do NCPC, ao romper com a tradição adotada pelo sistema brasileiro, inspirada no direito italiano, na qual se prevê um processo autônomo para a tutela cautelar. É de se lembrar que o CPC/73 prevê todo um livro para o "processo" cautelar (o Livro III) com 98 artigos de lei. Aproxima-se, nesse ponto, o direito brasileiro do sistema francês em que não há processo autônomo para a tutela de urgência."

(14) GARCIA, Gustavo Filipe Barbosa. *Novo Código de Processo Civil – Lei 13.105/2015 – principais modificações*. Rio de Janeiro: Forense, 2015. p. 105.

obra e também com determinado município. Pleiteia a tutela de urgência cautelar de caráter antecedente, objetivando o bloqueio dos créditos para assegurar o pagamento das verbas rescisórias não quitadas, que será aditado por meio do pedido principal.

Percebam que as hipóteses retratam situações comuns do dia a dia da Justiça do Trabalho, de modo que a tutela provisória de urgência cautelar de caráter antecedente é um instrumento ideal e adequado para a solução desses tipos de conflitos, porque assegura, para um momento posterior, a satisfação de uma tutela definitiva.

Destarte, o art. 305 exige que a petição inicial da tutela cautelar em caráter antecedente, indique a lide, o fundamento, a exposição sumária do direito que se quer assegurar e o perigo da demora. Os requisitos genéricos da petição inicial previstos no novo CPC (art. 319) deverão ser observados.

O magistrado, deferindo ou não a liminar requerida, determinará a citação do réu, no prazo de 05 (cinco) dias para contestar o pedido e indicar as provas que pretende produzir (art. 306). Se houver o deferimento da liminar, ocorrerá simultaneamente com a citação a intimação da decisão liminar para que o réu possa manejar o seu insurgimento recursal.

Se contestado o pedido no prazo legal, será observado o procedimento comum na tramitação do feito (parágrafo único do art. 307). Caso contrário, os fatos alegados presumir-se-ão aceitos pelo réu e o juiz decidirá em 05 (cinco) dias (art. 307).

Depois de efetivada a tutela cautelar, o autor deverá formular, no prazo de 30 (trinta) dias, o pedido principal, que será apresentado nos mesmos autos em que foi concedida a medida, e não terá pagamento de novas custas (*caput* do art. 308).

No § 1º do art. 308, consta expressa possibilidade de o pedido principal ser proposto em conjunto com o pedido de tutela cautelar, o que, nos comentários ao novo Código de Processo Civil, Nelson Nery Júnior afirma que é digna de aplausos.[15] Também existe a possibilidade de aditamento da causa de pedir, por ocasião da apresentação do pedido principal (§ 2º art. 308).

Tão logo apresentado o pedido principal, as partes serão intimadas para conciliação ou mediação, nos termos do art. 334, por meio dos advogados ou pessoalmente, sem a necessidade de nova citação. Restando frustrada a autocomposição, abre-se prazo para o réu apresentar contestação ao pedido principal, na forma do art. 335 (§§ 3º e 4º do art. 308).

O art. 309 elenca as hipóteses em que cessa a eficácia da tutela cautelar concedida em caráter antecedente quando: I – o autor não deduzir o pedido principal no prazo legal; II – não for efetivada no prazo de 30 dias; III – o juiz julgar improcedente o pedido principal formulado pelo autor ou extinguir o processo sem resolução de mérito.

Por fim, no art. 310, é tratado o indeferimento da tutela cautelar, o que não impede o requerente de apresentar o pedido principal e muito menos interfere no seu julgamento, exceto se o motivo do indeferimento for a prescrição ou a decadência. Aqui há coisa julgada material em razão do perecimento do direito que na hipótese poderá ser reconhecida de ofício pelo julgador.

Da mesma forma que na tutela de urgência antecipada, a decisão do pedido cautelar não faz coisa julgada material, porquanto não decide o mérito da causa, apenas objetiva preservar o bem para uma tutela definitiva, salvo se reconhecida a decadência ou a prescrição, como dito alhures.

A tutela cautelar incidental é requerida no curso de um processo em andamento, e pode ser de modo preventivo ou repressivo, por meio de uma petição simples, devendo o requerente demonstrar os requisitos exigidos pela norma.

4. APLICAÇÃO DA FUNGIBILIDADE ENTRE TUTELA DE URGÊNCIA ANTECIPADA ANTECEDENTE E CAUTELAR ANTECEDENTE

Diferentemente do atual CPC, que permite ampla aplicação da fungibilidade entre as medidas urgentes, no novo CPC ficou restrita à tutela de urgência cautelar antecedente e antecipada antecedente.

Em que pese o legislador exigir idênticos requisitos às tutelas de urgência – antecipada e cautelar –, instituiu regime diferenciado na forma antecedente de ambas, justamente porque, nos arts. 303 e 304, que tratam da tutela de urgência antecipada (satisfativa), foi prevista a estabilização da liminar deferida, enquanto que na tutela de urgência cautelar (preparatória e conservativa), tratada no art. 305 e parágrafo único, não há esta previsão de estabilização.

---

(15) NERY JUNIOR, Nelson; NERY, Rosa Maria de Andrade. *Op. cit.*, p. 867. "Pedido cautelar em conjunto com o pedido principal. Esta norma merece aplausos, pois não representa redução de custos apenas para o jurisdicionado, como também para o próprio Poder Judiciário. Este também se beneficia de economia de tempo que não será perdido com a autuação da ação principal. Nada impede que o pedido cautelar, se demonstrada reconhecida urgência, seja proposto em adiantado, para só depois se proceder ao aditamento da inicial, com pedido completo e todas as informações atinentes ao caso (CPC 303), mesmo que não se trate de tutela requerida em caráter antecedente."

Assim, se na tutela de urgência foi deduzido pedido na forma cautelar antecedente, mas na verdade tem natureza antecipada antecedente, o juiz determinará a aplicação da fungibilidade para adequar ao procedimento correto, nos termos do parágrafo único do art. 305.

Fredie Didier Jr., Paula Sarno Braga e Rafael Alexandria de Oliveira, tratam essa hipótese como fungibilidade progressiva e de mão dupla[16].

5. DA APLICABILIDADE NO DIREITO PROCESSUAL DO TRABALHO

A Consolidação das Leis do Trabalho indica no art. 769 que o direito processual comum, nos casos omissos, será fonte subsidiária do direito processual do trabalho, exceto naquilo em que for incompatível. Vejamos:

> CLT. Art. 769. Nos casos omissos, o direito processual comum será fonte subsidiária do direito processual do trabalho, exceto naquilo em que for incompatível com as normas deste Título.

Reputo pertinente colacionar trecho do comentário do saudoso VALENTIM CARRION ao referido artigo, uma vez que na exposição de motivos do novo Código de Processo Civil, tem-se claro que a inspiração está fundada, em muito, nos princípios da celeridade e da simplificação, o que o aproxima muito do processo do trabalho, maneira pela qual não resta dúvida de que o sistema de tutelas de urgência do novo CPC será aplicado tranquilamente pelo direito processual do trabalho. Veja-se:

> 1. *Ao processo laboral* se aplicam as normas, institutos e estudos da doutrina do processo geral (que é o processo civil), desde que: a) não esteja aqui regulado de outro modo ("casos omissos", "subsidiariamente"); b) não ofendam os princípios do processo laboral ("incompatível"); c) se adapte aos mesmos princípios e às peculiaridades deste procedimento; d) não haja impossibilidade material de aplicação (institutos estranhos à relação deduzida no juízo trabalhista); a aplicação de institutos não previstos não deve ser motivo para maior eternização das demandas e tem de adaptá-las às peculiaridades próprias. Perante novos dispositivos do processo comum, o intérprete necessita fazer uma primeira indagação: se, não havendo incompatibilidade, permitir-se-ão a celeridade e a simplificação, que sempre foram almejadas. Nada de novos recursos, novas formalidades inúteis e atravancadoras.[17] Grifei.

Não bastasse a previsão contida no art. 769 da CLT, o novo Código de Processo Civil introduziu expressamente no art. 15, que suas disposições serão aplicadas ao processo do trabalho, *in verbis*:

> NCPC. Art. 15. Na ausência de normas que regulem processos eleitorais, trabalhistas ou administrativos, as disposições deste Código lhes serão aplicadas supletiva e subsidiariamente.

Também por reputar esclarecedor, trago à colação os comentários de Teresa Arruda Alvim Wambier e coautores ao art. 15 do novo CPC:

> O legislador disse menos do que queria. Não se trata somente de aplicar as normas processuais aos processos administrativos, trabalhistas e eleitorais *quando não houver normas*, nestes ramos do direito, que resolvam a situação.
>
> A **aplicação subsidiária** ocorre também **em situações** nas quais **não há omissão**. Trata-se, como sugere a expressão "subsidiária", de uma possibilidade de enriquecimento, de leitura de um dispositivo sobre um outro viés, de extrair-se da norma processual eleitoral, trabalhista ou administrativa um sentido diferente, iluminado pelos princípios fundamentais do Processo Civil.
>
> A **aplicação supletiva** é que **supõe omissão**. Aliás, o legislador, deixando de lado a preocupação com a própria expressão, precisão da linguagem, serve-se das duas expressões. Não deve ser suposto que significam a mesma coisa, senão, não teria usado as duas. Mas como empregou também a mais rica, mais abrangente, deve o intérprete entender que é disso que se trata.[18] Destaque do original, grifo nosso.

---

(16) DIDIER JR., Fredie; BRAGA, Paula Sarno; OLIVEIRA, Rafael Alexandria de. *Op. cit.*, p. 616-617.
"Trata-se de hipótese de fungibilidade progressiva, de conversão da medida cautelar em satisfativa, isto é, daquela menos agressiva para a mais agressiva. Se o legislador admite essa fungibilidade progressiva (da cautelar para a satisfativa), deve-se admitir, por analogia, a fungibilidade regressiva da satisfativa para cautelar (da mais para a menos agressiva e rigorosa). É preciso que a decisão tenha motivação clara nesse sentido, até mesmo para que o réu saiba das consequências de sua inércia, bem mais gravosas caso o pedido seja de tutela provisória satisfativa. Fica admitida, assim, uma fungibilidade de mão dupla, exigindo-se, contudo, que venha acompanhada da conversão de procedimento inadequado para aquele que é o adequado por força de lei."

(17) CARRION, Valentim; CARRION, Eduardo (atualizador). *Comentários à Consolidação das Leis do Trabalho*. 36. ed. São Paulo: Saraiva, 2011. p. 649.

(18) WAMBIER, Teresa Arruda Alvim; CONCEIÇÃO, Maria Lúcia Lins; RIBEIRO, Leonardo Ferres da Silva; MELLO, Rogério Licastro Torres de. *Op. cit.*, p. 15.

A antecipação de tutela e a tutela cautelar existentes no atual CPC-73 são aplicadas pacificamente ao processo de trabalho, nos termos dos arts. 273 e 461. O que o novo CPC possibilita em relação à antecipação de tutela do CPC-73 é que a parte pode propô-la autonomamente com características de natureza cautelar, sem a necessidade de outro processo (principal), uma vez que bastará realizar o aditamento no próprio processo da tutela de urgência antecipada.

Ora, se atualmente já aplicamos ao direito processual do trabalho tutelas de urgência, não há motivos para que a nova sistemática de tutelas de urgência do novo CPC não seja aplicável, até porque me parecem mais consentâneas aos dogmas da seara trabalhista, observado que ainda não temos norma própria.

O que quero dizer é que sob a ótica de omissão e compatibilidade, as tutelas provisórias de urgência antecipada e cautelar do novo CPC se amoldam ao processo trabalhista quase que totalmente, porquanto na CLT, o art. 659, IX e X, disciplina medidas liminares antecipatórias para a transferência arbitrária e reintegração de dirigente sindical.

Já o sistema recursal trabalhista existente, a meu ver, contempla e é suficiente para atender às demandas da nova sistemática das tutelas de urgência, e não será óbice ao seu bom andamento, observado que, quando não há recurso próprio no âmbito trabalhista sempre haverá o permissivo mais simplificado de outra forma de insurgimento a outra instância.

Destarte, sem maiores considerações sobre a aplicabilidade das tutelas de urgência ao processo do trabalho, não duvido que a principiologia do novo CPC esteja inspirada e alinhada aos princípios do direito processual do trabalho, sobretudo na perspectiva de simplicidade, celeridade e garantia da efetividade da prestação jurisdicional, o que sobreleva afirmar que instrumentos mais adequados de entrega de justiça à sociedade estão por chegar.

6. CONCLUSÃO

A preocupação com a tutela de urgência vem numa dinâmica legislativa processual desde que se iniciaram as nominadas reformas cirúrgicas, ou seja, desde quando os processualistas descobriram que melhor do que um novo código seria mais rápido oferecer ao legislativo uma proposta breve daquilo que se pretendia para alterar no sistema. No entanto, a vinda da alteração da fase probatória e, posteriormente, da antecipação de tutela, e, finalmente, as alterações recursais não lograram êxito no atendimento à angústia da sociedade de ter um processo mais eficaz e operoso. Daí a frustração da filosofia imprimida pelos Ministros Athos Gusmão Carneiro e Sálvio de Figueiredo.

Vem agora o Ministro Luiz Fux com uma equipe de notáveis do Processo Civil, encabeçada pela professora Teresa Arruda Alvim Wambier, numa reforma de estrutura geral propondo um novo Código com o mesmo objetivo de tornar o atendimento jurisdicional mais célere, simplificado e efetivo – sempre bem-vindos –, sobretudo para o direito do trabalho, em que a natureza alimentar se faz presente na grande maioria de suas causas.

Nesse desiderato, penso que a nova sistemática da tutela de urgência cumpre a finalidade de entregar uma prestação jurisdicional com celeridade, simplificação e efetividade, adequada aos anseios de uma sociedade que vivencia uma era tecnológica avançada ao propiciar acesso quase que imediatamente às informações veiculadas nos vários meios de comunicação disponíveis e que, portanto, deve ser contemplada com um direito ágil e contemporâneo.

Finalizo, afirmando que, ao meu sentir, o instituto das tutelas de urgência mostra-se mais relevante à seara trabalhista do que para o próprio direito processual civil, sendo plenamente aplicável ao direito processual do trabalho.

7. REFERÊNCIAS

ALVIM, Rafael. *Tutela provisória no Novo CPC*. Disponível em: <www.cpcnovo.com.br/blog/2015/06/17/tutela-provisoria-no-novo-cpc>. Acesso em: 23.07.2015.

BAPTISTA, Gabriel Carmona. Tutelas de urgência: novas perspectivas e o projeto do novo Código de Processo Civil. *Revista de Processo 2014 – REPRO 233*. p. 99-119.

CARRION, Valentim; CARRION, Eduardo (atualizador). *Comentários à Consolidação das Leis do Trabalho*. 36. ed. São Paulo: Saraiva, 2011.

COSTA, Alfredo de Araujo Lopes da. *Medidas preventivas – medidas preparatórias – medidas de conservação*. 2. ed. Belo Horizonte: Livraria Bernardo Álvares, 1958.

DIDIER JR., Fredie; BRAGA, Paula Sarno; OLIVEIRA, Rafael Alexandria de. *Curso de direito processual civil*. 10. ed. Salvador: Juspodivm, 2015.

GARCIA, Gustavo Filipe Barbosa. *Novo Código de Processo Civil. Lei 13.105/2015*: Principais modificações. Rio de Janeiro: Forense, 2015.

NERY JUNIOR, Nelson; NERY, Rosa Maria de Andrade. *Comentários ao Código de Processo Civil – NOVO CPC LEI 13.105/2015*, São Paulo: Revista dos Tribunais, 2015.

WAMBIER, Teresa Arruda Alvim; CONCEIÇÃO, Maria Lúcia Lins; RIBEIRO, Leonardo Ferres da Silva; MELLO, Rogério Licastro Torres de. *Primeiros comentários ao Novo Código de Processo Civil artigo por artigo*. 1. ed. São Paulo: Revista dos Tribunais, 2015.

13

A DISTRIBUIÇÃO DIVERSA DO ÔNUS DA PROVA NO NOVO CPC E SEU IMPACTO NO DIREITO PROCESSUAL DO TRABALHO

Francisco José Pinheiro Cruz[*]

Edilson Carlos de Souza Cortez[**]

I. O ART. 15 DO NOVO CPC *VERSUS* ART. 769 DA CLT

A matéria em apreço perpassa necessariamente pela aplicação *subsidiária* ou não do referido dispositivo do novo Código de Processo Civil, ou mesmo da decantada *supletividade*, como consta do comando do art. 15 desse novel diploma, assim redigido: "Na ausência de normas que regulem processos eleitorais, trabalhistas ou administrativos, as disposições deste Código lhes serão aplicadas supletiva e subsidiariamente".

É por meio dos vocábulos utilizados na norma jurídica, nas suas funções sintática e semântica, que o intérprete mantém o primeiro contato com o texto, procurando revelar seu significado.

A importância de tal investigação é porque a despeito de o legislador se utilizar de termos técnicos se utiliza também de palavras da linguagem comum, e que trazem às vezes ambiguidades, equívocos, imprecisão de significados, que cabe ao intérprete procurar eliminá-los.

As diferentes espécies ou modalidades de interpretação tiveram seus pressupostos cunhados em determinadas orientações quanto a maior ou menor *liberdade* conferida ao intérprete. Assim, de acordo com a postura em relação a ela, surgiam as *escolas de interpretação*, as quais constituíam os sistemas, e como sói ocorrer com qualquer classificação, não existe unanimidade entre os autores, porém, regra geral, costuma-se divisar um sistema *tradicional* e um *moderno*.

Dentro do primeiro, **Franco Montouro** consigna que se caracteriza "a) por prender o direito aos textos rígidos, como se fossem dogmas, e b) (por) procurar aplicá-los rigorosamente de acordo com a vontade do legislador" (in *Introdução à Ciência do Direito*, 25. ed. São Paulo: Revista dos Tribunais, 2000. p. 375).

E esse sistema está ligado intimamente à época da promulgação do Código de Napoleão, em 1804, quando houve o rompimento com os privilégios e prerrogativas da nobreza e do clero, e instalou-se a concepção de que *todos são iguais perante a lei* e de que *todos os direitos são fixados pela lei*, como expressão da vontade geral, como definiu **Jean-Jacques Rousseau** (do *Contrato Social*). Criou-se, assim, um clima de verdadeiro fetichismo da lei.

E foi exatamente levados pelo apego dos textos, como observa **Franco Montouro** (ob. cit., p. 371) que "Alguns códigos, como o da Baviera de 1812, proibiam expressamente aos juízes interpretar as leis. E, antes dele, o *Fuero Juzgo*, no século 13, estabelecia a pena de açoite para quem o fizesse". E, por não mais estarmos sob o jugo de tais códigos, é que ousamos proceder à interpretação do alcance do novo art. 373, § 1º, da Lei n. 13.105/2015, frente ao processo do trabalho, mas clamando pelo beneplácito dos críticos.

E, nessa tarefa, o estabelecimento de integração de diploma normativo por outro faz procedimento necessário, tendo em vista que o novo CPC se arvora em se imiscuir como fonte subsidiária do processo do trabalho,

---

(*) Desembargador do Trabalho, Presidente e Corregedor do TRT da 14ª Região. Conselheiro do Conselho Superior da Justiça do Trabalho. Bacharel em ciências econômicas – UNIFOR(1985). Bacharel em Direito – UNIR (1995).

(**) Juiz do Trabalho, Coordenador do Juízo Auxiliar de Solução de Conflitos, Precatório e Apoio à Execução do TRT da 14ª Região.

do eleitoral e administrativo, quando sabidamente, por haver um processo do trabalho disposto na Consolidação das Leis do Trabalho, seus compiladores já fizeram incluir tal comunicação com o processo comum, pelo art. 769, erigindo como condição necessária a omissão e a compatibilidade com o processo do trabalho.

Comentando esse referido preceptivo legal (art. 15 do novo CPC) há quem entenda, como **Mauro Schiavi**, que pelo viés da *supletividade* aplicar-se-ia no processo do trabalho preceptivos do novo CPC mesmo quando a lei processual trabalhista disciplinasse o instituto processual, mas de forma incompleta, como se dá, segundo ele, nos casos de impedimento e suspeição do juiz que seriam mais completas no CPC, a despeito de o art. 802 da CLT dispor sobre o tema, assim como no que se referisse à matéria a respeito do ônus da prova, pois apesar de tal matéria constar no art. 818 da CLT, o faz de modo "[....] muito enxuto e não resolve questões cruciais como as hipóteses de ausência de prova e prova dividida". E por *subsidiariamente* deve-se entender "aplicar o CPC quando a CLT não disciplina determinado instituto processual. Exemplos: tutelas provisórias (urgência e evidência), ação rescisória; ordem preferencial de penhora, hipóteses legais de impenhorabilidade, etc." (in "O novo Código de Processo Civil e seus reflexos no processo do trabalho", Organizado por Elisson Miessa, Salvador/BA: JusPPODIVM, 2015, in artigo: "A aplicação supletiva e subsidiária do Código de Processo Civil ao Processo do Trabalho").

Já **João Humberto Cesário**, embora tecendo críticas a *parecer* formatado ainda quando o Projeto do Código de Processo Civil se encontrava em processo legislativo perante o Senado Federal, cujo instrumento definia que "*aplicação subsidiária visa ao preenchimento de lacuna; aplicação supletiva, à complementação normativa*", por meio do estudo do léxico (Houaiss Dicionário), conclui que "'subsidiário' é o que vem em auxílio de uma regra existente, mas insuficiente para reger plenamente determinada matéria, ao passo que 'supletivo' é o que completa um espaço normativo totalmente vazio" (in *Provas no processo do trabalho,* CESÁRIO, João Humberto, – Cuiabá/MT: JHC, 2015. p. 45)

Registre-se, contudo, que a análise exegética de importação de regra alienígena para o Processo do Trabalho não deve ser pelo norte apontado pelo art. 15 do novo CPC e sim pelo art. 769 da Consolidação das Leis do Trabalho, porque se não observar essa particularidade qualquer discussão a respeito de aplicação ou não de norma do CPC estaria esvaziada, pois bastasse haver ausência de regramento pelo processo do trabalho, ou regramento insuficiente ou incompleto, que de plano se aplicariam as regras do novo CPC.

Assim, definir tal ponto é importante.

Aliás, existindo autonomia científica entre o Processo do Trabalho e o Processo Civil a importação de regras do último para o primeiro tem de ser paramentada pelo prisma do primeiro, prevalecendo a regra, no plano do processo, de que a inserção e aproveitamento de normas comuns do processo passe pela análise da existência de omissão e também da compatibilidade, como reza o art. 769 da CLT, não se devendo perquirir quanto à subsidiariedade e/ou supletividade de modo puro e simplista.

Nesse norte, a conclusão que se alcança é de que a análise a ser vertida por qualquer dispositivo forâneo ao processo do trabalho deve ser por base e parâmetros estabelecidos por norma congênita processual trabalhista, seja o art. 769 da CLT, no plano do processo de conhecimento, ou de execução, na forma do art. 889 do mesmo diploma.

Deve-se averiguar assim, antes de mais nada, acerca da compatibilidade da norma importada com as nótulas distintivas do sistema processual trabalhista. É o que se cuidará de promover.

2. A DISTRIBUIÇÃO DO ÔNUS DA PROVA NO PROCESSO DO TRABALHO

O próprio tema como proposto no presente artigo (A distribuição diversa do ônus da prova no novo CPC e seu impacto no Direito Processual do Trabalho) já circunscreve a noção de que se estaria a aplicar regramento especial de distribuição do ônus da prova em relação a determinada situação probatória.

É truísmo que em sede do Processo do Trabalho a distribuição do ônus da prova se encontra no art. 818 da Consolidação das Leis do Trabalho (CLT): *a prova das alegações incumbe à parte que as fizer*. Síntese assombrosa, que merece coerente crítica de Manoel Antônio Teixeira Filho (TEIXEIRA FILHO, Manoel Antonio, *in* Curso de Direito Processual do Trabalho, vol. II. São Paulo: LTr, 2009. p. 974/978).

Entretanto, refletimos que a aplicação do art. 818 da CLT leva à idêntica solução do art. 333, I e II, do Código de Processo Civil de 1973 (art. 373, incisos I e II, do novo CPC), que ratifica a moderna distribuição do encargo probatório entre o autor e o réu, na fórmula, dentre outros, engendrada por **Chiovenda** (segundo TEIXEIRA FILHO, Manoel Antonio, ob. cit. p. 969/970), cabendo ao autor o ônus de produzir a prova do *fato constitutivo* do fato alegado por ele, e ao réu cabendo a prova de fatos *impeditivo, modificativo* e/ou *extintivo* do direito do autor.

Digno de registro o consignado por **Luiz Guilherme Marinoni**, ao comentar o art. 333 do CPC, que diz que

"Não há racionalidade em exigir que alguém que afirma um direito deva ser obrigado a se referir a fatos que impedem o seu reconhecimento. Isso deve ser feito por aquele que pretende que o direito não seja declarado, isto é, pelo réu", acabando por concluir que, "Na Alemanha, onde não há norma similar à do art. 333, a ideia de distribuição do ônus da prova segue a mesma lógica. Argumenta-se que a parte que pretende ser beneficiada pelos efeitos de uma norma deve provar os pressupostos fáticos para a sua aplicação. Se, para a aplicação de uma norma, são relevantes os fatos constitutivos, impeditivos, modificativos e extintivos, aquele que deseja a produção dos seus efeitos deve provar somente os fatos que são exigidos para a sua aplicação, e não os que impedem a sua aplicação, ou modificam ou extinguem o direito." E, que, "*Na ausência de regra expressa sobre a divisão do ônus da prova*, a doutrina alemã, desenvolvendo a ideia de que a discussão em torno da aplicação de uma norma pode girar em torno dos fatos constitutivos, impeditivos, modificativos e extintivos, chegou à conclusão lógica de que o autor deve somente provar os fatos pressupostos para a aplicação da norma, e o réu os fatos impeditivos, modificativos ou extintivos. Por isso, a teoria que expressou tal problemática ficou conhecida como *Normentheorie*." (MARINONI, Luiz Guilherme. Formação da convicção e inversão do ônus da prova segundo as peculiaridades do caso concreto. **Revista Jus Navigandi**, Teresina, ano 11, n. 1168, 12 set. 2006. Disponível em: <http://jus.com.br/artigos/8845>. Acesso em: 8 jun. 2015).

A conclusão a ser alcançada é a de que, efetivamente, a singeleza do art. 818 da CLT leva ao mesmo raciocínio da distribuição do ônus da prova entre as partes: ao autor cabe desincumbir-se da prova dos fatos *constitutivos* do direito, e ao réu o encargo de se desincumbir da prova dos fatos *impeditivos*, *modificativos* e *extintivos* do direito do autor.

Moacyr Amaral Santos, comentando a posição dos processualistas modernos, no sentido de que, não obstante a averiguação probatória seja governada pelo princípio da iniciativa das partes, respeitado o princípio da paridade de tratamento, acaba por vislumbrar que o marco divisor também é o interesse, e apoiado na lição de CARNELUTTI, afirma: "O Critério para distinguir a qual das partes incumbe o ônus da prova de uma afirmação é o do *interesse da própria afirmação*. Cabe provar a quem tem interesse de afirmar; portanto, quem apresenta uma pretensão cumpre provar-lhe os fatos constitutivos e quem fornece a exceção cumpre provar os fatos extintivos ou as condições impeditivas ou modificativas." (SANTOS, Moacyr Amaral – *Primeiras linhas de direito processual civil*, vol. II. 12. ed. São Paulo: Saraiva, 1989. p. 346/347).

Dessa forma, seja por adoção da teoria de *interesse* na produção de prova, ou mesmo em situação descrita como teoria da *aptidão da prova*, de cometer o ônus da prova a quem possui meios de a produzir, referida por Armando Porra López, transferindo o ônus de prova àquele que estiver apto para fazê-lo, independentemente da qualidade de ser autor ou réu (apud TEIXEIRA FILHO, Manoel Antonio, in *Curso de direito processual do trabalho*, vol. II – São Paulo: LTr, 2009. p. 977), levou ao decantado resultado de se conferir a situações de mera aplicação de regra geral da prova como se fosse hipótese de aplicação da teoria da "inversão do ônus da prova".

Carlos Coqueijo Torreão da Costa, Ministro Aposentado do Tribunal Superior do Trabalho, na década de 80 do século passado já enunciava: "A inversão do ônus subjetivo da prova é sempre prevista em benefício do trabalhador, posto que o empregador é que deve certas prestações ou deve cumprir com determinadas obrigações" (in *Direito Processual do Trabalho*, 2ª edição, Rio de Janeiro: Forense. 1984, p. 20).

Délio Maranhão, ao tratar do tema *ônus da prova*, se insurge quanto à suposta inversão do ônus da prova no processo do trabalho, em favor do empregado, assertoando que, o que acontece, e esse é um princípio geral de direito quanto à prova, "é que o juiz deve presumir a existência daquilo que comumente se verifica: o que é normal se presume. Ora, é normal e comum que a prestação continuada de trabalho resulte de um contrato de trabalho; é comum e normal que o empregado, a quem interessa, por uma questão mesma de sobrevivência, a conservação de seu emprego, não o abandone etc. (in *Instituições de direito do trabalho*/ SÜSSEKIND, Arnaldo ... [et al.]. 17. ed. São Paulo: LTr, p. 1368).

Não se despreza a força das chamadas *máximas de experiência* na avaliação probatória, ou mesmo das presunções nas diversas modalidades em que se apresentam. Porém, com a vênia devida, nos exemplos trazidos pelo mestre Délio Maranhão não se está a tratar efetivamente de inversão do ônus da prova.

Nessa toada, contudo, verdadeiramente diversas situações de prova, e que erroneamente se confere a pecha de *inversão* do ônus da prova, se trata de simples aplicação da regra geral de distribuição do ônus da prova.

Pode-se exemplificar com as seguintes situações fáticas e que se encontram estratificadas em Súmulas do Tribunal Superior do Trabalho, e, bem que se anote, não contenham a conclusão acima enunciada nas referidas Súmulas, mas de que apenas são tomadas tais situações como hipótese de inversão do ônus da prova.

SUM-338 JORNADA DE TRABALHO. REGISTRO. ÔNUS DA PROVA (incorporadas as Orientações Jurisprudenciais n. 234 e 306 da SBDI-1) – Res. n. 129/2005, DJ 20, 22 e 25.04.2005

I – É ônus do empregador que conta com mais de 10 (dez) empregados o registro da jornada de trabalho na forma do art. 74, § 2º, da CLT. A não apresentação injustificada dos controles de frequência gera presunção relativa de veracidade da jornada de trabalho, a qual pode ser elidida por prova em contrário. (ex-Súmula n. 338 – alterada pela Res. n. 121/2003, DJ 21.11.2003)

II – A presunção de veracidade da jornada de trabalho, ainda que prevista em instrumento normativo, pode ser elidida por prova em contrário. (ex-OJ n. 234 da SBDI-1 – inserida em 20.06.2001) Súmulas A-104

III – Os cartões de ponto que demonstram horários de entrada e saída uniformes são inválidos como meio de prova, invertendo-se o ônus da prova, relativo às horas extras, que passa a ser do empregador, prevalecendo a jornada da inicial se dele não se desincumbir. (ex-OJ n. 306 da SBDI-1 – DJ 11.08.2003)

SUM-212 DESPEDIMENTO. ÔNUS DA PROVA (mantida) – Res. n. 121/2003, DJ 19, 20 e 21.11.2003

O ônus de provar o término do contrato de trabalho, quando negados a prestação de serviço e o despedimento, é do empregador, pois o princípio da continuidade da relação de emprego constitui presunção favorável ao empregado. Histórico: Redação original – Res. n. 14/1985, DJ 19.09.1985 e 24, 25 e 26.09.1985.

No que se refere à Súmula n. 338, verdadeiramente não se está em hipótese de inversão do ônus da prova, e sim de aplicação da primazia relativa da prova documental (ou de sua ausência) quando a própria Consolidação das Leis do Trabalho exigiu, no caso, a presença necessária de documento (controle de jornada) ao empregador que possua mais de dez empregados, exigência que está contida no § 2º do art. 74 da CLT.

A circunstância de o legislador da Consolidação das Leis do Trabalho estabelecer prova especial (documental no caso em testilha), em determinada situação que refoge da equação do art. 818 da CLT, quanto à distribuição do ônus da prova, parece estar mais ligado à própria natureza da prova e da aptidão de o reclamado em as produzir, não trazendo hipótese de inversão do ônus da prova, mas de especialidade da prova, o que ocorre ainda quanto à prova de pagamento de salário (art. 464). E, nesse caso, quando o empregado alega não ter recebido salário, e o empregador objeta quanto à repetição do pagamento, por alegar que já procedeu ao pagamento (portanto, alegou fato extintivo do direito do autor), deve ele produzir a prova documental respectiva, não se estando diante de hipótese de inversão do ônus da prova.

Já na circunstância trazida pela Súmula n. 212 igualmente não se está diante da conhecida teoria da "inversão do ônus da prova", mas sim de aplicação da regra geral disposta no art. 818 da CLT (com os supletivos do art. 373, I e II, do novo CPC). Ora se o fato constitutivo do vínculo de emprego é a prova da prestação de trabalho, já que esse é um dos requisitos do contrato de emprego, à luz dos arts. 2º e 3º da CLT, sendo esse *fato constitutivo*, e já havendo prova sobre ele (seja porque o empregador confessou) cabe ao empregador a prova dos fatos *impeditivos* do reconhecimento do vínculo de emprego, como a ausência de subordinação e pagamento de salário. Portanto, se está em terreno normal da distribuição do ônus da prova.

3. A APLICAÇÃO DO § 1º DO ART. 373 DO NOVO CPC AO PROCESSO DO TRABALHO

O Direito recebe *status* de ciência para alguns teóricos porque dentre os ramos do conhecimento é o único que tem estreita dependência com a interpretação, **ciência interpretativa**, ou ciência hermenêutica (**FRIEDE, Reis**, *Ciência do Direito: Norma, interpretação e hermenêutica jurídica*. 7. ed. São Paulo: Forense Universitária, 2006), porquanto não existe universalidade de conceitos, o que se aplica em sua inteireza na Física, por exemplo, em que a fórmula para explicar o conceito de gravidade é a mesma em todos os quadrantes do planeta. E tal se dá porque as normas jurídicas têm residência no comportamento humano, na sociedade, evidenciando seu caráter cultural.

Carlos Maximiliano, no seu clássico livro *Hermenêutica e aplicação do direito*, consigna que "*interpretar é explicar, esclarecer; dar o significado de vocábulo, atitude ou gesto; reproduzir por outras palavras um pensamento exteriorizado; mostrar o sentido verdadeiro de uma expressão; extrair, de frase, sentença ou norma tudo o que na mesma se contém.*"

E em tal itinerário, "*Incumbe ao intérprete aquela difícil tarefa. Procede à análise e também à reconstrução ou síntese (2). Examina o texto em si, o seu sentido, o significado de cada vocábulo. Faz depois obra de conjunto; compara-o com outros dispositivos da mesma lei, e com os de leis diversas, do país ou de fora. Inquire qual o fim da inclusão da regra no texto, e examina este tendo em vista o objetivo da lei toda e do Direito em geral. Determina por este processo o alcance da norma jurídica, e, assim, realiza, de modo completo, a obra moderna do hermeneuta*". (*Hermenêutica e aplicação do direito*. 19. ed. Rio de Janeiro: Forense, 2001. p. 7/8)

O conceito de *prova* colhido dos doutrinadores de escol é multifacetado, porquanto conexo com o perfil filosófico ou corrente adotada pelo doutrinador, por teorias com base na maior ou menor liberdade conferida ao julgador, e, ainda, de acordo com o procedimento dispositivo ou inquisitorial adotado no procedimento de produção da prova, ou seja, do ambiente em que produzida a prova.

Assim, apenas para ilustrar o conceito multifacetado a respeito da *prova*, tomamos de **Amauri Mascaro Nascimento** o apanhado realizado por ele de diversos doutrinadores acerca do tema: "provar significa *formar a convicção do juiz sobre a existência* ou não de fatos relevantes do processo (Chiovenda). Para Mittermayer, é o conjunto de motivos produtores da certeza. Para Bonier, é a conformidade entre nossas ideias e os fatos constitutivos do mundo exterior. Para Laurent, é a demonstração legal da verdade de um fato. Para Domat, aquilo que persuade de uma verdade ao espírito. Para Bentham, é um fato suposto ou verdadeiro que se considera destinado a servir de causa de credibilidade para a existência ou inexistência de outro fato [...]" (in *Curso de direito processual do trabalho*. 17. ed. São Paulo: Saraiva, 1997. p. 403).

Na lição candente e concisa de **Márcio Túlio Viana**, ao tratar dos princípios da prova, afirma que "Prova-se: a) o que é necessário provar; b) com probidade; c) à vista da parte contrária, que pode contraprovar; d) com igualdade de oportunidades; e) dentro dos limites da lei; f) na presença e com atuação ativa do juiz; g) como condição necessária para a sentença; h) através de vários meios lícitos, analisados em conjunto. Depois de deferida, a prova: i) se desvincula da parte, passando a pertencer ao processo." Prossegue o emérito jurista: Daí os princípios: a) da necessidade da prova; b) da lealdade da prova; c) do contraditório; d) da igualdade de oportunidades; e) da legalidade; f) da imediação; g) da obrigatoriedade da prova; h) da comunhão da prova; e i) da aquisição processual". (artigo "Aspectos Gerais da Prova no Processo do Trabalho", p. , in *Compêndio de direito processual do trabalho* / Alice Monteiro de Barros, coordenadora". 3. ed. São Paulo: LTr, 2002)

Cabe ao intérprete/aplicador da norma processual, portanto, no itinerário lógico de buscar o significado e alcance de seus dispositivos, como alertou o mestre **Carlos Maximiliano**, de observar tais princípios reitores da prova.

E, nesse quadrante, o regramento constante do dispositivo processual em análise (art. 373, § 1º do novo CPC) não encontra, a princípio, barreira de aplicação por incompatibilidade com o processo do trabalho.

Estabelece o novo CPC, no multicitado § 1º do art. 373, a possibilidade de aplicação da chamada *teoria da distribuição dinâmica do ônus da prova* pelo juiz no caso concreto, dispondo dessa forma: "Nos casos previstos em lei ou diante de peculiaridades da causa relacionadas à impossibilidade ou à excessiva dificuldade de cumprir o encargo nos termos do *caput* ou à maior facilidade de obtenção da prova do fato contrário, poderá o juiz atribuir o ônus da prova de modo diverso, desde que o faça por decisão fundamentada, caso em que deverá dar à parte a oportunidade de se desincumbir do ônus que lhe foi atribuído".

De bom alvitre rememorar a lição do processualista **Ísis de Almeida**, a respeito da postura do juiz diante da investigação e produção probatórias: "Não são apenas as partes que porfiam na procura de uma verdade, no processo, e, na realidade, a sua procura é de uma verdade que lhes interessa em particular. Mas a busca sincera, imparcial e acurada é mesmo a procedida pelo juiz, representando a sociedade, à qual interessa uma verdade que vise à estabilidade das instituições, e, particularmente, no Direito do Trabalho, que tenha como finalidade última a paz social, embora, na oportunidade do processo, esteja servindo a uma pretensão pessoal".

E prossegue em profícua lição: "o juiz, como tanto já se tem apregoado, não é mero espectador de uma luta, especialmente no processo trabalhista, em que o princípio inquisitório é tão enfatizado e autoriza uma intervenção dele, ampla e profunda, na lide (cf. art. 765 da CLT). Ele vai, até onde queira ir, em busca da verdade./ Só deve respeitar a igualdade no tratamento das partes; a imparcialidade no procedimento, quanto às medidas a tomar, às diligências a ordenar". (ALMEIDA, Ísis de. *Manual de direito processual do trabalho*. 10. ed. atual. e ampl. São Paulo: LTr, 2002. p. 135/136).

Em sede do processo do trabalho é comum a afirmação realizada de caber a aplicação da técnica de inversão do ônus da prova, mesmo antes do advento do Código de Defesa do Consumidor (Lei n. 8.078, de 11.09.1990), o qual estabeleceu em seu art. 6º constituir direito básico do consumidor, dentre outros, a [...] facilitação da defesa de seus direitos, inclusive com a inversão do ônus da prova, a seu favor, no processo civil, quando, a critério do juiz, for verossímil a alegação ou quando for ele hipossuficiente, segundo a regra ordinária de experiência".

Carlos Henrique Bezerra Leite não objeta quanto à aplicação do art. 6º da Lei n. 8.078/90 ao processo do trabalho, reforçando a situação descrita quanto à hipossuficiência do trabalhador, argumentando que "é exatamente o requisito da hipossuficiência (geralmente econômica) do empregado perante seu empregador que autoriza o juiz do trabalho a adotar a inversão do *onus probandi*."

E complementa o referido processualista: "Atualmente, parece-nos não haver mais dúvida sobre o cabimento da inversão do ônus da prova nos domínios do direito processual do trabalho, uma vez que o art. 852-D da CLT dispõe textualmente: "O juiz dirigirá o processo com a liberdade para determinar as provas a serem produzidas, *considerado o ônus probatório de cada litigante*, podendo limitar ou excluir as que considerar excessivas, impertinentes ou protelatórias, bem como para apreciá-las e dar especial valor às regras da experiência comum ou técnica." Acrescenta que "Poder-se-ia dizer que tal regra é específica do procedimento sumaríssimo. Todavia, entendemos que em matéria de prova, não é o procedimento que vai impedir o juiz de dirigir o processo em busca da verdade real, levando em conta as dificuldades naturais que geralmente o empregado-reclamante enfrenta nas lides trabalhistas." (LEITE, Carlos Henrique Bezerra. *Curso de direito processual do trabalho*. 3. ed. São Paulo: LTr, 2005. p. 422)

Trazendo tais considerações, não causa espécie a aceitação da compatibilidade do referido dispositivo processual com a dinâmica do processo do trabalho, trazendo para o campo da prática o que já assertoou **Calamandrei**, no sentido de que "legislação e jurisdição constituem dois aspectos de uma mesma atividade contínua que pode ser denominada, em sentido lato (...) *atividade jurídica*: primeiro ditar o direito e depois fazê-lo observar; primeiro o estabelecimento e depois o cumprimento do direito. A jurisdição aparece, então, como a necessária prossecução da legislação, como o indispensável complemento prático do sistema da legalidade" (*Direito processual civil*; tradução de Luiz Abezia e Sandra Drina Fernandez Barbiery – Campinas: Bookseller, 1999. p. 107).

4. CONCLUSÃO

Não alimentamos dúvidas de aplicação dos preceptivos contidos nos §§ 1º e 2º do art. 373 do novo CPC, uma vez que ontologicamente compatíveis com o processo do trabalho, seja porque se ambienta com o disposto no art. 852-D da CLT, haja vista *permitir* ao juiz do trabalho determinar as provas a serem produzidas, considerado o ônus probatório de cada litigante, ou seja, definido referido encargo processual a cada uma das partes, seja porque há mais de duas décadas se decanta quanto à aplicação da técnica de inversão do ônus da prova com sopesamento das regras presentes no Código de Defesa do Consumidor (hipóteses de verossimilhança da alegação e de hipossuficiência), sendo certo que as novas situações, descritas no § 1º do art. 373 do novo CPC ("casos previstos em lei", "peculiaridades da causa relacionadas à impossibilidade ou à excessiva dificuldade de cumprir o encargo nos termos do *caput*" "ou à maior facilidade de obtenção da prova do fato contrário"), *poderá o juiz atribuir o ônus da prova de modo diverso, desde que o faça por decisão fundamentada, caso em que deverá dar à parte a oportunidade de se desincumbir do ônus que lhe foi atribuído*.

É certo que, como já realçado, de para tanto se lança da lição do processualista **Ísis de Almeida**, que com costumeira lucidez realça não ser o juiz *mero espectador de uma luta, especialmente no processo trabalhista, em que o princípio inquisitório é tão enfatizado e autoriza uma intervenção dele, ampla e profunda, na lide*.

E não se pode, contudo, furtar a observância do contraditório, haja vista que o legislador do novo CPC, na parte final do comentado preceptivo normativo, foi francamente partidário da tese de que a distribuição dinâmica da prova ou da inversão do ônus da prova não se trata de técnica de julgamento, como diversos processualistas de profundas lições propagam, mas sim técnica de distribuição do ônus da prova. Contudo, conferir o contraditório às partes não significa necessariamente estabelecer seja nos autos de processos de rito ordinário ou sumaríssimo a partição de audiência, já que se constitui em previsão normativa, reforçada no rito sumaríssimo, de que unidade da audiência trabalhista é a regra (arts. 845, 847 a 850 e 852-C, todos da Consolidação das Leis do Trabalho).

No rito Sumaríssimo, por exemplo, existe a regra de que "Todas as provas serão produzidas na audiência de instrução e julgamento, ainda que não requeridas previamente. (Art. 852-H), sendo que "§ 1º Sobre os documentos apresentados por uma das partes manifestar-se-á imediatamente a parte contrária, sem interrupção da audiência, salvo absoluta impossibilidade, a critério do juiz", e quanto "§ 2º As testemunhas, até o máximo de duas para cada parte, comparecerão à audiência de instrução e julgamento independentemente de intimação."

Enfim, somente quando exclusivamente necessário, a critério do juiz da causa, porque a ele compete gerir o processo, e principalmente para se evitar a incidência do § 2º do art. 373 do novo CPC (*A decisão prevista no § 1º deste artigo não pode gerar situação em que a desincumbência do encargo pela parte seja impossível ou excessivamente difícil*) é que logo a seguir à definição da inversão do ônus da prova poderá ser designada nova audiência.

E como solução para se evitar alegação de malferimento ao contraditório, basta que o Juízo aponha na citação inicial desde logo a possibilidade de decidir sobre a inversão do ônus probatório, fazendo-se com que a parte ré traga incontinenti as provas, se se tratar de testemunhas ou mesmo de documentos, tendo em vista que o dever de colaboração das partes, tão celebrado no novo CPC, orienta ou possa ser retirada tal ilação, de que as partes devem convergir para um processo justo, e processo justo passa pelo dever de lealdade que deve imperar entre as partes.

Cabe à hipótese em análise, a advertência do grande processualista **Calmon de Passos**, embora dirigida para alterações outras ocorridas no processo civil, pela Lei n. 8.455/92, e leitura realizada frente ao próprio aplicador do processo comum, quando asserto a que "[...] podemos ser modernos na lei mas só seremos realmente modernos quando, por cultura e educação, modernizarmos nossas cabeças, nossos hábitos, nossas instituições sociais, nosso quotidiano enfim. Um mestre italiano já me disse, com sabedoria, ouvindo minhas lamúrias, que a história não tem pressa e pouco adianta a pressa dos homens". (CALMON DE PASSOS, José Joaquim. In *Inovações ao Código de Processo Civil*. Rio: Forense, 1995. p. 115/116).

5. REFERÊNCIA BIBLIOGRÁFICA

ALMEIDA, Ísis de. *Manual de direito processual do trabalho*. 10. ed. atual. e ampl. São Paulo: LTr, 2002.

CALAMANDREI, Piero. *Direito processual civil*; tradução de Luiz Abezia e Sandra Drina Fernandez Barbiery. Campinas: Bookseller, 1999. p. 107.

CALMON DE PASSOS, José Joaquim. *Inovações ao Código de Processo Civil*. Rio: Forense, 1995.

CESÁRIO, João Humberto. In: *Provas no processo do trabalho*. JHC, Cuiabá/MT, 2015.

COSTA, Carlos Coqueijo Torreão da. in *Direito processual do trabalho*. 2. ed. Rio de Janeiro: Forense, 1984.

FRIEDE, Reis, *Ciência do direito: norma, interpretação e hermenêutica jurídica*. 7. ed. São Paulo: Forense Universitária, 2006.

LEITE, Carlos Henrique Bezerra. *Curso de direito processual do trabalho*. 3. ed. São Paulo: LTr, 2005.

MARANHÃO, Délio. In: *Instituições de direito do trabalho/* Arnaldo Süssekind [*et al.*]. 17. ed. São Paulo: LTr, 1997.

MARINONI, Luiz Guilherme. Formação da convicção e inversão do ônus da prova segundo as peculiaridades do caso concreto. *Revista Jus Navigandi*, Teresina, ano 11, n. 1.168, 12 set. 2006. Disponível em: <http://jus.com.br/artigos/8845>. Acesso em: 8 jun. 2015.

MAXIMILIANO, Carlos. *Hermenêutica e aplicação do direito*. 19. ed. Rio de Janeiro: Forense, 2001.

MONTOURO, Franco. *Introdução à ciência do direito*. 25. ed. São Paulo: Revista dos Tribunais, 2000.

NASCIMENTO, Amauri Mascaro. In: *Curso de direito processual do trabalho*. 17. ed. São Paulo: Saraiva, 1997.

SANTOS, Moacyr Amaral. *Primeiras linhas de direito processual civil*, vol. II. 12. ed. São Paulo: Saraiva, 1989.

SCHIAVI, Mauro. In: *O Novo Código de Processo Civil e seus Reflexos no Processo do Trabalho*, Organizado por Elisson Miessa, Salvador/BA: JusPPODIVM, 2015, in: artigo: "A aplicação supletiva e subsidiária do Código de Processo civil ao processo do trabalho".

TEIXEIRA FILHO, Manoel Antonio, in *Curso de direito processual do trabalho,* vol. II. São Paulo: LTr, 2009.

VIANA, Márcio Túlio. In: artigo "Aspectos gerais da prova no processo do trabalho", p. , in *Compêndio de direito processual do trabalho* / Alice Monteiro de Barros, coordenadora". 3. ed. São Paulo: LTr, 2002.

A FUNDAMENTAÇÃO DAS DECISÕES PREVISTA NO NOVO CPC E A SENTENÇA TRABALHISTA

Aldon do Vale Alves Taglialegna(*) (**)

1. INTRODUÇÃO

O novo Código de Processo Civil brasileiro, Lei n. 13.015, de 16 de março de 2015, que entrará em vigência um ano após a sua publicação, traz inúmeras novidades para a ordem jurídica brasileira. Esse conjunto de inovações demandará dos processualistas, em especial da área trabalhista, a difícil tarefa de promover o diálogo e a adaptação dessas normas do Direito Processual comum ao processo do trabalho.

Essa necessidade de compreensão dos novos dispositivos processuais civis e de sua adaptação e diálogo com o Direito Processual do Trabalho advém, especialmente, da previsão contida no art. 769 da Consolidação das Leis Trabalhistas, segundo o qual *"Nos casos omissos, o direito processual comum será fonte subsidiária do direito processual do trabalho, exceto naquilo em que for incompatível com as normas deste Título."*.

Corroborando a citada previsão de utilização subsidiária do Direito Processual comum para o preenchimento das lacunas do processo trabalhista, o NCPC/2015 também traz previsão expressa, em seu art. 15, de que *"Na ausência de normas que regulem processos eleitorais, trabalhistas ou administrativos, as disposições deste Código lhes serão aplicadas supletiva e subsidiariamente."*.

Sem querer aprofundar nas discussões que já surgiram na comunidade jurídica acerca da possível revogação ou não do art. 769 da CLT pelo art. 15 do NCPC/2015, é possível, pela simples leitura do novo preceito processual civil, concluir que os dispositivos em comento se complementam, podendo tranquilamente coexistir no mundo jurídico. Soma-se a isto o fato de que, enquanto o art. 15 do NCPC traz uma normativa de amplitude geral que guiará a colmatação de lacunas de vários modelos processuais, como os processos do trabalho, eleitoral e administrativo, o dispositivo celetista é norma específica para o processo laboral.

Na verdade, o diálogo entre os dois preceitos legais, se for realizado com a observância dos princípios inerentes a cada ramo do Direito, pode potencializar a instrumentalidade do processo trabalhista sem comprometer a sua essência, servindo como forma efetiva de aprimoramento da prestação jurisdicional.

2. PRINCÍPIOS NUCLEARES DO PROCESSO DO TRABALHO E A COLMATAÇÃO DE LACUNAS

É sabido que o processo do trabalho, enquanto ramo especializado, é invariavelmente lacunoso, fazendo-se necessária a colmatação desses vazios legislativos, por meio do diálogo de fontes como o Código de Processo Civil e outras leis extravagantes, entre elas a Lei de Execuções Fiscais, a Lei dos Juizados Especiais, a Lei da Ação Civil Pública e o Código de Defesa do Consumidor.

---

*(*) Aldon do Vale Alves Taglialegna é Desembargador-Presidente do Tribunal Regional do Trabalho da 18ª Região. Bacharel em Direito pela Universidade Federal de Uberlândia-MG (1986). Foi Promotor de Justiça no Estado de Minas Gerais (1987 a 1992). Professor Auxiliar de Direito do Trabalho e Direito Processual do Trabalho na Universidade Federal de Uberlândia, MG (1987 a 1991). Juiz do Trabalho Substituto do TRT 18ª Região (1992). Especialista em Direito Civil e Processo Civil pela UCAM/RJ (2005). Pós-graduado em Deontologia Jurídica pela Enamat (2007). Especialista em Trabalho, Previdência Social, Relações Industriais e Processo do Trabalho pela Universidade La Sapienza, Roma, Itália (2011).

(**) Agradeço aos meus assessores Sejana Prado Fleury Bariani Câmpelo e Rafael Ferreira Carneiro, servidores do Tribunal Regional do Trabalho da 18ª Região, pela colaboração na pesquisa e elaboração deste estudo científico.

Todavia, não se pode perder de vista que, consoante a teoria das lacunas de Maria Helena Diniz[1], existem três espécies principais de lacunas: a normativa, quando se tem a ausência de norma sobre determinado assunto; a ontológica, quando existe norma, mas ela não é exauriente ou não mais corresponde aos fatos sociais e ao progresso técnico (norma envelhecida); e a axiológica, quando existe uma norma aplicável ao caso, mas ela não é justa, ou seja, não representa uma solução satisfatória para o caso concreto.

Sobre a colmatação das lacunas, cabe citar o ensinamento de Wilson de Souza Campos Batalha[2], segundo o qual *"o direito processual do trabalho está em situação de interdependência com as ciências processuais particulares, notadamente com o direito processual civil, com o qual tem muitíssimos pontos de contato"*.

Contudo, não se pode perder de vista que, apesar dessa situação de interdependência com as demais ciências processuais, a colmatação de lacunas não pode, sob hipótese alguma, comprometer ou desnaturar a essência do Direito Processual Trabalhista, ou seja, seus princípios basilares, que constituem o mínimo inegociável garantidor da autonomia científica desse ramo especial do Direito.

Deve-se ter sempre em mente que o Direito Material e Processual do Trabalho são ramos da ciência jurídica que se destacam pelo caráter protetor e intensa preocupação social com o equilíbrio de partes desiguais na relação trabalhista. Por isso, sempre que a lacuna for axiológica ou ontológica, e não normativa, a utilização supletiva de outras ciências processuais deverá observar a sua compatibilidade com o núcleo basilar do processo do trabalho, ou seja, os princípios específicos desse ramo jurídico.

Consoante o doutrinador Ministro Mauricio Godinho Delgado[3], "Para a Ciência do Direito os princípios conceituam-se como proposições fundamentais que informam a compreensão do fenômeno jurídico. São diretrizes centrais que se inferem de um sistema jurídico e que, após inferidas, a ele se reportam, informando-o". Leciona, ainda, que "Qualquer dos princípios gerais que se aplique ao Direito do Trabalho sofrerá, evidentemente, uma adequada compatibilização com os princípios e regras próprias a este ramo jurídico especializado, de modo que a inserção da diretriz geral não se choque com a especificidade inerente ao ramo justrabalhista.

Esse processo de adequação será, obviamente, mais extenso naqueles específicos pontos objetivados pelo princípio geral em que, topicamente, se realçar a identidade singular do Direito do Trabalho perante o conjunto do sistema jurídico em geral.".

Sob este enfoque, o operador do Direito Processual Trabalhista deve observar não apenas os princípios gerais do Direito Processual como também aqueles que são comuns tanto ao processo do trabalho como ao processo comum e, especialmente, aqueles peculiares do Direito Processual do Trabalho, que compõem o seu núcleo basilar e garantem a sua autonomia como ramo especial do Direito.

Para uma melhor elucidação do tema, faço um breve resumo dos princípios processuais gerais, comuns ou específicos, segundo o entendimento de alguns dos principais doutrinadores processualistas da área trabalhista, os quais, diga-se de passagem, não são uníssonos ao abordar o assunto, como se vê a seguir:

Segundo Manoel Antônio Teixeira Filho[4] o Direito Processual do Trabalho é regido por princípios infraconstitucionais gerais do processo e por princípios específicos. Dentre os princípios infraconstitucionais discrimina os seguintes: da demanda, do impulso oficial, da preclusão, da oralidade, da economia, da lealdade, da livre investigação das provas, da persuasão racional, do duplo grau de jurisdição, da eventualidade, da impugnação especificada dos fatos, da informalidade dos atos, da sucumbência, da estabilidade da lide, da inalterabilidade dos prazos peremptórios, da renúncia dos prazos e do ônus da prova.

Com relação aos princípios específicos do processo do trabalho, o referido autor menciona que a doutrina estrangeira tem-se preocupado de longa data em classificar os princípios regentes do processo do trabalho: 1) Para Menéndez-Pidal, por exemplo, estes consistem: a) no tecnicismo; b) na maior intensidade do princípio inquisitivo; c) no impulso judicial. 2) Em Porrás López temos: a) o do dispositivo; b) o do impulso processual; c) o da formalidade; d) o da concentração; e) o da imediação; f) o da publicidade; g) o da apreciação das provas em consciência. 3) Eduardo Couture aponta os seguintes: a) correção da desigualdade; b) especialização do juízo; c) poder normativo; d) não imutabilidade da coisa julgada; e) ampla margem de equidade; f) intensificação da conciliação [...]. 4) Mariano Tissembaum menciona:

---

(1) DINIZ, Maria Helena. *Compêndio de introdução à ciência do direito*. 17. ed. à luz da Lei n. 10.406/02, São Paulo: Saraiva, 2005. p. 444.

(2) BATALHA, Wilson de Souza Campos. *Tratado de direito judiciário do trabalho*. 2. ed. rev., atual. e ampl. São Paulo: LTr, 1985. p. 139.

(3) DELGADO, Mauricio Godinho. *Curso de direito do trabalho*. 12. ed. São Paulo: LTr, 2013. p. 180.

(4) TEIXEIRA FILHO, Manoel Antônio. *Curso de direito processual do trabalho*. vol. I. São Paulo: LTr, 2009.

a) a ultrapetição; b) o início *ex officio* da ação; c) a intensificação da conciliação; d) a possibilidade de revisão da coisa julgada [...].

O mencionado doutrinador continua citando os princípios elencados pelos seguintes doutrinadores brasileiros: 1) Russomano: finalidade social, oralidade, impulso pelas partes, economia; 2) Cesarino Júnior: oralidade, unidade do juízo, concentração, julgamento imediato, irrecorribilidade das decisões interlocutórias, revogabilidade das decisões definitivas; 3) Coqueijo Costa: dispositivo, formalista, oralidade, celeridade, contraditório, impulso oficial, livre convicção do juiz, lealdade processual, conciliação, irrenunciabilidade. Ao final, Manoel Antônio Teixeira Filho defende a existência, como princípios peculiares do Direito do Trabalho, do da correção da desigualdade e do da jurisdição normativa.

Já Mauro Schiavi[5] divide os princípios processuais em princípios constitucionais do processo e princípios peculiares do Direito Processual do Trabalho. No tocante aos princípios constitucionais elenca: o do devido processo legal, o do juiz e do promotor natural, o da igualdade, o da inafastabilidade da jurisdição, o do contraditório e ampla defesa, o do duplo grau de jurisdição, o da motivação das decisões judiciais, o da publicidade, o da vedação da prova ilícita e o da duração razoável do processo. Quanto aos peculiares menciona: o do protecionismo temperado ao trabalhador, o da informalidade, o da conciliação, o da celeridade, o da simplicidade, o da oralidade, o da majoração dos poderes do juiz do trabalho na direção do processo, o da subsidiariedade e o da função social do processo do trabalho.

Carlos Henrique Bezerra Leite[6], por sua vez, classifica em: 1 – princípios gerais do processo: a) informativos: princípios lógico, jurídico, político e econômico; b) fundamentais: igualdade ou isonomia, contraditório, ampla defesa, imparcialidade do juiz, motivação das decisões, devido processo legal (neste inseridos os princípios do juiz natural, do promotor natural e do duplo grau de jurisdição), acesso individual e coletivo à Justiça ou inafastabilidade do controle jurisdicional ou ubiquidade ou indeclinabilidade da jurisdição, razoabilidade da duração do processo, cooperação ou colaboração e ativismo judicial; 2 – princípios comuns do processo civil e trabalhista: dispositivo ou da demanda, inquisitivo ou impulso oficial, instrumentalidade, impugnação especificada, estabilidade da lide, eventualidade, preclusão, economia processual, *perpetuatio jurisdictionis*, ônus da prova, oralidade (aqui incluídos os princípios da imediatidade, da identidade física do juiz, da concentração e da irrecorribilidade das decisões interlocutórias) e lealdade processual; 3 – peculiares do Direito Processual do Trabalho: proteção, finalidade social, busca da verdade real, indisponibilidade, conciliação e normatização coletiva; e 4 – outros princípios do processo trabalhista: simplicidade, despersonalização do empregador e extrapetição.

Consoante a obra de Wagner D. Giglio[7] os princípios peculiares do Direito do Trabalho são: o protecionista, a jurisdição normativa, a despersonalização do empregador e a simplificação procedimental. Ainda, aponta como princípios ideais o da extrapetição, o da iniciativa extraparte e o da coletivização das ações individuais.

Assim, a partir da análise dos princípios peculiares da seara processual trabalhista acima citados, tem-se que o núcleo basilar do processo do trabalho compõe-se principalmente pelos seguintes princípios: protecionismo, oralidade, celeridade processual, conciliação, finalidade social, jurisdição normativa, simplicidade procedimental, inquisitividade, concentração dos atos processuais e imediação.

Prosseguindo no estudo do tema, faz-se necessário mencionar ainda que os princípios que compõem a base do processo do trabalho possuem a tríplice função de servir como fonte informativa (orientar, na fase pré-jurídica, a formação da lei de modo a não colidir com os princípios inegociáveis), interpretativa (auxiliar, já na fase jurídica, a compreensão do sentido das normas que compõem o ordenamento jurídico) e normativa (orientar, também na fase jurídica, a aplicação dos princípios aos casos concretos, seja de forma direta ou indireta – hipóteses de lacuna da lei) do processo do trabalho.

Sobre o tema em comento, Mauricio Godinho Delgado[8] leciona que "No Direito, os princípios cumprem funções diferenciadas. Atuam, na verdade, até mesmo na fase de construção da regra de Direito – fase pré-jurídica ou política. Mas será na fase jurídica típica, após consumada a elaboração da regra, que os princípios cumprirão sua atuação mais relevante. [...] Na fase propriamente jurídica, os princípios desempenham funções diferenciadas e combinadas, classificando-se segundo a função específica assumida. Surgem, nesse caso, em um plano, os princípios descritivos (ou informativos), que cumprem papel relevante na interpretação do Direito. A seu lado, os princípios normativos

---

(5) SCHIAVI, Mauro. *Manual de direito processual do trabalho*. 4. ed. São Paulo: LTr, 2011.

(6) LEITE, Carlos Henrique Bezerra. *Curso de direito processual do trabalho*. 8. ed. São Paulo: LTr, 2010.

(7) GIGLIO, Wagner D. *Direito processual do trabalho*. 16. ed. rev. ampl., atual. e adaptada. São Paulo: Saraiva, 2007.

(8) DELGADO, Mauricio Godinho. *Op. cit.*, p. 181.

subsidiários, que cumprem papel destacado no processo de integração jurídica (normas supletivas). Por fim, os princípios normativos concorrentes, que atuam com natureza de norma jurídica, independentemente da necessidade de ocorrência da integração jurídica. [...]".

Assim, conclui-se que qualquer colmatação de lacunas no âmbito da processualística laboral, por meio da utilização subsidiária ou supletiva do processo comum e de outros microssistemas processuais, deve ter, portanto, como parâmetro inicial o respeito a este núcleo central próprio do processo do trabalho.

3. A FUNDAMENTAÇÃO DAS DECISÕES PREVISTA NO NOVO CPC E A SENTENÇA TRABALHISTA

Vencida esta etapa, e tendo em mente, como já frisado acima, que as especificidades do processo do trabalho, ou seja, seus princípios nucleares, devem sempre ser respeitados quando da colmatação de lacunas, passamos à análise da aplicabilidade e compatibilidade do princípio da fundamentação exauriente das decisões judiciais, previsto no art. 489, § 1º, do NCPC/2015, com o processo do trabalho.

Nesse passo, sem querer adentrar nas discussões que surgiram acerca de uma possível inconstitucionalidade do art. 489, § 1º, do NCPC/2015, por se tratar, segundo alguns doutrinadores, de tema incompatível com a fixação de regulamentação geral, haja vista versar sobre as funções intrínsecas do Poder Judiciário, não se pode perder de vista que a aplicação ou não do art. 489, § 1º, do NCPC/2015 dependerá da compatibilidade deste dispositivo com os princípios basilares da processualística trabalhista.

Imprescindível, nesse contexto, considerarmos, inicialmente, que os arts. 832 e 852-I, *caput* e § 1º, todos da CLT, estabelecem, respectivamente, que *"Da decisão deverão constar o nome das partes, o resumo do pedido e da defesa, a apreciação das provas, os fundamentos da decisão e a respectiva conclusão"*, que no procedimento sumaríssimo *"A sentença mencionará os elementos de convicção do juízo, com o resumo dos fatos relevantes ocorridos em audiência, dispensado o relatório"* e que, nos casos de procedimentos sumaríssimos, *"O Juízo adotará em cada caso a decisão que reputar mais justa e equânime, atendendo aos fins sociais da lei e as exigências do bem comum"*.

Diante disso, à luz do que dispõe o já citado art. 769 da CLT, não há falar em aplicação ao processo do trabalho da exigência de fundamentação exauriente prevista no art. 489, § 1º, do NCPC/2015, sob pena de negação a vários dispositivos celetistas.

Primeiramente, porque, conforme se depreende do disposto nos artigos da CLT acima citados, não há omissão (lacuna normativa) no tocante à fundamentação das decisões trabalhistas. Pelo teor do art. 832 da CLT e, ainda, considerando que o modelo processual do trabalho está pautado pela simplicidade das formas, economia processual e celeridade, basta que a fundamentação das decisões seja suficiente, e não exauriente. *Não se exige que o julgado trabalhista enfrente todas as questões de fato, ou, ao contrário, que explique as questões de direito, sendo o bastante que avance sobre a fundamentação jurídica.*[9]

Nesse aspeto, é preciso salientar que a fundamentação sucinta das decisões, conforme ocorre na seara trabalhista, não se confunde com falta de fundamentação, tampouco se opõe ao paradigma de processo cooperativo e ao dever do magistrado de exarar sentenças coerentes e conexas à argumentação apresentada pelas partes. Aliás, nesse sentido é o entendimento do próprio STF, ao interpretar o art. 93, IX, da CRFB/88. Cita-se, por oportuno, o seguinte julgado:

> *Ementa: agravo regimental. Habeas corpus. Prisão preventiva. Garantia da ordem pública. Aplicação da lei penal. Réu condenado em primeiro grau. Decretação da custódia na sentença condenatória (parágrafo único do art. 387 do CPP). Óbice da Súmula n. 691/STF. Supressão de instância. Alegada ausência de fundamentação. Não ocorrência. Ausência de ilegalidade ou flagrante abuso de poder. Negativa de trânsito à ação constitucional. Agravo regimental desprovido.*
>
> [...]
>
> 3. A falta de fundamentação não se confunde com fundamentação sucinta. Interpretação que se extrai do inciso IX do art. 93 da CF/88. Precedentes: HC n. 93.164, da relatoria do ministro Gilmar Mendes; e RE 140.370, da relatoria do ministro Sepúlveda Pertence. Na concreta situação dos autos, a autoridade impetrada – sem incursionar com profundidade no mérito do pedido – assentou a ausência dos pressupostos autorizadores da antecipação requerida na petição inicial do *habeas corpus* impetrado no Superior Tribunal de Justiça, embora fazendo-o sucintamente.
>
> 4. Agravo regimental desprovido." (STF, AgRg no HC 105.349/SP, 2ª T., julgado em: 23.11.2010, Rel. Min. Ayres Britto, DJe de 17.02.2011).[10]

Segundo, porque, além de não se tratar de caso de lacuna normativa, não há como se vislumbrar compatibilidade entre a previsão de fundamentação exauriente

---

(9) SILVA, Homero Batista Mateus da. Curso de direito processual aplicado. Volume 9. Processo do trabalho. 2. ed. rev., atual. e ampl. São Paulo: Revista dos Tribunais, 2015.

constante do NCPC/2015 e a processualística trabalhista. Com efeito, o legislador ordinário, quando da elaboração das normas processuais trabalhistas, priorizou a simplificação do conteúdo das decisões como forma de garantir a celeridade processual, por meio da simplicidade procedimental e da concentração dos atos processuais.

Além disso, não se pode perder de vista que o processo do trabalho possui particularidades que o diferem sobremaneira do processo comum, dificultando e, até mesmo, tornando impertinente a aplicação da fundamentação sentencial minuciosa. Nesse aspecto, enquanto no processo comum a cumulação de pedidos ocorre de forma minimizada ou esporádica, no processo do trabalho ela é praticamente uma regra, ocorrendo quase que na totalidade das ações, seja na forma de cumulação objetiva e/ou subjetiva.

Sabe-se que é possível, numa mesma sentença trabalhista, o magistrado ser compelido a apreciar todos os pedidos decorrentes de uma relação de trabalho ou de emprego, tais como: verbas contratuais, verbas rescisórias, reflexos do efeito expansionista circular, reflexos legais, indenizações por danos materiais, morais e estéticos, direitos decorrentes de normas coletivas e de regulamentos empresariais etc. No caso específico das horas extras, parece-nos completamente desvirtuada a ideia de que o juiz trabalhista deva rebater de maneira exauriente todos os argumentos das partes no tocante aos consectários legais decorrentes do seu reconhecimento (divisor, adicional, base de cálculo, reflexos em descanso semanal remunerado, incidências e encargos), bastando, para tanto, que haja uma fundamentação sucinta e uma conclusão lógica.

Sobre o assunto, demonstrando de forma brilhante e esclarecedora a questão da acumulação de pedidos presente no processo do trabalho, em contraponto ao que ocorre na seara do processo civil, trago o estudo realizado pelos Juízes do Trabalho Ney Maranhão e Platon Teixeira de Azevedo Neto[11]:

> Salta aos olhos, desse modo, que tamanha alteração de rumos impressa pelo NCPC, com sua esdrúxula exigência de fundamentação sentencial exaustiva, vá de encontro, como já referimos, não apenas com mansa, pacífica e razoabilíssima jurisprudência do STF – intérprete máximo da Constituição Republicana –, mas também com recentes inclinações do próprio legislador infraconstitucional, *já sob a égide da Constituição Federal de 1988*, que atento ao clamor da sociedade brasileira por um processo efetivamente mais célere, vinha optando por *dinamizar* ao máximo o conteúdo sentencial, retirando-lhe, em determinados casos, um de seus requisitos estruturais (*o relatório*). A impertinência de uma tal exigência, constante do NCPC, é mesmo flagrante.

De todo modo, vejamos ainda alguns aspectos típicos do processo laboral, que só recrudescem a pertinência de uma tal posição.

a) *Cumulação objetiva*. Ao contrário do que se vê, em regra, no processo civil, o processo do trabalho detém poderosa inclinação ao fenômeno da cumulação processual *objetiva*. Ou seja, de ordinário, a petição inicial trabalhista traz consigo uma quantidade enorme de pedidos, inclusive a ponto de, por vezes, tomar emprestado o alfabeto inteiro. E precisamente por comportar um plexo enorme de pedidos é que o processo do trabalho recebe influxos principiológicos particulares, ligados à celeridade, informalidade, simplicidade e irrecorribilidade das decisões interlocutórias. Seria impossível dar vazão a tantos temas e pedidos se o processo não fosse sabiamente dotado de uma dinâmica intrinsecamente mais informal, enxuta e célere;

b) *Cumulação objetiva com efeito expansionista circular no que tange a parcelas salariais concedidas*. Cabe frisar, por oportuno, que são inúmeras as verbas trabalhistas, podendo ser tanto contratuais quanto rescisórias. Além disso, há uma complexidade agregada: algumas verbas admitem, nas palavras de Mauricio Godinho Delgado, um *efeito expansionista circular*, significando que ao julgador cabe analisar a pertinência, ou não, de repercussão de um título de natureza salarial concedido em sentença diante de outras verbas. São os famosos "reflexos";

c) *Cumulação objetiva com imposição legal de declaração da natureza jurídica das parcelas concedidas em sentença*. Não bastasse tudo isso, recai sobre o magistrado trabalhista o dever legal de sempre indicar, em sentença, a natureza jurídica das parcelas constantes da condenação ou do acordo homologado, inclusive o limite de responsabilidade de cada parte pelo recolhimento de contribuição previdenciária, se for o caso (CLT, art. 832, § 3º);

d) *Cumulação objetiva com verbas de reparação*

---

(10) STF, AgRg no HC n. 105.349/SP, 2ª T., julgado em: 23.11.2010, Rel. Min. Ayres Britto, DJe de 17.02.2011. Disponível em: <http://stf.jus.br>. Acesso em: 29 jun. 2015.

(11) MARANHÃO, Ney; AZEVEDO NETO, Platon Teixeira de. Novo CPC e a fundamentação sentencial exaustiva: breves pinceladas críticas. São Paulo: *Revista LTr*, ano 79, n. 05, maio de 2015. p. 529-537.

civil. Além das inúmeras verbas tipicamente trabalhistas, todos os dias inundam a pauta das Varas Trabalhistas, inúmeros casos de assédio moral e sexual, com reparações por danos morais, materiais, estéticos, e, agora, também existenciais, todos quase sempre envolvendo intricadas e delicadas questões fáticas a merecer pronta e justa solução, em sessão;

e) *Cumulação subjetiva.* Também é comum, na processualística trabalhista, a existência de inúmeros litigantes, tanto no polo ativo quanto no polo passivo. Não raro o juiz do trabalho se vê diante de ações trabalhistas plúrimas, onde uma determinada quantidade de reclamantes se agregam e, juntos, ingressam em juízo deduzindo seus pedidos em *litisconsórcio facultativo ativo*. Mais frequente ainda é a miríade de casos de empreitadas, subempreitadas, terceirizações e até quarteirizações, diariamente submetidos ao crivo do Poder Judiciário Trabalhista, sendo comum processos agregarem em seu polo passivo duas, três, quatro e às vezes até cinco empresas reclamadas, a depender da circunstância fática debatida, cada qual com seu patrono, sua peça de defesa e suas provas próprias a produzir;

f) *Acordos parciais em sessão*. Diante do princípio da conciliação, de peso forte no processo do trabalho, e da exigência da presença pessoal das partes em audiência, não raro ocorre a entabulação de acordo parcial entre as partes, inclusive com inserção de matéria não posta originalmente em juízo, demandando máxima atenção e cuidado, por parte do magistrado trabalhista, para a realização de uma conciliação *responsável*;

g) *Concentração e oralidade dos atos. Audiência una*. O juiz do trabalho é instado, por lei, a prolatar a sua decisão em sessão, o que não raro, de fato, sucede. E essa previsão de sentença mais objetiva, baseada em uma fundamentação sucinta – e que o STF sempre reconheceu como plenamente constitucional – depende dessa estruturação toda peculiar do processo do trabalho;

h) *Quebra de paridade das formas*. Como é cediço, a petição inicial trabalhista é simples e seu requisitos são módicos, quando comparados com os da petição inicial do processo civil. Também a contestação trabalhista é informal, com possibilidade de realização verbal. Razões finais também são orais e objetivas. Por sua vez, a sentença trabalhista, devendo ser prolatada em sessão, segue a mesma tônica de singeleza e simplicidade, nunca sem deixar de cumprir, por óbvio, a sadia e ética imposição constitucional de dever de fundamentação. Fundamentação essa, todavia, suficiente, apontando as razões do convencimento do magistrado à luz dos aportes fáticos e jurídicos delineados nos autos. Ora, exigir fundamentação exaustiva da sentença trabalhista implicaria uma nefasta anomalia no sistema processual trabalhista, por suscitar uma verdadeira quebra na paridade das formas processuais erigida pelo sistema processual laboral.

Noutro ponto, *não custa lembrar que o uso da equidade é muito mais frequente no processo do trabalho (arts. 8º, 766 e 852-I, da CLT) do que no processo comum (art. 127 do CPC/1973 e art. 140, parágrafo único, do CPC/2015), de modo que, caso o juiz do trabalho seja impelido a esgotar toda a fundamentação de fato e de direito, não sobraria espaço para o uso da equidade. Vista a questão por este ângulo, a aplicação subsidiária indiscriminada do art. 489, § 1º, do CPC, representaria uma denegação de vários dispositivos da Consolidação das Leis do Trabalho.*[12]

Assim, diante dessas particularidades e incompatibilidades com os princípios basilares e peculiares do Direito Processual Trabalhista, não vislumbro margem para a aplicação da fundamentação exauriente às decisões proferidas no âmbito da Justiça Trabalhista, sob pena de se comprometer a celeridade processual e simplicidade procedimental inerentes a esse ramo da ciência jurídica. *O caráter privilegiado do crédito que corriqueiramente é discutido no processo do trabalho, porque de natureza alimentar, sempre demandou uma dinâmica processual toda diferenciada, evitando frenagens indevidas e estagnações indesejadas, de sorte que qualquer procedimento ou regra que destoe dos alvissareiros faróis da simplicidade, oralidade e celeridade, decerto hão de ser reputados como incompatíveis com o diferenciado perfil processual trabalhista, formatação jurídica célere essa que deve ser resguardada para o alcance dos objetivos que lhes são constitucionalmente próprios e reconhecidamente justificados.*[13]

Ademais, a previsão contida no art. 765 da CLT, segundo a qual *"Os Juízos e Tribunais do Trabalho terão ampla liberdade na direção do processo e velarão pelo andamento rápido das causas, podendo determinar qualquer diligência necessária ao esclarecimento delas."*, o que garante uma majoração dos poderes do juiz do trabalho na direção do processo que, a meu sentir, também é incompatível com a previsão de fundamentação sentencial exauriente constante do NCPC/2015.

Diante do exposto, entender-se pela aplicação do art. 489, §1º, do NCPC/2015 no âmbito da Justiça do Trabalho

---

(12) SILVA, Homero Batista Mateus da. *Op. cit.*
(13) MARANHÃO, Ney; AZEVEDO NETO, Platon Teixeira de. *Op. cit.*

é medida perigosa, pois implicaria retrocesso à economia e celeridade processuais já alcançadas por esta Especializada, correndo-se o risco de eternizar as demandas, submetendo-as a uma exposição desnecessária aos jogos argumentativos e alegações genéricas de nulidade apresentadas pelas partes, apenas por conveniência e oportunidade, numa tentativa de obter uma julgamento favorável aos seus interesses.

4. CONSIDERAÇÕES FINAIS

Atualmente, o maior problema enfrentado pela sociedade não é mais o da busca pela simples tutela jurisdicional. O verdadeiro martírio do jurisdicionado contemporâneo e maior entrave do Poder Judiciário é a efetivação da prestação jurisdicional, com uma resposta justa, em tempo razoável.

Por isso, sem a pretensão de querer esgotar a matéria, conclui-se, com o presente estudo, que a novel previsão de fundametação extensiva das decisões trazida pelo NCPC/2015 não tem aplicabilidade na seara processual trabalhista, seja por ausência de omissão na Consolidação das Leis do Trabalho, seja por completa incompatibilidade com os princípios nucleares do processo laboral.

Deve-se ter em mente, ainda, que eventuais colmatações das lacunas existentes no processo do trabalho precisam ser realizadas pautando-se pela preservação do seu caráter protecionista, da celeridade processual, da simplicidade procedimental, da oralidade, da concentração dos atos processuais, da conciliação, da finalidade social, da jurisdição normativa, da inquisitividade e da imediação, vetores axiológicos estes que são formadores desse ramo autônomo do Direito. *Portanto, é a confluência desses vetores que dá vida a uma racionalidade toda própria ao processo do trabalho e que, em última instância, merece ser blindada de qualquer "investida deformadora", de onde quer que venha, inclusive do novo CPC.*[14]

O processo do trabalho representa um instrumento de realização da justiça social para a satisfação de créditos de natureza jurídica eminentemente alimentar, os quais possuem caráter privilegiado e que, portanto, merecem um tratamento processual diferenciado capaz de garantir o alcance dos objetivos que lhe são constitucionalmente próprios de forma justa e em tempo razoável.

Assim, seria irresponsável se pensar na possibilidade de que um processo dessa índole pudesse ser formal, complexo e consequentemente lento, razão pela qual deve-se combater a aplicação de todo e qualquer dispositivo normativo que, por ser voltado para o tecnicismo científico, possa comprometer a duração razoável do processo do trabalho.

Conforme mencionamos ao longo deste texto, com o objetivo de trazer as primeiras impressões acerca da compatibilidade da fundamentação exauriente à sentença trabalhista, a aplicação deste novel dispositivo mostra-se impertinente, pois, diversamente do que vem sendo defendido por alguns doutrinadores do Direito Processual Civil, no âmbito processual trabalhista, em vez de garantir maior celeridade ao processo, implicará o seu retardamento, favorecendo a burocratização do Poder Judiciário Trabalhista, contribuindo, por conseguinte, para o descrédito da Justiça do Trabalho brasileira.

5. REFERÊNCIAS

BATALHA, Wilson de Souza Campos. *Tratado de direito judiciário do trabalho*. 2. ed. rev. e atual. e ampl. São Paulo: LTr 1985.

CESÁRIO, João Humberto. O processo do trabalho e o novo Código de Processo Civil: critérios para uma leitura dialogada dos arts. 769 da CLT e 15 do NCPC, São Paulo: *Revista LTr,* ano 79, n. 04, abril de 2015. p. 404-414.

DELGADO, Mauricio Godinho. *Curso de direito do trabalho*. 12 ed. São Paulo: LTr, 2013.

DINIZ, Maria Helena. *Compêndio de introdução à ciência do direito*. 17. ed. à luz da Lei n. 10.406/02, São Paulo: Saraiva, 2005.

GIGLIO, Wagner D. *Direito processual do trabalho*. 16 ed. rev. ampl., atual. e adaptada. São Paulo: Saraiva, 2007.

LEITE, Carlos Henrique Bezerra. *Curso de direito processual do trabalho*. 8. ed. São Paulo: LTr, 2010.

MARANHÃO, Ney; AZEVEDO NETO, Platon Teixeira de. Novo CPC e a fundamentação sentencial exaustiva: breves pinceladas críticas, São Paulo: *Revista LTr,* ano 79, n. 05, maio de 2015. p. 529-537.

SCHIAVI, Mauro. *Manual de direito processual do trabalho*. 4 ed. São Paulo: LTr, 2011.

SILVA, Homero Batista Mateus da. *Curso de direito processual aplicado*: Volume 9 – Processo do Trabalho. 2. ed. rev., atual. e ampl. São Paulo: Revista dos Tribunais, 2015.

STF, AgRg no HC 105.349/SP, 2ª T., julgado em: 23.11.2010, Rel. Min. Ayres Britto, DJe de 17.02.2011. Disponível em <http://stf.jus.br>. Acesso em: 29 jun. 2015.

TEIXEIRA FILHO, Manoel Antônio. *Curso de direito processual do trabalho*. vol. I. São Paulo: LTr, 2009.

---

(14) MARANHÃO, Ney; AZEVEDO NETO, Platon Teixeira de. *Op. cit.*

INCIDENTE DE DEMANDAS REPETITIVAS NO PROCESSO TRABALHISTA

VALTÉRCIO RONALDO DE OLIVEIRA(*)

Ao longo da história da humanidade diversos sistemas de conduta foram impostos ao homem, todos no sentido da prevalência do mais forte sobrepujando o mais fraco. Assim é que perduraram, por muito tempo, a lei de talião, os regimes escravocratas, de servidão e de manufaturas. Ressalte-se que, ainda, em pleno século XXI, com renitência, a escravidão no Brasil, como uma doença avassaladora, resiste aos mais dogmáticos preceitos humanitários.

Com o advento da Revolução Industrial na Inglaterra, a exploração do homem pelo homem grassou, sistematicamente, na sociedade burguesa, conduzindo o trabalhador (homem, mulher e criança) a uma jornada exaustiva, sem qualquer descanso semanal para recuperação da força trabalho.

Sem sombra de dúvida, a Revolução Francesa foi um marco para a atividade humana, quando se passou a considerar a igualdade, a liberdade e a fraternidade como esteios, fazendo ingressar o Direito na modernidade, no chamado Estado Liberal. Pois bem. Tornados 'iguais' e 'livres', todos os cidadãos dispunham dos mesmos meios processuais para pleitear direitos em Juízo. Prevaleceu, a partir de então, a autonomia da vontade de cada jurisdicionado que, como sujeito de direito, passou a ser responsável pela celebração dos negócios jurídicos, a cumprir, na forma como pactuados, verdadeira lei para as partes, afastando-se qualquer interferência estatal no mercado.

Os tempos evoluíram e essa dogmática processual liberal se mostrou ineficiente para a tutela dos novos direitos contemporâneos. A antiga fórmula não basta mais para a efetivação da cidadania, da igualdade substancial e da liberdade material dos indivíduos da sociedade pós-industrial, que vivem muito mais próximos, unidos, interligados, discutindo e reclamando pela atenção às garantias mínimas a que têm vez, como cidadãos.

O homem é um animal social e é instintivo, natural, que se una e se alie, quando percebe no outro uma identidade de interesses, pretensões, direitos, deveres e obrigações, ademais quando constata que a ação ou a reação conjunta pressiona e impressiona muito mais o adversário comum, do que a atuação solitária na luta pela atenção de direito eventualmente ofendido.

Passou-se, então, naturalmente, a pensar mais no coletivo. O pensamento jurídico antigo, que tinha um foco individualista, com objetivo único de analisar e solver a lide de um só (exceção nas lides plúrimas) – demonstrou claramente o exagerado acúmulo de processos idênticos tramitando perante juízos distintos. Ficou exposta a consequência negativa da já vetusta dogmática processual, que possibilitava julgamentos contrastantes e, em consequência da multiplicidade de demandas ajuizadas, aumentava a morosidade da prestação jurisdicional, trazendo o descrédito ao Judiciário inefetivo.

A diversidade de julgados acerca de uma mesma matéria de direito, ou até de matéria fática cuja prova (documental ou oral) produzida nos autos foi basicamente a mesma, causa intensa estranheza ao jurisdicionado leigo, muitas vezes sem maior esclarecimento intelectual. Incompreensível, para o homem comum, que um juiz julgue procedente um determinado pedido, enquanto outro magistrado decida pela improcedência de pleito trazido a Juízo de forma idêntica, por mesmo patrono, inclusive.

Recordo-me de ações intentadas por mesmo advogado, que julguei quando Juiz Titular da 2ª Vara do Trabalho de Ilhéus, ocasião em que entendi que não havia relação de emprego entre obreiro considerado "chapa" (que carrega ou descarrega caminhões e fica postado na entrada da cidade aguardando trabalho), em face da prova produzida nos autos. Em sede de Recurso Ordinário, uma

---

(*) Desembargador Presidente do Coleprecor. Desembargador Presidente do TRT-5.

das turmas do TRT-5 manteve minha decisão, enquanto outra a reformou, confirmando o vínculo empregatício e determinando o avanço do julgamento. Procurado pelas partes e seu patrono expliquei que pode haver interpretação distinta para um mesmo fato ou matéria de direito, sugerindo solução salomônica: já que estavam juntos, no mesmo 'barco', que o somatório das verbas concedidas àqueles que obtiveram ganho da causa fosse dividido entre os quatro postulantes, no que fui atendido.

De outra banda, existem magistrados de 1º Grau que julgam processos esposando tese diversa daquela assente em jurisprudência do Tribunal Superior do Trabalho, ou mesmo do seu tribunal de origem, com fulcro em entendimento pessoal. Não bastasse isso, ocorrem situações em que numa mesma Turma do Tribunal, a depender de sua composição no dia do julgamento, adota solução diversa daquela acolhida por outros julgadores integrantes da Turma. Esse fato, inclusive, pode ocorrer numa mesma sessão, quando há impedimento ou suspeição de um dos membros.

A prestação jurisdicional díspare assim oferecida gera insegurança jurídica e socialmente repercute de modo negativo.

As ações civis públicas no processo trabalhista vieram para possibilitar a oferta de uma Justiça de maior qualidade, com multiplicada eficiência social e capaz de exercer um caráter pedagógico visando inibir qualquer tipo de ofensa, mesmo que eventual, a direitos fundamentais trabalhistas. Isso trouxe, como reflexo, mais confiança no Judiciário trabalhista, pois evitaria as decisões conflitantes para lides com idênticos objetos, além de baratear o custo do processo, se comparado com o do modelo individual.

Em que pese toda a mudança que já obtivemos com a instituição da tutela metaindividual, ainda amargamos descrédito no Judiciário Trabalhista, como distribuidores do Direito, nessa situação. As estatísticas demonstram que, na realidade, a técnica não é executada em toda a sua potencialidade, fazendo surgir um terceiro tipo de litígio, além do individual e do coletivo, que é, justamente, as causas repetitivas ou seriais, em que ocorre a prolação de decisões divergentes diante de casos concretos tratando de uma mesma questão de direito. Essas discrepâncias no julgar anulam o Estado Constitucional, pois não se pode falar em direito quando casos idênticos recebem diferentes decisões do Judiciário, tratando de forma desigual pessoas que se encontram na mesma situação.

Na lição do Ministro Luiz Fux, "Uma sociedade de massa gera litígios de massa, os quais, não raras vezes, dão ensejo a uma multiplicidade de processos sobre idênticas questões fáticas ou jurídicas, como ações individuais homogêneas quanto à causa de pedir e o pedido."[1]

Segundo Bruno Freire e Silva, "...inúmeros são os males dessa multiplicidade de processos sobre idênticas questões que desafiam os operadores do Direito, entre elas a morosidade na prestação jurisdicional e o risco de insegurança jurídica em função de julgamentos divergentes."[2]

No ordenamento jurídico brasileiro existem institutos destinados a tratar as demandas repetitivas, que visam, claramente, alcançar maior celeridade na solução das ações de massa.

Entre os institutos já criados, que serviram de precedentes para a criação do Incidente de Resolução de Demandas Repetitivas, temos a Súmula Vinculante, a Súmula Impeditiva de Recursos, o Julgamento Liminar de Mérito, a Repercussão Geral e o Julgamento por Amostragem de Recursos de Caráter Extraordinário.

Com efeito, o Julgamento Liminar de Improcedência é instituto que dá ao juiz de primeiro grau a possibilidade, nos casos em que identificar uma ação que trate da mesma questão de Direito e cuja matéria foi julgada improcedente reiteradas vezes, de dispensar a citação e proferir decisão similar. Para tanto reproduzirá *ipsis litteris* a decisão de precedentes daquele mesmo juízo, uniformizando a jurisprudência de forma célere e gerando economia processual.

A Súmula Vinculante, por sua vez, contém o efeito de impedir os recursos sobre matérias já sumuladas, mas, sobretudo, fixa uma orientação a ser obrigatoriamente seguida pelo Poder Judiciário em geral e, especialmente, pela administração direta e indireta, responsável pela maioria dos recursos perante o Supremo Tribunal Federal. Com a publicação pela imprensa oficial, a Súmula Vinculante passa a ter força de lei e não poderá mais ser contrariada.

De outro lado, a Súmula Impeditiva de Recurso, assim como o Incidente de Resolução de Demandas Repetitivas, é mais um instrumento criado pelo legislador para valorizar os precedentes judiciais, com o intuito de reduzir o número de processos remetidos às instâncias superiores e, consequentemente, conferir maior celeridade à prestação jurisdicional.

Outrossim, no Julgamento por Amostragem, técnica que se aplica ao julgamento de recursos em bloco, ao verificar a existência de múltiplos recursos (extraordinário e

---

(1) In: *A nova lei de recursos trabalhistas*, São Paulo: LTr, 2015. p. 71.
(2) In: *Anova lei de recursos trabalhistas*. São Paulo: LTr, 2015. p. 71.

especial) tratando de uma mesma questão de direito, o Tribunal Superior do Trabalho deverá selecionar alguns que servirão de recursos paradigma (denominados de representativos da controvérsia), ficando sobrestados os demais.

O julgamento da tese do recurso paradigma será aplicado também sobre os recursos sobrestados pelos Tribunais *a quo*, declarando-os prejudicados ou dando-lhes provimento, determinando que o órgão julgador exerça o juízo de retratação. Com isso, busca-se atender aos princípios da razoável duração do processo, uniformizando a jurisprudência, simplificando o julgamento dos recursos pelos tribunais superiores, dando maior efetividade à tutela jurisdicional, sem prejuízo do devido processo legal.

Não se pode esquecer do instituto de Uniformização de Jurisprudência, que será cabível sempre que verificada divergência na interpretação do direito, em qualquer julgamento proferido nos Tribunais, por meio de seus órgãos. Com isso, pretende-se evitar a desarmonia na interpretação de teses jurídicas, uniformizando a jurisprudência interna dos Tribunais. Após fixação da tese jurídica adotada pelo Tribunal Pleno, esse resultado será aplicado àquele caso concreto que originou o incidente de uniformização e o órgão competente para julgar o recurso ficará vinculado à tese fixada pelo plenário.

Com o advento da Lei n. 13.015/14, foi alterada a sistemática para julgamento de Recursos de Revista Repetitivos no processo do trabalho, propulsionando significativas reformas no procedimento recursal trabalhista, evitando, assim, excessivo dispêndio de tempo com o julgamento de recursos idênticos.

Comumente, o Poder Judiciário sofre críticas, as mais diversas, com a propalada morosidade no julgamento das questões que lhes são postas para julgamento. Contudo, não se divulga o excessivo número de processos, a maioria de natureza repetitiva, que deságua anualmente nas Varas trabalhistas, federais e cível e, consequentemente, nos Tribunais Superiores.

O art. 896-B da CLT, que foi inserido pela Lei n. 13.015/14 – que instituiu novos requisitos para a admissibilidade de recursos no âmbito da Justiça do Trabalho e introduz a sistemática do recurso repetitivo – estipula que, no que couber, se aplicam ao recurso de revista as normas do Código de Processo Civil (Lei n. 5.869, de 11 de janeiro de 1973) relativas ao julgamento dos recursos extraordinário e especial repetitivos.

Pois bem. A CLT, no art. 769, já de há muito traz em seu bojo a previsão genérica de subsidiariedade do Código de Processo Civil. Assim é que, nos casos omissos, o Direito Processual Comum será fonte subsidiária do Direito Processual do Trabalho, exceto naquilo em que for incompatível com as poucas normas processuais consolidadas. Por conseguinte, a Consolidação seguirá na mesma trilha quanto ao Novo Código de Processo Civil, tão logo este passe a viger. Não bastasse essa regra, o Tribunal Superior do Trabalho, por meio do Ato TST.SEGJUD.GP n. 491, de 23 de setembro de 2014, regulamenta a utilização da Lei n. 13.015/2014, fixando parâmetros procedimentais mínimos para lhe dar efetividade.

Trata-se de medida com o fito de estancar inúmeros recursos de revista, evitando que cheguem ao Tribunal Superior do Trabalho quando o acórdão do Tribunal Regional recorrido estiver em consonância com a tese esposada pelo TST. Além disso, respalda as decisões dos tribunais e, como intento primordial, acrescenta maior celeridade ao processo, observando a duração razoável do processo e pacificando as relações sociais.

De outro tanto, o *caput* do art. 896-C estipula que, havendo multiplicidade de recursos de revista fundados em idêntica questão de direito, a questão poderá ser *afetada* à Seção Especializada em Dissídios Individuais ou ao Tribunal Pleno, por decisão da maioria simples de seus membros, mediante requerimento de um dos Ministros que compõem a Seção Especializada, considerando a relevância da matéria ou a existência de entendimentos divergentes entre os Ministros dessa Seção ou das Turmas do Tribunal (destaquei).

Assim, para a implementação do rito dos recursos de revista são necessários: 1) multiplicidade de recursos de revista; 2) identidade da questão de direito contida nas impugnações recursais; 3) existência de questão relevante ou controvérsia interpretativa acerca do tema. Ademais, o incidente poderá ser suscitado por qualquer um dos Ministros que integram a Seção Especializada, ao constatar, cumulativamente, o quanto apontado no *caput* do artigo susodito.

No tocante aos recursos extraordinários, é necessário que haja multiplicidade de recursos para instauração do procedimento, não sendo possível a aplicação dessa técnica processual quando da existência de um caso isolado ou um número de processos que se mostre quantitativamente inexpressivo.

Nessa toada, a lição do Ministro Cláudio Brandão: "Ainda que se trate de conceito jurídico indeterminado ('multiplicidade de recursos de revista'), a ideia é interessante porque afasta certa margem de discricionariedade do Ministro ao pretender suscitar o procedimento em havendo, por exemplo, apenas dois casos a serem apreciados. Certo é, contudo, que, diante da verdadeira 'avalanche de processos' distribuídos, facilmente se poderá alcançar a quantidade sugerida".[3]

---

(3) In: *Reforma do sistema recursal trabalhista: comentários à Lei n. 13.015/2014*. 1. ed. São Paulo: LTr, 2015. p. 158.

De mais a mais, é importante frisar que existe um requisito de admissibilidade que deve ser demonstrado, preliminarmente, sob pena de se ver obstada a análise do mérito recursal. A repercussão geral diz respeito à existência de questões relevantes do ponto de vista econômico, político, social ou jurídico, que ultrapassem os interesses subjetivos da causa. Também há necessidade de existência de divergência interpretativa entre os Ministros ou entre as Turmas do Tribunal.

Além disso, consoante a regra do § 1º do art. 896-C "O Presidente da Turma ou da Seção Especializada, por indicação dos relatores, afetará um ou mais recursos representativos da controvérsia para julgamento pela Seção Especializada em Dissídios Individuais ou pelo Tribunal Pleno, sob o rito do recursos repetitivos".

Com efeito, a instauração do Incidente de Recursos Repetitivos ocorrerá a partir da deliberação da SBDI-1, consoante o art. 7º do Ato n. 491/2014 do TST. Em seguida, a proposta de afetação será submetida ao Presidente da SBDI-1, conforme o art. 9º do citado Ato, cabendo, ainda, à Seção Especializada, definir o órgão julgador, no prazo de 30 dias.

Evidentemente, após o julgamento do Incidente, operar-se-á um 'efeito cascata' nos recursos que discutiam a matéria jurídica controvertida. Por outro lado, como reza o dispositivo em comento, a competência para julgamento do recurso selecionado será da Seção Especializada em Dissídios Individuais ou do Tribunal Pleno do TST.

Segundo o Ministro Alexandre Agra Belmonte "O relator no Tribunal Superior seleciona um ou mais recursos que possam representar a controvérsia, dando preferência aos que contiverem maior diversidade de fundamentos no acórdão e de argumentos no recurso, eis que o objetivo é o de ampliar a discussão sobre a tese. Pelo que a escolha deve recair sobre o conteúdo de acórdãos paradigmas que possam abranger a análise de todos os fundamentos suscitados à tese jurídica discutida, favoráveis ou contrários".[4] O § 2º do art. 896-C dispõe, por sua vez, que o Presidente da Turma ou da Seção Especializada que afetar processo para julgamento sob o rito dos recursos repetitivos deverá comunicar aos demais Presidentes de Turma ou de Seção Especializada, a fim de que também possam afetar outros processos sobre a questão, para julgamento conjunto, permitindo ao órgão julgador obter uma visão global acerca da questão. Tal dispositivo legal deixa nítida uma imposição ao Presidente da Turma ou Seção Especializada, para que assim propicie o mais acurado e amplo exame da questão, que deverá ser apreciada sob variadas óticas, perspectivas e orientações no julgamento definitivo da matéria.

De outro tanto, estabelece o § 3º, ainda do art. 896-C, que o Presidente do Tribunal Superior do Trabalho deverá oficiar os Presidentes dos TRTs, a fim de que suspendam os recursos interpostos em casos idênticos aos afetados como recursos repetitivos, até o pronunciamento definitivo do TST.

Por sua vez, o Presidente do Tribunal de origem deverá admitir um ou mais recursos representativos da controvérsia, que encaminhará ao Tribunal Superior do Trabalho, ficando suspensos os demais recursos de revista até o pronunciamento definitivo do TST – § 4º do art. 896-C.

Essa medida se torna salutar ao consagrar a tão almejada segurança jurídica. Porém, é certo que, num primeiro momento, haverá um congestionamento de processos nos Tribunais até que se configure o julgamento definitivo do processo pelo TST. Esse represamento de ações em grau de recurso preocupa partes e advogados trabalhistas, que vislumbram prováveis prejuízos com o retardamento na solução das lides e, em franca demonstração do individualismo processual de que no início destas notas se falou, buscam nos Tribunais a adoção de procedimentos para a aceleração do julgamento definitivo desses Incidentes (como sua inclusão em pautas exclusivas e prioritárias), sem aperceber-se do efeito positivo que com o novo rito chegará no âmbito coletivo, a médio prazo, porquanto fixado limite temporal para sua solução.

Consoante ensinamento de Bruno Freire e Silva, "Com a reunião dos recursos escolhidos pelo Presidente do Tribunal, caberá ao Ministro Relator realizar o juízo de admissibilidade de afetação, no qual se verifica a pertinência temática a fim de congregar número suficiente de recursos, permitindo a afetação. Ao revés, o art. 12 do Ato n. 491/2014 permite a revogação da decisão de sobrestamento dos feitos".[5]

Por sua vez, o § 5º do art. 896-C contém norma que autoriza o relator no Tribunal Superior do Trabalho a determinar a suspensão dos recursos de revista ou de embargos que tenham como objeto controvérsia idêntica à do recurso afetado como repetitivo. Portanto, se porventura houver qualquer descuido ou equívoco e os recursos não forem suspensos e chegarem ao TST, haverá determinação para o retorno dos autos ao Tribunal de origem, com o fito de cumprir-se a determinação da suspensão de tramitação dos processos, inclusive, ao

---

(4) In: Comentários ao novo sistema recursal (Lei n. 13.015/2014). São Paulo: LTr, janeiro-2015. p. 22.
(5) In: A Nova Lei de recursos trabalhistas. São Paulo: LTr, 2015, p. 82.

meu sentir, em relação ao Agravos de Instrumento que versem sobre tema a ser uniformizado.

"O recurso repetitivo será distribuído a um dos Ministros membros da Seção Especializada ou do Tribunal Pleno e a um Ministro revisor". Esse é o magistério do § 6º do art. 896-C da CLT, dispositivo que, ademais, fixa que o relator poderá solicitar, aos Tribunais Regionais do Trabalho, informações a respeito da controvérsia, a serem prestadas no prazo de 15 (quinze) dias – § 7º do referido artigo – o que elimina qualquer dúvida.

Por outro lado, é possível a intervenção de terceiros com interesse na controvérsia, conforme § 8º do artigo susomencionado, sendo que o relator poderá admitir a manifestação de pessoa, órgão ou entidade com interesse na controvérsia, inclusive como assistente simples, na forma da Lei n. 5.869, de 11 de janeiro de 1973 – Código de Processo Civil.

Uma vez recebidas as informações e, se for o caso, após cumprido o disposto no § 7º do mesmo artigo consolidado, o Ministério Público terá vista pelo prazo de 15 dias. Pois bem. Após transcorrido tal lapso fixado para o *parquet* e remetida cópia do relatório aos demais Ministros, o processo será incluído em pauta na Seção Especializada ou no Tribunal Pleno do TST, e será julgado com preferência sobre os demais feitos – §§ 9º e 10º, respectivamente, também do art. 896-C.

Efetivamente, a Consolidação determina que, uma vez publicado o acórdão do Tribunal Superior do Trabalho, os recursos de revista sobrestados na origem poderão ter o seguimento denegado, se o acórdão recorrido coincidir com a orientação a respeito da matéria no Tribunal Superior do Trabalho; ou, na hipótese de o acórdão recorrido divergir de orientação do Tribunal Superior do Trabalho a respeito da matéria, serão novamente examinados pelo Tribunal de origem – § 11 e incisos do art. 896-C da CLT.

Ademais, como previsto na segunda hipótese acima apontada – inciso II do § 11 do mesmo art. 896-C – se a decisão divergente for mantida pelo Tribunal de origem, consoante seu § 12 caberá ao TRT originário averiguar a admissibilidade recursal.

Já o § 13 do dispositivo em foco dispõe que, se porventura a questão afetada e julgada sob o rito dos recursos repetitivos também contenha questão de índole constitucional, a decisão exarada pelo Tribunal Pleno não obstará o conhecimento de eventuais recursos extraordinários sobre tal questão constitucional, impondo-se, então, que aos recursos extraordinários interpostos perante o Tribunal Superior do Trabalho seja aplicado o procedimento previsto no art. 543-B da Lei n. 5.869/73 (Código de Processo Civil). Caberá, assim, ao Presidente do Tribunal Superior do Trabalho selecionar um ou mais recursos representativos da controvérsia e encaminhá-los ao Supremo Tribunal Federal, sobrestando os demais até o pronunciamento definitivo da Corte Constitucional, na forma do § 1º do art. 543-B do CPC, conforme previsão do § 14 do art. 896-C consolidado.

Enquanto isso, o § 15 do artigo da CLT, ora em comento, estabelece que o Presidente do TST poderá oficiar os Tribunais Regionais do Trabalho e os Presidentes das Turmas e da Seção Especializada do próprio Tribunal Superior do Trabalho, para que suspendam os processos idênticos aos selecionados como recursos representativos da controvérsia que foram encaminhados ao Supremo Tribunal Federal, até o seu pronunciamento definitivo.

Torna-se óbvio que a suspensão dos processos idênticos é mais do que necessária, a fim de que se possa obter o julgamento da questão controvertida e, ao final, efetivar-se a previsão legal de julgamentos aptos deixar inequivocamente presente a segurança da prestação jurisdicional em torno do tema, objetivo que afasta qualquer alegação de prejuízo trazido pelo sobrestamento dos feitos.

Outrossim, tem-se posto que a decisão prolatada em recurso repetitivo não será aplicada aos casos em que se demonstrar que a situação de fato ou de direito é distinta das presentes no processo julgado sob o rito dos recursos repetitivos – § 16 do art. 896-C da CLT. É evidente que, demonstrando a parte envolvida na controvérsia que a questão posta em juízo diverge daquela tida como recurso repetitivo, a decisão final não poderá afetar o seu processo.

Por fim, reza o § 17 do art. 896-C que "Caberá revisão da decisão firmada em julgamento de recursos repetitivos quando se alterar a situação econômica, social ou jurídica, caso em que será respeitada a segurança jurídica das relações firmadas sob a égide da decisão anterior, podendo o Tribunal Superior do Trabalho modular os efeitos da decisão que a tenha alterado".

Os institutos do CPC, sua aplicabilidade ou não, no processo trabalhista, sem dúvida alguma é matéria a ser amplamente analisada, sendo imprescindível um acurado exame do objeto do incidente de coletivização brasileiro, que, como se verifica, diferencia o que é 'questão de fato' do que se trata de 'questão de direito'.

Como narra o Ministro Cláudio Brandão em sua "Reforma do Sistema Recursal Trabalhista – Comentários à Lei n. 13.015/2014", no Capítulo 8 (p. 155, ed. jan./2015), a metáfora mais apropriada para essa situação, apresentada em aula ministrada pelo Desembargador Sérgio Torres do TRT pernambucano, e que ora sintetizo, é que o CPC, convidado a vir à nossa casa – CLT – não pode ditar regras e mudar inteiramente os procedimentos que nela vigoram. Devemos nós, donos da casa, fixar limites do ingresso desse convidado, do tratamento a ele dispensado e de sua permanência conosco.

É de se fixar que a matéria unicamente de Direito é aquela em que a solução da lide se dá pela aplicação, pura e simples, da letra da lei ao caso concreto, independentemente de instrução probatória, não sendo admitida a análise dos fatos, o que exigiria a análise mais acurada do caso. Se a demanda traz questões de fato a dirimir, as particularidades do caso concreto poderão exigir soluções diferentes, de modo que a conclusão lançada em um processo poderá não servir para outro.

Nas ações ajuizadas em série, de modo repetitivo, verifica-se que a parte autora visa à defesa de direitos individuais homogêneos, que poderiam ser postulados em ações coletivas, porém prosseguem sendo buscados individualmente. Isso se dá por motivos pessoais, por desconfiança ou, até, por desconhecimento das vantagens da tutela metaindividual. Alguns indivíduos, também, ainda não depositam nos detentores da legitimação extraordinária a responsabilidade de acionar o Judiciário e dar seguimento ao processo até alcançar a efetivação do direito postulado em juízo.

Assim sendo, sob pena de deixar patenteado um indesejável retrocesso, as ações repetitivas não podem ser solvidas sob o pálio da dogmática conservadora e liberal que rege as lides individuais – que já sofreu alterações e atualizações impostas pelo neoconstitucionalismo e pelo novo processualismo. Essas questões em série tampouco podem ser regidas pelas normas jurídicas próprias da tutela metaindividual, já que sequer a legitimidade ativa (uma das condições da ação) segue os parâmetros do processo coletivo.

Por conseguinte, para a solução de demandas seriais, tornou-se imprescindível desenvolver dogmas próprios, diferentes de quaisquer outros já existentes. Todavia, as novidades trazidas pela chegada da modalidade das ações repetitivas no mundo jurídico fizeram surgir as naturais polêmicas e a discussão sobre a possibilidade de riscos gerados pela padronização de decisões.

Dessa maneira, em especial no Judiciário Trabalhista, que cuida de verbas de índole jurídica alimentar, constitucionalmente privilegiada, impõe-se o desenvolvimento de estudos teóricos profundos o bastante para achar as melhores respostas, basicamente em sistemas jurídicos alienígenas (*civil law* e *common law*), já que os julgados exarados e interpretados de forma padronizada são a tônica dos 'precedentes' do Judiciário americano, verdadeiros pontos de partida para o julgamento de um caso concreto, que podem ser afastados quando a parte interessada demonstrar que a sua situação não é idêntica àquela de que tratou o julgado anterior.

É preciso, então, muita cautela ao aplicar essa técnica do julgamento por amostragem no processo laboral, utilizando-se de modo extremamente responsável os julgados prolatados em processos tidos como 'piloto' para firmar teses que possam ser dotadas de eficácia que se irradie para outros feitos, identificando os eventuais pontos que determinem que um caso é idêntico a outro, possibilitando a padronização de decisões. Essa identificação deverá ser precisa o bastante para permitir que sejam contornados eventuais equívocos.

Importante frisar que, à primeira vista, as ações podem parecer seriadas, mas, na verdade, um olhar mais detido nos detalhes que trazem, deixa ver semelhanças, porém não a identidade. Idêntico é o que não difere, em nada, do outro ou dos outros, enquanto ser semelhante é o ser parecido, apenas similar, mas não igual.

Ademais, é inequívoco que poderão chegar aos tribunais trabalhistas questões ainda não debatidas juridicamente, e equívocos na identificação da necessária identidade poderão dar azo a graves danos aos princípios constitucionais do contraditório, da ampla defesa e do devido processo legal, o que resultaria, no concreto, ao contrário do que se pretende, em denegação da Justiça.

Hoje vivemos o Estado Democrático e essas garantias constitucionais abarcam direitos antes nunca imaginados no Estado Liberal, pelo que, mais do que nunca, as decisões deverão ser fundamentadas, evitando surpresa às partes e preservando a transparência e a publicidade do Judiciário perante os jurisdicionados, em especial àqueles a quem se dirige a prestação jurisdicional e que deverão ter efetiva e concreta oportunidade de se manifestar conforme as técnicas de julgamento por amostragem. Essa atenção é imprescindível para a legitimação, jurídica e socialmente, de uma provável padronização de decisões.

Na Justiça do obreiro, que tem como meta dirimir questões controvertidas nascidas das relações de emprego, sem dúvida deverá ser redobrado o cuidado na utilização da dogmática que se aplicará às ações seriais, diante da fundamentabilidade dos direitos sociais trabalhistas e, demais disso, em face da hipossuficiência do ex-empregado perante seu ex-empregador.

O trabalhador é ainda refém do capital, naturalmente vulnerável, porque precisa dar continuidade ao contrato de trabalho que lhe traz meios para sua subsistência e dos seus; ou porque, após o desfazimento do vínculo laboral, é possível que não receba pagamento das verbas rescisórias e de outras parcelas trabalhistas a que tenha direito; e até mesmo pelo receio de não conseguir nova colocação no mercado de trabalho porque despreparado para a livre concorrência, ou por estar incluído em 'listas negras' pelo ex-patrão.

A efetividade processual é direito fundamental de todos os cidadãos, assim como a razoável duração do processo. A segurança jurídica, subprincípio do Estado de Direito é a concretização da justiça material, garantindo não só o cidadão contra o arbítrio estatal, mas também o Estado em face do particular, exigindo, portanto, regras fixas, afastando as subjetividades. Assim, para que a segurança jurídica possa ser efetivada, é necessário implementar institutos aptos a produzir uma maior uniformização de jurisprudência, garantindo previsibilidade àqueles que ingressam em juízo, quanto às sentenças que advirão.

Como preconiza o Ministro Cláudio Brandão na obra citada (p. 148/149, ed. jan./2015), a teoria do respeito aos precedentes judiciais baseia-se nas ideias de segurança jurídica, previsibilidade, estabilidade, desestímulo à litigância excessiva, confiança, igualdade perante a jurisdição, coerência, respeito à hierarquia, imparcialidade, favorecimento de acordos, economia processual e maior eficiência.

Por tais motivos, fica indene de dúvida que o foco do Incidente em análise é fixar a tese jurídica dominante no Tribunal Superior do Trabalho e pacificar o debate entre os Tribunais Regionais. Portanto, importante enxergar em concreto o reflexo desse objetivo – que é a fixação de tese jurídica em torno de tema – de cunho eminentemente social, que fica indene de dúvida quando se torna estabelecido em lei, expressamente, que mesmo o recorrente desistindo de seu recurso de revista repetitivo, essa desistência não impede que seja analisado o mérito da questão cuja repercussão geral já esteja reconhecida em Incidente de Resolução de Demandas Repetitivas (art. 973 do CPC já sancionado).

O INCIDENTE DE UNIFORMIZAÇÃO DE JURISPRUDÊNCIA NA NOVA LEI DE RECURSO DE REVISTA

FÁBIO TÚLIO CORREIA RIBEIRO[*]

1. INTRODUÇÃO

A Lei n. 13.015, de 21 de julho de 2014, trouxe novas alterações à Consolidação das Leis do Trabalho no que se refere ao processamento de recursos no âmbito da Justiça do Trabalho. Conferiu nova redação aos principais artigos que estabelecem o cabimento de recursos no Processo do Trabalho, notadamente o Recurso de Revista; explicitou pressupostos recursais já consignados em enunciados jurisprudenciais do Tribunal Superior do Trabalho; também inovou ao trazer para este último apelo a sistemática relativa ao julgamento dos recursos extraordinário e especial, prevista no Código de Processo Civil.

Seria a novel lei pertinente apenas ao TST? Os Tribunais Regionais do Trabalho podem ficar despreocupados sob o argumento de que as inovações não lhe dizem respeito? Ressalte-se que não. Apesar de tratar principalmente do Recurso de Revista, a Lei n. 13.015/2014 abordou uma nova etapa do processamento desse recurso, para não dizer um pressuposto recursal a ser observado não pelas partes, mas pelo próprio Tribunal Regional recorrido. Cuida-se do dever de uniformização da jurisprudência pelo pretório local.

Nessa esteira, sobressai a necessidade de estudo dos meios de uniformização jurisprudencial no âmbito dos Tribunais Regionais do Trabalho, especialmente do tão esquecido Incidente de Uniformização, ora revigorado pelo legislador ordinário.

O presente texto propõe o estudo sobre o Incidente de Uniformização de Jurisprudência sob a ótica da Lei n. 13.015/2014. Após esse breve introito, tratar-se-á do incidente de uniformização e sua trajetória de ascensão: primeiro, no Código Processual de 1939, em que era tido como um recurso, o chamado Recurso de Revista; segundo, no CPC de 1973, quando teve sua obrigatoriedade estabelecida e, para isso, foi caracterizado como incidente processual – norma de expressa aplicação subsidiária à Lei n. 13.015/2014; terceiro, na ótica da nova lei, que reforçou tal obrigatoriedade. Ao final, será apresentada uma breve conclusão.

2. DO ANTIGO RECURSO DE REVISTA DO CPC DE 1939

Apesar do nome, o instituto em epígrafe nada tinha a ver com Recurso de Revista da seara trabalhista. Encontrava-se previsto no art. 853 daquele código, que assim dispunha:

> Art. 853 – Conceder-se-á recursos de revista nos casos em que divergirem, em suas decisões finais, duas ou mais câmaras, turmas ou grupos de câmaras, entre si, quanto ao modo de interpretar o direito em tese. Nos mesmos casos, será o recurso extensivo à decisão final de qualquer das câmaras, turmas ou grupos de câmaras, que contrariar outro julgado, também final, das câmaras cíveis reunidas.

Ensina Humberto Theodoro Júnior[1]:

> O recurso de revista, no sistema do Código revogado, tinha a função de uniformizar a jurisprudência dos tribunais locais. Era admissível sempre que, em

---

(*) Mestre em Direito Constitucional pela UFC; Mestre em Direito das Relações Sociais pela UCLM-Espanha; Doutor em Direito das Relações Sociais pela UCLM-Espanha; Ex-professor de Direito do Trabalho da UFPB; Ex-professor de Direito Processual do Trabalho da UFS; Desembargador Presidente do TRT-20.

(1) THEODORO JÚNIOR, Humberto. *Curso de Direito Processual Civil*. Vol. 1. 55. ed. Rio de Janeiro: Forense, 2014. p. 850.

suas decisões finais, duas ou mais câmaras, turmas ou grupos de câmaras divergissem entre si, quanto ao modo de interpretar o direito em tese (art. 853).

Pelo parágrafo primeiro do referido artigo, se a divergência já estivesse superada, por ter uma das turmas ou câmaras seguido o posicionamento da outra, de modo a tornar uniforme o entendimento do Tribunal, o recurso não seria admitido.

O revogado Recurso de Revista era interposto perante o presidente do Tribunal, no prazo de dez dias da publicação do acórdão (art. 854), cabendo à parte recorrente apresentar petição fundamentada e instruída com certidão da decisão divergente ou com a indicação do número e página do repertório de jurisprudência que a houver publicado.

As partes tinham, cada uma, o prazo de cinco dias para razões, após os quais os autos eram preparados e apresentados ao presidente do Tribunal para distribuição (art. 857).

Ressalte-se que o recurso não tinha efeito suspensivo e que era obrigatória a oitiva do Ministério Público (art. 858).

Preliminarmente, o Tribunal examinava se realmente havia divergência na interpretação do direito em tese. Em caso afirmativo, decidia por fixar a interpretação que deveria ser observada a partir de então.

Como se tratava de recurso, o Recurso de Revista dependia da iniciativa das partes. Entrementes, no igualmente revogado art. 861 do CPC de 1939, encontrava-se prevista a possibilidade de a câmara ou a turma, provocada por um magistrado integrante, promover o pronunciamento prévio das "câmaras reunidas" sobre a interpretação de qualquer norma jurídica, se reconhecesse a ocorrência de divergência.

3. DO INCIDENTE DE UNIFORMIZAÇÃO NO CPC DE 1973

O Código Processual Civil de 1973 aboliu o Recurso de Revista, mas criou uma nova sistemática. A pacificação da jurisprudência local operacionalizada pelo referido recurso passou a ser realizada pelo chamado Incidente de Uniformização de Jurisprudência.

Atribuiu-se a roupagem de incidente processual ao instituto, tornando mais coerente a possibilidade de o próprio magistrado integrante de turma suscitar a sua instauração, quando antes, já que se cuidava de recurso, dependia-se da iniciativa da parte.

É certo que o código anterior permitia que o julgador despertasse o colegiado para a necessidade de uniformização. Porém, não disciplinava adequadamente nem caracterizava esse fenômeno processual. O foco estava muito mais nas partes.

Com o CPC de 1973, o ponto de partida para a uniformização foi definido a partir do julgador, e não das partes para o julgador, como no antigo Recurso de Revista. Se é que, antes, a uniformização era uma possibilidade, passou a ser, indubitavelmente, um dever da magistratura, pois, nos termos do art. 476 do CPC de 1973, a suscitação do incidente "compete" ao juiz, e não se disse "é facultada" a ele. Como preleciona Nelson e Rosa Nery Júnior[2], ainda que não haja provocação, o juiz deve fazê-lo de ofício.

Feito esse breve apontamento a respeito da mudança de perspectiva operada pelo CPC de 1973, passa-se à análise propriamente dita do Incidente de Uniformização de Jurisprudência.

3.1. Dos Pressupostos para instauração do Incidente de Uniformização de Jurisprudência

Obviamente, a uniformização só tem lugar quando o Tribunal estiver dividido em turmas, câmaras ou grupo de câmaras (art. 476 do CPC). Neste ponto, não houve mudança em relação ao Código de 1939. Claro. Só tem razão de ser a medida uniformizadora se existentes pelo menos dois órgãos fracionários na composição do Tribunal.

Noutras palavras, se o Tribunal julga sempre na sua composição plena, não é possível a instauração do Incidente[3]. Isso não significa que o Pleno tenha sempre a sua jurisprudência definida e certa, pois o seu entendimento pode variar no decorrer do tempo. A ideia, no entanto, é que permanece ele como a mesma fonte de decisão, o que não ocorre se houver duas fontes diversas (duas turmas, por exemplo). Nessa hipótese, há o risco de que, num mesmo momento, um caso perfeitamente idêntico seja julgado de maneira diversa. Esse é o problema que o incidente de uniformização visa a sanear.

A suscitação do incidente de uniformização pressupõe a divisão orgânica de um todo, o tribunal, a fim de que as suas partes integrantes, ao atuar, passem a refletir a vontade desse todo. Em suma, só cabe o incidente se o tribunal estiver dividido em turmas, câmaras ou grupo de câmaras, conforme dicção legal (art. 476 do CPC).

---

(2) Código de processo civil comentado e legislação extravagante. 13. ed. São Paulo: Revista dos Tribunais, 2013. p. 916.

(3) MOREIRA, José Carlos Barbosa. Comentários ao Código de Processo Civil. Rio de Janeiro: Forense, 2005. p. 9.

Outrossim, o incidente pressupõe que haja um julgamento em curso, seja de causa de competência originária do órgão fracionário, seja de recurso. Tampouco importa se a divergência diz respeito ao mérito ou à questão prévia, direito processual ou material, matéria de conhecimento, execução ou cautelar. E, mesmo em sede de embargos de declaração, é possível a instauração do incidente, sendo certo que, nesse caso, a uniformização há de ter relação com matérias pertinentes a essa espécie de recurso, pois a hipótese é de preclusão se tal providência refere-se à discussão pretérita. Logo, o importante é a existência de um julgamento que esteja pendente. É dizer, nos moldes do CPC vigente, prolatado o acórdão, desaparece a possibilidade de uniformização por essa via[4].

Em meio a isso, surge o ponto fulcral do fenômeno sob análise: a divergência sobre a interpretação do direito. O essencial é que a dissidência seja a respeito da interpretação do direito. Observe-se o art. 476:

Art. 476. Compete a qualquer juiz, ao dar o voto na turma, câmara, ou grupo de câmaras, solicitar o pronunciamento prévio do tribunal acerca da interpretação do direito quando:

I – verificar que, a seu respeito, ocorre divergência;

II – no julgamento recorrido a interpretação for diversa da que lhe haja dado outra turma, câmara, grupo de câmaras ou câmaras cíveis reunidas.

Parágrafo único. A parte poderá, ao arrazoar o recurso ou em petição avulsa, requerer, fundamentadamente, que o julgamento obedeça ao disposto neste artigo.

Humberto Theodoro Junior[5] elucida as situações descritas nos citados incisos:

O inciso I do art. 476 é genérico e de aplicação, inclusive, aos casos de competência originária. Refere-se à divergência jurisprudencial em torno do direito a ser aplicado na causa ainda pendente de julgamento perante a câmara, turma ou grupo de câmaras, como, por exemplo, pode se dar nas ações rescisórias. Trata-se de fórmula ampla. O Código nem sequer indica quais as decisões a confrontar para cogitar da divergência na interpretação do direito.

No inciso II do mesmo artigo, o Código cuidou especificamente da tese aplicada ao "julgamento recorrido" e apontou sua divergência com decisões de outra turma, câmara, grupo de câmaras, ou câmaras cíveis reunidas.

Em síntese, para a instauração do incidente de uniformização é indispensável que haja divergência entre julgamentos relativamente à questão de direito, em causa pendente de análise por órgão fracionário de um tribunal[6].

3.2. Da legitimidade para suscitar o incidente

Como já exposto, cabe ao juiz integrante do órgão fracionário, ao proferir o respectivo voto, suscitar o incidente de uniformização. É um dever do magistrado imposto pela lei processual. A ele cabe, em primeiro lugar, arguir a divergência perante os seus pares, que deverão deliberar a respeito da possibilidade de requerer o pronunciamento prévio do plenário[7].

Porém, segundo o parágrafo único do art. 476 do CPC, a parte poderá, ao arrazoar o recurso ou em petição avulsa, requerer, fundamentadamente, que se reconheça a divergência e se instaure o procedimento em comento.

Nada impede que as partes formulem tal requerimento na sessão do julgamento, como, por exemplo, disposto no Regimento Interno do Tribunal Regional do Trabalho da 20ª Região, no parágrafo terceiro do art. 208, em que se admite a suscitação, em sessão, antes da proclamação do resultado do julgamento. Observe-se:

Art. 208. A uniformização de jurisprudência reger-se-á pelas disposições previstas nos arts. 476, 478 e 479 do CPC e neste Regimento.

§ 3º O Ministério Público do Trabalho e as partes suscitarão o incidente antes da proclamação do resultado do julgamento em sessão, sem necessidade de contraditório, devendo comprovar a divergência de julgamentos, sob pena de sua não admissão.

O Ministério Público, seja como parte, seja como fiscal de lei, possui legitimidade para suscitar o incidente. Aliás, tendo em vista a patente existência de interesse público na uniformização da jurisprudência, ainda quando o *Parquet* não o suscite, ele intervém obrigatoriamente no feito[8], consoante parágrafo único do art. 478 do CPC:

Art. 478.

[...]

---

(4) MOREIRA, José Carlos Barbosa. *Comentários ao Código de Processo Civil*. Rio de Janeiro: Forense, 2005. p. 10-11.

(5) *Ibidem*.

(6) *Ibidem*, p. 14.

(7) *Ibidem*. 851.

(8) NERY JÚNIOR, Nelson; NERY JÚNIOR, Rosa. *Código de processo civil comentado e legislação extravagante*. 13. ed. São Paulo: Revista dos Tribunais, 2013. p. 916.

Parágrafo único. Em qualquer caso, será ouvido o chefe do Ministério Público que funciona perante o Tribunal.

3.3. Do Processamento e Julgamento do Incidente

Suscitado incidente, cabe ao órgão fracionário decidir acerca da sua instauração. Em caso afirmativo, serão os autos submetidos ao pleno ou ao órgão especial. Entrementes, o julgamento do recurso de origem fica suspenso. Daí, sob o escólio de Humberto Theodoro Jr.[9], o tribunal terá duas alternativas: a) reconhecer a divergência e fixar a interpretação a ser observada e, após, devolver os autos ao órgão fracionário para que se retome o julgamento e aplique o entendimento assentado; b) negar a divergência e devolver os autos ao órgão fracionário para que prossiga, normalmente, no exame do recurso.

Observe-se que, em qualquer caso, os autos retornam ao órgão fracionário, pois, mesmo quando há a uniformização, esta se refere apenas à matéria de direito, cabendo àquele, pela análise das questões fáticas, a atribuição dos efeitos da interpretação fixada ao caso concreto. E, é claro, muitas vezes, o incidente apenas envolve um tópico dos muitos que aparecem no apelo, em razão do que incumbe ao órgão fracionário a retomada do julgamento das demais matérias recursais.

Somente quando finalizado o julgamento do recurso de origem pelo órgão fracionário, é que será possível a interposição de recurso, se o vencido quiser discutir a tese jurídica assentada pelo regional. A decisão em sede do Incidente de Uniformização é, portanto, irrecorrível, mas não a que for prolatada em sede do recurso originário[10].

Nada obstante, como bem aponta Nelson e Rosa Nery Jr.[11], cabem embargos de declaração contra o acórdão proferido em Incidente de Uniformização, caso padeça de algum dos vícios expostos no art. 535 do CPC.

3.4. Dos efeitos da decisão uniformizadora

Consoante disposto no art. 479 do CPC, a decisão que uniformizar a jurisprudência será objeto de súmula e constituirá precedente na uniformização da jurisprudência se o julgamento for tomado pela maioria absoluta dos membros que integram o tribunal.

A súmula é um enunciado que representa a tese jurídica dominante da corte. Ela não possui força vinculante e, assim, não obriga nenhum magistrado, ainda que de instância inferior, a julgar no mesmo sentido, embora seja uma orientação, um norte, um guia seguro do entendimento predominante do respectivo sodalício[12].

De todo modo, ainda quando a decisão seja dada por maioria simples e não implique a criação de súmula, o efeito será a vinculação do órgão fracionário no processo em que se instaurou o incidente.

4. O INCIDENTE DE UNIFORMIZAÇÃO E A LEI N. 13.015/2014

A uniformização de jurisprudência segue uma clara trajetória de ascensão e prestígio institucional até a Lei n. 13.015/2014. Se, no Código de 1939, era encarada como uma faculdade, vista mais como um recurso, passou, no Código de 1973, a ser tida como um incidente processual, de obrigatória instauração, para, já agora, com a Lei n. 13.015/2014, na Justiça do Trabalho, ser reforçada a sua obrigatoriedade, com a expressa previsão de uma espécie de sanção aos Tribunais Regionais do Trabalho, caso não observem o dever de uniformizar a sua jurisprudência.

De acordo com a nova redação dada pela referida lei ao parágrafo terceiro do art. 896 da CLT:

> § 3º Os Tribunais Regionais do Trabalho procederão, obrigatoriamente, à uniformização de sua jurisprudência e aplicarão, nas causas da competência da Justiça do Trabalho, no que couber, o incidente uniformização de jurisprudência previsto nos termos do Capítulo I do Título IX do Livro I da Lei n. 5.869, de 11 de janeiro de 1973 (Código de Processo Civil).

Até aí, nada de novo, eis que o texto anterior já dizia:

> § 3º Os Tribunais Regionais do Trabalho procederão, obrigatoriamente, à uniformização de sua jurisprudência, nos termos do Livro I, Título IX, Capítulo I do CPC, não servindo a súmula respectiva para ensejar a admissibilidade do Recurso de Revista quando contrariar Súmula da Jurisprudência Uniforme do Tribunal Superior do Trabalho. (Redação dada pela Lei n. 9.756, de 1998).

Indubitavelmente, o ponto de crucial mudança e mesmo de distanciação em relação ao processo civil

---

(9) Op. cit., p. 852.
(10) MARINONI, Luiz Guilherme. Processo de conhecimento. 11. ed. São Paulo: Editora Revista dos Tribunais, 2013. p. 604.
(11) Op. cit., p. 917.
(12) CÂMARA, Alexandre de Freitas. Lições de Direito Processual Civil. ed. 12. Rio de Janeiro: Editora Lumen Juris, 2006.

veio com a nova redação dos parágrafos quarto e quinto, *in verbis*:

> § 4º Ao constatar, de ofício ou mediante provocação de qualquer das partes ou do Ministério Público do Trabalho, a existência de decisões atuais e conflitantes no âmbito do mesmo Tribunal Regional do Trabalho sobre o tema objeto de recurso de revista, o Tribunal Superior do Trabalho determinará o retorno dos autos à Corte de origem, a fim de que proceda à uniformização da jurisprudência. (Redação dada pela Lei n. 13.015, de 2014).
>
> § 5º A providência a que se refere o § 4º deverá ser determinada pelo Presidente do Tribunal Regional do Trabalho, ao emitir juízo de admissibilidade sobre o recurso de revista, ou pelo Ministro Relator, mediante decisões irrecorríveis. (Redação dada pela Lei n. 13.015, de 2014).

Como se vê, no parágrafo quarto, se o Regional não observar o dever legal de uniformizar a sua jurisprudência, o Tribunal Superior do Trabalho, em sede de Recurso de Revista, determinará o retorno dos autos a fim de que aquele cumpra com o referido dever. Trata-se de uma consequência jurídica que, sem dúvida, reforça a obrigatoriedade de uniformização e, com isso, leva a crer que o incidente não cairá no esquecimento, como sob a égide das legislações anteriores.

Na observação de Alexandre Agra Belmonte[13]:

> Embora o art. 896, § 3º, da CLT, em sua redação antiga determinasse aos Tribunais Regionais a uniformização obrigatória de sua jurisprudência, tal não se verificou com a agilidade e segurança necessárias à celeridade do processo do trabalho e unidade do Judiciário Trabalhista.
>
> A nova lei, mantendo a determinação da uniformização obrigatória de sua jurisprudência pelos Tribunais Regionais (§ 3º), obriga o Tribunal Superior do Trabalho, diante da constatação da existência de decisões atuais e conflitantes no âmbito de um mesmo Regional com a jurisprudência do TST sobre o tema objeto de recurso de revista, que providencie o retorno dos autos à Corte de origem, a fim de que proceda à uniformização de sua jurisprudência (art. 896, § 4º).
>
> Desse modo, com a Lei n. 13.015/2014, diferenciou-se o processo do trabalho do civil em razão da possibilidade de uniformização após o julgamento. Como relatado alhures, era possível suscitar o incidente enquanto não fosse encerrado o julgamento pela corte. Na Justiça do Trabalho, não mais existe essa limitação. Os parágrafos quarto e quinto enunciam dois momentos processuais muito claros em que isso pode ocorrer: quando do juízo de admissibilidade do Recurso de Revista pelo Presidente do Tribunal Regional ou da apreciação do Recurso de Revista pelo Tribunal Superior do Trabalho. Consequentemente, o que a lei deixa evidente é que não há preclusão por força do encerramento do julgamento.

Nesse sentido, a reforma da CLT trouxe uma nova possibilidade de modificar o que já foi julgado. Como elucida Ivan Alemão[14]:

> A novidade, que só ocorre na Justiça do Trabalho, surge com este novo procedimento: após o julgamento pela Turma. Só ocorre, também, com a Turma, e se houve a interposição de recurso de revista, normalmente em recurso ordinário de ação ordinária, mas excepcionalmente nos agravos de petição e nas ações sumaríssimas (ver §§ 2º e 9º do art. 896). Não percebi nenhum impedimento para a uniformização ser suscitada nestes recursos de revistas mais estreitos, embora pareça um pouco desproporcional que no caso do rito sumaríssimo, criado com a finalidade de extrema celeridade, venha a sofrer sobrestamento para uniformização da jurisprudência.

Como é usual em Direito, há quem entenda o oposto. Segundo Estêvão Mallet[15],

> A uniformização da CLT ocorre após o julgamento pelo Tribunal Regional, e não antes, como se dá no Código de Processo Civil. Logo, a tese firmada no seu exame aplica-se apenas em casos a serem posteriormente julgados. Os que já hajam sido decididos não são afetados. Por isso, **ela não atinge o processo que levou à instauração do incidente, o qual se encontra sujeito a exame de admissibilidade de recurso de revista no juízo *a quo* ou perante o juízo *ad quem*.** Nem mesmo os processos em que ainda estejam pendentes de embargos de declaração no Tribunal Regional ficam sujeitos à tese posta. Os embargos devem ser examinados nos limites que lhe são próprios, sem que

---

(13) BELMONTE, Alexandre Agra. Breves comentários ao novo sistema recursal trabalhista: Lei n. 13.015/2014. *Revista LTr*: legislação do trabalho. São Paulo, n. 1, p. 17-26, jan. 2015.

(14) Uniformização de jurisprudência e consequências na justiça do trabalho após a Lei n. 13.015/2014 e o ato n. 491/2014 do TST. *Revista LTr*: legislação do trabalho São Paulo, n. 3, p. 316-323, mar. 2015.

(15) MALLET, Estêvão. Reflexões sobre a Lei n. 13.015/2014. *Revista LTr*: legislação do trabalho. São Paulo, n. 1, p. 41-58, jan. 2015.

a jurisprudência firmada sirva como fundamento para rejulgar-se a lide [grifo do autor].

Não obstante as opiniões supra e a despeito de o texto legal não explicitar tal situação, é forçoso reconhecer às partes a faculdade de provocar a instauração do incidente *a posteriori* não apenas nas razões do respectivo Recurso de Revista, mas, mesmo antes, em sede de embargos declaratórios. Ora, se a uniformização é um dever e o Tribunal não o observa, a decisão resta omissa. Ademais, por que admitir a provocação em Recurso de Revista e não antes, se já identificada essa necessidade? Logo, não se justifica, à luz da celeridade processual, negar a possibilidade de provocação ou instauração nesse meio tempo, após o julgamento, mas antes da interposição do Recurso de Revista.

Aliás, por falar em celeridade, salutar a observação de Manoel Antônio Teixeira Filho[16], de que, apesar do efeito benéfico da atribuição de certa segurança jurídica aos jurisdicionados, que poderão saber, com maior precisão, o entendimento da corte local, há um efeito prejudicial consistente no retardamento do processo, em oposição aos motivos que ensejaram a alteração legislativa.

Para José Alberto Couto Maciel[17], a mudança é um atraso, especialmente para o trabalhador, dada a possibilidade de o seu processo que já estava no TST retornar para a pacificação da controvérsia e, depois, possivelmente, sujeitar-se a um novo recurso para aquela corte superior.

É certo que, à medida que ocorra a uniformização, as causas subsequentes que forem idênticas serão julgadas com maior rapidez, haja vista a prévia pacificação da controvérsia; sem contar o efeito preventivo que a sapiência da orientação do tribunal proporcionará a ambos os polos da relação laboral.

Retornando à análise do incidente suscitado após o julgamento, importa saber qual o procedimento a ser seguido e o que ocorre com a decisão anterior. Se suscitado pelo desembargador relator, em sede de embargos de declaração, como defendido, o procedimento não será muito diferente do anteriormente exposto.

Em síntese, a turma decidirá se admite ou não o incidente; admitido, será remetido ao pleno, que, preliminarmente, realiza esse mesmo juízo de admissibilidade, para, depois, admitido que seja, fixar a tese jurídica pacificadora.

Caso suscitado pelo desembargador presidente ao emitir juízo de admissibilidade em Recurso de Revista (primeira parte do § 5º do art. 896 da CLT), pode ser, a depender da regulamentação regimental que for adotada, que a referida autoridade submeta a demanda diretamente ao pleno, com a distribuição a um relator – o que, sem dúvida, parece mais célere – ou determine o retorno dos autos ao órgão fracionário para que o relator paute a questão, seguindo-se daí o disposto na situação anterior.

Ivan Alemão[18] alerta, contudo, que o Presidente do TRT não poderia suscitar o incidente se a turma indeferiu requerimento nesse sentido, "salvo se novo requerimento for apresentado com outros argumentos jurídicos ou jurisprudência nova".

No entanto, caso a providência sob comento seja determinada pelo ministro relator do Recurso de Revista (segunda parte do §5º do art. 896 da CLT), inexistirá a deliberação prévia acerca da admissibilidade do incidente, sendo, pois, mais razoável que o dissídio seja submetido diretamente ao pleno, sem mais ambages.

Sob o escólio do autor supracitado, após o julgamento da uniformização, surgem duas opções, a depender da convergência, ou não, da tese jurídica fixada pelo pleno (ou órgão especial). Se esta for diversa da anteriormente fixada pela turma, os autos do recurso de origem retornam a ela para novo julgamento da questão, aplicando-se a orientação plenária. Com efeito, o acórdão anterior será substituído por outro que observará tal orientação. Publicada a nova decisão, será reaberto o prazo recursal, restando prejudicados os recursos de revistas interpostos.

Se, contudo, o entendimento do pleno for o mesmo da turma, não há alteração no *decisum*. Na hipótese de o incidente haver sido acolhido em embargos declaratórios, como sustentado neste trabalho, o adequado seria a reabertura do prazo para interposição de Recurso de Revista. Suscitado em sede de Recurso de Revista, os autos retornam ao Presidente do TRT para reapreciar a petição do RR ou ao Relator do TST, para prosseguimento[19].

Em qualquer caso, após o efetivo julgamento do incidente,

---

(16) Comentários à Lei n. 13.015/2014. 1. ed. São Paulo: LTr, 2014, p. 35.

(17) Comentários às alterações processuais trabalhistas decorrentes da Lei n. 13.015, de 22.07.2014. *Suplemento Trabalhista n. 90.* São Paulo: LTr, p. 411-417, ago. 2014.

(18) Uniformização de jurisprudência e consequências na justiça do trabalho após a Lei n. 13.015/2014 e o ato n. 491/2014 do TST. *Revista LTr*: legislação do trabalho São Paulo, n. 3, p. 316- 323, mar. 2015.

(19) Op. cit.

...unicamente a súmula regional ou a tese jurídica prevalecente no Tribunal Regional do Trabalho e não conflitante com súmula ou orientação jurisprudencial do Tribunal Superior do Trabalho servirá como paradigma para viabilizar o conhecimento do recurso de revista, por divergência (§ 6º do art. 896 da CLT).

Esse parágrafo combinado com o art. 478 do CPC explicita duas alternativas ao resultado do julgamento do incidente, a depender da respectiva votação, como leciona Manoel Antônio Teixeira Filho[20]:

> Repitamos: a resolução do incidente, que deverá ser tomada pelo voto da maioria absoluta dos membros do Tribunal, será convertida em súmula e constituirá precedente na uniformização da jurisprudência regional (CPC, art. 479, caput). A súmula conterá a fixação da tese vencedora a respeito da questão de direito. Se não houver maioria absoluta (mas, apenas, simples), embora não haja necessidade de lavratura do acórdão, mesmo assim, pensamos que essa decisão, traduzindo tese prevalecente (CLT, art. 896, § 6º), vinculará o órgão fracionário (Turma, Câmara etc.) no julgamento do recurso em que foi suscitado o incidente, à exceção dos magistrados que, anteriormente, tenham ficado vencidos na resolução do incidente.

O referido parágrafo sexto explicita, na realidade, a finalidade maior da lei em incentivar a criação de súmulas e teses prevalecentes para obstaculizar o seguimento dos recursos de revista[21].

Caminhando por essas searas, julgado o incidente, o paradigma para viabilizar o conhecimento do recurso de revista fundado em divergência será, exclusivamente, a súmula regional ou a tese jurídica prevalecente no Tribunal Regional do Trabalho e não conflitante com súmula ou orientação jurisprudencial do Tribunal Superior do Trabalho. Decisões pretéritas que forem contrárias à tese firmada deixam de servir para a demonstração de divergência jurisprudencial, obviamente[22].

Diante disso, o TST, visando a facilitar o acesso à jurisprudência consolidada dos Tribunais Regionais, determinou no ato n. 491/2014:

Art. 6º Os Tribunais Regionais do Trabalho deverão manter e dar publicidade a suas súmulas e teses jurídicas prevalecentes mediante banco de dados, organizando-as por questão jurídica decidida e divulgando-as, preferencialmente, na rede mundial de computadores.

Observe-se que, apesar de, em princípio, o incidente e a súmula não terem efeito vinculante, ressalvados os processos afetados ao incidente, se persistir decisão conflitante com a jurisprudência já uniformizada do Tribunal Regional do Trabalho de origem, deverão os autos retornar à instância *a quo* para sua adequação à súmula regional ou à tese jurídica prevalecente no Tribunal Regional do Trabalho, desde que não conflitante com súmula ou orientação jurisprudencial do Tribunal Superior do Trabalho. É o que se depreende do art. 3º do Ato n. 491/2014 do TST:

Art. 3º Para efeito de aplicação dos §§ 4º e 5º do art. 896 da CLT, persistindo decisão conflitante com a jurisprudência já uniformizada do Tribunal Regional do Trabalho de origem, deverão os autos retornar à instância *a quo* para sua adequação à súmula regional ou à tese jurídica prevalecente no Tribunal Regional do Trabalho, desde que não conflitante com súmula ou orientação jurisprudencial do Tribunal Superior do Trabalho.

Há quem defenda que "o ato normativo do TST extravasa os limites legais da Lei n. 13.015, ao impor uma retratação, via adequação"[23]. No mesmo sentido é o pensamento de Alexandre Simões Lindoso[24].

Nesse aspecto, a nova lei e a sua regulamentação parecem guardar afinidade com os ideais do novo Código de Processo Civil, Lei n. 13.105/2015, que, em seu art. 927, estabelece que os juízes e tribunais observarão mesmo as súmulas sem caráter vinculante e as orientações do plenário ou do órgão especial aos quais estiverem vinculados. Observe-se:

Art. 927. Os juízes e os tribunais observarão:

I – as decisões do Supremo Tribunal Federal em controle concentrado de constitucionalidade;

II – os enunciados de súmula vinculante;

III – os acórdãos em incidente de assunção de competência ou de resolução de demandas repetitivas e em julgamento de recursos extraordinário e especial repetitivos;

---

(20) Op. cit., p. 33.

(21) Op. cit.

(22) MALLET, Estêvão. Reflexões sobre a Lei n. 13.015/2014. *Revista LTr*: legislação do trabalhol. São Paulo, n. 1, p. 41-58, jan. 2015.

(23) JORGE NETO, Francisco Ferreira; CALVALCANTE, Jouberto de Q. Pessoa. A sistemática recursal e suas inovações (Lei n. 13.015/2014): o recurso de revista e de embargos no TST. *Revista LTr*: legislação do trabalh. São Paulo, n. 3, p. 298-315, mar. 2015.

(24) LINDOSO, Alexandre Simões. O recurso de revista e os embargos de divergência à luz da Lei 13.015/2014: primeiras reflexões. *Revista LTr*: legislação do trabalho. São Paulo, n. 9, p. 1069-1086, set. 2014.

IV – os enunciados das súmulas do Supremo Tribunal Federal em matéria constitucional e do Superior Tribunal de Justiça em matéria infraconstitucional;

V – a orientação do plenário ou do órgão especial aos quais estiverem vinculados.

5. CONCLUSÃO

O incidente de uniformização de jurisprudência segue uma clara trajetória de ascensão, desde o Código Processual de 1939. Com a Lei n. 13.015/2014, foi revigorada a obrigatoriedade de instauração do incidente, prevista desde o CPC de 1973, cominando-se uma consequência jurídica para os tribunais regionais que não uniformizarem a respectiva jurisprudência. Trata-se da possibilidade de suscitação do incidente em sede de Recurso de Revista, isto é, após o julgamento da causa, ponto em que o direito processual trabalhista distanciou-se do direito processual civil.

Apesar do prestígio à isonomia e à segurança jurídica, tem-se criticado bastante a atual reforma, em razão do retrocesso que o retorno dos autos ao tribunal regional pode causar, quando o feito estava perto de ter, possivelmente, uma decisão final do TST. Por outro lado, o certo é que se as cortes locais anteciparem-se e cumprirem com o respectivo dever de uniformização, as causas subsequentes serão julgadas de maneira mais previsível e com maior rapidez, restringindo-se também a possibilidade de cabimento do Recurso de Revista. Parece, então, que as dificuldades inicias seriam compensadas com o ganho de agilidade nos julgamentos posteriores à uniformização.

Portanto, sob a ótica da Lei n. 13.015/2014, o Incidente de Uniformização de Jurisprudência pode representar um avanço ao processo trabalhista em termos de segurança jurídica e celeridade, mas há o risco de esse último efeito não se verificar, se não houver o compromisso efetivo dos tribunais regionais de uniformizar a respectiva jurisprudência.

6. REFERÊNCIAS BIBLIOGRÁFICAS

ALEMÃO, Ivan. *Uniformização de jurisprudência e consequências na justiça do trabalho após a lei 13.015/2014 e o ato n. 491/2014 do TST*. Revista LTr: legislação do trabalho. São Paulo, n. 3, p. 316-323, mar. 2015.

BELMONTE, Alexandre Agra. *Breves comentários ao novo sistema recursal trabalhista*: lei n. 13.015/2014. Revista LTr: legislação do trabalho. São Paulo, n. 1, p. 17-26, jan. 2015.

CÂMARA, Alexandre de Freitas. *Lições de Direito Processual Civil*. ed. 12. Rio de Janeiro: Editora Lumen Juris, 2006.

COUTO MACIEL, José Alberto. *Comentários às alterações processuais trabalhistas decorrentes da lei 13.015, de 22.07.2014. Suplemento Trabalhista*: LTr. São Paulo, n. 90, p. 411-417, ago. 2014.

JORGE NETO, Francisco Ferreira; CALVALCANTE, Jouberto de Q. Pessoa. *A sistemática recursal e suas inovações (lei n.13.015/2014)*: o recurso de revista e de embargos no TST. Revista LTr: legislação do trabalho. São Paulo, n. 3, p. 298-315, mar. 2015.

LINDOSO, Alexandre Simões. *O recurso de revista e os embargos de divergência à luz da lei 13.015/2014*: primeiras reflexões. Revista LTr: legislação do trabalho. São Paulo, n. 9, p. 1069-1086, set. 2014.

MALLET, Estêvão. *Reflexões sobre a lei n. 13.015/2014*. Revista LTr: legislação do trabalho. São Paulo, n. 1, p. 41-58, jan. 2015.

MARINONI, Luiz Guilherme. *Processo de conhecimento*. 11. ed. São Paulo: Editora Revista dos Tribunais, 2013.

MOREIRA, José Carlos Barbosa. *Comentários ao Código de Processo Civil*. Rio de Janeiro: Forense, 2005.

NERY JÚNIOR, Nelson; NERY JÚNIOR, Rosa. *Código de processo civil comentado e legislação extravagante*. 13. ed. São Paulo: Revista dos Tribunais, 2013.

TEXEIRA FILHO, Manoel Antonio. *Comentários à Lei n. 13.015/2014*. 1. ed. São Paulo: LTr, 2014. p. 35.

THEODORO JÚNIOR, Humberto. *Curso de Direito Processual Civil*. Vol. 1. 55. ed. Rio de Janeiro: Forense, 2014.

O JUÍZO DE ADMISSIBILIDADE DOS RECURSOS EM PRIMEIRO GRAU NO NOVO CPC: CABIMENTO NO DIREITO PROCESSUAL DO TRABALHO

Maria Doralice Novaes(*)

A simplicidade é o último grau de sofisticação.
(Leonardo da Vinci)

O Código de Processo Civil de 1973, apesar de ter emprestado uma melhor sistematização às regras processuais e garantido autonomia científica ao Processo Civil, enaltecia o conceitualismo e o formalismo, consagrando um processo moroso e paternalista com o devedor, paternalismo esse que era externado pela maior preocupação com tutelas protetivas ao patrimônio do devedor e com custos altos para o autor, razão pela qual se manteve firmemente fechada a possibilidade de sua aplicação subsidiária ao processo do trabalho.

Com as reformas da legislação processual levadas a efeito principalmente pelas Leis ns. 11.232/05, 11.276/06, 11.277/06, 11.280/06 e 11.382/06, dentre outras, a situação foi modificada, passando o processo civil comum a trazer uma série de disposições que permitiram sua aplicação subsidiária, eis que buscavam alcançar maior efetividade na prestação jurisdicional e reduzir a duração do processo.

Desta forma, com fundamento no art. 769 da CLT, passou-se a compreender que os dispositivos que potencializaram o alcance do fim maior ditado pela Constituição de 1988, de garantir aos litigantes a razoável duração do processo (art. 5º, inciso LXXVII), deveriam ser aplicados ao processo do trabalho, até porque o próprio legislador trabalhista, em 1946, já houvera estabelecido a mesma garantia, eis que a fez constar de forma expressa na regra contida no art. 765 da CLT, segundo a qual:

> Art. 765 – Os juízos e Tribunais do Trabalho terão ampla liberdade na direção do processo e *velarão pelo andamento rápido das causas,* podendo determinar qualquer diligência necessária ao esclarecimento delas. (*sem os destaques no original*)

Como consequência da onda renovatória a que se submeteu, as modificações ocorridas no processo civil passaram a trazer sempre à baila questionamentos sobre sua aplicação ao processo do trabalho.

Não é por outra razão que, com a promulgação de um novo CPC, ganharam força as indagações acerca do alcance da nova regulamentação processual em relação ao processo do trabalho.

Contudo, mesmo admitindo que o novo processo civil tenha sido submetido a diversas mudanças e que seu texto e sua estrutura tenham amadurecido, sua aplicabilidade efetivamente não alcança, nem se submete a grande parte dos anseios do processo do trabalho e dos princípios que o norteiam.

Vale lembrar, a propósito, que o Direito Processual do Trabalho assim como o ramo do Direito Material que o criou nasceu diferente do Direito Processual Ci-

---

(*) Desembargadora aposentada. Foi Juíza do Trabalho no TRT/2. Ingressando na carreira em 1981, foi promovida a desembargadora em setembro de 1995. Exerceu a função de Corregedora Auxiliar do TRT/2 no biênio 1999/2001. Convocada, passou a atuar no TST em 2004, em substituição a Ministro Titular, onde permaneceu até 2010. Eleita em 2012, exerceu a função de Presidente do Tribunal Regional do Trabalho da Segunda Região até outubro de 2014. Foi Conselheira do Conselho Superior da Justiça do Trabalho no biênio 2013/2015. Aposentou-se da magistratura em maio de 2015. Coordena atualmente o Comitê Regional do Processo Judicial Eletrônico do TRT/2. Dedica-se, ainda, à prestação de consultorias jurídicas na área trabalhista.

vil. Não só nasceu diferente, como também inovou e assumiu personalidade própria com procedimentos que buscavam o equilíbrio das desigualdades socioeconômicas entre os demandantes.

Logo, não é plausível para um juslaboralista copiar o novo modelo apenas pela sua novidade, visto que, repita-se, o Direito e Processo do Trabalho têm natureza diversa do Direito Civil, de modo que muitas das reformas que foram implementadas ainda não se coadunam com a formatação e a dinamicidade do processo trabalhista.

Um dos exemplos marcantes desse descompasso está no sistema recursal que cada qual adota. É bem verdade que o novo código trouxe inovações nesse capítulo especialmente porque um dos principais fatores apontados como causadores da mora que assola o atual processo civil é a quantidade de recursos cabíveis em uma única ação. Não é menos verdade, contudo que o sistema recursal por ele concebido mantém a mesma natureza e a mesma estrutura do sistema anterior e, como tal, permanece incompatível com o sistema recursal trabalhista.

Com efeito, embora tenha posto fim ao agravo retido, o art. 1.015 do novo CPC ainda admite impugnação das interlocutórias pela via do agravo de instrumento, listando nos primeiros doze incisos as espécies de decisões desta natureza que poderão ser impugnadas por essa via. Possibilita, ainda, no último inciso, o de número XIII, a ampliação desse remédio de Direito estrito para "outras hipóteses previstas em lei".

Ocorre que o legislador trabalhista, ao optar por simplificar os recursos trabalhistas, não adotou o agravo de instrumento como recurso para combater decisões interlocutórias. Isso porque no processo do trabalho vigora o princípio da irrecorribilidade imediata das decisões interlocutórias, conforme preceituam os arts. 799, § 2º e 893, § 1º, da CLT.

No âmbito do processo do trabalho o agravo de instrumento tem finalidade diversa e específica, expressamente prevista no art. 897, b, da CLT. Seu cabimento limita-se à impugnação de decisão que denega a interposição de recurso, ou, por outra, de despacho que não admite o apelo interposto pelo vencido, por ausentes seus pressupostos de admissibilidade.

Sobre o tema, vale trazer à baila os ensinamentos do professor Carlos Henrique Bezerra Leite, que de forma acertada discorre sobre a distinção entre os processos civil e trabalhista quanto ao tema discutido:

> O princípio da irrecorribilidade imediata das decisões interlocutórias é também chamado de princípio da concentração. De forma diversa do que ocorre no processo civil, cujas decisões interlocutórias proferidas no curso do processo podem ser impugnadas por agravo (de instrumento), o Direito Processual do Trabalho não admite recurso específico contra tais espécies de atos judiciais, salvo quando terminativas do feito no âmbito da Justiça do Trabalho (in *Curso de Direito Processual do Trabalho*, 2014, p. 799).

Por outro lado, é sabido que o mesmo legislador trabalhista, ao adotar o recurso de agravo de instrumento com assento no art. 897 da CLT, o fez por entender que as decisões que recusam os apelos pertencem à ordem das sentenças que põem termo à demanda. Logo, seu objetivo claro foi o de permitir a dualidade de jurisdição sobre elas.

De fato, a decisão proferida na origem que não admite a interposição de recurso tem natureza terminativa, já que com ela declara-se, em verdade, não só o fim do período probatório, mas, também, e sobretudo, o fim do conflito material.

Com esse enfoque há de se atentar para a circunstância de que na Justiça do Trabalho o agravo de instrumento só pode dar-se quando houver despacho proferido na instância que por último julgou a ação, a mesma, aliás, que recusou o apelo interposto e que, por corolário lógico, será julgada no duplo grau pelo tribunal que seria competente para conhecer do recurso cuja interposição foi negada.

Não é por acaso que o art. 897 da CLT ao disciplinar o agravo de instrumento estabelece que:

> Art. 897 – Cabe agravo, no prazo de 8 (oito) dias: (Redação dada pela Lei n. 8.432/92)
>
> (...)
>
> b) de instrumento, *dos despachos* que denegarem a interposição de recursos. (Redação dada pela Lei n. 8.432, de 1992) – (*sem os destaques no original*)

Num cenário como este, vê-se de forma clara que a previsão do agravo de instrumento no processo civil e no processo trabalhista é bastante distinta, sendo que neste o agravo somente cabe para tentar dar seguimento ao recurso não recebido *por despacho*, e naquele o agravo é previsto para combater decisão interlocutória que cause prejuízo à parte.

O único elemento que ambos têm em comum é a necessidade de uma decisão proferida no juízo *a quo*, cuja revisão a parte postulará. Decisão que passará a ser denominada, a partir de então, decisão agravada.

Insisto. Em qualquer dos procedimentos (civil ou trabalhista) será uma decisão tomada na origem, que em tese possa causar gravame às partes, que se enquadrará no dispositivo legal permissivo do ingresso do recurso de agravo de instrumento. No processo civil, uma decisão interlocutória que se alinhe com um dos incisos previstos no art. 1.015 do novo CPC. No processo do trabalho, apenas a decisão que se nega a dar seguimento a um recurso.

Logo, não tem aplicabilidade ao processo do trabalho a sistemática prevista pelo novo CPC, segundo a qual o juízo de admissibilidade do recurso não será mais exercido pelo órgão jurisdicional que proferiu a decisão, mas somente pelo órgão *ad quem*, na forma prevista pelo art. 1.010, *verbis*:

> Art. 1.010. A apelação, interposta por petição dirigida ao juízo de primeiro grau, conterá:
>
> (.....)
>
> § 3º Após as formalidades previstas nos §§ 1º e 2º *os autos serão remetidos ao tribunal pelo juiz, independentemente de juízo de admissibilidade. (sem destaques no original)*

Primeiro porque a CLT possui preceitos que disciplinam a necessidade de despacho no exercício do juízo de admissibilidade, tanto pelo juízo de primeiro grau, (art. 897, *b* da CLT), quanto pelo juízo de segundo grau (art. 896, § 1º, da CLT).

Segundo, porque enfoque contrário = restrição absoluta ao juízo de admissibilidade na origem = obrigaria o órgão *a quo* ao recebimento incondicional de todos os recursos, deixando de funcionar, assim, como um filtro de subida de processos. Desatenderia aos mais elementares princípios que regem o processo trabalhista, a economia e a celeridade processuais.

Impõe-se compreender, pois, que o art. 1.010 do CPC não encontra ensejo de aplicação no processo do trabalho.

O clamor da comunidade jurídica laboral está sempre voltado para inovações. Pede e almeja a modernização. Conclama por mecanismos legais eficientes que possam reger, por exemplo, a execução trabalhista, ante sua inegável morosidade. Exige, no entanto, que o processo trabalhista mantenha, em sua essência, a simplicidade. Repudia que outras normas que deveriam ser aplicadas subsidiariamente ao processo do trabalho estejam se transformando em principais.

O processo do trabalho não pode de maneira alguma ficar preso à estrutura do processo civil que, *data venia*, confunde segurança jurídica com quantidade de recursos.

Uma das formas de manter a Justiça do Trabalho no lugar de vanguarda onde nasceu, esteve e de que nunca deveria ter saído, é simplificá-la ainda mais.

Trata-se de ramo do Direito que protege os bens mais valiosos do homem que são a vida, a saúde, a dignidade e a integridade material e moral. É por meio dele, pois, que o trabalhador deve ter condição de, embora sabedor que é desigual, sentir-se igual.

Pretender atrelar o sistema recursal trabalhista ao do processo civil seria um equívoco. Os transtornos seriam enormes. Este não é o caminho certo. Estaríamos privilegiando algo que foge da nossa realidade. Seríamos apenas repetidores. As bases do processo do trabalho ficariam cada vez mais abaladas e até sua autonomia poderia vir a ser questionada. E com razão.

18

EMBARGOS DE DECLARAÇÃO NO PROCESSO DO TRABALHO E AS ALTERAÇÕES DA LEI N. 13.015, DE 21 DE JULHO DE 2014 – REFLEXOS NO PROCESSO DO TRABALHO DA DISCIPLINA DOS EMBARGOS DE DECLARAÇÃO DO NOVO CPC

Denise Alves Horta[*]

INTRODUÇÃO

Os embargos de declaração ou embargos declaratórios são tidos como um instrumento processual de manifesta simplicidade. Essa concepção, porém, retrata uma ideia apressada do instituto. A premissa básica do conteúdo conceitual da postulação declaratória está em ser inconcebível, nas palavras de Barbosa Moreira, "que fiquem sem remédio a obscuridade, a contradição ou a omissão existente no pronunciamento, não raro a comprometer até a possibilidade prática de cumpri-lo"[1]. Essas seriam as razões de ordem prática, comprometedoras da utilidade da decisão, e que, no dizer de Teixeira Filho[2], ao lado das razões de ordem histórica, sustentam a finalidade dos embargos de declaração.

O instituto tem origem no Direito português[3], e as razões históricas a justificá-lo estão na faculdade de o jurisdicionado, destinatário da decisão judicial, exigir do Estado, incumbido de dizer o Direito, que realize a sua função do modo mais completo, inteligível e satisfatório possível.

Os embargos de declaração ocupam, no âmbito processual, a posição estratégica de onde se pode promover a recuperação da vontade jurídica que a sentença deve expressar e que, por alguma razão, não o fez ou, ao fazê-lo, não se houve de modo claro e coerente. A importância do instituto é inquestionável, pois, como realçado, os defeitos sentenciais, dependendo de sua natureza e grau, se não sanados, podem ensejar irreparável prejuízo às partes.

O CPC de 1939, primeiro código unitário[4] de processo civil (Decreto n. 1.608, de 18 de setembro de 1939), dispunha sobre os embargos declaratórios nos seus arts. 839, 840 e 862 e parágrafos, mencionando, separadamente, os embargos de declaração para as sentenças de primeira instância e para as decisões do Tribunal, embora referisse à aplicação, no primeiro caso, das normas do segundo, no que coubesse.

No Código de Processo Civil de 1973, editado com a Lei n. 5.869, de 11 de janeiro de 1973, permaneceu o tratamento dos declaratórios nos momentos processuais distintos da sentença e do acórdão (CPC de 1973, arts. 464, 465, 535 a 538), até o advento da Lei n. 8.950, de 13 de dezembro de 1994, que, ao alterar dispositivos do CPC de 1973 relativos a recursos, revogou, dentre outros, os arts. 464 e 465, passando a tratar, conjuntamente, dos declaratórios para sentença e acórdão, no Capítulo V do Título X do Livro I (Dos Recursos), arts. 535 a 538.

(*) Desembargadora Corregedora do TRT da 3ª Região, no biênio 2014/2015. Vice-Presidente do Colégio de Presidentes e Corregedores dos Tribunais Regionais do Trabalho-COLEPRECOR, em 2015. Especialista em Direito do Trabalho: Materialidade, Instrumentalidade e Efetividade pela PUC-MG. Mestre em Filosofia pela PUC-SP.

(1) MOREIRA, José Carlos Barbosa. *Comentários ao Código de Processo Civil.* Vol. V (arts. 476 a 565). Rio de Janeiro: Forense, 1993. p. 498.

(2) TEIXEIRA FILHO, Manoel Antônio. *Sistema dos recursos trabalhistas.* São Paulo: LTr, 1991. p. 313.

(3) EÇA, Vitor Salino de Moura. Origem Histórica e Desenvolvimento Normativo dos Embargos Declaratórios, in ___. *Embargos de Declaração no processo do trabalho.* São Paulo: LTr, 2010. p. 13-22.

(4) ASSIS, Araken de. *Manual dos recursos.* 2. ed. São Paulo: Revista dos Tribunais, 2008. p.589.

O Código de Processo Civil instituído pela Lei n. 13.105, de 16 de março de 2015, que entrará em vigor em 16 de março de 2016, incorpora entendimentos jurisprudenciais consagrados e dispõe sobre os embargos de declaração, nos seus arts. 1.022 a 1.026. O novo CPC traz alterações importantes no âmbito dos declaratórios, a exemplo do seu cabimento contra qualquer decisão judicial (art. 1.022); hipóteses de omissão (art. 1.022, parágrafo único, incisos I e II); previsão do contraditório, caso o eventual acolhimento dos declaratórios implique a modificação da decisão embargada (art. 1.023, § 2º); previsão de os declaratórios não terem efeito suspensivo, salvo em hipóteses relevantes (art. 1.026 e § 1º); efeitos da decisão de embargos de declaração para a parte contrária que não embargou e recorreu antes da decisão dos declaratórios (art. 1.024, §§ 4º e 5º); aqueles embargos visando ao prequestionamento (art. 1.025), e, ainda, quanto a embargos protelatórios (art. 1.026, §§ 2º, 3º e 4º). Revela-se, desse modo, a importância dos declaratórios em sua evolução histórica no processo civil.

A previsão dos embargos de declaração no processo do trabalho foi introduzida pela Lei n. 2.244, de 23 de junho de 1954, que instituiu esse remédio processual no art. 702, II, *e* e § 2º, *d* da CLT apenas para os acórdãos do TST. Ao fazê-lo, o legislador não se preocupou em estabelecer o procedimento, o que ensejou a aplicação supletiva do CPC, inclusive quanto ao cabimento dos declaratórios contra sentenças de primeiro grau e acórdãos de segundo grau[5]. A Lei n. 9.957, de 12 de janeiro de 2000, que instituiu o procedimento sumariíssimo no processo trabalhista, acrescentou na CLT o art. 897-A, previu o cabimento de embargos de declaração da sentença ou acórdão e ampliou um pouco mais o leque de sua abrangência, pois admitiu efeito modificativo da decisão nos casos de omissão e contradição no julgado e manifesto equívoco no exame dos pressupostos extrínsecos do recurso.

Acompanhando o processo evolutivo dos declaratórios na jurisprudência, a Lei n. 13.015, de 21 de julho de 2014, que alterou a CLT para dispor sobre o processamento de recursos no âmbito da Justiça do Trabalho, acrescentou três parágrafos ao art. 897-A. No parágrafo primeiro, a lei simplesmente manteve a redação do anterior parágrafo único sobre a possibilidade de os erros materiais poderem ser corrigidos de ofício ou a requerimento de qualquer das partes; no parágrafo segundo, acolheu, expressamente, a formação do contraditório na hipótese de eventual efeito modificativo no julgamento dos declaratórios, impondo a necessidade de oitiva da parte contrária, no prazo de cinco dias; no parágrafo terceiro, trouxe, à semelhança do art. 538 do CPC, com a redação da Lei n. 8.950, de 13.12.1994, a previsão de que os embargos de declaração interrompem o prazo para interposição de outros recursos, e foi além, pois ressalvou da interrupção do prazo recursal os embargos intempestivos, com irregular representação da parte ou ausência de sua assinatura.

A complexidade dos embargos de declaração evolui de acordo com a necessidade: a) de aperfeiçoar a decisão judicial, em todos os graus de jurisdição, livrando-a de vícios indesejáveis e prejudiciais à sua utilidade; b) de preservar o princípio de que o processo judicial é marcha para a frente, pelo que os atos processuais vão se sucedendo e operando-se a preclusão daqueles não realizados no momento oportuno, de modo que são improcedentes os declaratórios na hipótese de não ser pedida a declaração do julgado anterior em que se verificou a omissão (Súmula n. 317 do STF); c) da construção jurisprudencial dos tribunais, especialmente os superiores, a limitarem, com jurisprudência defensiva, a admissibilidade de recursos.

Como ressai de todo esse contexto, o manejo adequado dos declaratórios é fundamental para o exame completo e satisfatório do direito das partes, abrangendo o conhecimento do apelo interposto e seu exame meritório, o que supera a simplicidade que ao instituto é corriqueiramente atribuída.

CONCEITO E NATUREZA JURÍDICA DOS EMBARGOS DE DECLARAÇÃO

Na doutrina clássica de José Frederico Marques[6], os embargos declaratórios são referidos como medida processual de retratação, de forma a permitirem o reexame da decisão pelo juízo prolator.

O princípio da irretratabilidade da sentença pelo mesmo juízo de que emanou está assentado na lei processual civil e ressai da regra do art. 463 do CPC de 1973 repetida no art. 494 do CPC de 2015, que menciona a possibilidade de alteração da sentença pelo juiz, após publicada, somente: I – para lhe corrigir, de ofício ou a requerimento da parte, inexatidões materiais, ou lhe retificar erros de cálculo; II – por meio de embargos de declaração. A retratação, contudo, é permitida em hipóteses previstas na lei processual civil em dispositivos sobre recursos que facultam essa possibilidade ao julgador. Como exemplos, no CPC de 1973, figuram a apelação contra o indeferimento da petição inicial, prevista no art. 296; a apelação, no caso do § 1º do art. 285-A;

---

(5) TEIXEIRA FILHO, Manoel Antonio. *Op. cit.*, p. 312.
(6) MARQUES, José Frederico. *Manual de direito processual civil.* v. 3. São Paulo: Saraiva, 1982. p. 161.

o agravo retido, previsto no § 2º do art. 523; o agravo de instrumento previsto no art. 529; o agravo previsto no § 1º do art. 557. Alguns desses recursos, no novo CPC de 2015, têm seu correspondente nos arts. 331; 332, § 3º; 1.018, § 1º; 1.021, § 2º. Não há correspondência, no novo CPC, ao art. 523, § 2º do CPC de 1973.

Muito embora as hipóteses de retratação do julgador estejam expressas no CPC, consistindo a reconsideração do decidido na essência mesma dos recursos em que isso é possível, a modificação da decisão por meio de embargos de declaração, em algumas hipóteses, equipara-se à verdadeira retratação total ou parcial do juízo prolator, considerada a natureza do vício a ser sanado.

Por meio dos embargos de declaração, o embargante visa, ordinariamente, como o próprio nome indica, uma declaração do órgão jurisdicional que proferiu o julgamento. A pretensão declaratória tanto pode consistir em apenas uma reexpressão da decisão, sem alteração do conteúdo decisório, para melhor, mais clara e precisa interpretação do decidido, a exemplo de hipóteses de obscuridade e contradição, como também pode almejar a integração do provimento, em caso de omissão. Nessa hipótese, assinala Freitas Câmara[7], em que se pretende a integração de decisão omissa, é possível a reabertura da atividade decisória pelo juiz, capaz de gerar a modificação do conteúdo do provimento realizado.

Sobre a natureza jurídica dos declaratórios, instalou-se controvérsia na doutrina, ao longo do tempo. Os defensores da natureza não recursal do instituto alinhavam os fundamentos de os declaratórios não terem como função precípua a reforma do decidido; serem remédio processual dirigido ao próprio juízo que proferiu a decisão, sem a possibilidade de um "juízo recursal diverso"[8]; não terem previsão para o contraditório e interromperem o prazo para recurso.

Na prática, entretanto, essa discussão perdeu o sentido, considerado que, tanto no CPC de 1973 (art. 496, IV) quanto no CPC de 2015 (art. 994, IV) e na CLT (art. 897-A), foi atribuída a natureza de recurso aos declaratórios, com fundamentação vinculada a qualquer das hipóteses legalmente previstas. Registre-se que a CLT os insere no título e no capítulo, respectivamente, destinados às disposições sobre os recursos, embora não os inclua dentre aqueles previstos no seu art. 893. Além disso, tanto na CLT (art. 897-A, § 2º, acrescentado pela Lei n. 13.015 de 21.07.2014), quanto no CPC de 2015 (art. 1.023, § 2º), o contraditório encontra-se expressamente assegurado quando eventual acolhimento dos declaratórios implique a modificação da decisão embargada.

Diante desse contexto, pode-se concluir, com Araken de Assis[9], que os embargos de declaração, no Direito pátrio, representam o recurso que visa à aclaração ou à modificação do ato decisório embargado.

O conceito, como formulado, traduz não apenas o cerne da medida consubstanciado na sua finalidade, mas também a natureza jurídica que não discrepa da previsão legal. A referência, na conceituação, à modificação do ato decisório está, no processo do trabalho, em sintonia com o disposto no art. 897-A da CLT, que prevê, expressamente, tal possibilidade, em casos de omissão e contradição no julgado e manifesto equívoco no exame dos pressupostos extrínsecos do recurso. O CPC de 2015 também prevê a possibilidade de modificação do julgado nos arts. 1.023, § 2º; 1024, §§ 4º e 5º.

ANÁLISE DOS VÍCIOS ENSEJADORES DE EMBARGOS DE DECLARAÇÃO NO CPC E NA CLT

Os embargos de declaração estão disciplinados, no CPC de 1973, nos arts. 535 a 538, que tratam das hipóteses de cabimento, prazo, juiz a que serão dirigidos, julgamento, interrupção do prazo recursal e multa por embargos protelatórios. No CPC de 2015, os declaratórios estão regulados nos arts. 1.022 a 1.026.

A CLT, de sua vez, os disciplina no *caput* do art. 897-A (introduzido pela Lei n. 9.957/2000) e §§ 1º, 2º e 3º (acrescentados pela Lei n. 13.015), que dispõem sobre cabimento e prazo para interposição, julgamento, efeito modificativo e interrupção do prazo para interposição de outros recursos.

Nos termos do art. 535, incisos I e II, do CPC de 1973, são embargáveis as decisões que padeçam dos vícios de obscuridade, contradição ou omissão. O CPC de 2015, no seu art. 1.022, inciso III, acrescenta o erro material a essas mesmas finalidades declaratórias.

Tais hipóteses são as admissíveis para a veiculação de embargos declaratórios no processo do trabalho, a teor do art. 769 conjugado com o disposto no art. 897-A, *caput*, e § 1º, todos da CLT, que fazem referência aos casos de omissão e contradição, do efeito modificativo e dos erros materiais. O art. 897-A, *caput*, da CLT, também faz referência, como motivo ensejador de embargos de declaração, a manifesto equívoco no exame dos

---

(7) CÂMARA, Alexandre Freitas. *Lições de direito processual civil*. v. II, 7. ed. Rio de Janeiro: Lumen Juris, 2003. p. 117-118.

(8) MARINONI, Luiz Guilherme; ARENHART, Sérgio Cruz. *Processo de conhecimento*. v. 2, 7. ed. São Paulo: Revista dos Tribunais, 2009. p. 553.

(9) ASSIS, Araken de. *Manual dos recursos*. 2. ed. São Paulo: Revista dos Tribunais, 2008. p. 591.

pressupostos extrínsecos do recurso, que dizem respeito ao preparo, à tempestividade e à regularidade formal.

Impende salientar que os defeitos embargáveis ocorrem em qualquer parte da decisão, ou seja, tanto nos fundamentos quanto no dispositivo ou mesclados em partes diversas do provimento judicial, no relatório e na ementa (quando se trata de julgamento nos tribunais).

A Lei n. 8.950, de 13 de dezembro de 1994, que alterou dispositivos do Código de Processo Civil relativos aos recursos, eliminou a dúvida das hipóteses ensejadoras da postulação declaratória, pois, na verdade, não passava de um desdobramento da obscuridade e da contradição na decisão, na medida em que, tal como assinalado por Barbosa Moreira[10], a dúvida jamais poderia existir na decisão, mas apenas ser gerada por ela, em razão da obscuridade ou da contradição. De fato, a dúvida não tinha relevância jurídica, pois de origem meramente subjetiva, decorrente de um estado de espírito[11] do intérprete do decidido, e, desse modo, não configurável como um defeito na decisão judicial, passível de embargos de declaração.

OBSCURIDADE

Diz-se *obscura* a decisão que não tem clareza nem precisão, e da qual não se apreende o sentido real do provimento conferido, carecendo de explicitação para a compreensão de seu conteúdo.

A causa da obscuridade, segundo Araken de Assis[12], "reponta na dificuldade da elaboração do pensamento ou na sua expressão", interessando aos embargos de declaração a segunda, única a se materializar na decisão. O julgamento deve ser claro, inteligível às pessoas comuns, pelo que a simplicidade e a objetividade são qualidades necessárias, sendo imperioso o uso do vernáculo, ou seja, da língua portuguesa, o que impõe a tradução de frases eventualmente citadas em língua estrangeira (art. 156 do CPC de 1973 e art. 192 e parágrafo único do CPC de 2015).

Tanto a fundamentação quanto o dispositivo da decisão podem conter obscuridade, de modo a prejudicar o alcance do provimento judicial conferido, dependendo do grau desse defeito. A ambiguidade de palavras e expressões se apresenta como a causa comum da obscuridade, o que, embora passível de esclarecimento pelo contexto, em muitos casos, somente por meio de embargos de declaração pode ser aclarado. O preciosismo também é elemento que gera obscuridade, além da desconexão de frases e expressões, na medida em que comprometem a inteligibilidade do texto decisório.

CONTRADIÇÃO

A *contradição*, assim como a obscuridade, afeta a clareza e a precisão do ato decisório e também o entendimento do seu real alcance. O defeito, porém, não tem como pressuposto a dificuldade na expressão do pensamento, como ocorre na obscuridade, mas sim o conflito de fundamentos, a existência de proposições antagônicas que geram incerteza no julgamento. Essa justaposição contraditória ou incompatível pode ocorrer não só entre os fundamentos e a conclusão expressa na parte dispositiva do julgado, como também entre proposições da própria fundamentação ou ainda entre o corpo da decisão e a ementa, no caso de decisão de tribunal, considerando que a ementa é elemento integrante do acórdão (art. 563 do CPC de 1973 e art. 943, § 1º do CPC de 2015) e deve ser compatível com o seu conteúdo.

É contraditória a decisão que, reconhecendo o direito do autor, ao final julga improcedente a pretensão ou, ao revés, fundamentando pela improcedência do pedido, conclui, na parte dispositiva, condenando o réu ao pagamento correspondente ao deferimento do pleito. É também contraditória a decisão que, de forma equivocada, faz referência ao autor e ao réu, trocando um pelo outro.

Não há contradição passível de embargos declaratórios se o vício apontado se reportar a antagonismo entre a prova dos autos e o desfecho atribuído na decisão ou a interpretação conferida a dispositivo legal. Em tais hipóteses, o reexame pretendido excede à mera reexpressão do julgamento, para adentrar seara meritória, retratada no inconformismo com o decidido, o que desafia remédio processual de outra natureza. Cumpre acentuar que importa, para fins de embargos de declaração, o defeito aferível no interior da decisão e não em face de aspectos a ela externos, pelo que, de igual modo, não se cogita de contradição quando o vício alegado é entre o julgamento realizado e outra decisão proferida.

OMISSÃO

A *omissão*, como se constata na prática e na doutrina é assente, pode ser considerada como o mais importante defeito a ensejar embargos de declaração. Afigura-se

---

(10) MOREIRA, José Carlos Barbosa. *O novo processo civil brasileiro.* 6. ed. Rio de Janeiro: Forense, 1984. p. 221.

(11) MOREIRA, José Carlos Barbosa. *Comentários ao Código de Processo Civil.* v. V, 6. ed. Rio de Janeiro: Forense, 1993. p. 500.

(12) ASSIS, Araken de. *Op. cit.*, p. 610.

omisso o julgado que não se pronuncia sobre ponto, de fato ou de direito, a ser decidido no julgamento, inclusive de modo *ex officio* pelo juiz, tendo em vista, nessa hipótese, a natureza de ordem pública da matéria a ser examinada, a exemplo da incompetência absoluta ou de reexame por força do duplo grau obrigatório de jurisdição e das matérias previstas nos arts. 267, § 3º e 301, § 4º do CPC de 1973 (arts. 485, § 3º e 337, § 5º do CPC de 2015). Omissa, portanto, é a decisão que se ressente de algo que nela não consta mas que deveria constar, o que retrata a negativa de prestação jurisdicional, a exemplo da decisão *citra petita*, omissa por natureza.

Saliente-se que não há omissão se a questão suscitada é inovatória, buscando a parte o pronunciamento judicial sob outro enfoque argumentativo antes não ventilado no processo e/ou no recurso. Do mesmo modo acontece quando a matéria cuja apreciação é pleiteada não foi devolvida ao exame do tribunal com o apelo.

A necessidade da satisfatória fundamentação das decisões apresenta-se como ponto fulcral no pertinente à configuração das omissões ensejadoras de embargos de declaração e, no aspecto, o CPC de 2015 trouxe significativas inovações. É preciso realçar, contudo, que, sob a égide do CPC de 1973, o entendimento dominante na doutrina e na jurisprudência é o de não se considerar incurso no defeito da omissão o julgador eventualmente silente quanto ao exame de fundamentos lançados pelas partes não suscetíveis de influir no resultado do julgamento. O necessário sempre foi a apreciação, pelo órgão julgador, das questões ou pontos suscitados pelos litigantes na inicial, na contestação e/ou na reconvenção e no recurso (observada, quanto a este, a devolutividade legal), e não um a um os fundamentos apresentados, excetuados, como visto, os essenciais ao desfecho da lide. Imperioso ao julgador, desse modo, proferir não uma decisão analítica, mas decidir apresentando os motivos que embasaram o seu convencimento, de forma a atender à previsão constitucional de que serão fundamentadas todas as decisões proferidas nos julgamentos dos órgãos do Poder Judiciário (art. 93, IX, da Constituição Federal).

Nesse contexto de que a decisão deve conter a necessária e satisfatória fundamentação, ressai que se o pedido vier assentado em mais de uma causa de pedir, o silêncio sobre uma delas, na decisão, poderá acarretar prejuízo futuro à parte, a quem, por isso, é assegurado o direito de pretender a manifestação do órgão judicial, provocando-o por meio de embargos de declaração. Evidentemente, se o juiz acolher determinada prejudicial, a exemplo da prescrição, não haverá razão para o enfrentamento das demais questões suscitadas, cujo exame restará prejudicado pelo desfecho atribuído à demanda.

O CPC de 2015, porém, passou a considerar não fundamentada a decisão judicial, inclusive interlocutória, que "não enfrenta todos os argumentos deduzidos no processo capazes de, em tese, infirmar a conclusão adotada pelo julgador" (art. 489, § 1º, IV). A omissão prevista no novo CPC, suprível por meio de embargos de declaração, adquiriu, por conseguinte, um leque extenso de possibilidades. Nos termos do art. 1.022, II, do novo CPC, a omissão está prevista como aquela referente a "ponto ou questão sobre o qual devia se pronunciar o juiz de ofício ou a requerimento", e no parágrafo único do art. 1022 ainda "considera-se omissa a decisão que: I – deixe de se manifestar sobre tese firmada em julgamento de casos repetitivos ou em incidente de assunção de competência aplicável ao caso sob julgamento; II – incorra em qualquer das condutas descritas no art. 489, § 1º".

É preciso, contudo, ao exame das normas do novo CPC, especialmente com o fito de aplicá-las ao processo do trabalho, levar em consideração a sua compatibilidade com os princípios informadores do processo laboral, sendo certo que a celeridade e a simplicidade figuram na essência mesma do processo trabalhista. Desse modo, sob pena de incompreensível contradição e de ruir todo o arcabouço sobre o qual se sustenta o processo do trabalho, impõe-se a construção de uma interpretação mais restritiva, dentre outras, das disposições do art. 489, especialmente do contido no seu § 1º, incisos IV e V. Isso para que, na hipótese do inciso IV, o juiz possa enfrentar apenas os argumentos essenciais ao desfecho da lide, suscitados pelas partes, de modo a atender ao disposto nos arts. 5º, LXXVIII, e 93, IX, da CF, sem a necessidade de se consumir em enfrentamentos analíticos de "todos os argumentos deduzidos no processo capazes de, em tese, infirmar a conclusão adotada pelo julgador" (art. 489, § 1º, IV), carentes de real utilidade. O mesmo entendimento se aplica na hipótese do inciso V do § 1º do art. 489 do novo CPC, regramento que deverá se limitar à demonstração de que o precedente ou enunciado de súmula, quando invocados, se ajustam à hipótese sob análise.

Não se pode perder de vista que o processo do trabalho contém normas especiais, adequadas à sua natureza e objetivos singulares, pelo que, nos termos do art. 769 da CLT, as normas do processo civil somente lhe serão aplicáveis, como fonte subsidiária, nos casos omissos e se houver compatibilidade. Como visto, as novidades ora em exame da processualística civil não se coadunam com os princípios informadores do processo trabalhista, especialmente os da celeridade e da simplicidade das formas.

A norma processual civil não deve ser rejeitada, porém, quando se afigura mais avançada do que a da CLT, mais justa ao caso concreto e mais adequada ao contexto social, econômico e político, contribuindo para a maior celeridade e efetividade do processo.

ERRO MATERIAL

A correção de *erro material* e também a retificação de erros de cálculo, após publicada a sentença, estão previstas no art. 463, I, do CPC de 1973, podendo o juiz fazê-lo de ofício ou a requerimento da parte, o que foi repetido no art. 494, I, do CPC de 2015. O art. 833 da CLT, a seu turno, dispõe, expressamente, que, existindo na decisão evidentes erros ou enganos de escrita, de datilografia ou de cálculo, poderão os mesmos, antes da execução, ser corrigidos *ex officio*, ou a requerimento dos interessados ou da Procuradoria da Justiça do Trabalho.

Com a inclusão do art. 897-A na CLT (Lei n. 9.957, de 12.01.2000), foi ali acrescentado também o parágrafo único, reforçando a previsão do art. 833 celetário de correção dos erros materiais de ofício ou a requerimento de qualquer das partes. A Lei n. 13.015, de 21.07.2014, transformou o parágrafo único do art. 897-A da CLT em § 1º.

Erros materiais ou de cálculo são aqueles cuja inexatidão é perceptível de plano, a um exame perfunctório. São erros que traduzem enganos superficiais, decorrentes de aspectos objetivos, na maioria das vezes ligados a digitação de palavras ou a evidente equívoco na elaboração de uma conta aritmética. Embora os erros materiais sejam diferentes dos vícios de obscuridade, contradição e omissão a que aludem tanto o art. 535 do CPC de 1973 quanto o art. 897-A da CLT, e possam ser corrigidos de ofício pelo juiz, também são passíveis de ser sanados por meio de embargos de declaração, o que se encontra assente na doutrina e na jurisprudência processual civil e trabalhista.

Absorvendo o que já se admitia na doutrina e na prática dos julgamentos, o CPC de 2015, no seu art. 1.022, III, trouxe, expressamente, a possibilidade de se corrigir erro material na decisão por meio de embargos de declaração.

MANIFESTO EQUÍVOCO NO EXAME DOS PRESSUPOSTOS EXTRÍNSECOS DO RECURSO

O art. 897-A da CLT, introduzido pela Lei n. 9.957, de 12.01.2000, acrescentou às hipóteses de cabimento de embargos de declaração, no processo do trabalho, o "manifesto equívoco no exame dos pressupostos extrínsecos do recurso".

Mister salientar que, para serem admitidos, ou seja, para que possam ser submetidos a análise e julgamento do órgão revisional investido de jurisdição para tanto, os recursos devem satisfazer requisitos que a doutrina classifica de intrínsecos ou subjetivos e extrínsecos ou objetivos. Como assinalam Luiz Guilherme Marinoni e Sérgio Cruz Arenhart[13], os primeiros – *intrínsecos ou subjetivos* – dizem respeito ao direito de recorrer e os segundos – *extrínsecos ou objetivos* – ao seu exercício.

Em referência aos requisitos *intrínsecos*, são eles os relativos ao cabimento do recurso, ao interesse recursal e à legitimidade da parte para recorrer.

Cabimento é a adequação do recurso, dentre os legalmente previstos, para impugnar a decisão que, por sua vez, deve ser recorrível.

Interesse para recorrer é a vinculação do recurso à utilidade que dele emana para o recorrente, de modo a satisfazer uma necessidade advinda do prejuízo causado pela decisão. Assim, o apelo deve retratar a busca de uma situação mais favorável do que a apresentada no ato decisório do qual se recorre.

Legitimidade recursal está ligada ao exercício do direito de recorrer por determinadas pessoas (parte vencida, terceiro prejudicado e Ministério Público), conforme previsto no art. 499, *caput*, do CPC de 1973, com a disciplina complementar dos seus respectivos §§ 1º e 2º, no concernente ao terceiro prejudicado e ao Ministério Público. A previsão encontra correspondência no CPC de 2015, art. 996 e parágrafo único.

Quanto aos requisitos *extrínsecos ou objetivos*, dizem respeito ao preparo, à tempestividade e à regularidade formal do apelo, sem o que não se viabiliza o seu conhecimento. São esses requisitos extrínsecos ou objetivos que, por sua natureza, podem gerar equívoco de aferição capaz de ser sanado pela via dos embargos de declaração, nos moldes do art. 897-A da CLT.

O *preparo* está ligado aos gastos que a tramitação do processo gera para o Estado e que devem ser suportados pelo interessado, segundo os valores estabelecidos para tal finalidade, a exemplo, no processo do trabalho, do depósito recursal e das custas, regidos pelas disposições inseridas nos arts. 789 e parágrafos e 899 e parágrafos da CLT.

A *tempestividade* diz respeito à observância do prazo legalmente previsto para a interposição do apelo. Não observado o limite temporal estabelecido, o recurso é intempestivo, por sua veiculação após o decurso do prazo legal. Superou-se o entendimento anterior que considerava intempestivo também o recurso interposto

---

(13) MARINONI, Luiz Guilherme; ARENHART, Sérgio Cruz. *Op. cit.*, p. 515.

prematuramente, antes de publicado o acórdão impugnado, havendo o cancelamento da Súmula n. 434 do TST (Res. 198 de 09.06.2015). Com efeito, o cancelamento da Súmula n. 434 do TST está em sintonia com a previsão do novo CPC de que "será considerado tempestivo o ato praticado antes do termo inicial do prazo" (art. 218, § 4º).

A *regularidade formal* decorre da exigência de se observarem determinados requisitos legais para a interposição do apelo, a exemplo da representação processual adequada (que, no processo do trabalho, tem previsão sedimentada na Súmula n. 395 do TST), da instrução do recurso com as peças exigidas em lei, como no caso do agravo de instrumento (art. 897, § 5º, incisos I e II da CLT e arts. 525, incisos I e II e §§ 1º e 2º e 526 e parágrafo único do CPC de 1973; no CPC de 2015, correspondem a estes os arts. 1.017, incisos e parágrafos e 1.018, §§ 2º e 3º), a fundamentação do apelo guardando sintonia com o decidido, como previsto nas Súmulas ns. 284 do STF, 182 do STJ e 422 do TST.

Em face desse contexto, o equívoco do juiz quanto à aferição da regularidade dos pressupostos objetivos pode levar, impropriamente, à não admissibilidade do recurso, defeito, entretanto, sanável por meio de embargos de declaração. Esse o propósito do art. 897-A da CLT.

PRAZO PARA INTERPOSIÇÃO E JULGAMENTO DOS EMBARGOS DE DECLARAÇÃO

Tanto o CPC de 1973 (art. 536) quanto o CPC de 2015 (art. 1023) e a CLT (art. 897-A) estabelecem o prazo de cinco dias para a interposição de embargos de declaração. Para a Fazenda Pública e para o Ministério Público, conta-se em dobro o prazo recursal, nos termos do art. 188 do CPC de 1973, o que inclui os embargos de declaração. O CPC de 2015 manteve a prerrogativa dessas entidades, unificada nesse limite para todas as suas manifestações processuais (arts. 180 e 183), inserindo-se nelas os embargos de declaração.

A referência da norma legal à Fazenda Pública no CPC de 1973 abrange a administração direta da União, dos Estados, do Distrito Federal e dos Municípios. A prerrogativa de prazo, que já alcançava as autarquias desde o Decreto-lei n. 7.659/1945, restou consolidada na seara trabalhista com o Decreto-lei n. 779/1969, que a estendeu às fundações de direito público que não explorem atividade econômica. A Lei n. 9.469/1997, no seu art. 10, incluiu expressamente as autarquias e as fundações públicas no alcance das disposições dos arts. 188 e 475, *caput* e inciso II, do CPC de 1973. No CPC de 2015, a unificação do prazo em dobro para todas as manifestações processuais alcançou expressamente não só a União, os Estados, o Distrito Federal e os Municípios como as suas respectivas autarquias e fundações de direito público (art. 183).

Especificamente quanto ao prazo em dobro para a interposição de embargos de declaração por pessoa jurídica de direito público, no processo do trabalho, a prerrogativa se encontra assente na Orientação Jurisprudencial 192 da SDI-1 do TST, editada em 8.11.2000.

O prazo em dobro também é previsto no CPC de 1973, "quando os litisconsortes tiverem diferentes procuradores" (art. 191). Na mesma linha e de forma ampliada, o CPC de 2015 prevê que "os litisconsortes que tiverem diferentes procuradores, de escritórios de advocacia distintos, terão prazos contados em dobro para todas as suas manifestações, em qualquer juízo ou tribunal, independentemente de requerimento" (art. 229). E para que dúvidas não pairem a respeito, o novo CPC trouxe previsão expressa de que o disposto nesse art. 229 aplica-se aos embargos de declaração (art. 1.023, § 1º).

A disposição processual civil em comento, entretanto, não se aplica ao processo do trabalho, por incompatível com o princípio da celeridade que lhe é inerente, como assinalado na Orientação Jurisprudencial n. 310 da SDI-1 do TST, inaplicabilidade que alcança, por consequência, os embargos de declaração. Esse entendimento não se altera com a disposição expressa do § 1º do art. 1.023 do novo CPC, pois, a aplicação subsidiária e supletiva da lei processual civil ao processo do trabalho, prevista no art. 15 do novo CPC, deve ser interpretada em conformidade com o disposto no art. 769 da CLT. Nesse particular, são requisitos indispensáveis para aplicação subsidiária e supletiva do processo civil ao processo do trabalho a omissão da lei processual trabalhista e a compatibilidade da norma processual civil com as normas e princípios que regem o processo do trabalho, não sendo essa, como realçado, a hipótese do disposto no § 1º do art. 1.023 do novo CPC.

No CPC de 1973, é de cinco dias o prazo para julgamento dos embargos de declaração, e, nos tribunais, o relator os apresentará em mesa, para julgamento, na sessão subsequente (art. 537). Esse prazo de cinco dias para julgamento dos declaratórios permaneceu inalterado no CPC de 2015 (art. 1.024), sendo acrescido o § 1º ao art. 1.024, que dispõe sobre o julgamento dos declaratórios nos tribunais. No aspecto, manteve-se a apresentação dos embargos de declaração, para julgamento, na primeira sessão subsequente, mas com a previsão de, não sendo julgado, o apelo ser incluído em pauta automaticamente. Na disciplina da CLT, o art. 897-A estatui o julgamento dos declaratórios na primeira audiência ou sessão seguinte à sua apresentação.

EMBARGOS DE DECLARAÇÃO: FORMA DE INTERPOSIÇÃO, PREPARO E COMPETÊNCIA

O CPC de 1973 dispõe que a interposição dos embargos de declaração deve ocorrer em petição dirigida ao juiz ou relator (art. 536), indicando os pontos obscuros, contraditórios ou omissos da decisão. No CPC de 2015 (art. 1.023), incluiu-se o erro entre os vícios corrigíveis e manteve-se o direcionamento da petição apenas ao juiz, retirando-se a menção ao relator. No tribunal, contudo, ao relator é que incumbe responder os embargos de declaração. A norma do art. 897-A da CLT, porque sucinta, nada menciona a esse respeito. O art. 899 da CLT prevê a interposição de recursos por simples petição, o que se aplica aos embargos declaratórios, não se afastando, porém, a necessidade de se apontarem os defeitos a serem corrigidos, pois se trata de recurso com motivação vinculada.

Os embargos de declaração não se sujeitam a preparo, o que se encontra previsto no art. 536 do CPC de 1973 e foi repetido no art. 1.023 do CPC de 2015 (art. 1.023), não se exigindo, portanto, depósito prévio nem o pagamento de custas processuais. No processo do trabalho, de igual modo, os embargos de declaração não carecem de preparo.

Os embargos de declaração estão submetidos a juízo de admissibilidade único, exercido pelo órgão prolator da decisão embargada, singular ou colegiado, competente para o julgamento do apelo.

No tribunal, embora os embargos contra acórdãos sejam dirigidos ao relator, o recurso será apresentado em mesa para julgamento colegiado, como assinalam o art. 537 do CPC de 1973 e o art. 1.024 § 1º do CPC de 2015, dispensando-se a intimação prévia das partes prevista no art. 552 e parágrafos do CPC de 1973 e no art. 934 do CPC de 2015. O novo CPC, porém, traz a determinação inovatória de, não sendo os declaratórios julgados na sessão subsequente à sua apresentação, incluir-se o recurso automaticamente em pauta (art. 1.024, § 1º), o que demandará a intimação das partes. Ausente previsão específica na CLT quanto ao aspecto, aplicam-se as disposições do CPC, não se vislumbrando incompatibilidade. Prevê o novo CPC que os embargos de declaração opostos contra decisão do relator ou decisão unipessoal proferida em tribunal serão decididos monocraticamente pelo órgão prolator (art. 1.024, § 2º), podendo conhecer do recurso como agravo interno se entender ser este o recurso cabível, o que demandará a intimação do recorrente para, em cinco dias completar as razões recursais e ajustá-las ao disposto no art. 1.021, § 1º (art. 1.024, § 3º).

EMBARGOS DE DECLARAÇÃO: JUÍZO DE ADMISSIBILIDADE, JUÍZO DE MÉRITO E *REFORMATIO IN PEJUS*

O julgamento dos embargos de declaração, à semelhança dos demais recursos, passa pelo juízo de admissibilidade e pelo juízo de mérito.

No juízo de admissibilidade, serão aferidos os pressupostos recursais intrínsecos e extrínsecos, implicando a ausência de um deles em não conhecimento do apelo.

Considerados os requisitos *intrínsecos*, os embargos de declaração devem ser o remédio processual *cabível* para o provimento requerido; o novo CPC, no art. 1.024, § 3º, permite que os embargos de declaração sejam conhecidos como agravo interno, se o relator entender ser este o recurso cabível, devendo o recorrente ter vista por cinco dias para complementar e ajustar as suas razões ao exigido no art. 1.021, § 1º do novo código; o *interesse* é presumido, não se exigindo que haja sucumbência da parte, haja vista o objetivo de aprimoramento da decisão embargada; a *legitimidade* é aferível em face das pessoas que podem exercitar o direito de interposição do apelo (art. 499 e §§ 1º e 2º do CPC de 1973; art. 996 e parágrafo único do CPC de 2015).

Quanto aos requisitos *extrínsecos* de admissibilidade dos embargos de declaração, do que assinala o art. 536 do CPC de 1973 (art. 1023 do CPC de 2015), observa-se a *tempestividade*, que se reporta ao prazo de cinco dias, e, como *regularidade formal*, a indicação, na petição, do ponto em que o pronunciamento judicial encontra-se obscuro, contraditório ou omisso, acrescentado o erro material no CPC de 2015, o que também é admitido no processo do trabalho. Impõe-se aferir, ainda, sob o aspecto da regularidade formal, a regular representação processual.

Ultrapassada a admissibilidade e conhecido o apelo, adentra-se ao *juízo de mérito*, quando se examinará a existência dos vícios propiciadores da medida: obscuridade, contradição, omissão e erro material, este expressamente previsto no CPC de 2015 (art. 1.022, III).

Não se constatando a existência de nenhum dos defeitos assinalados, aos embargos de declaração será negado provimento, sendo comum ao juiz singular, em primeiro grau, julgá-los improcedentes.

Reconhecendo-se a existência de algum dos vícios apontados, os embargos de declaração serão integralmente providos ou providos em parte para a erradicação do defeito.

Saliente-se que no julgamento dos recursos em geral vigora o princípio da *non reformatio in pejus*, que veda ao órgão julgador, na ausência de controvérsia, piorar a situação processual do recorrente. Isso porque, ao recorrer, a parte busca alcançar uma situação mais favorável. Porém, não se descarta a possibilidade excepcional de o julgamento dos embargos de declaração gerar uma situação menos favorável ao embargante (*reformatio in pejus*)[14], a exemplo da omissão ou da contradição que, ao ser corrigida por sua iniciativa, venha a prejudicar o seu próprio interesse.

Cumpre mencionar que tanto o não conhecimento quanto o desprovimento dos embargos de declaração desafiam a renovação da *quaestio* no recurso que couber da decisão embargada, impondo-se observar a preclusão estabelecida na Súmula n. 184 do TST se não forem opostos declaratórios para suprir omissão apontada em recurso de revista ou de embargos.

EMBARGOS DE DECLARAÇÃO: EFEITOS E CONTRADITÓRIO

Os embargos de declaração, ao serem interpostos, têm, como característica, o efeito de *interromper* o prazo para a veiculação dos recursos cabíveis da decisão embargada, o que é previsto no art. 538 do CPC de 1973, com a redação da Lei n. 8.950 de 1994, impedindo, pois, o trânsito em julgado da decisão. Após o julgamento dos embargos, o prazo recursal interrompido volta a fluir em sua inteireza para as partes. O art. 538 do CPC de 1973, em sua redação anterior à da Lei n. 8.950/94, previa a *suspensão* do prazo para outros recursos com a interposição de embargos declaratórios, pelo que a devolução do prazo recursal ocorria pelo período faltante para o seu término.

Ao processo do trabalho aplicava-se, no aspecto, a disposição do CPC, à ausência de previsão específica na CLT, que nada mencionou a respeito no seu art. 897-A, incluído pela Lei n. 9.957, de 2000. Somente com a alteração introduzida na CLT pela Lei n. 13.015 de 2014, que acrescentou o § 3º ao art. 897-A, houve a previsão expressa de que os embargos de declaração *interrompem* o prazo para interposição de outros recursos por qualquer das partes. Essa norma acrescida à CLT, contudo, afastou a interrupção quando intempestivos os embargos, irregular a representação da parte ou ausente a sua assinatura, adotando o que era admitido na doutrina e na jurisprudência.

O CPC de 2015, no art. 1.026, permanece com a disposição expressa de que os embargos de declaração *interrompem* o prazo para a interposição de recurso. Consta, porém, nesse dispositivo, que os embargos de declaração não possuem efeito suspensivo, ou seja, a eficácia da decisão embargada não se suspende com a interposição dos embargos de declaração.

Com efeito, o art. 995 do novo CPC estabelece que os recursos não impedem a eficácia da decisão, salvo disposição legal ou decisão judicial em sentido diverso, pelo que o disposto no art. 1.026 do novo CPC veio a reforçar a regra geral estabelecida no art. 995. O § 1º do art. 1.026, contudo, excepciona a regra em caso de probabilidade de provimento do recurso ou se houver risco de dano grave ou de difícil reparação. A previsão no novo CPC de efeito suspensivo para os embargos de declaração veio colocar pá de cal na divergência doutrinária quanto a esse efeito para os declaratórios[15]. Afigura-se aplicável ao processo do trabalho o efeito suspensivo excepcional previsto no § 1º do art. 1.026 do novo CPC para os declaratórios, não obstante a regra do art. 899 da CLT (efeito meramente devolutivo dos recursos trabalhistas), considerando a rica diversidade que ressai dos casos concretos. Para tanto, devem ser integralmente satisfeitos os requisitos previstos no § 1º do art. 1.026 do novo CPC, quais sejam, a probabilidade de provimento do recurso ou de risco de dano grave ou de difícil reparação.

Não raro acontece de o juiz não conhecer dos embargos de declaração por entender que a decisão embargada não apresenta qualquer dos defeitos ensejadores da postulação declaratória. Na verdade, o julgamento assim proferido adentra exame de mérito e essa aferição provoca a interrupção do prazo para recorrer, embora o provimento judicial tenha sido pelo não conhecimento dos embargos. Desse modo, interposto o recurso cabível para o tribunal, esse aspecto deve ser considerado ao se proceder ao juízo de admissibilidade do apelo, não consistindo empecilho para o seu conhecimento.

---

(14) A propósito, assinala Araken de Assis: "Em alguns casos, a erradicação do vício típico do provimento, provocada pelo embargante, pode situá-lo, objetivamente, em situação menos favorável. Por exemplo: suprimindo a omissão, o juiz poderá rejeitar a questão aventada pelo embargante, na inicial ou na contestação, e objetivamente o teor do pronunciamento mostrar-se-á mais desvantajoso. E a eliminação de proposições contraditórias poderá implicar o desaparecimento da que favoreça ao embargante". ASSIS, Araken de. *Op. cit.*, p. 642.

(15) Favoráveis ao efeito suspensivo dos embargos de declaração, dentre outros: ASSIS, Araken de, *Manual dos recursos*. 2. ed. São Paulo: Revista dos Tribunais, 2008. p. 620-621; MARINONI, Luiz Guilherme; ARENHART, Sergio Cruz. *Curso de processo civil. Processo de conhecimento*. 7. ed. São Paulo: Revista dos Tribunais. 2009. Vol. 2, p. 555; Denise Alves Horta. Embargos de declaração: regime legal e suas hipóteses, in: EÇA, Vitor Salino de Moura. *Embargos de declaração no processo do trabalho*. São Paulo: LTr, 2010. p. 23-44. O efeito suspensivo dos embargos de declaração é bem exposto por Márcio Flávio Salem Vidigal. Embargos de Declaração como Instituto Processual, in: EÇA, Vitor Salino de Moura. *Op. cit.* p. 45-89.

Sucede, também, de uma das partes interpor o recurso cabível em face do ato jurisdicional proferido antes de a outra parte embargar de declaração. É possível ainda que a parte interponha o seu recurso depois dos embargos de declaração veiculados pela parte contrária e antes da publicação da respectiva decisão. A jurisprudência, inclusive do STF, vinha considerando intempestivo, por prematuro, o recurso interposto nessas circunstâncias, se a parte não ratificasse o apelo quando intimada da decisão dos embargos de declaração. O STF, porém, alterou seu entendimento no julgamento do Agravo de Instrumento n. 703.269-MG, em 05.03.2015, tendo como relator o Ministro Luiz Fux, ao fundamento, dentre outros, de que "o princípio da instrumentalidade do Direito Processual reclama a necessidade de interpretar os seus institutos sempre do modo mais favorável ao acesso à Justiça (art. 5º, XXXV, CRFB) e à efetividade dos direitos materiais (...)"[16]. Nessa esteira, o TST, por meio da Res. n. 198/2015, de 9 de junho de 2015, (DEJT divulgado em 12, 15 e 16.06.2015) cancelou a Súmula n. 434 (ex-OJ n. 357 da SDI-1) que previa a extemporaneidade do recurso interposto antes da publicação do acórdão impugnado.

Cancelada a Súmula n. 434 do TST, a jurisprudência vai se consolidar em sintonia com o disposto no § 5º do art. 1.024 do CPC de 2015, que afasta a necessidade de ratificação pelo embargado do recurso por ele interposto antes do julgamento dos embargos de declaração se estes forem rejeitados ou não alterarem a conclusão do julgamento anterior. Isso significa que se o apelo é manejado pela parte contrária à que interpôs embargos de declaração, o recurso não se contamina pelo vício da intempestividade, ainda que apresentado antes da decisão dos declaratórios, não havendo necessidade de ratificação do apelo. Nesse sentido já vinha decidindo o TST.

> Ementa: RECURSO DE EMBARGOS INTERPOSTO ANTERIORMENTE À VIGÊNCIA DA LEI N. 11.496/2007. RECURSO DE REVISTA OBREIRO DECLARADO INTEMPESTIVO. INTERPOSIÇÃO ANTES DA PUBLICAÇÃO DA DECISÃO QUE APRECIOU OS EMBARGOS DE DECLARAÇÃO DA RECLAMADA. NÃO APLICAÇÃO DA ORIENTAÇÃO JURISPRUDENCIAL N. 357-SBDI. PROVIMENTO. Na hipótese dos autos, tendo a Reclamante interposto o seu Recurso de Revista dentro do prazo legal, não lhe alcança o regramento contido na Orientação Jurisprudencial n. 357-SBDI. Isso porque os Embargos de Declaração, que supostamente iriam alterar o início da contagem do seu prazo recursal, foram opostos pela parte contrária. A melhor interpretação que se faz à citada Orientação Jurisprudencial, em situações como a dos autos, é a de que a alteração do marco inicial para contagem do prazo recursal, somente é alterada quando os Declaratórios são opostos pela mesma parte que interpõe o Recurso posterior, não se podendo apenar a parte contrária que praticou o ato processual dentro do prazo que lhe foi regularmente conferido. Embargos conhecidos e providos, determinando-se o retorno dos autos à Turma para que retome o julgamento do Agravo de Instrumento obreiro, afastada a intempestividade do seu Recurso de Revista. (TST – E-ED-AIRR – 17306/2002-900-09-00.0, SBDI-1. Rel. Min. Maria de Assis Calsing, j. 18.12.2008. DEJT 06.02.2009)

Tratando-se, porém, de decisão proferida em face de embargos de declaração que, sanando eventual defeito no ato judicial objurgado, agrava a situação daquele que já recorrera, da ciência dessa decisão nasce o seu interesse para impugná-la. Assiste-lhe, pois, o direito de complementar o apelo originalmente interposto, no ponto objeto da decisão dos embargos de declaração, em razão do princípio recursal da complementaridade. O CPC de 2015 acolheu esse entendimento sufragado pela jurisprudência e o inseriu no § 4º do art. 1.024.

Discute-se, ainda, na doutrina, se a interposição de embargos de declaração gera ou não *efeito devolutivo*. Para uma corrente, os embargos de declaração não operam efeito devolutivo, pois não há remessa a outro grau de jurisdição da decisão impugnada, competindo ao próprio juiz da causa julgar o recurso, além do que, a rigor, não visam reformar a decisão embargada[17].

Para outros autores, a inexistência do duplo grau de jurisdição não seria empecilho para se atribuir efeito devolutivo aos embargos de declaração. Afirmam que basta, para a configuração do efeito devolutivo, a apresentação da matéria impugnada para julgamento pelo órgão judicial a tanto competente, característica aferível nos embargos de declaração, pois implicam na remessa automática da matéria controvertida ao órgão julgador que emitiu o provimento judicial[18].

Os embargos de declaração podem ainda gerar *efeito modificativo* ou *efeito infringente,* parcial ou total, na decisão embargada, considerando a natureza do defeito de que padece. O CPC de 1973 não trata dessa hipótese.

---

(16) Inteiro teor do acórdão disponível em: <http://redir.stf.jus.br/paginadorpub/paginador.jsp?docTP=TP&docID=8410473>. Acesso em: 10 jul. 2015.

(17) Nesse sentido, MARINONI Luiz Guilherme e ARENHART Sergio Cruz, op. cit., p. 555; CÂMARA, Alexandre Freitas. Op. cit., p. 119; LEITE, Carlos Henrique Bezerra. Curso de direito processual do trabalho. 3. ed. São Paulo: LTr, 2005. p. 642.

(18) ASSIS, Araken de. Op. cit., p. 618-619.

A CLT, com a redação da Lei n. 9.957, de 12.01.2000, mais abrangente, passou a admitir, expressamente, efeito modificativo da decisão nos casos de omissão e contradição no julgado e manifesto equívoco no exame dos pressupostos extrínsecos do recurso.

O TST também editou a Súmula n. 278, no sentido de que "a natureza da omissão suprida pelo julgamento de embargos declaratórios pode ocasionar efeito modificativo no julgado". O CPC de 2015, no seu art. 1.023, § 2º, na esteira do que já previam a CLT e a jurisprudência unânime, prevê a possibilidade de o acolhimento dos declaratórios gerar efeito modificativo na decisão embargada e faz referência a esse efeito também nos §§ 4º e 5º do art. 1.024.

Na maioria dos casos, ao ser sanado o defeito apontado nos embargos de declaração, permanece incólume a substância da decisão embargada, ainda que lhe tenha sido adicionado um *plus*, quando omissa, ou extirpado um excesso contraditório para mantê-la coerente, ou ainda lhe tenha sido reparado um erro material.

Decorrerá efeito modificativo dos declaratórios, em caso de contradição no provimento judicial, quando a fundamentação motivar determinado resultado que, a final, é consignado em sentido contrário no dispositivo da decisão. Nessa hipótese, é preciso atribuir ao julgado a necessária coerência entre fundamento e dispositivo e o efeito modificativo na decisão impugnada será parcial ou total, dependendo da abrangência do decidido. Será total quando a ação julgada procedente transforme-se em improcedente ou vice-versa, por meio do julgamento dos embargos de declaração.

O efeito modificativo no julgado por omissão poderá ocorrer, de igual forma, no todo ou em parte. Assim, quando o órgão julgador não se pronunciar sobre determinado pedido e, instado por embargos de declaração, julgá-lo procedente (sentença) ou prover o recurso, no aspecto (acórdão), implicando no agravamento, em parte, da situação até então definida para um dos litigantes, corporifica-se o efeito modificativo parcial produzido pelo julgamento dos embargos de declaração. A modificação, porém, pode ser total. É a hipótese clássica, em que o órgão judicial, omitindo-se de examinar a prescrição suscitada em defesa, julga procedente o pedido formulado. Interpostos embargos de declaração e acolhida a prejudicial, alcançando toda a pretensão deduzida, o processo é extinto, com resolução do mérito, nos termos do art. 269, IV do CPC de 1973 (art. 487, II, do CPC de 2015), invertidos os ônus da sucumbência.

O erro no exame dos pressupostos extrínsecos do recurso pode gerar o seu não conhecimento, por deserção, intempestividade ou defeito na regularidade formal. Como o engano, porém, é passível de correção por meio de embargos de declaração, ao julgamento, uma vez afastado o equívoco, altera-se o não conhecimento pelo conhecimento do recurso, seguindo-se o seu regular julgamento de mérito. Imprime-se, portanto, efeito modificativo no julgado que inicialmente não conhecera do apelo.

Regra geral, a interposição de embargos de declaração não enseja prazo para resposta, silenciando a esse respeito o CPC de 1973. A CLT, que também era silente, com a Lei n. 13.015, de 2014, que acrescentou o § 2º ao seu art. 897-A, passou a prever o *contraditório* para os casos de eventual efeito modificativo dos embargos de declaração, hipótese em que a parte contrária será ouvida, no prazo de cinco dias. Esse entendimento encontrava-se assente na jurisprudência, havendo no TST a Orientação Jurisprudencial n. 142 de sua SDI-1, com previsão de nulidade da decisão em caso de não observância do contraditório, exceto para embargos declaratórios interpostos contra sentença, por força do efeito devolutivo amplo conferido ao recurso ordinário. O CPC de 2015 incorporou a previsão da CLT e da jurisprudência e assegurou expressamente o direito ao contraditório em caso de embargos de declaração com efeito modificativo, prevendo o prazo de cinco dias para manifestação da parte contrária (art. 1.023, § 2º).

Impende registrar que a lei dispensa a sustentação oral no julgamento de embargos de declaração nos tribunais (art. 554 do CPC de 1973 e art. 937 do CPC de 2015).

DECISÕES EMBARGÁVEIS DE DECLARAÇÃO

Sentenças e *acórdãos* são as decisões embargáveis de declaração previstas nos arts. 535, I, do CPC de 1973 e 897-A da CLT. O CPC de 2015 ampliou o leque, prevendo o cabimento de embargos de declaração contra qualquer decisão judicial (art. 1.022, *caput*), incluindo, assim, as decisões interlocutórias, o que se encontra em sintonia com o disposto no art. 489, § 1º, do mesmo código que, ao tratar da fundamentação da decisão judicial, faz referência expressa à decisão interlocutória. O novo CPC incorporou o entendimento majoritário da doutrina[19] e da jurisprudência na processualística civil. Expressiva é a seguinte decisão do Superior Tribunal de Justiça sobre o cabimento de embargos de declaração em face de decisão interlocutória:

---

(19) Vejam-se, a respeito: ASSIS, Araken de. *Op. cit.*, p. 596-597; MARINONI, Luiz Guilherme e ARENHART, Sérgio Cruz. *Op. cit.*, p. 554; CÂMARA, Alexandre Freitas. *Op. cit.*, p. 117; MOREIRA, José Carlos Barbosa. *Comentários ... Op. cit.*, p. 498; NERY JÚNIOR, Nelson; NERY, Rosa Maria Andrade. *Código de Processo Civil comentado*. 7. ed. São Paulo: Revista dos Tribunais, 2003. p. 924.

PROCESSUAL CIVIL. DECISÃO INTERLOCUTÓRIA. CABIMENTO DE EMBARGOS DE DECLARAÇÃO. INTERRUPÇÃO DO PRAZO RECURSAL. PRECEDENTES. 1. Recurso Especial interposto contra v. Acórdão segundo o qual não cabem embargos declaratórios de decisão interlocutória e que não há interrupção do prazo recursal em face da sua interposição contra decisão interlocutória. 2. Até pouco tempo atrás, era discordante a jurisprudência no sentido do cabimento dos embargos de declaração, com predominância de que os aclaratórios só eram cabíveis contra decisões terminativas e proferidas (sentença ou acórdãos), não sendo possível a sua interposição contra decisões interlocutórias e, no âmbito dos Tribunais, em face de decisórios monocráticos. 3. No entanto, após a reforma do CPC, por meio da Lei n. 9.756, de 17.12.1998, DOU de 18.12.1998, esta Casa Julgadora tem admitido o oferecimento de embargos de declaração contra quaisquer decisões, ponham elas fim ou não ao processo. 4. Nessa esteira, a egrégia Corte Especial do Superior Tribunal de Justiça firmou entendimento de ser cabível a oposição de embargos declaratórios contra quaisquer decisões judiciais, inclusive monocráticas e, uma vez interpostos, interrompem o prazo recursal, não se devendo interpretar de modo literal o art. 535, CPC, vez que atritaria com a sistemática que deriva do próprio ordenamento processual. (EREsp n. 159.317/DF, Rel. Min. Sálvio de Figueiredo Teixeira, DJ de 26.04.1999) 5. Precedentes de todas as Turmas desta Corte Superior. 6. Recurso provido. (STJ – 1ª T., REsp n. 478.459/RS, Rel. Min. José Delgado, DJ 31.03.2003, p. 175).

No processo do trabalho ainda há controvérsia na doutrina[20] e na jurisprudência, a respeito dos aclaratórios em face de decisão interlocutória, a exemplo dos seguintes arestos:

AGRAVO DE PETIÇÃO. INTEMPESTIVIDADE. EMBARGOS DE DECLARAÇÃO CONTRA DECISÃO INTERLOCUTÓRIA. RECURSO INCABÍVEL. NÃO INTERRUPÇÃO DO PRAZO RECURSAL. Incabível embargos de declaração em face de decisão interlocutória. Segundo a expressa dicção do caput do art. 897-A da CLT e inciso I do art. 535 do CPC, os embargos de declaração somente são admitidos em face de sentença ou acórdão. A petição de embargos de declaração, recurso incabível na hipótese, traduz-se na verdade em mero pedido de reconsideração, o qual não interrompe o prazo recursal que é peremptório e, portanto, insuscetível de prorrogação por convenção entre as partes (caput do art. 182 do CPC). Agravo de petição interposto de forma intempestiva após a decisão dos embargos de declaração incabíveis. (TRT/SP – AGVPET 1181000620085020 SP 01181000620085020016 A20. Rel.: Marcelo Freire Gonçalves. 12ª T. Julg. 13.06.2013. Pub. 25.06.2013).

AGRAVO DE PETIÇÃO – DECISÃO INTERLOCUTÓRIA – EMBARGOS DE DECLARAÇÃO. Os Embargos de Declaração são cabíveis em face de qualquer decisão judicial, inclusive interlocutória. A interpretação literal prevista nos arts. 897-A da CLT e 535 do CPC, de que os Embargos de Declaração são admissíveis somente em face de sentença ou acórdão, conflita com a sistemática oriunda do próprio ordenamento jurídico. Somente os despachos meramente ordinatórios não comportam o uso da via declaratória. Pensar em contrário representaria negativa de prestação jurisdicional, em maltrato ao Texto Constitucional. (TRT/RJ – AP 00001993720105010028. Rel. Leonardo Dias Borges. 3ª T. Julg. 13.05.2014. Pub. 27.05.2014).

O TST cristalizou entendimento no sentido de que são incabíveis os declaratórios contra decisão denegatória de recurso de revista exarado por presidente de TRT (OJ n. 377 da SDI-1), na medida em que a decisão assim proferida não detém conteúdo decisório, sendo elucidativo, no aspecto, o seguinte julgado:

AGRAVO REGIMENTAL EM AGRAVO DE INSTRUMENTO EM RECURSO DE REVISTA. EMBARGOS DE DECLARAÇÃO OPOSTOS AO DESPACHO DE ADMISSIBILIDADE. NÃO INTERRUPÇÃO DO PRAZO RECURSAL DO AGRAVO DE INSTRUMENTO. INTEMPESTIVIDADE. Os embargos de declaração opostos a decisões interlocutórias de conteúdo não decisório – como acontece com os despachos de admissibilidade recursal – são incabíveis, não provocando a interrupção do prazo para a interposição do recurso cabível, razão pela qual se encontra intempestivo o presente agravo de instrumento. Assim, embora por outro fundamento, deve ser mantida a decisão monocrática que não conheceu do agravo de instrumento. Agravo regimental conhecido e não provido. (TST – AG-AIRR 787 787/2005-012-10-40.2. 8. T. Rel. Min. Dora Maria da Costa, j. 18.06.2008. DJ 20.06.2008).

Argumenta-se que a utilização dos declaratórios indiscriminadamente provoca tumulto processual e atenta contra o princípio da celeridade, primado tão caro ao processo do trabalho. Entretanto, com a ampliação, pelo novo CPC, do leque das decisões embargáveis de declaração, a tendência é a pacificação da doutrina e da jurisprudência trabalhistas nesse mesmo sentido. Não se afigura razoável, porém, que nesse bojo se incluam os despachos de mero expediente, os quais, por sua natureza, são irrecorríveis (art. 504 do CPC de 1973 e art. 1.001 do CPC de 2015). Mesmo porque os defeitos que eventualmente os despachos apresentem

---

(20) Não admitindo: TEIXEIRA FILHO, Manoel Antônio. Op. cit., p. 317-318; MALTA, Christovão Piragibe Tostes. Prática do processo trabalhista. 35. ed. São Paulo: LTr, 2008. p. 468; LEITE, Carlos Henrique Bezerra. Op. cit., p. 641. Admitindo, entre outros: SCHIAVI, Mauro. Manual de direito processual do Trabalho. São Paulo: LTr, 2011. p. 821.

podem ser apontados por simples petição e corrigidos também por despacho.

As decisões monocráticas proferidas nos Tribunais, por relator, nos termos do art. 557 do CPC de 1973 e art. 932 do CPC de 2015, são igualmente embargáveis de declaração. No processo do trabalho, o cabimento dos embargos de declaração contra tais decisões está previsto na Súmula n. 421 do TST, de seguinte teor:

> EMBARGOS DECLARATÓRIOS CONTRA DECISÃO MONOCRÁTICA DO RELATOR CALCADA NO ART. 557 DO CPC. CABIMENTO (conversão da Orientação Jurisprudencial n. 74 da SBDI-2) – Res. n. 137/2005, DJ 22, 23 e 24.08.2005
>
> I – Tendo a decisão monocrática de provimento ou denegação de recurso, prevista no art. 557 do CPC, conteúdo decisório definitivo e conclusivo da lide, comporta ser esclarecida pela via dos embargos de declaração, em decisão aclaratória, também monocrática, quando se pretende tão somente suprir omissão e não, modificação do julgado.
>
> II – Postulando o embargante efeito modificativo, os embargos declaratórios deverão ser submetidos ao pronunciamento do Colegiado, convertidos em agravo, em face dos princípios da fungibilidade e celeridade processual. (ex-OJ n. 74 da SBDI-2 – inserida em 08.11.2000).

O novo CPC, no art. 1.024, §§ 2º e 3º, incorporou o entendimento que desde muito, na esteira da Súmula n. 421 do TST, adota-se no processo do trabalho, e previu a interposição de declaratórios contra decisão de relator ou decisão unipessoal proferida em tribunal, decidindo o órgão prolator monocraticamente. Os embargos também poderão ser conhecidos como agravo interno se for este o recurso cabível, impondo-se intimar o recorrente para, em cinco dias, completar as razões recursais e ajustá-las ao previsto no art. 1.021, § 1º, do *novel codex*.

As decisões *extra*, *ultra* e *citra petita* (fora, além e aquém do pedido) estão em desacordo com o disposto nos arts. 128 e 460 do CPC de 1973 e arts. 141 e 492 do CPC de 2015. As *citra petita* são embargáveis de declaração, porque omissas por natureza, pois deixam de examinar pretensão deduzida pelas partes. As decisões *extra* e *ultra petita*, embora possam também ensejar embargos de declaração, em regra, reclamam provimento que excede os limites previstos no art. 535 do CPC de 1973, no art. 1.022 do CPC de 2015 e no art. 897-A da CLT, desafiando o seu ajuste a interposição do recurso cabível.

A decisão proferida em embargos de declaração tem a mesma natureza do ato judicial embargado, pelo que também se sujeita à postulação declaratória. Entretanto, o vício deve ter origem na decisão impugnada, sendo improcedente o pedido declaratório de hipótese preexistente ao ato judicial objurgado e não suscitado nos embargos anteriormente opostos. Nesse sentido, a Súmula n. 317 do STF, de seguinte teor:

> EMBARGOS DECLARATÓRIOS – São improcedentes os embargos declaratórios, quando não pedida a declaração do julgado anterior, em que se verificou a omissão.

EMBARGOS DE DECLARAÇÃO E PREQUESTIONAMENTO

O *prequestionamento*, como o próprio nome indica, é um questionamento antecedente. Consiste em ser enfrentada determinada tese jurídica no julgamento realizado, com pronunciamento explícito do órgão julgador, como requisito para se veicular recurso aos tribunais superiores. Não é exigível o prequestionamento para recorrer ao segundo grau de jurisdição, ante a devolutividade prevista no art. 515, § 1º, do CPC de 1973 e art. 1.013, § 1º, do CPC de 2015. A Súmula n. 393 do TST trata do efeito devolutivo em profundidade no recurso ordinário, explicitando a norma processual civil de 1973.

Diz-se prequestionada a matéria, quando ela se encontra abordada na decisão. Omisso o acórdão, os embargos de declaração são necessários para provocar a manifestação do órgão julgador, sob pena de preclusão. Nesse sentido, a Súmula n. 184, do TST estabelece a preclusão se não forem opostos embargos declaratórios para suprir omissão apontada em recurso de revista ou de embargos. As Súmulas ns. 282 e 356 do STF estabelecem a necessidade do prequestionamento para a veiculação de recurso extraordinário. A Súmula n. 282 menciona que "é inadmissível o recurso extraordinário, quando não ventilada, na decisão recorrida, a questão federal suscitada" e a Súmula n. 356 estabelece que "o ponto omisso na decisão, sobre o qual não foram opostos embargos declaratórios, não pode ser objeto de recurso extraordinário, por faltar o requisito do prequestionamento".

Tratam ainda do prequestionamento as Súmulas ns. 211 e 320 do STJ. A Súmula n. 211 estabelece que é "inadmissível recurso especial quanto à questão que, a despeito da oposição de embargos declaratórios, não foi apreciada pelo Tribunal *a quo*". A Súmula 320 dispõe que "a questão federal somente ventilada no voto vencido não atende ao requisito do prequestionamento". O CPC de 2015, entretanto, no seu art. 1.025, acolhe o prequestionamento ficto, ao considerar inseridos no acórdão os elementos que o embargante apontou, visando ao prequestionamento, ainda que inadmitidos ou rejeitados os embargos de declaração, caso o tribunal superior considere existente erro, omissão, contradição ou obscuridade. Como se percebe, a disposição do art. 1.025 do novo CPC supera a previsão da Súmula n. 211

do STJ. O novo CPC, no art. 941, § 3º, estabelece que o voto vencido será necessariamente declarado e considerado parte integrante do acórdão para todos os fins legais, inclusive de prequestionamento, em superação, portanto, da Súmula n. 320 do STJ.

O prequestionamento ficto já era admitido no processo do trabalho, conforme ressai do item III da Súmula n. 297 do TST: "Considera-se prequestionada a questão jurídica invocada no recurso principal sobre a qual se omite o Tribunal de pronunciar tese, não obstante opostos embargos de declaração". No âmbito processual trabalhista, o prequestionamento ainda é tratado nas Orientações Jurisprudenciais ns. 118 e 119 da SDI-1 do TST, que explicitam o conteúdo da Súmula n. 297 do TST. Nos termos da OJ n. 118, "havendo tese explícita sobre a matéria, na decisão recorrida, desnecessário contenha nela referência expressa do dispositivo legal para ter-se como prequestionado este". Segundo a OJ n. 119, "é inexigível o prequestionamento quando a violação indicada houver nascido na própria decisão recorrida. Inaplicável a Súmula n. 297 do TST".

EMBARGOS DE DECLARAÇÃO PROTELATÓRIOS

Manifestamente protelatórios são os embargos de declaração com o propósito de rediscutir os temas devidamente examinados e decididos no julgamento proferido, sem apontar, de forma objetiva, a existência de obscuridade, contradição ou omissão na decisão embargada, ou seja, sem qualquer dos vícios previstos no art. 535 do CPC de 1973 (art. 1.022 no CPC de 2015) e 897-A da CLT que justifiquem a interposição do apelo. Também protelatórios são os que, em interposição reiterada, apontam vício na decisão primitiva, não suscitado na peça embargatória anterior.

Visando coibir a interposição de embargos de declaração manifestamente protelatórios, com o intuito de retardar o feito, o CPC de 1973 prevê, no parágrafo único do art. 538, a apenação do embargante com a multa não excedente de um por cento sobre o valor da causa. Na reiteração dos embargos protelatórios, o dispositivo autoriza a elevação da multa a até dez por cento, ficando condicionada a interposição de qualquer outro recurso ao depósito do valor respectivo.

No CPC de 2015, os embargos manifestamente protelatórios são tratados no art. 1.026, §§ 2º, 3º e 4º. A apenação com multa está prevista nos §§ 2º e 3º do art. 1.026 do *novel codex*, sendo que o valor da multa foi elevado a até dois por cento do valor atualizado da causa; na reiteração dos embargos protelatórios, manteve-se a multa de dez por cento, prevista no CPC anterior, mas sobre o valor atualizado da causa; manteve-se o depósito da multa, previsto no CPC anterior, como requisito de admissibilidade de qualquer recurso, porém, exceto para a Fazenda Pública e o beneficiário da Justiça gratuita, que a recolherão ao final.

O novo Código, quando trata da gratuidade da Justiça, não isenta o beneficiário do pagamento, ao final, das multas processuais que lhe sejam impostas (art. 98, § 4º). Registre-se que o novo CPC, no art. 1.072, III, revoga, parcialmente, a Lei n. 1.060/50, passando a gratuidade da Justiça a ser regida, em parte, pelos arts. 98 a 102 do novo CPC e, em parte, pela Lei n. 1.060/50.

O novo CPC, reforçando o objetivo de coibir a interposição de embargos de declaração protelatórios, acrescenta, no § 4º do art. 1026, que "não serão admitidos novos embargos de declaração se os 2 (dois) anteriores houverem sido considerados protelatórios".

A apenação prevista na lei processual, nas hipóteses citadas, está em sintonia com o disposto no inciso LXXVIII da Constituição Federal, que assegura a todos, no âmbito judicial e administrativo, a razoável duração do processo e os meios que garantam a celeridade de sua tramitação.

O condicionamento da interposição de outros recursos ao pagamento prévio da multa, em caso de reiteração protelatória dos embargos de declaração, retrata a preocupação do legislador em controlar a interposição de recursos despropositados, para retardar a marcha processual.

As normas processuais civis, nos aspectos suscitados, aplicam-se, por compatíveis, ao processo do trabalho.

Destinados ao desprovimento são ainda os embargos de declaração que, sob o rótulo de *prequestionamento*, visam, tão somente, rediscutir os temas decididos, com o intuito de alcançar novo pronunciamento judicial, sob a ótica do embargante. Porém, para efeito da apenação prevista no parágrafo único do art. 538 do CPC de 1973 e no art. 1.026, §§ 2º e 3º, do CPC de 2015 a sensibilidade do julgador é essencial ao equilibrado equacionamento da matéria, em face dos matizes que o prequestionamento apresenta.

A Súmula n. 98 do STJ dispõe que "Embargos de declaração manifestados com notório propósito de prequestionamento não têm caráter protelatório". Mas isso não quer dizer que a simples alegação do objetivo prequestionador, por si só, justifique a interposição do remédio processual. Do contrário, haveria a subversão dos pressupostos legais a que se submete o apelo e a inocuidade do disposto nas normas processuais civis para coibir o uso abusivo do remédio processual. De todo modo, a incidência da multa dependerá da apreciação das circunstâncias de cada caso concreto.

REFERÊNCIAS BIBLIOGRÁFICAS

ASSIS, Araken de. *Manual dos recursos*. 2. ed. São Paulo: Revista dos Tribunais, 2008.

BRANDÃO, Cláudio. *Reforma do sistema recursal trabalhista: comentários à Lei n. 13.015/2014*. 1. ed. São Paulo: LTr, 2015.

CÂMARA, Alexandre Freitas. *Lições de direito processual civil*. 7. ed. Rio de Janeiro: Lumen Juris, 2003. v. II.

EÇA, Vitor Salino de Moura. Origem histórica e desenvolvimento normativo dos embargos declaratórios, in: ___. *Embargos de declaração no processo do trabalho*. São Paulo: LTr, 2010. p. 13-22.

HORTA, Denise Alves. Embargos de declaração: regime legal e suas hipóteses. In: EÇA, Vitor Salino de Moura (Coord.) *Embargos de declaração no processo do trabalho*. São Paulo: LTr, 2010. p. 23-44.

LEITE, Carlos Henrique Bezerra. *Curso de direito processual do trabalho*. 3. ed. São Paulo: LTr, 2005.

MALTA, Cristóvão Piragibe Tostes. *Prática do processo trabalhista*. 35. ed. São Paulo: LTr, 2008.

MARINONI, Luiz Guilherme; ARENHART, Sérgio Cruz. *Curso de processo civil. Processo de conhecimento*. v. 2, 7. ed. São Paulo: Revista dos Tribunais, 2009

MARINONI, Luiz Guilherme; ARENHART, Sérgio Cruz; MITIDIERO, Daniel. *Código de Processo Civil comentado*. 1. ed. São Paulo: Revista dos Tribunais, 2015.

MARQUES, José Frederico. *Manual de direito processual civil*. v. 3. São Paulo: Saraiva, 1992.

MOREIRA, José Carlos Barbosa. *Comentários ao Código De Processo Civil*. v. V, 6. ed. Rio de Janeiro: Forense, 1993.

MOREIRA, José Carlos Barbosa. *O novo processo civil brasileiro*. 6. ed. Rio de Janeiro: Forense, 1984.

NERY JÚNIOR, Nelson; NERY, Rosa Maria Andrade. *Código de processo civil comentado*. 7. ed. São Paulo: Revista dos Tribunais, 2003.

PEREIRA, Ricardo José Macêdo de Britto. O novo Código de Processo Civil e seus possíveis impactos nos recursos trabalhistas. In: MIESSA, Élisson (Org.) *O novo Código de Processo Civil e seus reflexos no processo do trabalho*. Salvador: Juspodivm, 2015. p. 567-598.

PORTO, Lorena Vasconcelos. Os embargos de declaração no novo CPC e os reflexos no processo do trabalho. In: MIESSA, ÉLISSON (Org.) *O novo Código de Processo Civil e seus reflexos no processo do trabalho*. Salvador: Juspodivm, 2015. p. 599-628.

SAAD, Eduardo Gabriel; SAAD, José Eduardo Duarte; BRANCO, Ana Maria Saad C. *Consolidação das Leis do Trabalho comentada*. 48. ed. São Paulo: LTr, 2015.

SCHIAVI, Mauro. *Manual de direito processual do trabalho*. 2. ed. São Paulo: LTr, 2009.

SOUZA, Rodrigo Trindade de (Coord.); AMARAL, Márcio Lima do; SANTOS JÚNIOR, Rubens Fernando Clamer dos; SEVERO, Valdete Souto (Org). *CLT comentada*. São Paulo: LTr, 2015.

TEIXEIRA FILHO, Manoel Antonio. *Comentários à Lei n. 1.301/2014: uniformização da jurisprudência: recursos repetitivos*. 2. ed. São Paulo: LTr, 2015.

_____ *Sistema dos recursos trabalhistas*. 5. ed. São Paulo: LTr, 1991.

VIDIGAL, Márcio Flávio Salem. Embargos de declaração como instituto processual. In: EÇA, Vitor Salino de Moura (Coord.) *Embargos de declaração no processo do trabalho*. São Paulo: LTr, 2010. p. 45-89.

NOVA CONFIGURAÇÃO DE TERCEIRIZAÇÃO: SÚMULA N. 331 DO TST *VERSUS* PL N. 4.330/2004

Maria Laura Franco Lima de Faria[*]

I. INTRODUÇÃO

Ao receber do COLEPRECOR a incumbência de tecer considerações sobre este tema, fiquei a pensar se ainda havia algo a dizer a respeito da terceirização, além de enumerar as mudanças que advirão nas relações de trabalho, se aprovado o PL n. 4.330/2004 (ou PLC n. 30/2015, número que lhe foi atribuído no Senado Federal).

Todos os segmentos da sociedade têm-se ocupado, nos últimos anos, com a discussão que envolve a chamada "terceirização".

Inúmeros artigos e obras jurídicas foram produzidos, debates e entrevistas surgiram com o intuito de definir, fazer entender, assimilar essa nova forma de relação de trabalho.

O neologismo terceirização, criado a partir de "terceiro", passou a constar de dicionários da Língua Portuguesa. Na definição do Houaiss, trata-se da "(...) forma de organização estrutural que permite a uma empresa transferir a outra suas atividades-meio, proporcionando maior disponibilidade de recursos para sua atividade-fim, reduzindo a estrutura operacional, diminuindo custos, economizando recursos e desburocratizando a administração".

Mas, afinal, onde e quando surgiu tal fenômeno?

Sua origem, dizem uns, está na própria CLT, de 1943, cujo art. 455, que trata da subempreitada, estabelece a responsabilidade do subempreiteiro pelas obrigações derivadas dos contratos que celebrar, mas assegura aos empregados o direito de reclamar contra o empreiteiro principal, na hipótese de inadimplência daquele.

Outros já sustentam que a terceirização teria nascido com a edição do Decreto-lei n. 200, de 1967, que passou a admitir a descentralização na Administração Pública, com a atribuição da atividade estatal a "entidades criadas por lei" (art. 10, § 7º).

Na verdade, podemos dizer que a terceirização derivou da crise econômica do petróleo dos anos 70, quando a necessidade de diminuição dos custos empresariais exigiu a adoção de novas estratégias de gestão e organização do trabalho, impondo mudanças no processo produtivo.

O Direito do Trabalho – que, como bem gosta de dizer Márcio Túlio Viana, "foi construído com lutas" – sempre se marcou pela oposição de classes, carregando em seu cerne o intuito de compensar desigualdades sociais. O nobre ramo jurídico acabou, porém, atropelado pelo fenômeno da terceirização, que surgiu dentro desse modelo de capitalismo contemporâneo, como solução econômica para expansão da atividade produtiva. A ideia passou a ser produzir mais, ter mais eficiência e melhor qualidade, sempre com o menor custo.

A retração do consumo interno e a perda de renda trouxeram a necessidade de se ampliar o mercado. Tornou-se imprescindível, também, diminuir despesas, "enxugar a empresa", aprimorar os meios tecnológicos, priorizar o controle de qualidade para atender consumidores mais exigentes, ter competitividade internacional.

Assim, nos anos 90, com a rápida evolução tecnológica e abertura do mercado em decorrência da globalização, tornou-se irreversível a terceirização, como forma eficaz de racionalizar a produção e a prestação de serviços e, sobretudo, de reduzir os custos operacionais.

---

[*] Formação acadêmica na UFMG. Desembargadora Presidente do Tribunal Regional do Trabalho da 3ª Região. Desembargadora Vice-Presidente Judicial do Tribunal Regional do Trabalho da 3ª Região (biênio 2006/2007). Membro do Ministério Público do Trabalho da 3ª Região (1976/1994).

II. A EVOLUÇÃO JURÍDICA DA TERCEIRIZAÇÃO NO BRASIL – SÚMULA N. 331 DO TST

A Consolidação das Leis Trabalhistas (CLT), promulgada no princípio da década de 40, e que até hoje constitui a principal fonte normativa heterônoma do Direito do Trabalho, não abordou a terceirização – e nem havia, à época, a menor previsão de sua ocorrência futura.

A CLT regulamentou a relação jurídica de emprego tradicional, entre o tomador e a pessoa física prestadora de serviços, tendo como objeto o trabalho não eventual, prestado com subordinação, pessoalidade e de forma onerosa (arts. 2º e 3º).

Adotou-se o modelo clássico, segundo o qual, para cada categoria econômica de atividade empresarial, existe uma categoria profissional correlata. O trabalhador insere-se na empresa como partícipe fundamental do processo produtivo. O trabalho tem valor reconhecido, é fator de cultura e dá ao homem dignidade social.

Com o aparecimento da terceirização, são quebrados esses pilares. Estabelece-se uma relação triangular. Os trabalhadores não têm relação direta com a empresa principal e permanecem à margem da categoria profissional pertinente à atividade econômica preponderante, não obstante continuem sendo parte integrante do processo produtivo de bens e serviços.

No Brasil, o primeiro a adotar o modelo da terceirização foi, sem dúvida, o próprio Estado, com o fim de modernizar e racionalizar a sua atividade administrativa. No final da década de 60, o Decreto-lei n. 200/67 dispôs sobre a operacionalização de tarefas meramente executivas na Administração Pública. Logo, surgiu a necessidade de se estabelecerem parâmetros para essa nova forma de contratação indireta, sendo, então, editada a Lei n. 5.675/70, limitando a descentralização às atividades de apoio (transporte, limpeza, conservação etc.).

Na esfera privada, como já assinalado, o fenômeno resultou da crise econômica dos anos 70 (alta do preço do petróleo) e da premente necessidade de se buscar uma empresa "mais enxuta", mais tecnológica e mais competitiva no cenário mundial, capaz de sobreviver à concorrência dos países orientais.

Nesse contexto, foi promulgada a Lei n. 6.019/74, que regulamentou o trabalho temporário. Em seguida, veio a Lei n. 7.102/83, desvinculando da atividade bancária o serviço de segurança e vigilância.

Dessa forma, a terceirização foi ganhando corpo, não obstante continuasse preservada a premissa histórica de ser aplicável apenas às atividades secundárias, ditas "atividades-meio".

Não houve mais volta, a prática da terceirização foi crescendo, expandiu-se para todas as áreas econômicas e tornou-se irreversível, sem que houvesse norma alguma para regulamentá-la. Esse vácuo legislativo fez com que o Poder Judiciário se debruçasse sobre o problema, para definir o alcance e as consequências dessa nova forma de relação jurídica.

À jurisprudência coube o papel de prevenir os efeitos danosos da terceirização em relação aos direitos dos trabalhadores. O Tribunal Superior do Trabalho, com o propósito de conter a indiscriminada evolução do fenômeno, assumiu função normativa e editou, em 1986, o Enunciado n. 256, restringindo as hipóteses de terceirização aos casos de trabalho temporário e serviços de vigilância:

> (...) salvo os casos previstos nas Leis n. 6019, de 03 de janeiro de 1994 e de 20 de junho de 1983, é ilegal a contratação de trabalhadores por empresa interposta, formando-se o vínculo empregatício diretamente com o tomador de serviços.

A clareza do Enunciado n. 256 não foi suficiente. A terceirização foi-se estendendo para todos os setores da economia e disseminou-se no âmbito da Administração Pública direta e indireta, sobretudo nas fundações e empresas públicas, bem como nas sociedades de economia mista.

Veio, então, a Constituição de 1988, que atribuiu ao Direito do Trabalho o *status* de norma constitucional. Ainda assim, o processo de precarização do trabalho foi inevitável.

Diante da evolução do problema, das inúmeras decisões judiciais, do aparecimento de várias correntes doutrinárias a respeito da matéria, surgiu a necessidade de revisão do enunciado jurisprudencial, para adequação à nova realidade social.

Assim, em dezembro de 1993, o Tribunal Superior editou a Súmula n. 331, nos seguintes termos:

> I – A contratação de trabalhadores por empresa interposta é ilegal, formando-se o vínculo diretamente com o tomador dos serviços, salvo no caso de trabalho temporário (Lei n. 6.019, de 3.1.1974).
>
> II – A contratação irregular de trabalhador, mediante empresa interposta, não gera vínculo de emprego com os órgãos da Administração Pública Direta, Indireta ou Fundacional (art. 37, II, da Constituição da República).
>
> III – Não forma vínculo de emprego com o tomador a contratação de serviços de vigilância (Lei n. 7.102, de 20.6.1983), de conservação e limpeza, bem como a de serviços especializados ligados à atividade-meio do tomador, desde que inexistente a pessoalidade e subordinação direta.
>
> IV – O inadimplemento das obrigações trabalhistas, por parte do empregador, implica na responsabilidade subsidiária do tomador dos serviços, quanto àquelas obriga-

ções, desde que hajam participado da relação processual e constem também do título executivo judicial (art. 71 da Lei n. 8.666/93).

Posteriormente, o Poder Executivo enviou ao Congresso Nacional o PL n. 4.302/1998, que lá tramitou, sem sucesso, durante cinco anos. E a terceirização continuou a ser regulada pela Súmula n. 331 do TST.

À medida que novas situações surgiam, a Súmula foi sendo revista e aperfeiçoada pela Corte trabalhista, em 2000, 2003, até chegar à versão atual, aprovada em 24.05.2011, pela Res. n. 174/2011:

CONTRATO DE PRESTAÇÃO DE SERVIÇOS. LEGALIDADE

I – A contratação de trabalhadores por empresa interposta é ilegal, formando-se o vínculo diretamente com o tomador dos serviços, salvo no caso de trabalho temporário (Lei n. 6.019, de 03.01.1974).

II – A contratação irregular de trabalhador, mediante empresa interposta, não gera vínculo de emprego com os órgãos da Administração Pública direta, indireta ou fundacional (art. 37, II, da CF/1988).

III – Não forma vínculo de emprego com o tomador a contratação de serviços de vigilância (Lei n. 7.102, de 20.06.1983) e de conservação e limpeza, bem como a de serviços especializados ligados à atividade-meio do tomador, desde que inexistente a pessoalidade e a subordinação direta.

IV – O inadimplemento das obrigações trabalhistas, por parte do empregador, implica a responsabilidade subsidiária do tomador dos serviços quanto àquelas obrigações, desde que haja participado da relação processual e conste também do título executivo judicial.

V – Os entes integrantes da Administração Pública direta e indireta respondem subsidiariamente, nas mesmas condições do item IV, caso evidenciada a sua conduta culposa no cumprimento das obrigações da Lei n. 8.666, de 21.06.1993, especialmente na fiscalização do cumprimento das obrigações contratuais e legais da prestadora de serviço como empregadora. A aludida responsabilidade não decorre de mero inadimplemento das obrigações trabalhistas assumidas pela empresa regularmente contratada.

VI – A responsabilidade subsidiária do tomador de serviços abrange todas as verbas decorrentes da condenação referentes ao período da prestação laboral.

Denota-se, pois, uma mudança gradual do entendimento jurisprudencial a respeito da terceirização, imposta pela realidade social e necessidade do mercado econômico.

Todavia, em momento algum, a jurisprudência admitiu a terceirização da "atividade-fim" da empresa. A doutrina tampouco o fez. Hoje, a terceirização é tranquilamente admitida como mecanismo de flexibilização, mas nos moldes da jurisprudência uniformizada, isto é, restrita às atividades de apoio, não essenciais, preservado o objeto social da empresa.

III. TERCEIRIZAÇÃO À LUZ DO PL N. 4.330/2004

O Projeto de Lei Original n. 4.330/2004 foi encaminhado ao Congresso Nacional em outubro de 2004, sendo remetido ao Senado pela Câmara dos Deputados em 28.04.2015.

Consta da justificação apresentada pelo Deputado Sandro Maciel:

O mundo assistiu, nos últimos 20 anos, a uma verdadeira revolução na organização da produção. Como consequência, observamos também profundas reformulações na organização do trabalho. Novas formas de contratação foram adotadas para atender à nova empresa.

Nesse contexto, a terceirização é uma das técnicas de administração do trabalho que têm maior crescimento, tendo em vista a necessidade que a empresa moderna tem de concentrar-se em seu negócio principal e na melhoria da qualidade do produto ou da prestação de serviço.

No Brasil, a legislação foi verdadeiramente atropelada pela realidade. Ao tentar, de maneira míope, proteger os trabalhadores simplesmente ignorando a terceirização, conseguiu apenas deixar mais vulneráveis os brasileiros que trabalham sob essa modalidade de contratação.

As relações de trabalho na prestação de serviços a terceiros reclamam urgente intervenção legislativa, no sentido de definir as responsabilidades do tomador e do prestador de serviços e, assim, garantir os direitos dos trabalhadores.

A presente proposição tem origem no Projeto de Lei n. 4.302, de 1998, que após mais de cinco anos de tramitação, teve a retirada solicitada pelo Poder Executivo. Ressalta-se que durante a tramitação do Projeto de Lei do Executivo, que também alterava a lei do trabalho temporário, travaram-se longos e frutíferos debates sobre o tema, tanto nesta Casa quanto no Senado Federal, que muito enriqueceram a proposta original.

O Projeto de Lei que ora apresentamos exclui os dispositivos que tratavam do trabalho temporário, limitando-se à prestação de serviços a terceiros, e incorpora as contribuições oferecidas por todos os que participaram dos debates do Projeto de Lei n. 4.302, de 1998.

A nossa proposição regula o contrato de prestação de serviço e as relações de trabalho dele decorrentes. O prestador de serviços que se submete à norma é, portanto, a sociedade empresária, conforme a nomenclatura do novo Código Civil, que contrata empregados ou subcontrata outra empresa para a prestação de serviços.

A retórica da exposição de motivos não consegue trazer o convencimento de que o PL tenha por objeto definir responsabilidades ou trazer segurança jurídica a esse novo modelo de relação de trabalho. Também não se pode afirmar que tenha por objeto propiciar à empresa a concentração no seu "negócio principal", já que autoriza a terceirização da "atividade-fim", o que, de plano, torna o projeto sobremaneira contraditório.

Na verdade, o PL n. 4.330/2004 não teve o intuito de resguardar nenhum direito do trabalhador, tampouco pretendeu suprir a ausência legislativa a esse respeito, e nem foi concebido para regulamentar a prática da terceirização na forma atualmente existente no país. Distanciou-se da realidade social e criou novas possibilidades de sua adoção, pecando em todos os aspectos nos quais pretendeu inovar.

Referido PL despertou o interesse da Magistratura, do Ministério Público, da advocacia, de doutrinadores, dos cientistas do Direito e tem sido objeto de análise e crítica por segmentos diversos da sociedade.

Como bem resumiu Eneida Melo Correia de Araújo[1], em aula magna promovida pela Escola Judicial do TRT da Bahia:

O Projeto de Lei n. 4.330/2004 que visa regulamentar a Terceirização de Serviços é incompatível com a construção gradual e ampliativa dos direitos trabalhistas, fundada no princípio do não retrocesso social. O retrocesso se revela, notadamente, na permissão de transferir a terceiros os objetivos sociais essenciais de uma atividade econômica. Esse modelo favorece a perda de direitos fundamentais conquistados pelos trabalhadores ao longo dos anos. O Projeto de Lei também violenta os objetivos da OIT para efetivação do trabalho decente porque não atende ao propósito de que é imperioso conferir aos homens e mulheres oportunidades para conseguir trabalho produtivo e de qualidade, em condições de liberdade, equidade, segurança e dignidade. Fere as convenções n. 98, 100 e 111 da OIT. Acha-se em desacordo com o ideário expresso na Declaração de Princípios e Direitos Fundamentais do Trabalho de 1998, e na Declaração sobre Justiça Social para uma Globalização Equitativa, datada de 2008. Contraria a Agenda do Trabalho Decente, instituída pelo Governo brasileiro. Não deve, portanto, ser aprovado, sob pena de o Brasil ofender os compromissos assumidos perante a OIT e com o povo brasileiro.

Em sua redação original, o PL n. 4.330/2004 chegava ao absurdo de autorizar a terceirização na atividade pública, com exclusão da responsabilidade do Estado quanto aos encargos trabalhistas correspondentes, com base no art. 71 da Lei n. 8.666/1993. Felizmente, nesse tocante, o PL foi modificado, deixando de se aplicar à Administração Pública.

Ainda assim, o PL ignora os limites da terceirização já sedimentados no Direito brasileiro pela Súmula n. 331 do TST, quais sejam: contratação por empresa de trabalho temporário (Lei n. 6.019/74); contratação de serviços de segurança, vigilância e transporte de valores (Lei n. 7.102/83); contratação de serviços de conservação e limpeza; e contratação de serviços especializados, ligados à "atividade-meio" do tomador, desde que ausentes a pessoalidade e a subordinação direta à empresa tomadora dos serviços.

Uma das maiores críticas que se pode fazer ao PL é o fato de autorizar a terceirização indiscriminada, passível de ser adotada em todas as atividades e funções, em quaisquer segmentos econômicos, desde que a empresa terceirizante seja "especializada" em determinado tipo de serviço.

Outra temeridade do projeto foi não estabelecer limites para a adoção da terceirização, no que tange ao percentual do número de empregados. Nos termos da lei proposta, uma empresa poderá terceirizar praticamente todo o seu corpo de trabalhadores, o que, no mínimo, causa certo estranhamento.

Demais disso, ao permitir sucessivas contratações do mesmo trabalhador, por diferentes empresas, para prestação do mesmo serviço, para a mesma empresa contratante (art. 14 do PLC n. 30/2015), o projeto elimina, na prática, o direito ao gozo de férias, que, no caso de seguidos períodos aquisitivos incompletos, passarão a ser sempre indenizadas, trazendo graves consequências à saúde física e mental do trabalhador.

Pelo mesmo motivo, a poupança forçada representada pelo FGTS, se hoje não é satisfatória pelo pouco rendimento que oferece, deixará de existir. A cada rescisão, haverá movimentação da conta vinculada, e o trabalhador, por ocasião de sua velhice, nenhuma reserva terá quando passar para a inatividade.

Outrossim, o projeto de lei, muito mais do que autorizar a terceirização, acaba por admitir a "quarteirização" dos serviços, e assim por diante (vide previsão expressa do art. 3º, § 2º, do PLC n. 30/2015). O tra-

---

(1) Professora da Faculdade de Direito do Recife/UFPE e Desembargadora do TRT da 6ª Região.

balhador, no desenvolvimento de seu mister, não terá mais um empregador, poderá passar "de mão em mão", como um objeto, durante a prestação de serviços continuados para uma mesma empresa tomadora.

A terceirização indiscriminada provocará o esvaziamento do conceito constitucional de categoria profissional: a massa de trabalhadores será formada apenas por prestadores de serviços. Com o tempo, não haverá mais bancários, metalúrgicos, rodoviários, professores etc. Haverá somente a categoria genérica dos empregados das empresas de prestação de serviços.

Certamente, o nível de remuneração não será o mesmo, haverá rebaixamento do valor social do trabalho, atingindo milhões de trabalhadores.

É de todo inconsistente o discurso político de que, ao lado de racionalizar a empresa e propiciar a redução de custos, a aprovação do projeto de lei virá regularizar e assegurar direitos para todas as partes envolvidas no processo de terceirização.

Se os direitos e benefícios indiretos que as empresas asseguram aos seus empregados – tais como creche, auxílio-escolar, plano de saúde, bolsas, dentre outros –, fossem realmente estendidos aos terceirizados, nos mesmos patamares que são oferecidos àqueles, quais custos seriam reduzidos com essa intermediação de mão de obra, de modo a torná-la proveitosa? Trata-se de um cálculo matemático que simplesmente não fecha.

IV. CONCLUSÃO

O fato de o PL ter tramitado durante dez anos na Câmara dos Deputados não significa que tenha sido suficientemente discutido. Pelo contrário, nesse lapso de tempo, não se preocupou em analisar destacadamente o alcance de seus dispositivos, não houve nenhuma reflexão a respeito das inovações propostas pela nova Lei, não se avaliou se a sua aprovação trará realmente maior segurança às empresas que a adotarem, além de se ignorar quais os danos que acarretará à dignidade do trabalhador.

A correção do seu maior defeito durante a tramitação na Câmara de Deputados – exclusão dos órgãos da Administração Pública direta, autárquica e fundacional do âmbito de sua abrangência (§§ 1º e 2º, do art. 1º) – não foi bastante para diminuir a preocupação de todos os operadores do Direito com a possibilidade da aprovação do projeto nos termos em que foi enviado ao Senado Federal (PLC n. 30/2015).

A Lei, se aprovada nos termos em que foi proposta, admitindo a terceirização da "atividade-fim", vem legitimar a precarização do emprego e das relações de trabalho dela decorrentes.

O que hoje é exceção passará a ser regra geral. O trabalhador não estará mais vinculado à empresa para a qual trabalha. Haverá migração dos empregados efetivos das empresas tomadoras dos serviços, geralmente grandes organizações, para as novas e inúmeras empresas prestadoras de serviços, que irão surgir – empresas de pequeno e médio porte ou microempresas –, todas "especializadas". A rotatividade de mão de obra será enorme e não haverá garantia das vantagens indiretas.

Transformado em Lei, o projeto aumentará em muito o número das ações trabalhistas e não trará nenhuma segurança jurídica às empresas. Não foi sem razão que 19 dos 27 ministros do TST assinaram, já em agosto de 2013, um manifesto contra "a política trabalhista extremada", proposta pelo projeto de lei, afirmando que ele "aprofunda, generaliza e descontrola a terceirização no país (...)".

Será inevitável o empobrecimento da população, o que irá afetar o mercado interno de consumo, além de colocar a grande massa dos trabalhadores à mercê dos programas assistenciais, e cada vez mais dependente de cotas de inclusão social.

É imprescindível que o Congresso Nacional assuma a sua responsabilidade e, cumprindo a sua função social, tenha a preocupação de compatibilizar a norma legislativa – destinada a regular todos os tipos de relação capital/trabalho que emergem da necessidade econômica – com os pressupostos básicos do Direito do Trabalho, sobretudo com os seguintes princípios constitucionais basilares: respeito à cidadania, dignidade da pessoa humana e valor social do trabalho.

REFERÊNCIAS BIBLIOGRÁFICAS

ARAÚJO, Eneida Melo Correia. Aula Magna: *O Projeto de Lei n. 4330/2004 e a Agenda Nacional do Trabalho Decente*, 2014.

BARROS, Alice Monteiro de. *Curso de direito do trabalho*. 7. ed. São Paulo: LTr, 2011.

Declaração da OIT sobre os Princípios e Direitos Fundamentais do Trabalho, 1988.

DELGADO, Gabriela Neves. *Terceirização: paradoxo do direito do trabalho contemporâneo*. São Paulo: LTr, 2003.

DELGADO, Mauricio Godinho. *Curso de direito do trabalho*. 3. ed. São Paulo: LTr. 2004.

FIGUEIREDO, Bruno Reis de; HAZAN, Ellen Mara Ferraz (coord.). *Alguns aspectos sobre terceirização*. Belo Horizonte: RTM, 2014.

VIANNA, Márcio Túlio. *70 anos de CLT: uma história de trabalhadores*. Brasília: TST, 2013.

LIBERAÇÃO DO ESCRAVAGISMO "EVOLUÍDO": UM DÉBITO SOCIAL AINDA SEM PAGAMENTO

Manoel Edilson Cardoso[*]

Roberto Wanderley Braga[**]

Um homem se humilha
Se castram seu sonho
Seu sonho é sua vida
E a vida é trabalho
E sem o seu trabalho
Um homem não tem honra
E sem a sua honra
Se morre, se mata
Não dá pra ser feliz
(Guerreiro Menino – Fagner)

1. INTRODUÇÃO

Depois do direito à vida, a liberdade se revela como um dos principais bens jurídicos do homem e a sua proteção deve ser prioritária aos que pretendem conviver em sociedade, posto que agride a dignidade da pessoa humana.

Em sistemas dogmáticos modernos, o direito fundamental ao trabalho figura nos textos constitucionais. Todavia, essa previsão constitucional não deve ser apenas formal, mas material, com circunstâncias e políticas que assegurem o desenvolvimento do labor com dignidade austera.

Não é à toa que se preza pela liberdade política, religiosa, ideológica, sexual, econômico-financeira, enfim, sob diversas óticas e abordagens.

Nesse contexto, o trabalho transita nessas acepções como elemento natural e incipiente à própria convivência dos povos. E um trabalho tolhido de seu atributo liberdade não pode ser considerado um trabalho digno.

Conquanto tenhamos ciência de que o homem, historicamente, se embriagou pelas conquistas territoriais e, por isso, envolvia-se em guerras e batalhas pelo novo acervo material. Uma consequência desse modo de ampliar o horizonte latifundiário era a subjugação dos povos ocupantes, transformando-os de homens livres em objeto de domínio de sua vontade, isto é, escravizando-os. O triste troféu da conquista!

Entretanto, os novos caminhos para o desenvolvimento levaram à modificação dessa forma de atuar, passando a ser demandada pela sociedade uma modificação de postura de convivência entre os povos, mesmo com uma resistência, ora dissimulada, ora escancarada para quem interessava a continuidade do modo escravocrata de produção, mesmo sob um véu atual.

(*) Desembargador do TRT da 22ª Região. Vice-Presidente e Corregedor Regional (2015-2016). Mestre em Direito Constitucional – UFC..

(*) Juiz do Trabalho do TRT da 22ª Região. Auxiliar da Presidência e da Corregedoria Regional do TRT da 22ª Região. Especialista em Direito Civil e Ciências Jurídico-processuais. Mestrando em Direito (Ciências Jurídico-processuais) pela Universidade Autónoma de Lisboa (UAL). Professor de Graduação e Pós-Graduação.

Esse desenvolvimento para a libertação veio acompanhado de alteração da forma de conseguir manter o aprisionamento do homem ao sistema produtivo com seu consentimento viciado, não só pela força física, mas econômica e psicológica.

Depois das Grandes Guerras, os povos passaram a assumir compromissos internacionais, mediante Organismos dessa dimensão, para garantir dignidade aos seus cidadãos. A Organização Internacional do Trabalho lidera essa reunião de esforços para o crescimento dignificante do trabalho. Destacam-se, nessa seara, a Convenção Internacional do Trabalho de n. 29, aprovada na 14ª Conferência Internacional do Trabalho em Genebra no ano de 1930, bem como a Convenção Internacional do Trabalho de n. 105, aprovada na 40ª Conferência Internacional do Trabalho em Genebra no ano de 1957. Ambas tratam da abolição do trabalho forçado. A primeira entrou em vigor no plano internacional em 01.05.1932; no Brasil, foi aprovada pelo Decreto Legislativo do Congresso Nacional n. 24, de 29.05.1956, ratificada em 25.04.1957 e promulgada pelo Decreto n. 41.721, de 25.06.1957, com vigência nacional a partir de 25.04.1958. A segunda entrou em vigor no plano internacional em 17.01.1959; no Brasil, foi aprovada pelo Decreto Legislativo do Congresso Nacional n. 20, de 30.04.1965, ratificada em 18.06.1965 e promulgada pelo Decreto n. 58.822, de 14.06.1966, com vigência nacional a partir de 18.06.1966.

Também ainda podem ser destacadas a Declaração Universal dos Direitos do Homem, aprovada em 10.12.1948, pela Assembleia Geral das Nações Unidas, com o Brasil na condição de membro signatário, e a Convenção Americana sobre Direitos do Homem (conhecida como Pacto de São José da Costa Rica), aprovada pelo Decreto Legislativo n. 27/1992 e promulgada pelo Decreto n. 678, de 06.11.1992.

Esse aparato político-dogmático reúne um ambiente propício para o combate às formas de exploração do homem pelo homem, sob atividades forçadas, contrárias à sua vontade.

2. O TRABALHO COMO DIREITO FUNDAMENTAL

Os instrumentos normativos referenciados trazem em sua base o direito fundamental da dignidade da pessoa humana. Nessa senda, para uma condição digna, o homem precisa desenvolver atividades que lhe garantam a subsistência igualmente em condições dignas.

Desse modo, o trabalho é esse *modus operandi* para prover seu sustento e de sua família. Com essa perspectiva, os instrumentos internacionais e, com isso, o aparato legislativo interno passaram a garantir uma proteção mínima ao trabalhador, ora com ações afirmativas de políticas públicas, ora com proteção normativa contra formas de discriminação no ambiente de trabalho, por exemplo.

Por esse perfil, a doutrina enquadra o trabalho como manifestação dos direitos fundamentais, como nos lembra Julpiano Chaves Cortez[1]:

> Direitos fundamentais, também denominados direitos humanos, da personalidade e outros mais, são direitos que têm por finalidade resguardar a dignidade e integridade da pessoa, no que diz respeito ao nome, à privacidade, à igualdade, **ao trabalho**, à vida, à saúde, à intimidade, à reputação, à imagem, à liberdade, à honra, à moral, à autoestima etc. (negritamos)

Conquanto possamos encontrar divergência entre os conceitos acima expressos, o certo é que o trabalho e a forma libertária do seu exercício é elemento de destaque nos diversos enfoques estudados na literatura jurídica, em harmonia com o direito à dignidade da pessoa humana.[2]

3. AS VÁRIAS FORMAS DE ESCRAVAGISMO

Com amparo em Kevin Bales, de Jorge A. Ramos Vieira e dos estudos da OIT, Gustavo Carvalho Chehab[3] traçou um quadro comparativo entre a antiga escravidão e a escravidão moderna:

Característica	Escravidão Antiga (até o Século XIX)	Escravidão Contemporânea (*contract slave* e *debt bondage*)
Enquadramento normativo	Até a abolição: ato lícito e tolerado socialmente	Ato ilícito que constitui tipo penal e é combatido internacionalmente

---

(1) CORTEZ, Julpiano Chaves. *Trabalho escravo no contrato de emprego e os direitos fundamentais*. 2. ed. São Paulo: LTr, 2015. p. 32-33.

(2) BRITO FILHO, José Cláudio Monteiro de. *Trabalho decente: uma análise da exploração do trabalho*: trabalho escravo e outas formas de trabalho indigno. 3. ed. São Paulo: LTr, 2013. p. 25-29.

(3) CHEHAB, Gustavo Carvalho. O trabalho análogo ao de escravo e os esforços para sua erradicação no Brasil. In: *Revista Trabalhista de Direito e Processo*, ano 13, n. 49, p. 65-84.

Condição jurídica	Propriedade do senhor de escravo	Pessoa sujeita à restrição de liberdade e/ou em condições degradantes de trabalho
Condição ética e social	Afrodescendentes e, em alguns casos, indígenas	Pessoas pobres ou miseráveis, independentemente da etnia
Custo econômico	Alto. Aquisição e manutenção de escravos muito caras	Muito baixo. Transporte até o local de trabalho é a maior despesa
Lucro	Reduzido. Altos custos para ter e manter os escravos	Elevado. Empregado) doente ou improdutivo é descartado
Contraprestação pelo trabalho	Sem salário. Há alimentação e cuidados com saúde para evitar doença e morte do escravo	Nenhuma. Alimentação é ruim; às vezes, é composta de restos dados aos animais. Às vezes, são fornecidas bebidas e outras drogas
Oferta de mão de obra	Escassa. Dependia do tráfico negreiro, reprodução e escravização de indígenas	Alta. Há grande número de desempregados procurando trabalho
Continuidade do trabalho	Longa. O escravo permanência na propriedade até morrer, ser vendido ou fugir	Baixa. Cessada a utilidade do trabalhador ou do serviço, ele é descartado
Manutenção da ordem	Ameaças, violência física e psicológica, punições torturas e, até, assassinatos	Ameaças, violência física e psicológica, punições, torturas e, até, assassinatos

André Luiz Proner expõe que, mesmo depois de mais de 100 anos após a Lei Áurea (Lei n. 3.353, de 13.05.1888), ainda há trabalho escravo no Brasil nos moldes historicamente observados, com as seguintes características dessa forma colonial de escravidão[4]:

a contratação por intermediários (chamados "gato") que fazem promessas sedutoras; (ii) o isolamento, vez que geralmente o trabalho deve ser exercido em propriedades rurais distantes da cidade – ressalvando-se que o trabalho escravo também ocorre dentro das grandes cidades; (iii) vigilância constante, muitas vezes, armada; (iv) ameaças físicas e psicológicas; (v) proibição de saída do local de trabalho; (vi) retenção indevida de documentos de identidade e Carteira de Trabalho; (vii) caderno de dívidas, em que cobram dos trabalhadores despesas de transporte, moradia, alimentação, vestuários, calçados e ferramentas; (viii) ausência de pagamento do salário, pois a dívida é superior; (ix) trabalho pesado, sem limite de horário, sem proteção e sem segurança; e (x) condições de moradia e higiene precárias.

Sintetiza Proner, amparado em Wilson Ramos Filho, haver duas formas de labor análogo ao de escravo que compõem o gênero urbano contemporâneo: o trabalho em condições análogas às de escravo prestado nas cidades *sem* suporte contratual válido e o trabalho prestado nas cidades *com* suporte contratual em situação análoga à de escravos.[5]

Sob o título de "Trabalho Indigno", José Cláudio Monteiro de Brito Filho aborda que de todas as formas de superexploração do trabalho, com certeza o trabalho em condição análoga à de escravo, ou, como é mais conhecido, o trabalho escravo é a mais grave.[6]

Julpiano Chaves Cortez conclui que o trabalho em condição análoga à de escravo (ou simplesmente trabalho escravo) compreende duas modalidades básicas (ou seja, gênero): trabalho forçado, atrelado à restrição da liberdade do trabalhador; e trabalho degradante, não atrelado diretamente à restrição de liberdade, mas realizado em condições degradantes de sobrevivência do trabalhador e sem a sua autodeterminação (espécies).[7]

Em qualquer perspectiva que seja observada a situação de trabalho nessas condições, somente chegamos a resultados desastrosos sociologicamente.

A força econômica sobressai, ainda, diante das ideais condições do trabalhador "humanizado". O trabalhador é "coisificado", apenas de forma dissimulada daquelas consignadas na história e, às vezes, nem se afastam tanto.

4. A CRIMINALIZAÇÃO DO EXERCÍCIO DA ESCRAVATURA

Essa modalidade de exploração da atividade humana, diante das ofensas aos bens jurídicos, axiologica-

---

(4) PRONER, André Luiz. *Neoescravismo*: análise jurídica das relações de trabalho. Curitiba: Juruá, 2010. p. 54-55

(5) *Op. cit.*, p. 60.

(6) *Op. cit.*, p. 65.

(7) *Op. cit.*, p. 26.

mente valorados pela sociedade, levou à proteção legal, pela tipificação penal.

O legislador infraconstitucional chegou a positivar a conduta reprovada nos seguintes termos:

> Art. 149 – Reduzir alguém a condição análoga à de escravo:
> Pena – reclusão, de 2 (dois) a 8 (oito) anos.

Em 2003, o legislador reformador infraconstitucional adotou a seguinte redação para a tipificação:

> Art. 149. Reduzir alguém à condição análoga à de escravo, quer submetendo-o a trabalhos forçados ou a jornada exaustiva, quer sujeitando-o a condições degradantes de trabalho, quer restringindo, por qualquer meio, sua locomoção em razão de dívida contraída com o empregador ou preposto: (Redação dada pela Lei n. 10.803, de 11.12.2003)
>
> Pena – reclusão, de dois a oito anos, e multa, além da pena correspondente à violência. (Redação dada pela Lei n. 10.803, de 11.12.2003)
>
> § 1º Nas mesmas penas incorre quem: (Incluído pela Lei n. 10.803, de 11.12.2003)
>
> I – cerceia o uso de qualquer meio de transporte por parte do trabalhador, com o fim de retê-lo no local de trabalho; (Incluído pela Lei n. 10.803, de 11.12.2003)
>
> II – mantém vigilância ostensiva no local de trabalho ou se apodera de documentos ou objetos pessoais do trabalhador, com o fim de retê-lo no local de trabalho. (Incluído pela Lei n. 10.803, de 11.12.2003)
>
> § 2º A pena é aumentada de metade, se o crime é cometido: (Incluído pela Lei n. 10.803, de 11.12.2003)
>
> I – contra criança ou adolescente; (Incluído pela Lei n. 10.803, de 11.12.2003)
>
> II – por motivo de preconceito de raça, cor, etnia, religião ou origem. (Incluído pela Lei n. 10.803, de 11.12.2003)

Com efeito, essa reforma legislativa encetou uma abordagem objetiva sobre a conduta penal.

Para José Cláudio Monteiro de Brito Filho, a disposição legal mais "analítica" trouxe duas vantagens:[8]

> Primeiro, ampliou o rol de hipóteses que caracterizam o trabalho escravo, dando feição mais consentânea com o objetivo de proteger o que, de fato, é o mais importante, que é a dignidade da pessoa humana. Segundo, tornou mais fácil a tipificação do ilícito, o que a sintética, lacônica redação anterior não permitia.

Entretanto, ressalta o autor que conquanto tenha dado *maior* segurança nas investigações e nas fiscalizações não conseguiu dar uma "total" segurança:[9]

> É que, ao lado de condutas descritas de forma quase que autoexplicativa, como as de trabalho forçado e de restrição de locomoção em razão de dívida, por cerceio do uso de meios de transporte, ou pela retenção de documentos e objetos pessoais do trabalhador, existem duas hipóteses: a jornada exaustiva e as condições degradantes de trabalho, que exigem esforço maior, e que, via de regra, são as que produzem a maior parte das divergências entre os diversos atores estatais encarregados da repressão a essa ilícita conduta.

Observando o tipo penal, Julpiano Chaves Cortez apresenta as características do trabalho em condições análogas à de escravo: 1) trabalho forçado; 2) jornada exaustiva; 3) condições degradantes de trabalho; 4) restrições de locomoção por dívida; e 5) situações equiparadas: 5.1) cerceamento do uso de transporte; 5.2) vigilância ostensiva; e 5.3) retenção de documentos ou objetos.[10]

Os agentes estatais devem estar atentos à configuração da forma de desenvolvimento do labor para o real enquadramento fático-jurídico, visando evitar injustiças para ambos os lados da relação de trabalho.

5. A REPARAÇÃO CIVIL E A INDENIZAÇÃO MORAL, INDIVIDUAL E COLETIVA

Como visto, a labuta nos moldes acima descritos ofende valores constitucionalmente protegidos, nas órbita, individual e coletiva, destacando-se a dignidade da pessoa humana, a liberdade de locomoção, o valor social do trabalho, o meio ambiente do trabalho, a livre iniciativa, a função social da propriedade, a proibição de tratamento desumano e degradante, entre diversos outros.

Aquele trabalhador subsumido à situação ora estudada tem, sem maiores dificuldades investigativas, sua ordem moral afetada e atingida de maneira inadmissível.

A esfera moral tem proteção constitucional contida na Carta Política de 1988 (art. 5º, V e X); mesmo os presos, que praticaram algum tipo de delito e que já estejam recebendo alguma espécie de punição estatal, têm seu âmbito moral e sua integridade física resguardadas (art. 5º, XLIX).

---

(8) *Op. cit.*, p. 70-71.

(9) *Idem*, p. 71.

(10) *Op. cit.*, p. 21.

Desse modo, a indenização do prejuízo moral ao indivíduo é medida de rigor.

O dano moral coletivo, conquanto tenha sido objeto de discussão em épocas passadas, hoje não tem maiores dificuldades em ser reconhecido como elemento indenizatório.

Na visão de Julpiano Chaves Cortez, a responsabilização civil, para que ocorra:[11]

> a conduta ilícita do agente (pessoa física ou jurídica) deve ser ofensiva aos direitos fundamentais da coletividade (comunidade, grupo, categoria ou classe de pessoas), devendo ocorrer o nexo causal ou nexo de causalidade entre a conduta do agente e o dano resultante da violação do bem coletivo.

Conquanto a ideia imediata seja a de indenização ao indivíduo e à coletividade, nada obsta que as pessoas próximas do trabalhador também sejam atingidas (e, em regra, são) pela conduta ilícita do trabalho em condições análogas à de escravo, posto que seus entes queridos ficaram privados da convivência afetiva do trabalhador explorado ilicitamente. Tal instituto é conhecido como dano *por* ou *em* ricochete, na medida em que a conduta ilícita extrapola o dano da vítima diretamente e invade esfera jurídica de outrem, próximo à vítima (em regra, esposa(o) e filhos e/ou pais).

Com efeito, os danos sofridos pelo trabalhador não se restringem aos da órbita moral, mas, também, aos danos materiais enfrentados pelo ofendido, visto que existem os prejuízos com retorno ao seu local de origem; restituição das diferenças entre os valores cobrados dos trabalhadores pelos exploradores em regime de barracões e aqueles praticados pelo mercado; custos em conseguir retirar eventuais documentos extraviados pelo explorador dos serviços; as verbas rescisórias decorrentes da labuta nessa condição estudada; como narra Julpiano Chaves Cortez, gastos com profissionais (médicos, fisioterapeutas, psicólogos), hospitais e medicamentos, decorrentes do surgimento de sequelas físicas e/ou psicológicas, (tensão, depressão, ansiedade, cansaço etc.) que exigem tratamento adequado.[12]

De outro modo, toda forma de indenização, seja reparatória (para ressarcir os danos materiais), seja compensatória (para atenuar as agressões à esfera moral, individual ou coletiva), é o mínimo que pode ser aplicado aos casos de trabalho em condições análogas às de escravo, além, como visto, da tipificação penal e respectiva sanção indicada.

A responsabilidade pela reparação civil e indenização moral é objetiva, posto que o empregador responde pelos atos de seus prepostos, nos termos do art. 932, III, e art. 933, do Código Civil, por aplicação subsidiária do art. 8º, da CLT. Essa também é a posição de Julpiano Chaves Cortez, invocando afirmação de Dallegrave Neto.[13]

6. AÇÕES, POLÍTICAS E ESTRATÉGIAS CONTRA A CONDUTA ESCRAVAGISTA

Entre as ações de maiores destaques contra o trabalho em condições análogas às de escravo, encontra-se a promulgação da Emenda Constitucional n. 81/2014, em que autorizou a expropriação de propriedade em que seja encontrada a exploração de trabalho escravo, com destinação à reforma agrária e a programas de habitação popular, sem qualquer indenização ao proprietário (art. 243, *caput*, da CRFB/88).

Gustavo Carvalho Chehab elencou diversas ações e estratégias de combate à escravidão, a saber: 1) cadastro de empregadores autuados por manter trabalho escravo, com destaque ao normativo contido na Portaria n. 540, do Ministério do Trabalho e Emprego; 2) restrições de financiamentos e empréstimos, em que a Portaria n. 1.150/2003, do Ministério da Integração Nacional recomendou que os agentes financeiros se abstenham de conceder financiamento ou qualquer outro tipo de assistência com recursos públicos aos empregadores rurais que forem flagrados por manterem trabalhadores nas condições estudadas aqui; 3) pesquisa sobre a cadeia produtiva do trabalho escravo, mediante ONG Repórter Brasil, por exemplo, em 2004, para identificar e rastrear as cadeias produtivas das fazendas inseridas nas "listas sujas" do trabalho escravo; 4) Pacto Nacional pela Erradicação do Trabalho Escravo no Brasil, em que diversos atores sociais foram convidados a aderirem e que irão definir restrições comerciais àqueals empresas e/ou pessoas identificadas na cadeia produtiva que utilizem condições degradantes de trabalho associadas a práticas que caracterizam escravidão; 5) Impedimento do exercício de atividade comercial, a exemplo do Estado de São Paulo, ao editar a Lei Estadual n. 14.946/2013, no Dia Nacional de combate ao Trabalho Escravo (28.01.2013), pela qual os estabelecimentos que comercializam produtos cuja fabricação tenha utilizado, em qualquer de suas etapas de industrialização, trabalho análogo ao de escravo perderão a eficácia da inscrição no cadastro de contribuintes

---

(11) Op. cit., p. 154.

(12) Op. cit., p. 154.

(13) Op. cit., p. 153.

do Imposto de Circulação de Mercadorias e Serviços (ICMS); 6) divulgação de notícias, em que jornalistas divulgam informações e reportagens sobre o tema, indicando que o Estado do Mato Grosso instituiu, em 2012, o Prémio Nacional Coetrae-MT de Jornalismo Dom Pedro Daslagáliga pela Erradicação de Trabalho Escravo; 7) Exposição do nome e da imagem, pela política de "nomear e envergonhar" (*naming* e *shaming*), sob a qual a divulgação do nome do empreendimento associado à escravidão é suficiente para derrubar as cotações das ações negociadas na bolsa de valores; 8) Pressões, reações e embargos da comunidade internacional, em que países e os organismos internacionais ameaçam com embargos comerciais os entes que permitam a realização de trabalho escravo; 9) educação profissional e de cidadania em que diversas instituições promovem ações de cidadania visando conscientizar os trabalhadores e torná-los menos vulneráveis às situações de escravidão, a exemplo dos programas do Ministério Público do Trabalho e da Associação Nacional dos Magistrados do Trabalho – ANAMATRA, com elaboração de cartilhas e palestras nas comunidades e escolas sobre os direitos trabalhistas e outros relativos à cidadania; 10) acesso às políticas e informações públicas, com ampla divulgação dos canais de denúncias, especialmente nas localidades e nos grupos mais sujeitos à escravidão; 11) perda de bens e condenações pecuniárias, em que destacou a EC n. 81/2014, acima citada, bem assim a Portaria Interministerial n. 634/2013, do Ministério da Justiça das Secretarias de Políticas para as Mulheres e de Direitos Humanos da Presidência da República.[14]

7. A COMPETÊNCIA DA JUSTIÇA DO TRABALHO

O pedido e a causa de pedir são os elementos definidores para o estabelecimento da competência para processar e julgar uma determinada lide.

Entre as consequências decorrentes da conduta do agente explorador da atividade em condições análogas às de escravo estão as ações necessárias ao restabelecimento da ordem social, seja civil (em sentido amplo), seja penal.

A ação penal em face do crime contra a liberdade individual, contida no art. 149, do Código Penal, a competência para processar e julgar o caso será da Justiça Federal, conforme decidiu o STF no RE 398.041:

EMENTA: DIREITO PENAL E PROCESSUAL PENAL. ART. 149 DO CÓDIGO PENAL. REDUÇÃO Á CONDIÇÃO ANÁLOGA À DE ESCRAVO. TRABALHO ESCRAVO. DIGNIDADE DA PESSOA HUMANA. DIREITOS FUN- DAMENTAIS. CRIME CONTRA A COLETIVIDADE DOS TRABALHADORES. ART. 109, VI DA CONSTITUIÇÃO FEDERAL. COMPETÊNCIA. JUSTIÇA FEDERAL. RECURSO EXTRAORDINÁRIO PROVIDO. A Constituição de 1988 traz um robusto conjunto normativo que visa à proteção e efetivação dos direitos fundamentais do ser humano. A existência de trabalhadores a laborar sob escolta, alguns acorrentados, em situação de total violação da liberdade e da autodeterminação de cada um, configura crime contra a organização do trabalho. Quaisquer condutas que possam ser tidas como violadoras não somente do sistema de órgãos e instituições com atribuições para proteger os direitos e deveres dos trabalhadores, mas também dos próprios trabalhadores, atingindo-os em esferas que lhes são mais caras, em que a Constituição lhes confere proteção máxima, são enquadráveis na categoria dos crimes contra a organização do trabalho, se praticadas no contexto das relações de trabalho. Nesses casos, a prática do crime prevista no art. 149 do Código Penal (Redução à condição análoga a de escravo) se caracteriza como crime contra a organização do trabalho, de modo a atrair a competência da Justiça federal (art. 109, VI da Constituição) para processá-lo e julgá-lo. Recurso extraordinário conhecido e provido. (RE 398041, Relator(a):) Min. Joaquim Barbosa, Tribunal Pleno, julgado em 30.11.2006, DJe-241 DIVULG. 18-12-2008 PUBLIC. 19.12.2008 EMENT. VOL-02346-09 P-02007 RTJ VOL-00209-02 PP-00869)

Todavia, a questão voltou à tona no julgamento do RE 459.510 (com repercussão geral), em que se aprecia recurso interposto pelo Ministério Público Federal (MPF) contra decisão do Tribunal Regional Federal da 1ª Região (TRF-1) que remeteu para a Justiça de Mato Grosso denúncia de trabalho escravo na Fazenda Jaboticabal. O voto foi no sentido de dar provimento ao RE para cassar a decisão do TRF-1 e reconhecer a competência da Justiça Federal para processar e julgar ação penal relativa ao crime de exploração de trabalho escravo, previsto no artigo 149 do Código Penal. Em 04.02.2010, o Relator, Ministro Cezar Peluso, votou no sentido de negar provimento e, depois de o Ministro Dias Toffoli votar pelo provimento do apelo, o Ministro Joaquim Barbosa pediu vista. Ao retorno, na sessão de 01.07.2014, votou com o Ministro Dias Toffoli para dar provimento ao RE; nessa sessão, houve pedido de vista pelo Ministro Dias Toffoli. Pelo andamento processual, em 01.07.2015, o Ministro Dias Toffoli devolveu os autos para prosseguimento do julgamento.

No que tange à reparação civil e indenização por dano moral, a competência, sem dúvida, é da Justiça do Trabalho, com fundamento no art. 114, I e VI, da Constituição de 1988.

---

(14) Op. cit., p. 72-77.

E é da competência funcional de uma das Varas do Trabalho da capital do Estado em se tratando de ação civil pública, no que tange a dano de âmbito regional, conforme entendimento da SBDI2, do Colendo TST (CC – 2006416-47.2008.5.00.0000, Relator Ministro: José Simpliciano Fontes de F. Fernandes, Data de Julgamento: 10.03.2009, Subseção II Especializada em Dissídios Individuais, Data de Publicação: DEJT 20.03.2009).

Desse modo, a Justiça Especializada tem sua competência constitucional estabelecida para apreciação de causas que envolvam a reparação civil e indenização por dano moral decorrentes da relação de trabalho, movidas pelo empregado ou terceiros (como no dano em ricochete) em face do empregador, ou, ainda, pelo Ministério Público do Trabalho; a competência não penal.

8. CONSIDERAÇÕES FINAIS

Mesmo a civilização tendo alcançado um estágio evolutivo considerável, com destaque para os avanços na informática e os relacionamentos no mundo globalizado, ainda existem relações de trabalho sob o modo desumano, em seus piores aspectos.

Não obstante as normas internacionais datem das décadas de 40 e 50, o Brasil ainda se encaixa entre aqueles que praticam essa forma de exploração do homem pelo homem.

As ofensas aos valores e princípios constitucionais são a manifestação de que são necessários esforços para que o país expurgue essa chaga da sociedade brasileira.

A dignidade da pessoa humana, como carro-chefe, dos direitos humanos (fundamentais) nessa linha defensiva é o mais atingido. O impedimento de locomoção do indivíduo, quer por questões físicas, quer por questões econômicas, em plena coação de vontade, agridem ao bem primeiro do ser humano, depois da vida.

A reparação civil e a indenização pelo dano moral, individual e coletivo, são medidas de rigor para atenuar o sofrimento diante da exploração e funcionar como elemento punitivo para evitar que a conduta se repita.

As medidas diretas e indiretas para evitar e reprimir a labuta em condições análogas às de escravo não devem sofrer retrocessos, por grupos que são interessados no lucro desenfreado, passando por cima de tudo e de todos, veladas por políticas de avanços econômicos da empresas.

O papel do Judiciário, aliado a outros órgãos, instituições e entidades, públicas e privadas, tem aspecto relevantíssimo no afastamento e erradicação dessa forma desonrosa de exploração do homem pelo homem.

Esse débito social não pode mais ser "refinanciado", mas pago e extinto com atitudes austeras dos diversos agentes políticos e sociais.

9. REFERÊNCIAS BIBLIOGRÁFICAS

BRITO FILHO, José Cláudio Monteiro de. *Trabalho decente: uma análise da exploração do trabalho*: trabalho escravo e outas formas de trabalho indigno. 3. ed. São Paulo: LTr, 2013.

CHEHAB, Gustavo Carvalho. O trabalho análogo ao de escravo e os esforços para sua erradicação no Brasil. In: *Revista Trabalhista de Direito e Processo*, ano 13, n. 49, p. 65-84.

CORTEZ, Julpiano Chaves. *Trabalho escravo no contrato de emprego e os direitos fundamentais*. 2. ed. São Paulo: LTr, 2015.

PRONER, André Luiz. *Neoescravismo*: análise jurídica das relações de trabalho. Curitiba: Juruá, 2010.

TRABALHO SEGURO: A NECESSIDADE DE PREVENÇÃO DO ACIDENTE DE TRABALHO

Silvia Regina Pondé Galvão Devonald[*]

I – INTRODUÇÃO

Tudo que se produz é resultado do trabalho, seja gerado pelo trabalhador, seja pela organização da produção. É natural, portanto, que o esforço comum ocorra de modo saudável, principalmente porque a concretização da dignidade do trabalhador e dos valores sociais do trabalho são fundamentos do Estado Democrático de Direto.

Reconhecendo a importância do tema, a Constituição Federal de 1988 dispôs em seu art. 7º, incisos XXII e XXVIII, que a saúde e segurança do trabalhador são direitos constitucionalmente protegidos e que estão diretamente ligados ao princípio da dignidade humana, por promovê-la.

Com a Emenda Constitucional n. 45, de dezembro de 2004, novas competências foram atribuídas à Justiça do Trabalho, dentre elas a de conhecer de feitos relacionados a acidentes de trabalho.

Além dessa alteração de competência, outra ocorreu, mais profunda. Vimos surgir uma profusão de processos, discutindo acidentes de trabalho, sequelas e mortes deles decorrentes, moléstias profissionais, gastos previdenciários, enfim, uma variada gama de novos assuntos.

Porém, o mais preocupante se resumiu às estatísticas. Embora se diga que elas são frias, retratando somente números, foram estes que deram uma visão dantesca da realidade escondida de nossos trabalhadores.

Somente nos últimos anos, tivemos o seguinte quadro:

2011 – 720.629 acidentes de trabalho, resultando em 16.658 incapacidades permanentes e 2.938 óbitos;

2012 – 713.984 acidentes de trabalho, resultando em 17.047 incapacidades permanentes e 2.768 óbitos.

2013 – 717.911 acidentes de trabalho, resultando em 14.837 incapacidades permanentes e 2.797 óbitos.

Podemos comparar esses números com um acidente de avião, que tanto impacto causa na sociedade pelo seu elevado número de mortes. No entanto, não nos apercebemos que no Brasil "cai" um avião por mês em decorrência do número de mortos por acidentes de trabalho (8 por dia, em média, 240 por mês). Nesse quadro sequer computamos aqueles trabalhadores que jamais retornarão ao trabalho em razão de incapacidade permanente, cerca de 40 por dia. Esses dados, contudo, não exprimem a totalidade dos acidentes, uma vez que se referem, tão somente, aos acidentes notificados (por CAT) e no universo de trabalhadores formais. Os trabalhadores informais, muito mais sujeitos a acidentes por causa da precariedade das condições de trabalho, jamais constaram nas estatísticas oficiais.

Os gastos suportados pelo INSS em razão dos acidentes de trabalho superam os R$ 10 bilhões de reais ao ano, porém, se acrescentarmos os gastos operacionais do INSS e os da Saúde, esse montante ultrapassa os R$ 60 bilhões.

Diante de quadro tão tenebroso, colocando o Brasil no 4º lugar no ranking mundial de acidentes laborais (segundo dados da Organização Internacional do Trabalho), a Justiça do Trabalho decidiu se posicionar na vanguarda dos acontecimentos. Os magistrados tomaram consciência de seu papel, não de meros julgadores, apreciando, tão somente, a prova fria dos autos, mas, acima de tudo, de agentes transformadores sociais. Deixaram o conforto de seus gabinetes e partiram rumo

---

(*) Desembargadora e Presidente do TRT da 2ª Região.

às obras, realizando palestras junto à população trabalhadora, além de ações educativas nas escolas, em um esforço inédito no sentido de conscientização dos trabalhadores e dos empregadores sobre a importância da prevenção dos acidentes de trabalho.

O primeiro passo foi a criação do Programa Trabalho Seguro no Tribunal Superior do Trabalho, em maio de 2011, que conseguiu engajar magistrados de todos os Regionais do país, constituindo núcleos compostos de cinquenta e quatro gestores encarregados de promover palestras e eventos durante todo o ano e, em especial, no mês de abril, quando é celebrado o dia mundial em memória das vítimas de acidentes de trabalho (28/04).

Neste artigo, após trazer à baila alguns conceitos, debateremos as medidas que podem ajudar na redução dos acidentes de trabalho, notadamente o Programa Trabalho Seguro, do C.Tribunal Superior do Trabalho.

DO ACIDENTE DO TRABALHO – ALGUMAS CONSIDERAÇÕES

Considera-se acidente do trabalho o que ocorre pelo exercício do trabalho a serviço da empresa ou pelo exercício do trabalho dos segurados especiais, provocando lesão corporal ou perturbação funcional, permanente ou temporária, que cause a morte, a perda ou a redução da capacidade para o trabalho (art. 19 da Lei n. 8.213/91).

Temos os acidentes típicos, decorrentes da característica da atividade profissional desempenhada pelo acidentado e os acidentes de trajeto, ocorridos no trajeto entre a residência e o local de trabalho do segurado e vice-versa.

Equiparam-se ao acidente do trabalho os acidentes devidos a doença profissional, que são aqueles ocasionados por qualquer tipo de moléstia profissional peculiar a determinado ramo de atividade constante na tabela da Previdência Social. A doença profissional é a produzida ou desencadeada pelo exercício do trabalho peculiar a determinada atividade e constante da respectiva relação elaborada pelo Ministério da Previdência Social.

Já a doença do trabalho é aquela adquirida ou desencadeada em função de condições especiais em que o trabalho é realizado e com ele se relacione diretamente, constante de relação elaborada pelo Ministério da Previdência Social.

Considerando que o empregador tem o dever de velar pela integridade física dos trabalhadores, pode-se depreender que qualquer agressão que atinja a saúde, vida, integridade física ou mental do obreiro poderá ensejar o dever indenizatório em decorrência do acidente de trabalho sofrido.

Sendo assim, cabe definir as espécies de danos previstas na lei, na doutrina e na jurisprudência:

Por dano moral podemos afirmar ser a agressão injusta aos bens imateriais, tanto de pessoa física quanto de pessoa jurídica ou da coletividade, insusceptível de quantificação pecuniária, porém indenizável com finalidade de satisfazer a vítima, dissuadir o ofensor e servir de exemplo para a sociedade.

O dano material é aquele que atinge o patrimônio das pessoas físicas ou jurídicas. Pode ser uma despesa gerada por uma ação ou omissão indevida de terceiros, ou pelo que se deixou de auferir em razão de tal conduta, caracterizando a necessidade de reparação material dos chamados lucros cessantes.

Relevante assinalar que, além dos danos moral e material, tradicionalmente estudados, a doutrina trabalhista mais moderna já fala em outra categoria de dano. Nessa senda, floresceu na doutrina comparada o conceito de dano existencial. Por todos, Gianluigi Morlini, em artigo traduzido pela ilustre jurista Yone Frediani, asseverou que:

> A categoria do dano existencial foi definida como alteração das próprias rotinas habituais da vida em face de forçosa renúncia ao desenvolvimento de atividade não remunerada, fonte de satisfação ou de bem-estar para a vítima, ou seja, a necessidade de fazer qualquer coisa de insatisfatório, em cada caso, impedindo a plena realização da própria pessoa; consiste em prejuízo não produtivo do sujeito que altere seus hábitos de vida e os aspectos sociais do mesmo, induzindo a uma escolha de vida diversa em sua expressão e realização da sua personalidade no mundo externo.

Percebe-se, então, a multiplicidade de critérios em que se podem desdobrar os danos decorrentes do labor, em plena consonância com a importância que deve ser atribuída ao nosso bem maior, que são a vida e a integridade física e mental.

Sobre o tema, assim se pronunciou a jurisprudência pátria:

> *Dano Existencial.* Há dano existencial quando a prática de jornada exaustiva por longo período impõe ao empregado um novo e prejudicial estilo de vida, com privação de direitos de personalidade, como o direito ao lazer, à instrução, à convivência familiar. Prática reiterada da reclamada em relação aos seus empregados que deve ser coibida por lesão ao princípio constitucional da dignidade da pessoa humana (art. 1º, III, da Constituição Federal) (TRT da 4ª Região, 2ª Turma, 000113-16.2011.5.04.0015 RO, em 18.04.2013, Des. Raul Zoratto Sanvicente – Relator)

Na jurisprudência estrangeira, podemos indicar o seguinte trecho da decisão do Supremo Tribunal de Justiça de Portugal:

> I – Os danos patrimoniais só são ressarcíveis se a sua gravidade for tal que mereça a tutela do direito, devendo aquela ser aferida por um padrão objetivo e não à luz de fatores subjetivos e o montante da indemnização ser calculado segundo critério de equidade, tomando em conta as regras do bom senso e da justa medida das coisas.
>
> II – A quantia de € 1.500 constitui indemnização suficiente para compensar o trabalhador do isolamento e do cansaço constante que o impediam de levar a vida saudável e tranquila que sempre tivera e da falta de convívio regular com os amigos e familiares resultantes da alteração imprevista dos horários dos turnos a que esteve sujeito e da falta de períodos regulares de descanso daí decorrentes. (grifei)[1]

DOS TRANSTORNOS MENTAIS E COMPORTAMENTAIS

É importante também assinalar que, além dos acidentes que causam sequelas físicas no trabalhador, merecem atenção as moléstias mentais relacionadas ao ambiente de trabalho.

A mais comum delas é a depressão, que abarca um número avassalador de trabalhadores de todos os níveis. Segundo dados do sistema de saúde brasileiro, em 2014 tivemos cerca de 222.000 afastamentos por depressão, porém tal número não é confiável, na medida em que grande parte dos portadores do distúrbio não procura ou não consegue tratamento oficial. A ânsia pelo cumprimento de metas, a competitividade exacerbada, aliados a condições nem sempre adequadas de trabalho, jornadas excessivas e ambiente hostil, acabam por criar condições perfeitas para o florescimento do assédio moral (42% dos brasileiros já sofreram), que deságua na depressão, no estresse, além de transtornos como o burnout, a síndrome do pânico e da ansiedade, entre outros, que podem levar as pessoas ao suicídio.

Hodiernamente, a depressão é considerada a principal doença ocupacional, e, segundo dados da revista britânica "The Economist", causa prejuízo anual de R$ 2 trilhões ao redor do mundo.

Segundo a OMS, a média de absenteísmo de um trabalhador depressivo é de 7 dias por mês, ao passo que a média geral é uma vez a cada 30 dias. De acordo com dados da Universidade de Brasília, em pesquisa conjunta com o INSS, apurou-se que 48,8% dos trabalhadores afastados por mais de 15 dias sofrem algum tipo de transtorno mental, sendo a depressão o principal deles.

Outro causador de acidentes de trabalho, que nem sempre se revela, é o transtornos do sono. A modernidade trouxe a necessidade de alteração de estilos de vida, passando o homem a trabalhar em turnos para manutenção de estabelecimentos abertos 24 horas por dia. Diante disso, alteram-se os padrões biológicos do ser humano, trazendo, como consequências, graves problemas como déficits de atenção, psicológicos e motores, com prejuízos à saúde física, mental e social do trabalhador. Há evidente impacto negativo na qualidade de vida do empregado, em seu convívio familiar e nos momentos de lazer, tanto assim que o art. 20, da Lei n. 8.213/91, alterado pelo Decreto n. 6.957/09, incluiu no Grupo V, da CID – 10 (Z 56.6) o trabalho em turnos e o noturno:

> 1. Problemas relacionados com o emprego e com o desemprego: má adaptação à organização do horário de trabalho (Trabalho em Turnos ou Trabalho Noturno) (Z56.6).

Reconhecendo a importância de se reduzir os efeitos nocivos do trabalho em turnos ou noturno, um artigo recentemente publicado na prestigiosa Revista do Tribunal Regional do Trabalho da 15ª Região sugeriu a adoção das seguintes medidas:

> o máximo de quatro noites de jornadas de trabalho consecutivas em turnos de doze horas de trabalho; a não aceitar o acréscimo de horas extras em cada jornada e à não permanência do trabalhador ao final do turno de trabalho com mais de dezenove horas acordado, assim como a rotação da escala de trabalho deve ser preferencialmente no sentido horário e não anti-horário.[2]

Portanto, vê-se a urgência de se conciliar o funcionamento 24 horas por dia de alguns setores imprescindíveis e a saúde do trabalhador.

DAS DOENÇAS PROFISSIONAIS NO SETOR PÚBLICO

Cabe evidenciar que a legislação brasileira é bastante ampla no que concerne aos direitos do trabalhador da iniciativa privada. O regime celetista possui um conjunto de leis e normas regulamentadoras que protegem o trabalhador e colocam ao empregador uma série de obrigações e responsabilidades.

---

(1) Recurso n. 1236/04.0TTTLSB.L1.S1 – 4ª Secção Sousa Peixoto (Relator)

(2) MELLO, Marco Túlio et al. Transtornos do sono e segurança do trabalho. Revista do Tribunal Regional do Trabalho da 15ª Região n. 46, jan./jun. 2015.

Porém, quanto aos servidores públicos, a legislação brasileira não prevê uma política unificada, válida para os servidores de todas as esferas de governo, no que diz respeito à saúde e à segurança do trabalhador.

Essa lacuna dificulta a coleta de dados. Não há, por exemplo, informações sobre as principais causas de afastamento dos servidores públicos, ou em que áreas as licenças ocorrem com maior frequência.

No Tribunal Regional do Trabalho da 2ª Região, o qual tenho a honra de integrar, o Setor Médico detectou, no período de 02.07.2014 a 31.05.2015, 34 ocorrências entre acidentes típicos ocorridos durante a jornada de trabalho, nas dependências do Tribunal, bem como acidentes de trajeto e doenças relacionadas às condições do trabalho.

No âmbito da magistratura, uma pesquisa realizada com os juízes israelenses detectou que fatores como a falta de pausas periódicas podem inclusive alterar o ato de decidir, ferindo assim o princípio da isonomia[3]. Ainda que não tenha sido uma pesquisa realizada no Brasil, podemos afirmar que provavelmente o mesmo problema ocorre no nosso país.

DA NECESSIDADE DE PREVENÇÃO DO ACIDENTE DE TRABALHO

O Brasil é pródigo na edição de normas que buscam a proteção da saúde e segurança do trabalhador. Sobre o assunto, o renomado doutrinador Edwar Abreu Gonçalves afirmou que:

> É possível afirmar que o Brasil possui uma das melhores e mais abrangentes legislações de segurança e saúde no trabalho do mundo, o que se evidencia não só porque nossa Lei Maior contém várias disposições que, de maneira direta ou indireta, guardam correlação com a segurança e saúde no trabalho, mas, principalmente, pela existência de vários diplomas legais infraconstitucionais, decretos regulamentares, portarias ministeriais e normas regulamentadoras específicas, assim como um respeitável acervo jurisprudencial já sedimentado por nossas mais altas Cortes de Justiça e pertinentes a essa temática[4].

Porém, a despeito da farta regulamentação, veem-se, na prática, os números assustadores de acidentes de trabalho, evidenciando que apenas a existência da lei, por si só, não é apta a transformar a realidade laboral, sendo necessária a fiscalização rígida do meio ambiente de trabalho, bem como a correta aplicação das normas em vigor.

É o que dispõe o citado autor, aduzindo que:

> Em verdade, as atividades produtivas estão bem dotadas de normas regulamentadoras destinadas a promover a segurança e saúde no trabalho; entretanto, vale lembrar que a publicação oficial de atos normativos é apenas uma etapa do processo preventivo, pois o que se deve almejar é o real cumprimento dessas normas, de modo que possibilite a redução dos índices acidentários. A propósito, é possível afirmar: O Brasil, apesar de pródigo na edição de normas jurídicas destinadas a promover a segurança e saúde no trabalho, tem sido parcimonioso em relação à plena eficácia das normas.[5]

Assim, analisaremos algumas medidas e iniciativas que entendemos fundamentais para a verdadeira consecução dos princípios elencados em nossa Carta Magna, tendentes a redução dos riscos inerentes ao trabalho:

I – Das ações regressivas perante a Justiça Federal

Importante citar as ações regressivas que a Advocacia Geral da União tem ingressado junto à Justiça Federal.

Estas ações visam a ressarcir o INSS dos valores que ele é obrigado a despender com os acidentes de trabalho ou moléstias profissionais, além de pensões, com fulcro no art. 120, da Lei n. 8.213/91, que assim reza:

> art. 120. Nos casos de negligência quanto às normas padrão de segurança e higiene do trabalho indicados para a proteção individual e coletiva, a Previdência Social proporá ação regressiva contra os responsáveis.

Essas ações são alicerçadas na responsabilidade subjetiva do empregador, pois dependem de se comprovar o preenchimento dos requisitos: culpa, por ação ou omissão, no evento danoso; relação de causalidade e dano sofrido pelo empregado. Como já dissemos acima, a responsabilidade do Estado é objetiva, razão pela qual o INSS arca integralmente com o custo, porém pode ser ressarcido caso comprovada a responsabilidade do empregador no evento.

---

(3) A pesquisa está disponível no *link:* <http://goo.gl/VHNTvX>.

(4) GONÇALVES, Edwar Abreu. *Manual de segurança e saúde no trabalho.* 4. ed. São Paulo: LTr, 2008. p. 27.

(5) Cf. GONÇALVES, Edwar Abreu. Obra citada, p. 29.

(6) Tribunal Regional do Trabalho da 4ª Região, Ap. Cível n. 5054054-96.2012.404.7100/RS. Intimação Eletrônica – Expedida/Certificada – Julgamento 24.04.2015 17:51.

Com a propositura dessas ações, aumenta ainda mais o cerco às empresas negligentes e, assim, esperamos que passem a zelar pelas normas de segurança, se não pela conscientização da valorização de seus empregados, pelo menos para que passem a despender menos dinheiro.

É emblemática a decisão na ação regressiva coletiva movida pelo INSS contra um frigorífico no Rio Grande do Sul[6]. Por meio da ação, o INSS conseguiu ressarcimento superior a R$ 1 milhão. O processo se referia às condições de trabalhadores do frigorífico, verificadas por meio de relatórios de fiscalização do Ministério do Trabalho e Emprego (MTE). No relatório, foi apontada uma série de irregularidades, todas em desacordo com a legislação trabalhista.

II – Cursos de noções básicas sobre prevenção de acidentes e doenças ocupacionais

Nunca é demais reafirmar que o uso de EPI deve deixar de ser um direito do empregador e um dever do empregado, mas, sim, um direito do empregado e um dever do empregador. As campanhas sobre prevenção deverão ser feitas à exaustão, todos os dias, com vídeos, palestras etc.

III – Reconhecimento de boas práticas de empresas que se destaquem em medidas de prevenção

O Fator Acidentário de Prevenção – FAP (Resolução CNPS n. 1.316/2010) já é um passo nesse sentido, na medida em que bonifica aqueles que colaboram para a melhoria do ambiente de trabalho, criando a tabela "bonus"/"malus", com alíquotas que variam de acordo com a atividade econômica e o grau de exposição do trabalhador a riscos (entre 0,5 e 2).

IV – Políticas públicas

Há projeto de políticas públicas para que seja dada assistência estatal às pequenas e microempresas, bem como para que seja criado um estatuto de segurança e saúde do trabalhador. Como exemplo, citamos o pleito para acelerar a ratificação da Convenção n. 187, da OIT; a inclusão de conteúdo sobre segurança e saúde do trabalhador nos currículos escolares – Convenção n. 155, da OIT –, o estudo para criação do Estatuto de Segurança e Saúde do Trabalhador.

V – Do Programa Trabalho Seguro

Diante do enorme volume de processos que foram deslocados para a Justiça do Trabalho, constituídos de ações oriundas das Varas de Acidentes de Trabalho da Justiça comum, constatou-se a necessidade de se averiguar a fundo todo o problema envolvendo o acidente/moléstia. Criou-se, então, o Programa Nacional de Prevenção de Acidentes de Trabalho.

Trata-se de uma iniciativa do TST e do CSJT, em parceria com o Ministério da Saúde, Ministério da Previdência Social, Ministério do Trabalho e Emprego, Ministério Público do Trabalho e Advocacia Geral da União, em que firmou-se o Protocolo de Cooperação Técnica, em maio/2011, cujo objetivo é a formulação e a execução de programas e ações nacionais voltadas à prevenção de acidentes de trabalho e ao fortalecimento da Política Nacional de Segurança e Saúde no Trabalho, no sentido de reverter o cenário de crescimento do número de acidentes.

Entre as iniciativas estratégicas do Programa Trabalho Seguro, podemos destacar:

I – a criação de comitê interinstitucional, com representantes indicados pelas instituições parceiras, tendo como objetivo a propositura, planejamento e acompanhamento de programas e ações.

II – Implementação de políticas públicas em caráter permanente em defesa do meio ambiente, da segurança e saúde no trabalho, fortalecendo o diálogo social.

III – Promoção de estudos e pesquisas sobre causas e consequências dos acidentes de trabalho no Brasil, a fim de auxiliar na prevenção e na redução dos custos sociais, previdenciários, trabalhistas e econômicos decorrentes.

IV – Fomentar ações educativas e pedagógicas no intuito de sensibilizar a sociedade civil e as instituições públicas e privadas sobre a necessidade de combate aos riscos no trabalho, tornando efetivas nas normas e convenções internacionais ratificadas pelo Brasil sobre segurança, saúde dos trabalhadores e meio ambiente de trabalho, como, por exemplo, as Convenções ns. 167 (segurança e saúde na construção), de 1988, Convenção n. 155 (segurança e saúde dos trabalhadores), de 1981, Convenção n. 148 (meio ambiente do trabalho – contaminação do ar, ruído e vibrações), de 1977 e ratificação da Convenção n. 187 (segurança e higiene no trabalho).

V – Criação de banco de dados comum com as instituições parceiras para troca de informações.

VI – Protocolo de Cooperação Técnica, firmado entre os órgãos suprarreferidos, com o objetivo de conjugar esforços entre os partícipes com vista à implementação de programas e ações nacionais voltadas à prevenção de acidentes de trabalho e ao fortalecimento da Política Nacional de Segurança e Saúde no Trabalho.

CONCLUSÃO

A conscientização da prevenção é dever de todos nós e, para tanto, faz-se necessário um estudo aprofundado das causas que podem levar ao infortúnio. Não mais se pode adiar a necessidade de estimular iniciativas permanentes, não somente de prevenção, mas, principalmente, com vistas à plena efetivação dos fatores garantidores de trabalho seguro.

Temos, portanto, a oportunidade da junção de esforços da sociedade organizada, em que o diálogo com todos os atores sociais envolvidos pode favorecer parcerias voltadas ao cumprimento das normas, a educação para a prevenção, além de capacitação profissional, a fim de auxiliar no diagnóstico e no desenvolvimento de ações de prevenção e de redução de custos com acidentes.

Se conseguirmos evitar que um só trabalhador se torne permanentemente incapacitado ou que perca a vida já valeu a pena essa iniciativa.

Produção Gráfica e Editoração Eletrônica: LINOTEC
Projeto de capa: Evaristo Barbosa Moura – Servidor do TRT da 3ª Região
Finalização: FABIO GIGLIO
Impressão: ORGRAFIC